Günter Helmes/Helmut Kreuzer (Hg.)

Studien zum literarischen Werk Robert Müllers

Günter Helmes/Helmut Kreuzer (Hg.)

Expressionismus, Aktivismus, Exotismus

Studien zum literarischen Werk Robert Müllers

Helmes, Günter/Kreuzer, Helmut (Hg.):
Expressionismus, Aktivismus, Exotismus. Studien zum literarischen Werk Robert Müllers.

1. Auflage 1981 | 2. unveränderte Auflage 2012
ISBN: 978-3-86815-557-0
© IGEL Verlag Literatur & Wissenschaft, Hamburg 2012
Alle Rechte vorbehalten.
www.igelverlag.com

Printed in Germany

Igel Verlag Literatur & Wissenschaft ist ein Imprint der Diplomica Verlag GmbH
Hermannstal 119 k, 22119 Hamburg
Printed in Germany

Die Deutsche Bibliothek verzeichnet diesen Titel in der Deutschen Nationalbibliografie.
Bibliografische Daten sind unter http://dnb.d-nb.de verfügbar.

Inhalt

Helmut Kreuzer Vorwort 7

I. AUFSÄTZE 1946-1980

Helmut Kreuzer Einleitung. Zur Rezeption Robert Müllers 9

Hans Heinz Hahnl Robert Müller (1971) 18

Otto Basil Nachbemerkung
[zu Robert Müller, „Das Inselmädchen"] (1946) 33

Wolfgang Reif Robert Müllers „Tropen" (1975) 35

J. Kamerbeek jr. Vergleichende Deutung einer Epiphanie:
Robert Müller – Marcel Proust (1976) 76

Ingrid Kreuzer Robert Müllers „Tropen". Fiktionsstruktur,
Rezeptionsdimensionen, paradoxe Utopie (1978) 88

J. J. Oversteegen Spekulative Psychologie –
Zu Robert Müllers „Tropen" (1980) 126

Christoph Eykman Das Problem des politischen Dichters im
Expressionismus und Robert Müllers
„Die Politiker des Geistes" (1980) 146

Günter Helmes Katholischer Bolschewik in der „Schwäbischen Türkey"
Zum politischen Denken Robert Müllers (1980) 154

Ernst Fischer Ein doppelt versuchtes Leben: Der Verlagsdirektor
Robert Müller [und der Roman „Flibustier"] (1980) 189

Hans Heinz Hahnl Harald Brüller und Ekkehard Meyer (1968) 220

Jens Malte Fischer Aus: Affe oder Dalai Lama? –
Kraus-Gegner gestern und heute (1975) 226

Franz Cornaro Robert Müllers Stellung zu Karl May (1971) 229

II. LITERATURKRITIK 1916-1925

Franz Blei Der Robertmüller (1924) 239

Conrad Schmidt Rez. zu Robert Müller, „Tropen" (1916) 240

Engelbert Pernerstorfer Rez. zu Robert Müller, „Tropen" und „Macht". Psychopolitische Grundlagen des gegenwärtigen Atlantischen Krieges. (1916) 243

Oskar Maurus Fontana Eine Mythik des Österreichers? (1916) 245

Hermann Hesse Schöne neue Bücher (1917) 247

Julius Bab Talente (1918) 248

Emil Ludwig Ein Österreicher über Preußen (1918) 249

Max Krell „Romane 1920" (1920) 252

Richard Nikolaus Coudenhove-Kalergi Rez. zu Robert Müller, „Bolschewik und Gentleman" (1920) 253

Linke Poot [d. i. *Alfred Döblin*] Der Knabe bläst ins Wunderhorn (1920) 255

Max Krell Expressionismus der Prosa – Robert Müller (1924) 256

Guido K. Brand Rez. zu Robert Müller, „Rassen, Städte, Physiognomien" (1924) 258

Dr. E. Rez. zu Robert Müller, „Rassen, Städte, Physiognomien" (1924). 259

III. RÜCKBLICKE 1924-1927

Robert Musil Robert Müller (1924) 261

Arthur Ernst Rutra Robert Müller (1924) 267

Otto Flake Robert Müller (1924) 275

Arthur Ernst Rutra Pionier und Kamerad (1927) 277

Otto Flake Zuschrift (1927) 281

IV.

Günter Helmes Bibliographie – Robert Müller (1980) 283

Helmut Kreuzer
Vorwort

Dieser Band ist die erste Buchveröffentlichung über den österreichischen Autor Robert Müller (29.10.1887-27.8.1924); er versucht diesen ins literar- und kulturhistorische Bewußtsein zu integrieren. Die Gründe für das Interesse der Herausgeber an Müller legt die Einleitung dar; sie skizziert die bisherige Rezeption, wie sie durch die Beiträge dieses Bandes unmittelbar dokumentiert wird, und weist auf einige Forschungsaufgaben hin. Die anschließenden Aufsätze sind zum Teil Original bei träge (mit der Jahreszahl 1980 im Inhaltsverzeichnis), zum Teil Nachdrucke von Pionierarbeiten über Müller (mit Quellennachweisen am Schluß jedes Beitrags). Dazu kommen zeitgenössische Literaturkritiken, Nekrologe und eine Bibliographie der Schriften von und über Müller von dem Mitherausgeber Günter Helmes. Bei der Auswahl der literaturkritischen Zeugnisse wurden nach Möglichkeit unterschiedliche Presseorgane, Standpunkte und Wertungen sowie bekannte und unbekannte Kritiker berücksichtigt. Die Arbeit an dem Band wurde im wesentlichen 1979 abgeschlossen (ein Verlagswechsel verzögerte sein Erscheinen). Gefördert wurde er vom Forschungsinstitut für Geistes- und Sozialwissenschaften der Universität-Gesamthochschule Siegen sowie von der texanischen Partner-Universität der Siegener Hochschule, der University of Houston.

Vorangehen sollte ihm 1977 eine Neuausgabe von Müllers erzählerischem Hauptwerk: *Tropen. Der Mythos der Reise. Urkunden eines deutschen Ingenieurs.* Der Roman sollte ihm Rahmen der von mir herausgegebenen „Reihe Q. Quellentexte zur Literatur- und Kulturgeschichte" im Scriptor/Athenäum-Verlag erscheinen. Die angekündigte und im Druck befindliche Ausgabe wurde durch Einspruch des B. Heymann-Verlags (Wiesbaden) verhindert; dieser gab an, eine Robert Müller-Gesamtausgabe herauszubringen, die 1977 mit den *Tropen* beginne. Bisher ist kein Band erschienen. (Beide Verlage beriefen sich auf Zusagen eines österreichischen Autors, der angab, im Besitz der Rechte zu sein.)

Leider war es den Herausgebern nicht möglich, die Adressen (in den Vereinigten Staaten bzw. in England?) der Witwe des Autors – Olga Müller-Estermann – bzw. seiner Töchter zu ermitteln. Für Hinweise sind die Herausgeber ebenso dankbar wie für Ergänzungen und Korrekturen zur Bibliographie, die ohne die Hilfsbereitschaft der Siegener Universitätsbibliothek, des Deutschen Literaturarchivs des Schiller-Nationalmuseums in

Marbach (Neckar) sowie des Brenner-Archivs der Universität Innsbruck nicht zustande gekommen wäre. Abschließend sei Christa Schlenther und Ute Krebs für das mühsame Schreiben eines reprofähigen Typoskripts gedankt.

I. AUFSÄTZE 1946-1980

Helmut Kreuzer
Einleitung. Zur Rezeption Robert Müllers[1]

Es gilt, einen Autor fürs literarische und historische Bewußtsein zu entdecken, mit dem wir unsere Schwierigkeiten haben werden: den Österreicher Robert Müller, dessen vielseitige Tätigkeit als exotistischer Erzähler, expressionistischer ‚Aktivist', kulturphilosophischer Essayist und literarischer Manager die Neugier der Literatur- und Kulturhistoriker längst hätte auf sich ziehen sollen. Wir werden mit ihm unsere Schwierigkeiten haben, weil dieser Meister des Wortes auf Irr- und Abwegen der deutschen Ideologiegeschichte zwischen Nietzsche und Ernst Jünger unterwegs war, ein Außenseiter, der sich selbst ums Leben brachte, aber die stärksten und repräsentativsten ‚Typen' der Epoche in sich zu vereinigen glaubte, ein sonderbarer ‚Politiker des Geistes' im Zeitalter des Imperialismus, dessen essayistische Ideen durch die geschehene Geschichte dieses Jahrhunderts desavouiert sind, aber durch „Kühnheit und Biegsamkeit der geistigen Bewegung", durch „Fülle an Anknüpfungen, Gesichtspunkten, Assoziationen", durch ihre Sprache und ihr intellektuelles Temperament auch solche Zeitgenossen beeindrucken konnten, die wie der eben zitierte Hermann Hesse ihre Tendenzen, zumal während des Ersten Weltkriegs, mit Grund nicht teilten. Diese Ideen und ihre essayistischen Formen durchprägen ein Erzählwerk mit phantastischen und realistischen Aspekten, das – jedenfalls in seinen besten Teilen – von fortdauerndem literarischen Interesse ist. Es steht zum Teil im Zeichen des Paradoxen und der Ironie und ist geeignet, kraft seiner Sprache und Gestalt den Leser gegen problematische Ideen, die es nähren, selber zu immunisieren; es übertrifft an künstlerischer Faszinationskraft die meisten Romane, die von deutschen Autoren aus der Generation der achtziger Jahre in der Zeit des Expressionismus – zwischen 1910 und 1924 – geschrieben und von der Literaturgeschichte bisher bemerkt und hervorgehoben worden sind. Es sind mithin zwei unterschiedliche Gründe, die dafür sprechen, Müller kritische Aufmerksamkeit zuzuwenden: Er ist als *Erzählkünstler* nach wie vor *literarisch* aktuell; und er ist als *Ideologe* ein *historisch* aufschlußreicher deutsch-österreichischer Zeuge der Literatur- und

---

[1] Alle Zitate sind den jeweils angegebenen Aufsätzen dieses Bandes entnommen, soweit nicht andere Quellenangaben in Klammern beigegeben sind.

Geistesgeschichte des Imperialismus (die er in der Gattungsgeschichte des Essays mit repräsentiert).

Müller spielt für den österreichischen ‚Aktivismus' – d. h. für die Vertreter einer politischen „Logokratie" aus der expressionistischen Generation – eine so dominante Rolle wie Kurt Hiller (der ihn – Ernst Fischer zitiert es – seinen „österreichischen Zwilling" genannt hat) für den reichsdeutschen ‚Aktivismus'. Trotzdem ist die Aktivismus- und Expressionismusforschung bisher an ihm vorbeigegangen. Sie hat das umfangreiche Werk ignoriert, obwohl der viel durchforschte Robert Musil – unter künstlerischem Aspekt – die *Tropen* Müllers als eines der „besten" Bücher „der neuen Literatur überhaupt" gepriesen hat und obwohl doch Müller – unter ideologischem Aspekt – in seiner Nachkriegsstilisierung als „katholischer Bolschewik" z. B. ein nicht uninteressantes Exempel für realhistorische Entsprechungen zum Denken Naphtas ist, der berühmten Gegenfigur zu Settembrini im *Zauberberg* von Thomas Mann.

Warum dieses Desinteresse, dieses lange Schweigen über Müller? Ein Grund für viele war sicherlich die äußere Schwierigkeit, einen Überblick über sein Werk zu gewinnen. Es ist in vielen (z. T. von ihm selber gegründeten) Zeitschriften verstreut; ein Teil der Bücher ist an abgelegener Stelle erschienen und längst nicht mehr auf dem Markt oder im öffentlichen Bewußtsein präsent. Zwei kurze theoretische Texte erschienen zwar 1960 wieder in Paul Pörtners Quellensammlung zur „Literatur-Revolution 1910-25"; auch eine Erzählung (*Manhattan Girl*) wurde nachgedruckt, unter anderem in einer der unschätzbaren Expressionismus-Anthologien Karl Ottens. Selbständig wurde nur die Südsee-Novelle *Das Inselmädchen* (1919) nach dem Zweiten Weltkrieg neu aufgelegt (mit einem Nachwort des Wieners Otto Basil, das auch im vorliegenden Band erscheint); sie ist das Produkt eines expressionistischen Exotismus, der „Geschichte als eine Verlängerung des Geologischen und Biologischen" erweisen will (W. Reif), und hatte im Nachkriegsjahr 1946 keine Chance, über enge lokale Grenzen hinauszuwirken. So war es bislang schwer, sich einen Gesamteindruck von Müller zu bilden. Es gab Autoren, über die sich bequemer und, da sie bereits bekannt waren, mit mehr Aussicht auf Resonanz des Sekundärtextes schreiben ließ.

Andere Gründe aber liegen eher in Müller selbst, wie sich auch an den Beiträgen dieses Bandes ablesen läßt. Sein Standpunkt ist – mit Franz Bleis literarischem „Bestiarium" zu sprechen – „schwer festzustellen"; der „Windhund" Müller „fliegt und läuft im Zickzack und ist unverfolglich".

Politisch gehört Müller zu den „linken Leuten von Rechts" oder den „rechten Leuten von Links", die für die Sozialgeschichte der expressionistischen Intelligenz so charakteristisch, aber von keinem der großen politischen Lager ganz adaptierbar sind und für keines als Bestandteil seines ‚Erbes' zum Gegenstand der Traditionspflege werden können. Wenn es auch möglich ist, wie Günter Helmes (Siegen/Madison) demonstriert, Grundzüge seines schillernden Denkens aufzudecken, so ist damit noch nicht die oft frappierende Erscheinungsform in Rechnung gestellt, die die Wirkung der Gedanken Müllers zu modifizieren vermag und ihren Ort im literarischen und politischen System mitbestimmt. Nicht zufällig hat Karl Kraus (Hans Heinz Hahnl erinnerte 1968 daran) Müller als gespaltene Doppelfigur Harald Brüller und Brahmanuel Leiser satirisch porträtiert und damit die Spannungen und Widersprüche in Müller versinnlicht, die auch Blei andeutet, wenn er seinen animalischen „Robertmüller" mit „Vorderpfoten" ausstattet, aber hinzufügt, daß sie „nicht zum Greifen eingerichtet, sondern mit einer metaphysischen Spannung überzogen" sind.

Karl Kraus ist mit in Rechnung zu stellen, wenn nach den Gründen für das lange Schweigen über Müller gefragt wird. Müllers Attacken gegen den „Dalai Lama" Kraus in der ersten und einzigen Nummer seiner Zeitschrift *Torpedo* (1914) wie in seinem Stück *Die Politiker des Geistes* (1917) (Jens Malte Fischer, Siegen, ging ihnen 1975 nach) provozierten eine Reaktion, die Müller als Objekt Krausscher Satire ins Gedächtnis der Nachwelt einschrieb. Wer sich mit Müller positiv einließ, trotzte damit in gewisser Weise einer der mächtig fortwirkenden Autoritäten der intellektuellen Szene in Deutschland und Österreich. Und es ist aus humanistischer Perspektive unbestreitbar, daß Müllers publizistische Kriegsschriften mit ihrem Kult der Macht und ihren Träumen von Eroberung ihre imperialistisch-puerilen Züge besonders deutlich offenbaren, wenn man sie an den publizistischen Kriegsschriften von Karl Kraus mißt – ganz zu schweigen von *Die letzten Tage der Menschheit* (Müllers Kriegskult wird erst durch die eigene Militärerfahrung gebrochen).

Das Verdikt von Karl Kraus ließ sich durch ein Verdienst um Karl May nicht ausgleichen. Schließlich waren es die wenigsten unter den Karl May-Verehrern, für die von Interesse und denen überhaupt bewußt war, was Franz Cornaro (Wien) Anfang der siebziger Jahre beschrieb und erläuterte: daß Müller 1912 „in drei Publikationen für ihn [May] Zeugnis abgelegt, mit den Waffen des Geistes für ihn gekämpft und ihm die vorbereitete Gelegenheit zum letzten Vortrag in Wien geboten, dessen triumphaler Erfolg die letzten Lebenstage des großen Erzählers verklärt hat." Es war ein Geben und Nehmen auf beiden Seiten. Dem Fundus Karl Mays und der Tradition des Abenteuerromans hat Müller das stoffliche Motiv entnommen – die Schatzsuche im ‚wilden' Südamerika –, das Müller im ersten Kriegsjahr in ein Romanwerk einband, das den Leser freilich ebenso weit von der Schreibart Karl Mays entfernt wie von der österreichischen Außenwelt des Jahres 1915, indem es ihn in die ‚Tropen' der Innenwelt entrückt (ja nach der psychologischen Interpretation J. J. Oversteegens in die Zone pränataler Erinnerung) und eine Identitätserfahrung des Ich mit „all dies(em) Generelle(n) um mich her" zum Ausdruck bringt. Kurt Hiller hatte 1920 (im vierten Bd. der Jahrbücher für geistige Politik, *Das Ziel*, S. 49) die *Tropen* als „unerhörte Kreuzung aus Gauguin und einem Über-Freud mit pantrigem Sportboy-Einschlag; oder aus Nietzsche und Karl May" bezeichnet. Über ein halbes Jahrhundert später (1976) entdeckte der bald danach verstorbene holländische Komparatist J. J. Kamerbeek (Amsterdam) das Buch – „einen großen und in jeder Hinsicht gelungenen Wurf" – auf dem Krankenbett für sich und verglich es in einer Studie für die Festschrift Herman Meyer mit Prousts „A la recherche du temps perdu". Er wußte nichts davon, daß der Roman des „fast gänzlich verschollenen österreichischen Autors" durch seine Sprachkraft von Hesse und Döblin bis zu neuen Interpreten der siebziger Jahre doch eine Anzahl kundiger Leser beeindruckt und durch sie eine wenn auch punktuelle öffentliche Resonanz gefunden hatte. (Nur Musils Nachruf, das bedeutendste Rezeptionsdokument aus dem Kreis der literarischen Zeitgenossen, wurde ihm nachträglich noch bekannt.)

Diese neuen Interpreten der siebziger Jahre – Wolfgang Reif (Oberhausen/Siegen, 1975), Ingrid Kreuzer (Freudenberg/Siegen, 1978), J. J. Oversteegen (Utrecht, 1980) – haben das Netz der weltliterarischen Vergleiche dichter gesponnen und damit ein erstes Koordinatensystem bereitgestellt, das uns erlaubt, Müller historisch und weltliterarisch zu ‚verorten'. Schon die ersten Rezensenten der Kriegszeit hatten die Nähe der *Tropen* zum Werk des späteren Nobelpreisträgers Johannes V. Jensen registriert. Nun werden diese Bezüge zu dem Dänen verdeutlicht. Die *Tropen* ließen sich nun aber auch einem Romantyp zuordnen, den erst 1925 André Gides „Faux-monnayeurs" bekannt machten, dem irritierenden Spiegel-Roman, in dem ein ‚Roman im Roman' mit demselben Titel wie der Gesamtroman geschrieben wird, so daß der Leser über den Status des Gelesenen verunsichert wird. Der Roman Müllers zeigt sich im Rückblick auch als Ausgangspunkt eines Strangs moderner deutscher Essay-Romane, mit Exempeln von

Flake, Musil und Broch. Er läßt sich in Traditionslinien einbetten, die von der deutschen und französischen ‚Lebensphilosophie' zum Expressionismus, abgewandelt von der Romantik bis in die Gegenwartsliteratur (etwa zum Romanwerk Hubert Fichtes) weiterführen. Damit ist einerseits die literarische Rangstufe wenigstens angedeutet, auf der dieser Roman anzusiedeln ist, andererseits auch das Publikum, das sich ihn angemessen zu erschließen und auf sein kompliziertes Spiel mit mannigfaltigen „Fiktionsstrukturen" und „Rezeptionsdimensionen" (I. Kreuzer) mit Lust einzugehen vermag. „Zweifellos lassen sich objektive Gründe für den exklusiven Charakter von *Tropen* nennen: ein Buch von beinahe essayistischer Qualität, welches seine Gedankengänge hinter Bildern verbirgt, und welches dann die Form dieses Denkens selbst wieder zum Thema macht, sodaß eine Geschichte entsteht, die man fast emblematisch nennen könnte". [So Oversteegen, ein passionierter und professioneller Leser, der nach „zwanzig Jahren und viermaliger Lektüre (…) nun wirklich wissen (will), ‚worum es eigentlich geht'."]

Tropen ist (trotz aller Anleihen beim Motivschatz der Abenteuer-, Reise- und Detektivliteratur) ein Roman der literarischen E-Kultur, ohne Chance, diese soweit zu transzendieren, wie es einigen abenteuernden Autoren der gleichen Generation – etwa T. E. Lawrence, Blaise Cendrars, B. Traven – mit bestimmten Werken gelungen ist (oder auch der fast gleichzeitigen „Räuberbande" Leonhard Franks). Darin liegt eine Grenze – auch für die literarhistorische Bedeutung – dieses Romans, die nüchtern festzustellen und nicht unter Berufung auf einen modernistisch-esoterischen Literaturbegriff in einen Vorzug umzudeuten ist. Müller selbst war alles andere als ein Erfolgsverächter und hat den Einbezug von ‚Kolportage'-Elementen auch in späteren, einfacher geschriebenen und leichter zu dechiffrierenden Romanen (wie *Der Barbar*, 1920, *Camera obscura*, 1921, *Flibustier*, 1922) nicht gescheut.

Wie er nach Erfolg strebte, so nach Macht und Kapital. Emil Ludwig fürchtete im Sommer 1918, „dieser Kopf" könne in Wien bald „politischer Führer heißen", und warnte vor der „Kunst glänzender Antithesen in der Hand dessen, der im Gefühl entschieden hatte, ehe er den Geist zur Überredung aufrief." Nach Macht strebt Müller als ‚Aktivist' im Namen der ‚Geistigen' – d. h. im intellektuellen Gefolge Kurt Hillers (wenn auch nicht ohne Abweichungen von dessen Position). Er war der – neben Hiller und Flake – begabteste Schreiber in dieser so symptomatischen wie problematischen ‚Bewegung', die ohne Berücksichtigung Müllers überhaupt nicht zureichend erfaßt werden kann, so daß hier eine Forschungslücke klafft, die auch Richard Brinkmanns jüngster und so viel umfassender Literaturbericht zur Expressionismus-Forschung (DVjs.-Sonderband, Stuttgart 1980) noch nicht bemerkt, wiewohl er Wolfgang Reifs Saarbrücker Dissertation verzeichnet (die von mir in Bonn und Siegen betreut wurde und mich zum Versuch einer Neuedition der *Tropen* wie auch zur Planung dieses Bandes veranlaßt hat).

Daß diese Intellektuellen nach direkter Macht strebten, macht ihre politische Ohnmacht so deutlich, die in ihrem ideologischen Ansatz angelegt war und nichts mit den Grenzen des Geistes als solchem zu tun hat. (Müllers selbstironisches Schauspiel *Die Politiker des Geistes* zeigt eben dies schon 1917, d. h. noch bevor die „Logokraten" nach der November-Revolution die rasch vertane Chance zur politischen Praxis erhielten. Christoph Eykman, Boston, analysiert es in diesem Band und ordnet es ins Spektrum der expressionistischen Stellungnahmen zur Polarität von „Geist und Tat" ein.) Jene Ohnmacht ist Ausdruck einer sozialen Entfremdungssituation, die Wolfgang Reif mit dem Instrumentarium der Marxschen Entfremdungsphilosophie und der ‚Antipsychiatrie' Ronald Laings am ‚schizoiden' Fall Robert Müllers durchschaubar machen will. Aus ihr erklärt sich das unfreiwillig Regressistische, das sich z. B. an den geschlechts- und rassetypologischen „Obskuritäten" Müllers zeigt, und überhaupt das Wirklichkeitsfremde an den utopischen Konzepten und kulturphilosophischen Synthesen (von Nord und Süd, Ost und West, *Bolschewik und Gentleman*, Rom und Moskau etc.), die der „katholische Bolschewik aus der ‚Schwäbischen Türkey'" apodiktisch propagierte und die Günter Helmes (unter dem zitierten, auf eine Formulierung Müllers anspielenden Titel) kritisch mustert. Helmes schreibt der Publizistik Müllers, vor allem seinem Vorkriegsdenken, faschistoide Züge zu. Das ist die eine Seite der Medaille; die andere zeigt sich in der realistischen Konsequenz, mit der Müller in seinem fiktionalen Werk Figuren scheitern läßt, die Züge von ihm selber tragen, seine eigenen Programme vertreten, seine eigenen Projekte realisieren wollen. Bezeichnend auch, daß (Reif weist darauf hin) Adolf Bartels, das Oberhaupt der „völkischen" Kritik, ‚Jüdisches' in Müller – und das heißt nach den Kriterien Bartels' – sein prinzipielles Unvermögen wittert, dem Bartelsschen Ideal von „Blut- und Boden-Dichtung" praktisch zu entsprechen. Der von der Großstadt produktiv faszinierte Müller gehört wie Gottfried Benn in eine internationale Avantgardetradition nicht ohne Affinitäten zu faschistoiden Denktendenzen, aber ohne Aussicht auf deren Honorierung durch die nationalsozialistische Massenbewegung oder die offizielle Kulturpolitik des

Dritten Reiches. Müller hätte sich ebenso wie Benn den Vorwurf des ‚Kulturbolschewismus' gefallen lassen müssen, um so mehr als er ihn auf sich selber als Ehrentitel bezogen hat: „Man möchte sich fragen, ob Expressionismus, Aktivismus und Bolschewismus nicht Synonyme für dieselbe moderne Erregung sind, je nachdem sie sich auf verschiedenen Formgebieten ausspricht, dem der Kunst, der Kultur, der Politik." (*Bolschewik und Gentleman*, 1920, S. 28) Wie hätte die Partei Hitlers sich auch die Verherrlichung von „Bolschewik und Gentleman", von Amerikanismus und Katholizismus zu eigen machen können (so weit sich die Müllersche Typologie, die sich an diese Begriffe knüpft, von der Empirie Rußlands, der Vereinigten Staaten oder der Römischen Kirche entfernen mochte).

Müllers paradoxe politische Kombinatorik erinnert ebenso an Attitüden der literarischen Boheme wie manche Züge seines Lebensstils oder wie das immer wieder durchbrechende Bekenntnis zu einem utopisch-anarchischen Individualismus, der das Außenseitertum der bürgerlichen Gesellschaft zur sozialen Norm einer ‚freien' Welt erhebt: „Ich vertrete alle Outcasts; die Antipolitischen und die Asozialen; die Verwegenen und Vogelfreien; (...) alle Wahnsinnigen und Verstoßenen, (...) die noch außerhalb der Bestimmungsrechte stehen. Wir wollen die Gesellschaft bis zur vollständigen Desorganisation organisieren, bis sie nur eine wilde Musik von Individualitäten geworden ist." (*Die Politiker des Geistes*, 1917. S. 98f.) Aber Müller ist weit davon entfernt, für sich selbst ein soziales Außenseitertum als unbürgerlicher Künstler in der bestehenden bürgerlichen Gesellschaft emphatisch zu bejahen oder sich auch nur resignativ mit ihm abzufinden. Daher nach dem Traum von der politischen Macht der Traum vom Kapital, das praktische Engagement des ‚Geistes' als literarischer ‚Unternehmer', als ‚aktivistischer' Stratege auf dem kulturellen Markt. Der Beitrag Ernst Fischers (Wien) zu diesem Buch läßt – wie die Erinnerungen Otto Flakes – erkennen, daß (vielleicht neben einer erotischen Konfliktsituation) das Scheitern dieses letzten Versuchs, die Einheit von „Geist und Tat" als Buchgrossist bzw. als Direktor des „Atlantischen Verlags" für sich zu verwirklichen, den Suizid 1924 sicherlich mit bedingt hat. Mit Musils Worten: „der Verlagsdirektor hatte am Ende eines doppelt versuchten Lebens den Dichter Müller getötet". Fischer erhellt erstmals diese ‚kapitalistische' Episode der Biographie und weist überzeugend nach, wie der Dichter Robert Müller im Spekulantenroman *Flibustier* (einem zeitdokumentarischen „Kulturbild" von Rang) mit selbstironischem Realismus das eigene praktische Scheitern als Geschäftsführer im Konzern „Literaria" zur Erfahrungsbasis eines Werkes macht, das mit seiner mythisierenden Typologie freilich darüber hinaus ins kulturkritisch Allgemeine zielt. Das Schlußwort Ingrid Kreuzers zu ihrem Tropen-Aufsatz hat abgewandelt auch für die *Flibustier* und Müllers Aktivitäten in der ersten österreichischen Republik seine Gültigkeit: Müller war zuerst und zuletzt weder Abenteurer noch Politiker noch Unternehmer; er war der „unheilbare Dichter", für den kein anderer ‚einzuspringen' brauchte, um die Tragikomödien seines Lebens – oder auch nur dessen gewaltsames Ende – zu erzählen; er hat es selber vorweg getan.

Die Nachrufe der Freunde sind in diesem Bande wieder abgedruckt. Noch durch den emphatischen Überschwang einzelner Zeugnisse hindurch wird das Persönlichkeitsbild Müllers suggestiv vermittelt. Unzureichend aber ist immer noch, was wir verläßlich über sein Leben wissen, trotz der verdienstlichen, faktenreichen Skizze Werner J. Schweigers in einem Band, über die österreichische Avantgarde (1976/77, S. 139). Ungeprüft und unbelegt sind meines Wissens bisher die (offenbar auf Müller selbst zurückgehenden) Angaben über Müllers frühe Reisen, die als eigentliche Erfahrungsbasis seiner Schriftstellerexistenz gelten. Arthur Ernst Rutra beschreibt ihn als neuen Kolumbus, der „als Jüngling auszog, um Amerika, sein Amerika zu entdecken. Und als er heimkehrte, nach einem Jahr New York, einem Taglauf als Zeitungsverkäufer in den Straßen und Nachtlager unter den Eisenbahnwaggons auf den Bahnhöfen, nach einem Dasein als Reporter und nach Abgrasen von Städten, nach Westindien und dem Untertauchen in der Lebensmystik der Tropen, heimkehrte als Schiffssteward, in Bremen bis heute sein Seemannszeugnis unbehoben lassend", – da hatte er eine Botschaft für Europa, „die Synthese aus Alt-Europa und Alt-Amerika, den Neu-Europäer – oder Neuropäer – seiner Traumwelt Atlantis". Wieviel hier Legende, wieviel biographische Realität ist, bleibt vorerst offen. Unbestreitbar aber ist, daß ein schier manischer Amerikanismus (noch *kein* Modephänomen wie in der Neuen Sachlichkeit) sein Leben und Schreiben geprägt hat – ohne daß er bisher in die Kulturgeschichte des ‚Amerikanismus' oder in die Literaturgeschichte des Amerikabildes Eingang gefunden hätte (in die er zum Beispiel mit seinem Amerika-Roman *Der Barbar* gehört, mit seiner kulturphilosophischen Typologie von *Bolschewik und Gentleman*, mit seiner im Expressionismus noch atypischen Techno-Romantik, mit seiner Jack Slim-Figur, die durch mehrere Texte wandert, seinem Walt Whitman-Kult, den er mit Jensen teilt und der sich noch im Programm seines „Atlantischen Verlags" äußert, den er in betont ‚amerikanischem' Geschäftsstil leiten wollte). Es entspricht diesem ‚Amerikanismus', der über den Expressionismus als literarische Richtung hinausweist, daß Zeitgenossen den Eindruck hatten, „alles", was Müller schrieb, könne man, „dem der geniale Hauch einer konstruierten Maschine" so wenig fremd sei „wie das Gefühl für die Bedeutung einer geistigen Tat und den Wert einer sportlichen Leistung" (Rutra).

Mit den Aufsätzen von Hans Heinz Hahnl, die Ende der sechziger, Anfang der siebziger Jahre erscheinen (parallel zu Texten von und über Müller im Rahmen der Karl May-Jahrbücher), beginnt ein Prozeß der Neuentdeckung Müllers, der anläßlich des 50. Todestags von der österreichischen Zeitschrift „Die Pestsäule" mit einem Sonderteil gefördert wurde, der – W. J. Schweiger redigiert – alte Freunde und Verehrer Müllers panegyrisch zu Wort kommen läßt und u. a. Informationen über Müllers Kinolieblinge und seine literarischen Präferenzen vermittelt (von Autoren wie Kipling, Conrad, Chesterton und Hamsun bis zu Aage Madelungs *Zirkus Mensch*, Thomas Manns *Der Tod in Venedig* und John Dos Passos' *Manhattan Transfer*).

Mit Wolfgang Reifs Dissertation und Kamerbeeks Festschriftenbeitrag erfaßt dieser Prozeß die Literaturwissenschaft. Mit den an Reif bzw. Kamerbeek sich anschließenden Aufsätzen von J. M. Fischer, I. Kreuzer, J. J. Oversteegen etc. bildet sich ein fester Argumentations- und Diskussionszusammenhang, der Beginn einer Forschungstradition. Damit ist die Phase der folgenlos punktuellen Hinweise überschritten. Wenn dieser Band nun noch dazu beiträgt, daß Müllers *Tropen* dem Publikum wieder zugänglich werden (und nicht länger juristisches Taktieren, das weder dem Autor noch der Wirkung seines Werkes noch seiner Familie von Nutzen sein kann, den Neudruck verhindert), hat er seinen Zweck erfüllt. Eine *Gesamt*ausgabe – einschließlich der zeitgebundenen politischen Essays – kann der Wirkung und Geltung Müllers nur schaden. Jene Essays seien der kritischen Aufmerksamkeit des Historikers empfohlen, dem dieser Band den Weg zu ihnen weist.

Hans Heinz Hahnl
Robert Müller (1971)

Robert Müller, geboren am 29.10.1887, durch Selbstmord am 27.8.1924 gestorben, ist heute so gut wie unbekannt. Die Bibliographie, die ich diesem ersten Versuch einer Würdigung anschließe, nennt 14 Veröffentlichungen; ein Verzeichnis der Zeitschriften, an denen Robert Müller mitgearbeitet hat, erweist ihn als einen der aktivsten Publizisten der Zeitspanne, die wir expressionistische nennen.

Versuche, nach Kriegsende auf ihn aufmerksam zu machen, gingen unter. Im *Turm* brachte Erhard Buschbeck 1945 einen Hinweis; der Verlag seines Bruders Erwin Müller, in den ersten Nachkriegsjahren das bedeutendste Wiener Verlagshaus, druckte eine seiner Novellen mit einem Nachwort von Otto Basil. Robert Musils Nachruf auf seinen Freund Robert Müller, in der Gesamtausgabe veröffentlicht, ist unbeachtet und wahrscheinlich ungelesen geblieben. Daß der Harald Brüller in *Literatur* von Karl Kraus Robert Müller darstellt, wußten wahrscheinlich nur wenige Leser des Neudruckes. Die Marbacher Expressionismus-Ausstellung vermochte kaum etwas über ihn zu vermelden, erst Pörtner wartet in der Dokumentensammlung *Literatur-Revolution 1910-1925* mit einem Aufsatz und Daten auf, aber auch er hatte trotz sorgfältiger Umfrage nicht die Rechtsinhaber ermitteln können. Dann erinnerte sich noch Oskar Maurus Fontana in den von Raabe herausgegebenen Dokumenten zur Literatur des Expressionismus des Jugendgefährten.

Kein deutscher Literat kennt heute seinen Namen. Mein Versuch, ihn in einem Literaturlexikon mit einer Dreizeilennotiz unterzubringen, scheiterte ebenso wie ein anderer – in der Österreich-Reihe des Stiasny Verlages, in der doch wahrlich die unbedeutendsten Achtelbegabungen Aufnahme gefunden haben – auf eine in ihrer Zeit bedeutende, für sie repräsentative und über sie hinaus wesentliche literarische Leistung hinzuweisen. Jedoch steht er hier nicht allein.

Die erste selbständige Publikation des Siebenundzwanzigjährigen ist eine Polemik gegen Karl Kraus: *Karl Kraus oder Dalai Lama, der dunkle Priester. Eine Nervenabtötung.* Sie war als die Nummer 1 einer Monatsschrift für großösterreichische Kultur und Politik, die auch die letzte geblieben ist, im Selbstverlag erschienen. Der Titel ist nicht ohne Interesse, er lautet *Torpedo*. So wollte er wirken: rasch, explosiv, im Zuschnitt der technischen Moderne. Margarete Beigel-Ujhely meint in ihrem knappen, aber informativen und verständnisvollen Robert Müller-Artikel in Nagl-Zeidler-Castles großer *Geschichte der deutschen Literatur in Österreich-Ungarn*, daß in dieser „grimmigen Satire" „wohl eher Ähnlichkeit als Verschiedenheit der Temperamente Wurzel des Hasses war". Es soll auch eine Ohrfeigenaffäre gegeben haben. Wenn man das 38 Seiten lange Pamphlet heute liest, fällt einem die Feststellung nicht schwer, daß Robert Müller zwar Unrecht hatte, daß er auch die vulgären Argumente der Kraus-Kritik nicht scheute, daß er aber der einzige Pamphletist gegen Karl Kraus ist, der seinem Thema sprachlich gewachsen war. Ein Satz wie dieser könnte von Karl Kraus sein: „Die Sonne bringt es eventuell an den Tag, die Fackel aber holt es aus dem Tagblatt." Die Temperamente sind einander in Wahrheit sehr verwandt, nur ihre Selbsttäuschungen unterscheiden sie. Karl Kraus hat natürlich gegen Robert Müller recht behalten, der an seine Zeit geglaubt hat. Kraus sprach im Namen des Weltgerichtes, er hielt Gericht als Statthalter einer Instanz, deren Ziel und Maß der Mensch gesetzt hat, er verteidigte die Ewigkeit gegen die Gegenwart. Robert Müller war ihr Exponent, zukunftsgläubig, zukunftsträchtig, ein Visionär kommender Zukünfte, ein Utopist, der überzeugt war, daß der Geist sich nun die Technik und das Geschäft unterordnen werde. So hält er Kraus vor, daß er ein „verkanntes Genie" sein wolle. Das war etwas, das er nicht anerkannte: „Die schnöde Welt, die auf den Gassen drängt und an den Tabak-Trafiken ungerührt vorübereilt, sieht nicht ein, daß er ihr die Kultur gerettet hat, als er sie statt der Bitte um Feuer an die Apokalypse wies." Zwei Utopien stehen einander hier gegenüber: Die Hoffnung auf Ewigkeit und der Glaube an die Zukunft.

Kraus hat sich noch sieben Jahre später gerächt. Otto Basil hat darauf hingewiesen, daß Robert Müller keineswegs nur der Harald Brüller in Karl Kraus' magischer Operette *Literatur*, sondern zugleich ihr Brahmanuel Leiser war, der die „abfallenden Schultern der müden Kulturen" hat. Die Stelle in *Literatur* lautet: „Es treten auf Harald Brüller und Brahmanuel Leiser. Brüller verbreitet Frische; Leiser Müdigkeit. Brüller deutet durch seine Bewegungen an, daß er eigentlich ein Wiking ist, den ein Seeunglück in die Zeit und in dieses Milieu verschlagen hat, versteht es aber, in seinem Wesen das normannische Element glücklich mit dem amerikanischen zu verschmelzen. Jenes kommt durch seine Tracht (Radmantel und Ballonmütze) zum Ausdruck, dieses durch die kurzangebundene Art seines Auftretens, seinen Händedruck, unter dem sich der Reihe nach alle Anwesenden, die er begrüßt, in Schmerzen winden, sowie durch ein gelegentlich in die Debatte geworfenes ‚All right'…" Die zweite Mänade schwärmt von Brüller:

„Gott ich sag dir – der Brüller – ich flieg auf ihn tamisch,
so ist das ein Wunder, er ist doch dynamisch.
Was hab ich von den andern, so blasiert und so kränklich,
teils sind sie nachdenklich, teils sind sie bedenklich.
Pervers sein ist schön, doch auf die Dauer zu fad,
er allein, schau ihn an, hat den Willen zur Tat.
Unter Stimmungsmenschen ist er Aktivist,
und außerdem ist er der einzige Christ."

Die Szene endet mit einem „All right" Brüllers, das daran erinnert, wie viel sich Robert Müller darauf zugute getan hat, daß er in Amerika war. Bei Raimund gibt es eine Figur, die sich rühmt: „Ich war zwei Jahre in Paris." Robert Müller dürfte die Schwäche gehabt haben, gern auf seine amerikanischen Erfahrungen hinzuweisen. Amerika, das war ein Pol seiner Utopie. Die Synthese von Amerikanismus und Sozialismus im Zeichen des Geistes. *Bolschewik und Gentleman* heißt einer seiner Buchtitel.

Nach der Schrift *Was erwartet Österreich von seinem jungen Thronfolger?* erschienen die Essaybände zum Krieg. Der erste hieß *Macht*. Er enthält die mit viel zeitbedingten Irrwegen durchsetzte Frage: Wie bringt man eine „deutsche Seele", die gegen die Macht ausgespielt wird, „zum Schweigen?" Der Krieg schien seine Anstrengungen zu unterstützen. Müller gebrauchte etwas wahllos seine Argumente für ein männliches Zeitalter, für das ihm der Nervenmensch und Techniker geschaffen schien. „Harte Güte und unsentimentale Milde" heißt ein Satz, für den sicherlich Nietzsche Pate gestanden ist. Zweifel: dieses Wort hat er aus seinem Vokabular gestrichen. Erfolg war für ihn selbstverständlich. Wenn man das nicht weiß, klingt ein Satz aus dem Jahr 1913 überheblich: „Es handelt sich stets um den siegreichen Krieg. Ein anderer Krieg ist nämlich kein Krieg, sondern eine Krankheit, und man führt ihn nicht." Man sollte vor allem nur die Zuversicht in diesem Satze wahrnehmen.

Wofür Robert Müller in seinen Kriegsaufsätzen das blutige Zeitgeschehen zum Beweise nahm, war die Forderung nach der intellektuellen Bewältigung der Macht. Keine Reverenz gegenüber der Macht, keine geistigen Rückzieher: „Bekämpfe Deine unberechtigte Verachtung des Erfolges", heißt es in *Macht*. An politischen Einsichten fehlt es nicht, die sich viel später bewahrheitet haben: „Dieser Krieg, den ich den atlantischen nenne, weil er um die Freiheit des Atlantischen Ozeans an dessen Osträndern geführt wird…scheidet England und Rußland zu späterem Wettbewerbe aus. Über deren Reiche, Kultursysteme und Menschentypen wird der bald zu erwartende pazifische Krieg entscheiden, an dem noch Nordamerika… Anteil haben wird." Interessant, daß sich zwischen die beschwörenden Forderungen an die Intellektuellen, die Macht zu nützen, auch ein Satz wie folgender schleicht: „Wir sind einsamer denn je".

Das wichtigste und vollkommenste Werk Robert Müllers erscheint 1915: *Tropen. Der Mythos der Reise. Urkunden eines deutschen Ingenieurs.* Erhard Buschbeck nennt es eine „merkwürdige Mischung von Sehnsucht des Kulturmenschen nach Auflösung im Elementaren und seinem Verlangen, dieses wieder unter die Kontrolle seines Verstandes zu stellen".

Margarete Beigel-Ujhely schreibt: „Ein merkwürdiges und einzigartiges Dokument, eben oder weil es wenig im alten Sinne Romanhaftes enthält: es ist eine nüchterne Schilderung des übersteigerten ‚tropenhaften' Seelenlebens, das die heiße, südliche Sonne in modernen, klugen und sich selbst beobachtenden Menschen auslöst. Wieder verschwinden hier die Grenzen zwischen Fieberphantasie und Wirklichkeit, da alle dasselbe träumen."

Das Wesentlichste hat Robert Musil gesagt: „Wie Kinder zu fragen vermögen, daß sie jeden Erwachsenen in Verlegenheit bringen, verstand er zu antworten, und seine Antworten waren den Zeitfragen immer in irgendeiner Einzelheit voraus; es war eine merkwürdige Mischung von Utopischem und bloß für utopisch Geltendem in ihm, die sich noch nicht geklärt hatte. Es gelang ihm einmal einen vollkommenen Ausdruck dafür zu finden, das war in seinem Roman *Tropen*, (…) der eine phantastische Stromreise im Urwald mit einer animalischen Kraft beschreibt, die keineswegs hinter der des berühmten Johannes V. Jensen zurücksteht, zu ihr aber auch eine geistige Kraft in flimmernden, zur Situation passenden Ausstrahlungen fügt, die dieses Buch zu einem der besten der neuen Literatur überhaupt machen." Musil fährt dann fort, daß *Tropen*, wie alle seine anderen Erzählungen, voll von Stellen ist, an denen sich eine Fähigkeit sondergleichen zeigt, mit dem kürzesten und kühnsten Strich den geistigen Charakter von Menschen, Landschaften, Vorgängen, Problemen so scharf auszudrücken, daß man ihre Körperlichkeit einatmet.

Die Prosa dieses Romans ist eine seltsame Mischung von Phantasie, Rausch, visionärem Pathos und nüchterner Intellektualität. Eine Prosa der Nerven; die Sprache ist bestimmt, ja rechthaberisch, aber immer sinnlich. Eine Prosa, die berauscht und ernüchtert, sosehr dies nach Widerspruch klingen mag. Wir haben in diesem Buch, das die Verleger noch nicht entdeckt haben, eine Erfüllung dessen, was die jüngsten Prosaisten ohne rechten Erfolg versuchen.

Die Essaybände aus dem Krieg *Österreich und der Mensch. Eine Mythik des Donau-Alpenmenschen* und *Europäische Wege. Im Kampf um den Typus* in der Sammlung von Schriften zur Zeitgeschichte im S. Fischer Verlag erschienen, erweisen Robert Müller als einen Utopisten, den eine von ständigen explosionsartigen Einfällen angetriebene intellektuelle Phantasie vorwärts treibt. Zwei Züge kennzeichnen sie: Die Erwartung eines neuen Typus, den er sich als den „elementaren Menschen mit den Zügen des schärfsten Bewußtseins" vorgestellt hat, und eine die Rationalität immer wieder hinter sich lassende Phantasie, eine Art Metaphysik der Wissenschaft, die gelegentlich in den Essays auch wunderliche Blüten getrieben hat. Wesentliche Zeitzüge mischen sich hier: der Irrationalismus, der die faschistischen Bewegungen gefördert hat, die Hoffnung auf einen neuen Menschen, die das expressionistische Jahrzehnt so bewegt hat. Robert Müllers eigene Leistung ist die technische Nüchternheit, mit der er die Rösselsprünge seiner Phantasie und des Zeitgeistes unter Kontrolle zu halten versteht, die Vernunft, mit der er sein eigenes Pathos ironisiert, wofür *Die Politiker des Geistes* ein Beispiel bieten. Geschwärmt haben damals viele, er hat seine Visionen mit der Wirklichkeit verglichen. Darauf spielt auch die blendende Charakteristik an, die Hermann Bahr uns von Robert Müller gegeben hat: „Er benützt den Verstand nicht, um die Phantasie zu zügeln, und die Phantasie nicht, um den Verstand zu füllen, sondern eher umgekehrt, er denkt phantastisch und phantasiert nüchtern, er berauscht sich an Zahlen und rechnet Märchen aus."

1917 erscheint bei S. Fischer sein einziges Theaterstück *Die Politiker des Geistes*. Der Titel ist ein Programm, und die sieben Stationen vermitteln das Kaffeehaus als Planungszentrum, in dem die Fabrik des neuen Menschen entworfen wird. Die Utopie gipfelt wieder in einer Versöhnung von Mystik und Verstand: „In gewissem Sinne sind wir politische Expressionisten", sagt Werner, der Apostel der neuen Bewegung, „weil wir die schöpferische Willkür neben den Mechanismus stellen wollen, den irrationalen Staat neben den mildernden wissenschaftlichen...Geist und praktische Energie sind keine Widersprüche mehr, Analyse ist eine synthetische Harmonie aller menschlichen Tugenden geworden..." Utopisch sind auch die Wege: „Um die Politik des Geistes wiederherzustellen, wollen wir uns fliegend, fließend organisieren; kein starres Programm wollen wir aufstellen, keine Paragraphen festlegen. Aus dem Innersten Stellung nehmend, wollen wir die Politik als Geistige begleiten und vielleicht einmal führen." Da ist die Bildhauerin Lotte Klirr: „Sie ist knabenhaft hart", wie andere Frauenfiguren Robert Müllers auch. Der amerikanische Manager Murphy ist eine Art idealisierter Indianer: „Wir machen das Geschäft nur aus ethischen Gründen." Der Schriftsteller Gerhard Werner, der Politiker des Geistes, „hat Muskeln und Geist, er ist irgendwie harmonisch, nicht gerade platonisch, aber modern-nervös". Müller propagiert die Amerikanisierung Europas. Aber Murphy, der edle Indianer, besteht darauf, sie dürfe sich nur so vollziehen, „indem wir den Geistigen unter die Arme greifen". Manches klingt für unsere Ohren fatal, wenn Ethel sagt, „er hat Rasse, das ist mehr als Schönheit", wenn sich hier die „körperlich Tüchtigsten und die geistig Frischesten" versammeln, die Mischung aus Sport und Geist, die „Begründung einer universalen neuen Rassigkeit". Elitephrasen? Aber im Namen der „Politiker des Geistes". Den Amerikaner läßt Robert Müller seine Utopie am deutlichsten und naivsten ausdrücken: „So hat das Leben doch noch einen Sinn. Das Höchste berührt sich mit dem Mechanischen, die Maschine dient dazu, dem Geistigen zu seinem Recht zu verhelfen."

In der zweiten der sieben Stationen dieses Diskussionsstückes tritt auch Karl Kraus unter dem Decknamen Ekkehard Meyer als eine Art Gegenfigur zu dem „neuen Menschen" Werner auf. Interessant ist in diesem Zusammenhang die von Robert Müller herbeigeführte Begegnung Meyers (Karl Kraus) mit Nuchem Tittel, dem Präsidenten der Internationalen Vereinigung „Jüdische Erde", der an Herzl und den Zionismus anspielt. Bezeichnend, daß Robert Müller seine eigenen Bedenken gegen den von ihm proklamierten mystischen neuen Menschen Ekkehard Meyer (Karl Kraus) in den Mund legt: „Dieser Geist des Ruderns, diese frohe Mannbarkeit des Denkens, die über uns und unsere Kinder kommen soll…die Exaktheit, die sich hier in Mystiksauce durchkocht, diese Garheit und Genießbarkeit der Weltanschauung." Robert Müller legt die Selbstpersiflage ausgerechnet Karl Kraus in den Mund! Einen für Robert Müller gewichtigen Einwand gegen Werner bringt Murphy vor: „Er geht umher wie ein Ekstatiker aus dem Osten, und wir müssen hier den Westen einführen."

Aber die Utopie geht dann in Erotik und schließlich in einem literarischen Kabarett unter, der Apostel gewinnt immer mehr autobiographische Züge, er erzählt Episoden aus Robert Müllers amerikanischer und Südseezeit, die dieser gerne zum Besten gegeben hat, das Stück wird immer privater, und zum Schluß löst sich der neue Mensch in einer Pointe auf. Zufall oder Symbol?

Das einzige Werk Robert Müllers, das neu aufgelegt wurde, ist die Novelle *Das Inselmädchen*. Sie ist 1946 im Verlag seines Bruders Erwin Müller, in dem auch der *Plan* erschien, in der Österreich-Reihe mit einem Nachwort Otto Basils wieder herausgekommen. Der Inhalt: Ein Belgier namens Raoul de Donckhard „befand sich unter jenen neutralen Generalstabsoffizieren, die mit Zustimmung der amerikanischen Regierung nach der (unter portugiesischer Verwaltung stehenden) Südseeinsel berufen worden waren, um die Eingeborenenunruhen zu bekämpfen". Er hat eine seltsame Liebesaffäre mit einer blutjungen Eingeborenen, der vom Gouverneur ein Ende gesetzt wird. Nach seiner Flucht von der Insel glaubte er sie in Valparaiso in einer „Maison" wiederzufinden, sie erkennt ihn nicht; als er wieder an Bord ist, erzählt ihm ein amerikanischer Diplomat seine eigene Geschichte, als ob es nur eine politische Intrige gewesen wäre. Thema ist wieder die Geburt des elementaren Menschen, hier in eine elementare Landschaft gestellt, mit Kulturkritik, mit Exotik versetzt. Robert Müller sagt es selbst in der Melodramatik des expressionistischen Stils: „Wie aus dem Kosmischen der Landschaft Seele wird, schildert die Erzählung ‚Inselmädchen'."

Dieses Pathos ist in der Prosa Robert Müllers intellektuell abstrahiert. Basil hat im Nachwort zum *Inselmädchen* Robert Müller attestiert, daß sein „zu keinem Lokalkolorit gedämpftes und verniedlichtes, also in durchaus seelenhaften Urfarben leuchtendes Panorama der Welt ganz aus der Sprache gestaltet schien von einem Intellekt, der eiskalt war bei aller Überhitztheit des Denkens und rasiermesserscharf bei aller sich ans All wendenden, selig sich verströmenden Leidenschaft, wie es damals weniger literarische Mode als literarische Triebhaftigkeit war... Er schrieb einen abenteuerlichen, unruhigen, fast ermüdenden Stil voller Freude an knockoutartigen Saltomortales, grotesken Zwischenfällen und forcierten Anschaulichkeiten. Schwierig, sprunghaft, willkürlich, wimmelnd von plötzlichen Eingebungen und Ausfällen, wirkte seine epische und erörternde Prosa wie eine brennende Faszination – eine Faszination allerdings, die einen verbrennen mußte wie flüssige Luft, nicht wie Feuer".

Es ist gerade beim *Inselmädchen* ein faszinierendes Schauspiel, wie Robert Müller die elementare und zivilisatorische Geschichte in wenige Sätze rafft, die Jahrtausende überspringend und in kühnen Schlüssen zusammenfügend; wie er bürgerliche Konflikte, das exotische Parfum und ein mythisches Urraunen mit seiner Utopie des neuen Menschen zusammenzwingt in einer Sprache, die brutalen Zugriff mit federnder Subtilität verbindet, wie er die „Flegeljahre der werdenden Natur" beschwört und schließlich noch die ironische Einsicht findet: „Er hatte sich mit Urkräften ringen sehen und blätterte beschriebenes Papier um." Robert Müllers auch von seinem Freund

Musil beschriebene Tragödie bestand darin, daß Literatur Literatur blieb. Hier ist ein Seitenblick auf Kafka, auf Hermann Broch vielleicht erlaubt. Diese Generation hat von der Literatur mehr erwartet, als sie zu leisten vermochte. Die „schöpferische Diktatur der Idee" blieb eine unerfüllte Hoffnung.

Basil vergleicht Robert Müller, den er einen „geistigen Tramp seiner Zeit" nennt, mit Georg Kaiser; wie dieser am Theater der Denkspieler der Zeit war, sei jener als Erzähler ein Dialektiker der Tribüne geblieben. Aber die „Idealwelt verwirklichter platonischer Begriffe – die einen gesteigerten, ja kraftmeierischen Anspruch ans Leben darstellen sollte", blieb ein Traum. Daran ändert auch die Attitüde der Selbstsicherheit nichts. Robert Müller gesteht es in jedem seiner Bücher, die die Welt herausfordern, am Ende oder doch in einem Nebensatz ein. Denn für einen Idealisten war er viel zu klug.

Deshalb hat er auch den Typus, den die Nachkriegszeit in Wirklichkeit hervorgebracht hat, nicht nach seinen Hoffnungen zurechtgelogen. Es wird noch später die Rede davon sein, daß diese Skepsis in den letzten Romanen an die Stelle des Zukunftsmenschen den Schieber setzt, zumindest diese zwei Typen konfrontiert. Während viele Autoren, als sich ihre Utopien als Täuschung erwiesen, vor dem „Flibustier", der statt des Idealmenschen aus den Wirren emporgekommen war, in die Natur geflüchtet sind, stellte sich Robert Müller nicht nur der Wirklichkeit von Großstadt und Technik, er dachte die Utopie weiter. Natürlich begnügte er sich nicht mit dem technischen Inventar dieser Zukunft, wenngleich sie in „Oaxa", der Zukunftsstadt in *Camera Obscura*, keineswegs fehlt. Oaxa war „damals die modernste europäische Stadt, aus kleinen konstruktiven Anfängen mit amerikanischer Schnelligkeit aus dem Boden gewachsen. Oaxa lag am Grand-Kanal, der das Schwarze Meer, die Donau-Theiss-Linie benützend, mit der Ostsee verbindet und zwar an seiner Erweiterung, wo eine Depression der Steppe zu Bewässerungszwecken in der Form eines größeren Bassins ausgefüllt worden war. Die Stadt lag in der sogenannten ungarischen Landschaft des europäischen Vereinigte-Staaten-Systems". Müller interessiert, was wir heute die gesellschaftliche Entwicklung nennen würden. Er erweist sich dabei als ein Prophet für unsere Zeiten. Wenn er sich irrte, dann nur darin, daß das „proletarische Biedermeier", das er weissagte, bereits früher eingetreten ist. „An der Wende des zwanzigsten zum einundzwanzigsten Jahrhundert befanden sich die europäischen Gesellschaften und Staaten in einer geistigen Krise, die mit der feierlichen Ordnung, dem Wohlstand und der bürgerlichen Geruhsamkeit, die allenthalben herrschten, in seltsamem, beinahe unverständlichem Widerstreite stand. Nach riesigen, weltumspannenden Kriegen, die von sozialen Umstürzen gefolgt waren, war ein allgemeiner Erschöpfungszustand eingetreten. Die arbeitenden Klassen hatten sich durchgesetzt, es erwuchs eine kleinst-bürgerliche Demokratie, aber mit patrizischen Ansätzen. Und zwar spielte dieses Massenpatriziat auf dem neuen Merkmal des Grundgenusses, das jedem physisch Arbeitenden gesichert war und jedem geistigen Arbeiter dann, wenn er seine geistige Leistung durch eine nützliche Handbeschäftigung aufwog." Ferner lehrt Jack Slim, eine seltsame Mischung aus neuem Menschen und Geheimagenten, der die „Menschenseele zugunsten der Gesellschaft vermittels des Mediumismus lenken" möchte, „daß die Abschaffung der Kriege zwischen den Staaten, das Anwachsen der Staatsidee auf Kosten des Individuums in den kommenden Zeiten sozusagen verschärfter Humanität das geniale und expansive Individuum derart in Opposition drängen wird, daß mit einem Anschwellen des Kriminellen im bürgerlichen Leben zu rechnen ist".

Die Propheten des neuen Menschen bekommen langsam Angst vor ihm. Inhalt und Form sind in einem Maße kongruent in Robert Müllers Romanen, das die Zeitgenossen nicht erkennen konnten. Müller erzählt nicht Anekdoten, er stellt die Explosionen dar, die das Verhältnis von Mensch zu Mensch, die Begegnung von Individuum und Gesellschaft ständig provozieren, und nährt dabei immerfort, von Skepsis zu Ironien verleitet, die utopische Hoffnung, die Zauberformel für den ewigen Frieden zu finden. Wer seine Bücher heute liest, wird immer wieder mit Erstaunen feststellen, wie sehr er Thematik und Form von heute vorwegnimmt.

Bei seinem Roman *Der Barbar* (1920) ist sogar Karl Wache – dem Autor des Kapitels „Der Weg zur neuen Sachlichkeit. Der Roman" bei *Nagl/Zeidler/Castle* –, der Robert Müller nicht gerade verständnisvoll gegenübersteht, das Neue aufgefallen: „Müller erzählt nicht, was sein Held erlebt, sondern bloß, wie sich sein Leben in den Köpfen der Mitmenschen unter den mannigfachsten Lichtbrechungen widerspiegelt: die einen nennen ihn Peter Schilder und halten ihn für einen Deutschen, die anderen Per Schelder und sprechen ihn als Engländer an, eine Zeitungsnotiz bezeichnet ihn als indolenten Orientalen, eine Erwiderung in einem anderen Blatte enthüllt, daß er Petruschka Schildua Lovroch heißt, einer Presseklage entnimmt man neue Mitteilungen, volle Klarheit aber erlangt niemand, auch nicht der Leser am Schlusse. Die Fabel ist dergestalt in kleine Einzelhandlungen zerzupft, der Tatbestand wiederholt sich in stets neuer Beleuchtung, ohne daß eine eindeutige Erklärung zustande käme." Ein nouveau roman? Wer war dieser Robert Müller? Als Journalist hat er begonnen, als politischer Publizist hat er den neuen Menschen gesucht. Er hat Romane, Erzählungen, ein Theaterstück geschrieben. Er war Geschäftsmann, Verleger. Plötzlich der Selbstmord. Sein Bruder Erwin, mit dem er gemeinsam ein großes verlegerisches Unternehmen aufgebaut hatte, das ebenso rasch der Inflation zum Opfer gefallen ist, versteht diesen Freitod noch heute nicht. Lassen wir die Augenzeugen zu Wort kommen. Oskar Maurus Fontana schreibt in seinen Erinnerungen an den Expressionismus in Wien: „Der einzige, der im Wiener Lebenskreis der neuen Richtung eine Grundlage von der Idee her zu geben unternahm und der dazu auch das Zeug in sich hatte, war Robert Müller, anzusehen wie ein Wikinger, riesengroß, schmal, blauäugig. Er war ein Jahr lang in den USA gewesen, was damals eine große Seltenheit war, aber er war zurückgekehrt, weil er gefunden hatte, man könne nur in Wien leben. Amerika hatte ihn zum Anti-Romantiker gemacht, er vereinte eine ausgezeichnete Witterung mit einer dialektischen Eloquenz, für die nur das spätere Modewort dynamisch paßt. Er empfahl ‚Ekstase und Würde, Wildheit und Beherrschung' der Jugend, deren Aufgabe es sein werde, die Maschinen durch den Geist zu bändigen. 1917 definierte er ‚Die Zeitrasse' mit den fast seherischen Worten: ‚Der Kommende ist ein Relativitätsmensch. Der Begriff der Bezugsmolluske ist der Schlüssel zu allem Neuen. Die Alten sind nicht im Unrecht, aber sie stellen einen Grenzfall dar. Die Klassiker auf allen Gebieten haben sozusagen nur extreme, hypothetische, ausgestopfte Fälle behandelt, nicht die ganze lebendige Tatsache in ihrer vollen Beweglichkeit. Wir gehen zu den elastischen Systemen über, die klassischen, starren Systeme sind Grenzfall und befriedigen nur fallweise'."

Zu den raren privaten Zeugnissen gehört auch Robert Musils Aufsatz über Robert Müller: „Ich habe ihn kennengelernt, als wir aus dem Kriege heimkehrten. Er war damals ein schlanker, hochgewachsener Mann, der sich im Ausgang der Zwanzig oder Anfang der Dreißig befinden mochte, aus zähem Draht gebaut, mit einem aufmerksam, sachlich und freundlich spähenden Kopf, dessen Profil die Angriffskraft eines Raubvogels hatte; er sah weit eher einem Leichtathleten gleich als einem Schriftsteller. Oder, um es mit einem Satz auszudrucken, in dem er sich anscheinend selbst beschrieben hat: ‚Sein Anblick enthüllte einen sachlichen, lebhaften und waghalsigen Blutmenschen'." Als Musil ihn kennenlernte, gab er mit seinem Bruder eine kleine Wirtschaftszeitung heraus, in der Musil „Bemerkungen auffielen, die von einer verblüffenden, aber auch sofort fesselnden Taktlosigkeit waren, falls man es so nennen darf, wenn ein Mensch den Ton, den ihm eine Situation aufzwingt, unvorhergesehen durchbricht. Es war eine Maßlosigkeit der Ungeduld, welche das seriös tuende Geplauder des Wirtschaftsfeuilletons nicht ertrug, sich plötzlich irgendeines Einfalles über Welt- und Seelenprobleme entband und, davon beruhigt, wieder so weiterschrieb, wie es nun einmal sein mußte...Dieser Schriftsteller war entschlossen, das Leben unromantisch zu lieben, wie es ist, also auch einschließlich seiner Wirtschaftszeitschriften, aber es auch ebenso zu bekämpfen und den Ideen schließlich zum Sieg über das Getriebe zu verhelfen: von der ersten Seite angefangen, die er schrieb, bis zu dem Schluß, der seinem Leben ein Ende machte...

Robert Müller hat alles Lebendige geliebt, wie der Jäger sein Wild. Er beschrieb einen trägen Geldsack mit der gleichen Leidenschaft, die jede Bewegung der Bestie zu verstehen sucht, wie ein durchgehendes Pferd. Und er beschrieb diese die Sinne erregende Außenseite der Welt, hinter der sich lähmend verwirrtes Inneres nur ahnen läßt, mitunter geradezu genial. Das war nicht nur eine artistische, eine literarische Angelegenheit, wiewohl die rechte Würdigung dieser Fähigkeit zeitlebens auf Literaten beschränkt geblieben ist; denn etwas neu beschreiben, heißt auch lehren, einen neuen Gebrauch davon zu machen. Man könnte allerdings alles, was er schrieb, ohne es zu verkleinern, auch eine leidenschaftliche Reportage nennen...er liebte das Verweilen nicht, er schloß sich nicht in seine eigene Auffassung ein, sondern warf aus sich heraus, was ihm einfiel, in das Gebrodel der Welt, in der er lebte; seine Schilderungen waren von den persönlichsten Theorien durchsetzt, doch könnte man sagen, der dachte immerzu, aber er dachte niemals nach, weil ihm das ‚Nach' – das Hinterdreindenken, während die Welt davonraste, wie ein dummer Verlust vorkam. Dies zog ihm das Mißtrauen all jener zu, deren Gedanken niemals ohne Hut auf die Straße rennen. Sie hatten nicht in allem unrecht, wohl aber im Entscheidenden: daß sie niemals das Stürmische dieses Wesens sahen, welches etwas anderes war als nur Flüchtigkeit...es war etwas männlich Entführendes: Sturm und Drang. Darin lag gewiß etwas Unfertiges, aber in dieser Unfertigkeit stak auch wieder eine neue, noch nicht ganz zu sich selbst gekommene Fertigkeit, ein Blick für die maschinell aufblitzenden Widersprüche und das Tempo im Bild unserer Welt, es mochte irre machen, daß dieser Sturm und Drang sich in Überzeugungen und Ansichten austobte, statt in Gebärden der

Leidenschaft, aber gerade das war das unmittelbar aus dem Heute Kommende daran.

Sein Aktivismus, das Bedürfnis, dem geistigen Anspruch im gemeinen Leben zu Recht und Herrschaft zu verleihen, und sein Versuch, das kleinste der Ereignisse (gerade weil er sie alle liebte) nicht ohne Verantwortung kassieren zu lassen, waren echt und tief; aber in der Durchführung kochte oft die Küche statt des Gerichts. Es war ein billiges Vergnügen, ihm das, namentlich in seinen Essays, nachzuweisen".

Musil setzt sich ausführlich mit Robert Müllers Freitod auseinander: „Ich habe selten einen Mann gekannt, der Einwände und Widerstände so sachlich entgegenzunehmen verstand wie Robert Müller; er steckte Angriffe wie ein Boxer ein, sein Ehrgeiz war vorwärts gerichtet und schlug nie in Kollegenneid und Zänkereien zurück, aber die Wirkungslosigkeit ertrug er nicht, das Grundbedürfnis dieser Natur nach festem Material für ihre Aktivität war es, was den Dreißigjährigen, der als Verlagsdirektor gestorben ist, antrieb, das schemenhafteste Gebiet der geistigen Arbeit zu verlassen und von der Literatur zum Literaturhandel überzugehen; daß er sich gerade diesen wählte, geschah teils aus Not, teils aus der gewonnenen Überzeugung heraus, daß in einer dem Kapitalismus unterworfenen Zeit ein Mann nur wirken könne, wenn er sich der Organisationskräfte des Geldes bedient. Sein Plan war, gewissermaßen ein Beelzebub zu werden, um den Teufel aus den Gefilden der Literatur zu vertreiben. Wäre dies nur ein Romaneinfall gewesen, so bliebe nicht viel darüber zu sagen; aber das Überraschende war, daß es blanke Wirklichkeit wurde. Der Dichter war Geschäftsmann geworden, ohne es zu sein, lediglich im Vertrauen auf seine Phantasie, Menschenkenntnis und Gedankenschnelle, die denen gewöhnlicher Verdiener überlegen sein mußten. Damit trat dieses Schriftstellerleben in einen zweiten Abschnitt und gewann als Ganzes die Bedeutung eines unsere Zeit betreibenden Dokuments, es war wie die Verwirklichung eines utopischen Romans und endete mit einem Romanschluß."

Musil berichtet, wie das Unternehmen mit amerikanischer Schnelligkeit wuchs und mit Inflationsgeschwindigkeit wieder schrumpfte. Robert Müller hatte die Probe aufs Exempel gemacht, die „Überwindung der Maschine durch den Geist", der Inflationsgeschäfte durch den Intellekt. In seinen letzten Romanen zeichnet er die Gegenfigur zu dem Geistmenschen seiner Utopie, ein wenig sogar als Parallelerscheinung zum Literaten: den „Flibustier", wie er einen seiner Romane genannt hat, den unbehausten Menschen in der „Camera Obscura" dieser Welt. Er scheint langsam in seinem Bewußtsein das Übergewicht gewonnen zu haben über den „als Nervenmenschen wiedergewonnenen Jägertyp der Vorzeit, über den Menschen mit dem weitesten Bewußtsein, den stärksten und feinsten Nerven, der sich unauffällig benimmt, weder lyrisch noch dramatisch, eben wie ein alter Mohikaner; denn das wäre beiläufig Kultur: Ekstase und Würde, Wildheit und Beherrschung". Musil berichtet aus dieser letzten Zeit:

> „Wie ein Schiff, das mit der Strömung geht, trug ihn das Geschäft vom beabsichtigten Kurs immer weiter ab und ließ sich von seinem hochmögenden Knecht nicht lenken. In Aussprachen mit alten Freunden klagte er über die Aussichtslosigkeit solcher Pläne wie seiner, und die Überzeugung hatte sich in ihm gebildet, daß der Schriftsteller daher heute in jeder Weise verurteilt sei, ein überflüssiges Anhängsel am Gesellschaftskörper zu bilden. Durch die anschauliche Erkenntnis beider Seiten seines Berufes hatte er, der ohne Wirkung nicht leben wollte, sich den tiefen Pessimismus geholt, der ihm die Freude an seinem Leben verdarb...er war gefangen in dem Gefühl, daß in der heutigen Zeit kein Schriftsteller eine Wirkung erreichen kann, die zu leben lohnt. Ich habe mancherlei Gründe, diese Annahme für richtig zu halten, und mochte solches Empfinden sich auch in plötzlicher Verwirrung übertrieben haben, erworben war es schon lange. Als die Unkenntnis der Zeitungen unmittelbar nach seinem Selbstmord meldete, daß sich ein ‚Verlagsdirektor' Müller erschossen habe, hatte sie nicht so ganz falsch gemeldet: der Verlagsdirektor hatte am Ende eines doppelt versuchten Lebens den Dichter Müller getötet."

Schließen wir diesen Hinweis auf einen völlig verschollenen österreichischen Autor von Rang, vielleicht den pursten österreichischen Expressionisten, mit Basils Aufruf an den „kongruenten" Leser, den er sich erträumt hatte für seine Prosa, in der „Flatterminen verborgen sind, es Unruheherde, Überraschungsmomente, schwelende Brände gibt"... der sich, wie Basil in seinem erfolglosen Wiederentdeckungsversuch abschloß, „ein unersättlicher, lebenshungriger Nimrod, immer wieder durch gelbfiebernde Tropen, niegerodete Wälder der Phantasie pirschte – ein Nimrod, der ebenso ein Nick Carter der ethischen Hintertreppe war".

In: Ver Sacrum, Neue Hefte für Kunst und Literatur, Wien und München 1971, S. 28-32.

Bibliographie

„Karl Kraus oder Dalai Lama, der dunkle Priester." Eine Nervenabtötung. Als Nr. 1 einer Monatsschrift für großösterreichische Kultur und Politik *Torpedo* im Selbstverlag in Wien im April 1914 erschienen.

Was erwartet Österreich von seinem jungen Thronfolger?, München 1914.

Irmelin Rose, die Mythe der großen Stadt, Erzählung, Hermann Meister Verlag, Heidelberg 1914.

Macht.Psycho-politische Grundlagen des gegenwärtigen Atlantischen Krieges, Hugo Schmidt Verlag, München 1915.

Tropen. Der Mythos der Reise. Urkunden eines deutschen Ingenieurs, Roman, Hugo Schmidt Verlag, München 1915.

Österreich und der Mensch. Eine Mythik des Donau-Alpenmenschen, S. Fischer Verlag, Berlin 1916 (Reihe „Schriften zur Zeitgeschichte" Nr. 18).

Europäische Wege. Im Kampf um den Typus, S. Fischer Verlag, Berlin 1917 (Reihe „Schriften zur Zeitgeschichte", Bd. 30/31).

Die Politiker des Geistes. Sieben Situationen, S. Fischer Verlag, Berlin 1917.

Das Inselmädchen, Novelle, Roland Verlag, München 1919 (Reihe „Die Neue Reihe" Nr. 14), später an den Verlag „Die Schmiede", Berlin, übergegangen. Neuauflage Erwin Müller Verlag, Wien 1946.

Der Barbar, Roman, Erich Reiss Verlag, Berlin 1920.

Bolschewik und Gentleman, Essay, Erich Reiss Verlag, Berlin 1920.

Camera Obscura, Roman, Erich Reiss Verlag, Berlin 1921.

Flibustier. Ein Kulturbild, West-Ost Verlag, Wien 1922.

Rassen, Städte, Physiognomien. Kulturhistorische Aspekte, Erich Reiss Verlag, Berlin 1923.

Robert Müller war Mitarbeiter zahlreicher Zeitschriften, Jahrbücher, Anthologien. Beiträge in folgenden Publikationen habe ich feststellen können oder in Paul Raabes *Zeitschriften und Sammlungen des literarischen Expressionismus 1910-1921* nachgewiesen gefunden:

Der Brenner, hrsg. von Ludwig von Ficker, Innsbruck ab 1910.

Saturn, Hermann Meister Verlag, Heidelberg 1911-1920.

Der Anbruch, hrsg. von Otto Schneider, Wien, später Berlin 1918-1922.

Das Flugblatt, hrsg. von O. M. Fontana und Alfons Wallis, Anzengruber Verlag, Wien 1917-1918.

Der Friede. Wochenschrift für Politik, Wirtschaft und Literatur, hrsg. von Benno Karpeles, Wien 1918-1919.

Daimon, red. von A. E. Reinhardt, Verlag Brüder Suschitzky, Wien 1918-1919.

Blätter des Burgtheaters, red. von Erhard Buschbeck, Wien 1919-1920.

Die Erde, hrsg. von Walther Rilla, Breslau 1919-1920.

Das Tribunal. Hessische radikale Blätter, hrsg. von Carlo Mierendorff, Darmstadt 1919-1921.

Aufschwung, Wien 1919.

Die neue Bücherschau, München ab 1919.

Faust, Erich Reiss Verlag, Berlin 1922-1924.

Die Pforte. Eine Anthologie Wiener Lyrik, Hermann Meister Verlag, Heidelberg 1913.

Das Ziel. Drittes Jahrbuch für geistige Politik, hrsg. von Kurt Hiller, Kurt Wolff Verlag, Leipzig 1919.

Der Anbruch. Ein Jahrbuch neuer Dichtung, Roland Verlag, München 1920.

Die neue Bühne, hrsg. von Hugo Zehder, Rudolf Kaemmerer Verlag, Dresden 1920.

Otto Basil
Nachbemerkung [zu Robert Müller, „Das Inselmädchen"] (1946)

Diese Novelle ist in vielerlei Beziehung eine Reminiszenz. Eine Reminiszenz vor allem an die inzwischen historisch gewordene Stilerscheinung des Expressionismus, eine Reminiszenz an den um die zwanziger Jahre im Schwange gewesenen Exotismus amerikanisch angeekelter Maschinenweltbewohner, eine Reminiszenz schließlich an die geistige Person Robert Müllers, des österreichischen Dichters von Eigenart und bildnerischer Kraft. Leser, die im Jahre 1920 jung gewesen sind, werden sich an manche Arbeiten dieses Frühverstorbenen erinnern, wie sie etwa seit 1910 in Buchform oder in kühnen Abseitszeitschriften erschienen waren: jene heute zu Unrecht vergessenen Romane, Novellen und Essays, in denen die Turbulenz der Ereignisse, das zu keinem „Lokalkolorit" gedämpfte und verniedlichte, also durchaus in seelenhaften Urfarben leuchtende Panorama der Welt ganz aus der Sprache gestaltet schien von einem Intellekt, der eiskalt war bei aller Überhitztheit des Denkens und rasiermesserscharf bei aller sich ans „All" wendenden, selig sich verströmenden Leidenschaft, wie es damals weniger dichterische Mode als literarische Triebhaftigkeit war (auch diese eine Zeiterscheinung). Robert Müller liebte aus Passion das geistige Experiment, das Intellektualisieren, daß Großstadt-Zigeunerische; darin ganz und gar ein geistiger Tramp jener Zeit, die seinen Typus bejahte und hochbrachte. Er schrieb einen abenteuerlichen, unruhigen, fast ermüdenden Stil voller Freude an knockaboutartigen Saltomortales, grotesken Zwischenfällen und forcierten Anschaulichkeiten. Schwierig, sprunghaft, willkürlich, wimmelnd von eigenwilligen, plötzlichen Eingebungen und Ausfällen, wirkte seine epische und erörternde Prosa wie eine brennende Faszination – eine Faszination allerdings, die einen verbrennen mußte wie flüssige Luft, nicht wie Feuer. Robert Müller ging es um nichts weniger als um den Geist, und zwar unbedingt um eine Aktualisierung, Aktivierung des Geistigen schlechthin. Als 1918 die Revolution ausbrach, schien der Augenblick gekommen, wo in das Zeitgeschehen ein neuer und durchaus souveräner Faktor eingreifen mußte: die abkürzende Aktivität, der Primat der Idee. Man sah hinter der vielfältigen Entwicklung das eine und einigende Ziel: die Unantastbarkeit des Menschenbildes, die klare Ordnung der Welt; man glaubte an dieses Eine und Einigende: daß der Mensch die schöpferische Diktatur der Idee einführen könne. Darum kam Kurt Hillers „Aktivismus" auf, und deshalb schlossen sich überall im Land die geistig Tätigen zu Bünden zusammen.

Robert Müller war einer ihrer aktivsten Wortführer und unter den „Aktivisten" wieder einer der überzeugendsten Vertreter. Auch als Erzähler blieb er ein Dialektiker der Tribüne, wie Georg Kaiser am Theater der Denkspieler der Zeit war und blieb.

In Müllers Essayistik sind Flatterminen verborgen, gibt es Unruheherde, Überraschungsmomente, schwelende Brände. Ehe man sich's versieht, wird aus diesem Gentleman ein Bolschewik (und so lautete auch einer der berühmtesten Buchtitel), aus dem Adolf-Loos-Amerikaner schlüpft im Nu ein östlicher Chiliast. Er war keineswegs nur der Harald Brüller aus Karl Kraus' magischer Operette *Literatur*, er war zugleich auch ihr Bramanuel Leiser (der die „abfallenden Schultern müder Kulturen" hat), ja er war selbst so etwas wie ein Spiegelmensch. Immer wieder pirschte dieser unersättliche, lebenshungrige Nimrod durch gelbfiebernde Tropen, niegerodete Wälder der Phantasie – ein Nimrod, der ebenso ein Nick Carter der ethischen Hintertreppe war. (Welch eine heiße, leider aber auch amorphe Welt, die ein so amerikanisch abgefeimter Intellekt kalt zu sezieren vermeinte!)

Für diesen Dichter sei aber immer wieder der geistige, der „kongruente" Leser aufgerufen, den er sich erträumt hatte für seine Idealwelt verwirklichter platonischer Begriffe – und die einen gesteigerten, ja kraftmeierischen Anspruch ans Leben darstellen sollte. (Dies war echt expressionistisch gedacht und gesehen.) Der Traum-Orkus gibt uns aber weder Ideen noch Gestalten wieder, und deshalb besitzen wir den realen und inkongruenten Leser, wie er John Knittel liest und Oswald Spengler mißversteht.

(Müller, Robert, *Das Inselmädchen*, wieder herausgegeben von Erwin Müller, Wien 1946, S. 63f.)

Wolfgang Reif
Robert Müllers „Tropen" (1975)

In der Erzählung *Wälder* (in: *Die Welt ist tief...*, 1907) beschreibt der einst erfolgreiche dänische Autor Johannes V. Jensen eine Reise durch einen noch abseits von der Zivilisation gelegenen Landstrich, das malaiische Sultanat Birubunga. Nach einer Flußfahrt durch den Urwald soll der Aufstieg auf einen Berg, der das Tal abschließt und sich in die Regionen des Eises erhebt, erfolgen. Die Erwartungen, die der Erzähler an seine Expedition knüpft, faßt er folgendermaßen zusammen:

> „Ich hatte mir viel von dieser Entdeckungsreise versprochen. In nebelhaften Formen hatte ich mir Hoffnung gemacht, die Geschichte des ganzen Menschengeschlechtes noch einmal durchzuleben, von der Zeit, als es aus den Sumpfwäldern am Äquator auswanderte, bis es bei der Schneegrenze endigte, nachdem es die temperierten Zonen durchwandert hatte. Ich hatte mich darauf gefreut, all den Tieren zu begegnen, die der Mensch im Laufe der Zeiten gezähmt hat, um auf diesem Wege die Instinkte wiederzufinden, die der Mensch auf seiner Wanderung hinterlassen und vergessen hat. Alles mit dem einen Ziel vor Augen, neue Möglichkeiten für einen gesteigerten und differenzierteren Lebensgenuß zu finden."[1]

Diese Erwartungen werden allerdings nicht gänzlich erfüllt: die Expedition muß aufgrund der Verschlagenheit und Profitgier des malaiischen Führers vorzeitig abgebrochen werden. Immerhin hat das Erlebte einen Bewußtseinsprozeß in Gang gebracht, der dem „nervös und bebend wie ein Delirist" „frisch aus der Überkultur Europas" Kommenden[2] eine gekräftigte Rückkehr in eine Zivilisation zu ermöglichen scheint, der er zuvor den Rücken gekehrt hatte, weil er seinen Zeitgenossen „nicht an Bosheit und Gemeinheit gewachsen war."[3] Als der Erzähler dann beim Abschied von Birubunga zwei europäische Ingenieure kennenlernt, in denen er sein neues zivilisatorisch-technisches Ideal verkörpert sieht, wendet er sich erleichtert von den alten „Wäldern" und ihren rundköpfigen Bewohnern ab[4] und begibt sich „in die donnernden Wälder der Zivilisation aus Eisen und Stein".[5] Das paradiesische Leben der Malaien, „einzig und allein mit den allerersten

---
[1] J.V. Jensen, Die Welt ist tief ... Novellen (dt. v. Julia Koppel), Berlin: S. Fischer 1907, S. 247.
[2] Ebd., S. 153.
[3] Ebd., S. 249.
[4] Ebd., S. 254.
[5] Ebd., S. 260.

Anfangsgründen beschäftigt, mit Jagd und Liebe", genügt ihm nicht mehr, denn es ist jetzt Zeit, in den großen Städten an die Arbeit zu gehen.[6] Er bewundert die Physiognomien der beiden Ingenieure:

> „(...) europäische Durchschnittsschädel, deren innere Sprengkraft sich äußerlich durch vollkommene Ruhe der Gesichtszüge kundgab. Sie glichen Bomben."[7]

In ihnen verkörpert sich ihm der Typus der Zukunft, dessen nüchterne Haltung die humanitär-bürgerlichen Ideale als „überwundenen Standpunkt" erscheinen läßt.[8] Es hat den Anschein, daß „Die totale Mobilmachung" des Jüngerschen Arbeiterheeres hier schon im urzeitlichen Dschungel vorweggenommen wurde. In der Tat berichtet Jünger noch im *Abenteuerlichen Herzen* (1929) von Jugendplänen, die denen Jensens auffallend ähneln:

> „Nachdem sich in der unvergleichlichen Schule des Krieges das Leben in seiner höchsten Flutung und in seinen äußersten Möglichkeiten dargeboten hatte, wollte ich in Ruhe seine tierischen Grundlagen, seine einfachen und doch geheimnisvollen Bewegungen kennenlernen (...) Zum Schlusse hatte ich an einen Aufenthalt in einer jener entlegensten und unberührten menschlichen Siedlungen inmitten unermeßlicher tropischer Urwälder gedacht, von denen wir bei Frobenius lesen können und in denen sich vielleicht ein Bild von der Seele, wie sie frei von jeder Reflexion in ihrer magischen Landschaft wirksam ist, gewinnen läßt, um dann, wohlausgerüstet, ins Zentrum der großen Städte zurückzukehren, an die Stätten der kompliziertesten Barbarei."[9]

Doch diese spätere, sich immer mehr preußisch karg und rational gebende Entwicklung des angesprochenen Typus wollen wir hier außer acht lassen, um uns der Ausformung zuzuwenden, die er im Expressionismus, genauer in einem Expressionismus „kakanischer" Provenienz, erfährt.

Ganz allgemein läßt sich im Expressionismus die Tendenz vermerken, den Wert des Reisens mit deutlicher Stoßrichtung gegen die impressionistische Reisekultur zu diffamieren. Indessen stellt man dem alten Reisebegriff einen neuen gegenüber, der die Erfahrung neuer Dimensionen einbezieht. Die Anreise des Ich-Erzählers von Rubins *Anderer Seite* (1909) deutet be-

---

[6] Ebd., S. 255.
[7] Ebd., S. 254.
[8] Ebd., S. 254.
[9] Ernst Jünger, *Das abenteuerliche Herz*. 1. Fass., in: Werke. Bd. 7, Stuttgart: Ernst Klett o. J., S. 94f.

reits in eine solche Richtung.[10] Albert Ehrensteins Tubutsch, der Held der gleichnamigen Erzählung (1911), faßt seine Reisevorstellungen folgendermaßen zusammen:

„Überhaupt ist es ganz gleichgültig, wohin wir reisen: wir gehen ja mit. Können uns nicht zuhaus lassen. Die Schnecke kann nicht aus ihrem Auto. Diese Art zu reisen, behagt mir nicht. Wenn schon, dann aber in die Urzeit."[11]

Auch für Robert Müller, einen weiteren Vertreter des Kreises der Wiener Expressionisten, entwickelt sich das Reisen „aus der Neigung für ins Ferne gerückte Urmenschlichkeit".[12] In seiner Südseenovelle *Das Inselmädchen* (1919) läßt er seinen Helden nach der Ankunft zuerst einmal die urweltliche und historische Entwicklung eines Inselschauplatzes nachvollziehen[13], dessen abweisende Kargheit allen Erwartungen, die man in solche Örtlichkeiten zu setzen pflegt, widerspricht. Bevor die eigentliche Handlung einsetzen kann, erleben wir die vulkanische Genesis der Insel, die ersten Stufen pflanzlichen und tierischen Lebens, dessen einfache und strenge Formgebung sich in der Kultur der Polynesier fortsetzt, die die Insel besiedeln, welche schließlich von den Portugiesen kolonisiert wird. Die verhängnisvollen Folgen dieser Kolonisation leiten zu der Problematik der Gegenwartshandlung über. Geschichte erweist sich so als eine Verlängerung des Geologischen und Biologischen.

Kein Expressionist hat dem Problem der Reise mit vergleichbarem intellektuellen Anspruch und in ähnlicher Ausführlichkeit nachgespürt wie Robert Müller in seinem Hauptwerk, dem verhältnismäßig umfangreichen Roman *Tropen. Der Mythos der Reise, Urkunden eines deutschen Ingenieurs* (1915). Da von einer Rezeption des Werkes und einer Kenntnis der Persönlichkeit dieses Autors innerhalb der Literaturwissenschaft nicht die Rede sein kann, man ihn allenfalls einmal kurz erwähnt, vornehmlich weil sein Freund und zeitweiliger revolutionärer Weggenosse Robert Musil[14]

---

[10] Alfred Kubin, *Die andere Seite*, S. 24-34.
[11] Albert Ehrenstein, *Gedichte und Prosa*, S. 286.
[12] Robert Müller, *Das Inselmädchen*, S. 23.
[13] Ebd., S. 5-16.
[14] Vgl. Jürgen C. Thöming, „Der optimistische Pessimismus eines passiven Aktivisten", in: *Robert Musil. Studien zu seinem Werk*. Hrsg. v. Karl Dinklage, Hamburg 1970, S. 225 und Marie-Louise Roth, *Robert Musil. Ethik und Ästhetik. Zum theoretischen Werk des Dichters*, München 1972, S. 116f.

ihm einen ehrenhaften Nachruf geschrieben hat[15], kann ich nicht umhin, diesen Autor überhaupt erst einmal vorzustellen.

Robert Müller zeigt sich in allen seinen Werken nachhaltig von Jensens Ideen beeinflußt, ist aber dem dänischen Nobelpreisträger, der manchmal noch der Weltliteratur zugerechnet wird, zumindest in den oben genannten Werken ebenbürtig und meiner Einschätzung nach an dichterischer Kraft überlegen. Obskuritäten vornehmlich rassenideologischer Art sind in diesen Werken mit einer außergewöhnlichen Einbildungs-, Darstellungs- und Denkkraft eine solch eigenartige Synthese eingegangen, wobei diese chaotische Mischung wieder in der konsequenten Ökonomie der Struktur aufgehoben wird, daß allein schon dieses Phänomen den heutigen Rezipienten zu einer gründlichen Analyse und Stellungnahme herausfordert.

Kennzeichnend für den Autor, sowie für die Struktur seines Hauptwerkes, ist der spielerische Versuch, sich hinter der Maske eines Herausgebers zu verstecken. Natürlich ist das „Vorwort", in dem er die angeblichen Aufzeichnungen des deutschen Ingenieurs Hans Brandlberger ausführlich kommentiert und würdigt, Bestandteil der Werkstruktur. Der Autor benutzt die Mystifikation des Herausgebers sogar dazu, den ästhetischen Wert der eigenen Schöpfung in Frage zu stellen. Er will den Aufzeichnungen Brandlbergers nur einen dokumentarischen Wert zuerkennen. Es gehe ihm einzig um diesen dokumentarischen Aussagewert und seine Wirkung: nicht die Literatur, sondern die historische Entwicklung soll durch „diese Tat" der Publikation bereichert und angeregt werden[16]:

> „Irgendwelche anderen künstlerischen Absichten, als scharf und umfassend zu beschreiben, treten darin nicht zutage, wie es von einem Manne, der naturwissenschaftliche und technische Studien betrieben hat, auch nicht anders zu erwarten ist. Wenn gleichwohl hier und da die Anstrengung deutlich wird, etwas zu schaffen, das ein Ergebnis von Kunst sein könnte, so möchte ich die Ermüdung des Verfassers im reinen Zeugenschaftablegen darauf zurückführen, daß es ihm mit-

---

[15] Robert Musils essayistischer Nachruf „Robert Müller" erschien zuerst in der „*Prager Presse*" (Jg. 4, Nr. 244, 3.9.1924, S. 4-6) und dann in geänderter Form in dem „*Tage-Buch*" (Jg. 5, (Bd. 2), H. 37, 13.9.1924, S. 1300-1304). Heute ist er in Adolf Frises Ausgabe von Musils „*Tagebücher, Aphorismen, Essays und Reden*" (Hamburg 1955, S. 745 bis 750) zugänglich.

[16] Robert Müller, *Tropen. Der Mythos der Reise. Urkunden eines deutschen Ingenieurs*. Hrsg. v. Robert Müller Anno 1915, München: Hugo Schmidt 1915, S. 7.

unter wohl auch darum zu tun war, sein Erlebnis so gegenständlich und gegenwärtig als möglich zu verdeutlichen."[17]

Lediglich diese positiven Eigenschaften Brandlbergers scheinen eine Orientierung in den in intellektueller Hinsicht sehr fragwürdigen Aufzeichnungen zu gewährleisten, denn der Ich-Erzähler wird als ein im ganzen sehr unklarer und richtungsloser Charakter vorgestellt. In der klaren Selbstdarstellung eines solchen Charakters soll der dokumentarische Wert des Buches liegen, das „Zeugenschaft" von einem Typus ablegen will[18]: „Hans Brandlberger war ein junger Mann vom Beginn des 20. Jahrhunderts, und er war durchaus so, wie alle jungen Leute dieser alten Zeit."[19] Die kleine, schmale Gestalt dieses Ingenieurs, den sein Autor auf die Reise in die Dschungel des Amazonasbeckens schicken wird, erinnert eher an die Selbstdarstellung des „Deliristen" Jensen als an seine Dschungel-Ingenieure. In der Vorstellung durch den Herausgeber erscheint er als das Gegenteil eines in sich geschlossenen und nach außen gerichteten aktiven Typus. Lediglich geistige Energie und Gründlichkeit ließen sich als positiv auszumachende soziale Eigenschaften feststellen, würden sie nicht im Dienste eines allzu freien, ja chaotischen Grüblertums stehen. Er verkörpert also kaum technokratische Funktionalität, erweist sich eher als „ein Mann ohne eigentliche Begabung und ohne Charakter, ja kaum ein Mann von Geist – wenn man unter Geist die harmonische Mischung von Freiheit und Gebundenheit des Urteils versteht".[20] Dieser analytische Typus leidet unter einer permanenten leicht gereizten Selbstdistanzierung. Sein mancherlei Grenzen in Frage stellender Intellekt läßt ihn „bei starkem, ethischem Interesse amoralisch"[21] bleiben. Alles in allem ist er quasi ein „Mann ohne Eigenschaften". Aber offenbar besitzt er eine utopische Prädisposition, denn er ist wenigstens hirnlich in der Lage, einen neuen aktiven Typus zu entwerfen.

Sein Reisebegleiter, Jack Slim[22], der gewöhnlich mit dem Epitheton „der Amerikaner" versehen wird, scheint mit seiner Brandlberger „ganz entgegengesetzten und darum seiner Sehnsucht kaum fremden Natur"[23] eher diesem neuen Typus zu entsprechen. Nach dem Eingeständnis des Heraus-

---

[17] Ebd., S. 7.
[18] Ebd., S. 7f.
[19] Ebd., S. 8.
[20] Ebd., S. 8.
[21] Ebd., S. 8.
[22] Ebd., S. 8f.
[23] Ebd., S. 9.

gebers wirkt diese Gestalt wie „eine freie Erfindung seines (Brandlbergers) spekulativen Dranges, seines heftig monologisierenden Innenlebens". Indessen legt der Herausgeber Wert darauf, diesen äußerst seltsamen, allenfalls einem Cagliostro zu vergleichenden Menschen als nichtfiktive Gestalt einzuführen. Er tut so, als könne er mit dem Vorverständnis oder zumindest mit dem Erinnerungsvermögen des Lesers rechnen, wenn er die „historischen" Taten Jack Slims aufzählt. Der politische Exzentriker und Theosoph, Freund Tolstois, Gauguins und Peter Altenbergs soll unter anderem Kaiser Wilhelm II. zur Burenkrieg-Depesche veranlaßt haben. Er arbeitet Pläne für ein deutsches Kolonialreich in Arabien aus und setzt sich für einen jüdischen Staat am Schwarzen Meer ein. In seiner konservativen Grundhaltung verbinden sich imperialistische und mystische Tendenzen. Er bekennt sich zum Katholizismus und tritt für eine stärkere Liaison des Papsttums mit der Donaumonarchie ein. Um es kurz zu sagen: Robert Müller hat ebenso wie seine Figur Jack Slim eine Broschüre über die Zukunft des österreichischen Staates verfaßt[24], wo sich höchst merkwürdige und ähnlich versponnene Projekte wiederfinden. Sehen wir von Ähnlichkeiten mit Zeitgenossen wie etwa Houston Stewart Chamberlain und von Mythisierungen ab, die die Gestalt vergrößern und ins Exotische verfremden, so mag die Annahme richtig sein, daß es sich hier um ein Selbstporträt Robert Müllers handelt. Musil fühlt sich jedenfalls durch Slim, dessen Anblick nach Müller „einen sachlichen, lebhaften und waghalsigen Blutmenschen enthüllte"[25], stark an die Erscheinung seines Freundes erinnert.[26] Die Vitalität dieses aktiven Typus kann indessen nicht darüber hinwegtäuschen, daß er seltsam unwirklich bleibt. Der Herausgeber muß bekennen: „Nichts von seinen Ideen ist bis heute verwirklicht; vielleicht nicht einmal er selbst."[27] „Langschrittig" läuft er der allgemeinen Entwicklung davon und bleibt Theoretiker, denn Arbeit und Entwicklung sind ihm wichtiger als das Ergebnis.[28] Er kann also allenfalls eine Station auf dem Wege zu dem ‚neuen Typus' sein. Er bleibt

---

[24] Robert Müller: *„Was erwartet Österreich von seinem jungen Thronfolger?"* München: Hugo Schmidt 1914. Vgl. in diesem Zusammenhang auch Müllers *„Österreich und der Mensch. Eine Mythik des Donau-Alpenmenschen"*, Berlin 1916 (Reihe: Schriften zur Zeitgeschichte Nr. 18).

[25] Robert Müller, *Tropen*, S. 11.

[26] Robert Musil, „Robert Müller", in: *Tagebücher, Aphorismen, Essays und Reden*. Hrsg. v. Adolf Frisé, Hamburg 1955, S. 745.

[27] Robert Müller, *Tropen*, S. 11.

[28] Robert Müller, „Das Chaos des Jack Slim (Aus dem Nachlaß. Geschr. 1917)", in: *Die Lit. Welt* Jg. 3 (1927), Nr. 34, S. 2.

daher für Robert Müller, ebenso wie innerhalb des Werkes für Brandlberger, nur Träger von Möglichkeiten, von möglichen Taten.

Die Figuren in Müllers Werken werden durchweg mit rassenideologischen Konstellationen in Beziehung gesetzt, wobei dem nordischen Typus ganz im Sinne Jensens der Löwenanteil an positiven Eigenschaften zufällt. Zu seiner intuitiven, theoretischen und analytischen Begabung tritt die Tatkraft, während der Südländer allenfalls durch praktische Begabungen Ergänzendes beisteuern kann. Müller bevorzugt die Gegenüberstellung zweier gegensätzlicher Typen, die sich in der Kooperation ergänzen. Während aber in dem Roman *Flibustier. Ein Kulturbild* (1921) ein nördlicher und ein südlicher Typus sich im Nachkriegs-Wien zu einem ins Mythische gehobenen Schieber- und Spekulantenpaar ergänzen, haben sich in dem Paar des vorliegenden Buches die Qualitäten des nördlichen Typus in den eigenschaftslosen Menschen Brandlberger und den Aktivisten Jack Slim aufgespalten, derweil die pragmatischen Qualitäten im wesentlichen durch die feindlich abgehobene Welt der Primitiven und allenfalls noch durch van den Dusen, einen philiströsen Europäer vom Typus Sancho Pansa, repräsentiert werden. Dabei wäre Slim, von seiner Herkunft aus betrachtet, zu einer Synthese aller fraglichen Qualitäten, die in dem neuen Typus vereinigt sein sollen, geradezu prädestiniert. „Vernunft und Willenskraft des Nordens" vermischen sich bei ihm mit den südlichen „Launen des Blutes"[29]: arabisches, deutsches und indianisches Blut haben zu dieser seltsamen Mischung beigetragen; die USA als Ort dieses Zusammenflusses tragen das Ihrige bei.

Die rassenideologischen Vorstellungen von Gobineau, Nietzsche und Chamberlain bis hin zu Jensen sind bei dem „Kakanier" Müller, in dem der völkische Rassist Adolf Bartels zu Recht einen Juden oder Halbjuden vermutet[30], auf einen besonders empfängnisbereiten Boden gefallen und verlangen nach mythischer Steigerung und Transponierung ins Exotische. Hinzu treten die Früchte eines Amerikaaufenthaltes (1910/11), die Müller als Kult des Sportes und der amerikanischen Zivilisation in das literarische Leben Wiens noch vor dem Ausbruch des Weltkrieges einbringt.[31] Ein Jahr des Abenteuers (als Lokalreporter des *German Herold* in New York, als

---

[29] Robert Müller, *Tropen*, S.13.
[30] Adolf Bartels, *Die deutsche Dichtung der Gegenwart. Die Jüngsten*, Leipzig 1921, S. 217.
[31] Vgl. Oskar Maurus Fontana, „Expressionismus in Wien", in: *Expressionismus. Aufzeichnungen u. Erinnerungen der Zeitgenossen*. Hrsg. v. Paul Raabe, Olten u. Freiburg/Br. 1965, S. 188f.

Tramp quer durch die Vereinigten Staaten, als Leichtmatrose und Farmarbeiter in Westindien und in Südamerika – dem Schauplatz der „Tropen" – und schließlich als Schiffssteward) bildet die Basis seiner schriftstellerischen Laufbahn.[32]

Aber kehren wir zu den „Tropen" zurück. Die Reise bestimmt die Struktur des Romans, wie man schon aus dem Titel entnehmen kann. Was sich zu Beginn der *Urkunden* zunächst einmal vordergründig als Motiv einer Reise darbietet[33], beruht auf folgenden Umständen: Der dreiundzwanzigjährige Brandlberger hält sich kurz nach der Jahrhundertwende in einer technischen Mission im Dienste der USA an der karibischen Küste Südamerikas auf. Durch den Holländer van den Dusen, der ihm als ein Glücksritter- und Landsknechttypus erscheint, lernt er Jack Slim kennen, welcher Brandlberger „wie der unzeitgemäße Mensch einer mittelalterlichen Abenteurerlust, ein verspäteter Nachkomme eines Konquisadorengeschlechtes, kühl und hitzig, baumlang, stark und furchterregend" anmutet.[34] Beider Persönlichkeiten fügen sich nichtsdestoweniger in die zeitgenössische mittel- und südamerikanische Zone ein, die für Brandlberger „noch heute den Sammelplatz für brutale Herrennaturen und Flibustiertypen darstellt". Auch der Plan, der alle drei zu einer Expedition tief ins Innere des Dschungels, in das venezolanisch-brasilianische Grenzgebiet führen soll, scheint dieser Atmosphäre eines hier lebendig gebliebenen historischen Abenteurertums zu entsprechen: man will nach indianischen Plänen einen von den Indios beiseitegeschafften Konquistadorenschatz im Dschungel ausfindig machen und heben. (...)

Der Schatzgräberplan ist zunächst nur ein Vorwand und erhält erst später eine archetypische Dimension; der neue Typus soll ‚erreist' werden. Die Dschungelwelt soll ihm zum Gleichnis dienen, die Tropen sollen nach den Wortspielfreunden Brandlberger, Slim und Müller zum Tropus des neuen Typus gerinnen.[35] Da der Reisestruktur auferlegt ist, Entwicklung und Entwurf dieses neuen Menschen hervorzubringen und zu vermitteln, ist eine spezifische Verschränkung von Darstellung und Reflexion erforderlich: Robert Müller kreiert die Technik eines essayistischen Romans, der im Expressionismus von Müllers Verlagsmitarbeiter Otto Flake weitergeführt

---

[32] Arthur Ernst Rutra, „Zum Andenken an Robert Müller", in: *Die Lit. Welt* Jg. 3 (1927). Nr. 34, S. 1.
[33] Robert Müller, *Tropen*, S.13ff.
[34] Ebd., S. 13.
[35] Ebd., S. 209f., 230, 276f.

wird und mit den österreichischen Nachfolgern Musil und Broch seinen Höhepunkt erreicht. Die Reflexion über diese neue Technik des Schreibens ist ironischerweise Bestandteil der zu einem erstrebten utopischen Entwurf fortschreitenden Reflexion: Slim und Brandlberger fassen nämlich die Ergebnisse ihrer fortschreitenden Reflexionen immer wieder zusammen, wobei sie sich dann und wann in Wunschvorstellungen über einen noch zu schreibenden Roman ergehen, dessen Technik ihrer bereits erfahrenen und noch zu „erfahrtenden" Entwicklung bei einer Transponierung auf eine Romanfigur gerecht werden könnte.[36] Dieser Romanheld

> „soll in diesem Buche, in dem alles an ihm demonstriert wird, auch schließlich selbst an sich demonstriert werden, er soll nicht bloß Figur, er soll auch Abhandlung sein. Er muß in der Rezension aufatmen wie in der Handlung. (…) Das Buch soll Ideen haben, die spazieren gehen. (…) Mein Buch soll das Epos der Ideen sein, die Komödie der Gedanken; es handelt sich letzten Endes um die Entwicklung von Ideen, eine dramatische Entwicklung mit Expositionen und Peripetien."[37]

Interessanterweise verdichtet sich so die Problematik eines zu entwickelnden utopischen Entwurfs immer wieder zum Problem seiner ästhetischen Vorwegnahme. Die vor allem Naturbeobachtung, Studium des Eingeborenendaseins und Handlungselemente integrierende Reflexion schreitet zu einer allmählichen Verfertigung von Ideen fort. Die logischen Verbindungsglieder dieser Reflexionspassagen sind vom Autor bewußt vernachlässigt.[38] Die Summe der Einzelteile ergibt daher noch keine fertige Wissenschaft; diese Teile wollen als sich gerade bildende, gleichsam im Fluge erstarrte Gedanken verstanden sein. Sie werden teils in der einsamen Meditation Brandlbergers, teils im Dialog mit Slim entwickelt, wobei im letzteren Fall dem Amerikaner eine mehr oder weniger dozierende Rolle eingeräumt wird. Da, wie sich in diesen Dialogen immer wieder herausstellt, beide Männer offenbar unabhängig voneinander zu fast identischen Ideen gelangen, werden in dem Verhältnis dieser Figuren allmählich Zusammenhänge telepathischer Art transparent, die ihre volle Erklärung erst mit der Abrundung des Reflexionsprozesses im utopischen Entwurf finden sollen. Die tatsächlich erfolgende Abrundung trägt aber alle Zeichen des Vorläufigen; eine wesentliche Weiterführung wird durch Slims Tod verhin-

---

[36] Ebd., S. 27f., 209ff., 220, 226ff., 230, 235ff., 238f., 251f.
[37] Ebd., S. 238f.
[38] Ebd., S. 235.

dert. Die Ironie dieser vorläufigen Abrundung liegt darin, daß sie mit der Abrundung des oben skizzierten ästhetischen Programms zusammenfällt.

Um die essayistische Gedankenfolge herauszuarbeiten, soll im folgenden sowohl von diesem fortlaufenden Spannungsverhältnis zweier Personen als auch von den Darstellungsmomenten, die den Reflexionsprozeß synchronisch begleiten, abstrahiert werden. Es handelt sich dabei nur um eine der Übersicht dienende Hilfsmaßnahme, deren Ergebnisse für sich genommen die Aussagequalität des Werkes erheblich verzerren müßten. Robert Müller ist weit davon entfernt, ein philosophisches System zu entwickeln. Er unternimmt es vielmehr, den Sturm und Drang des Expressionismus, dessen normale und auch konventionell festgelegte Dimension das Emotionale darstellt, auf den Bereich des Intellekts auszudehnen. Sein Interesse richtet sich weniger auf die Denkinhalte als auf die Gestaltung des Denk- und Bewußtseinsvorgangs. Ihn fasziniert das vorausgaloppierende Denken, nicht „das ‚Nach-‘, das Hinterdreindenken"[39], dessen ausfeilende, glättende und sondierende Funktion ihn gleichgültig läßt. Die folgende Herausarbeitung des essayistischen Gehalts soll daher in den daran anschließenden Abschnitten durch weitere Beschreibungsversuche ergänzt werden, die an Angelpunkten des Werkes ansetzen, um die Art der Verflechtung von Reflexions- und Darstellungselementen aufzuweisen. (…)

Bei Müller findet ein neuer Typus des Reisenden in den Tropen keine exotischen Stimmungsreize mehr vor, sondern macht vielmehr einen fortlaufenden Prozeß der Rückerinnerung durch, in dessen Verlauf ihm die tropische Natur und ihre Bewohner immer stärker als altvertraute Erscheinungen gegenübertreten.[40] Er erkennt, daß er seinen Ursprung von den Tropen aus genommen hat. In seinem gegenwärtigen Zustand sind die Tropen bereits verinnerlicht; er begreift sein Inneres als eine neue, verfeinerte Tropenlandschaft.[41] Anhand der Natur kann er den eigenen Entwicklungsprozeß von der Zellenexistenz an aufwärts noch einmal nachvollziehen. Die Reise zurück zum Urzustand weist so zugleich voraus, zur Transzendierung des gegenwärtigen Menschen.

Die Verinnerlichung der Tropen hat er mit seinen Vorfahren, den Barbaren des Nordens, gemeinsam, die die Sehnsucht einst ebenso wie nunmehr ihn nach Süden getrieben hatte, dem Ursprungsgebiet der Menschheit ent-

---

[39] Robert Musil, a.a.O., S. 746.
[40] Vgl. Robert Müller, *Tropen*, S. 16ff.
[41] Ebd., S. 22.

gegen.[42] Tropische Schwüle und Vielfalt hat sich im Innern des Nordländers zu einer zerebralen Begabung verflüchtigt. Hatte diese auf dem Wege nach Norden den schwindenden äußeren Lebensgrad der Tropen nur kompensiert, so potenziert sie diesen bei der Rückkehr in die äquatorialen Zonen. Es kommt zu monströsen Bildungen, denen Kulturen wie die arisch-indische, religiöse Systeme wie der Buddhismus entsprechen. Diese Bildungen sind jedoch ohne Bestand, denn der bei der Rückkehr sich ergebende „Mangel an Widerstand war unüberwindbar". Die Südländer hingegen „sind nüchtern und sachlich, und seltsamerweise gleichwohl ohne die Tüchtigkeit des spintisierenden Nordländers. Sie sind nie Abenteurer im romantischen Verstande des Wortes, sondern entweder Poseure knallreicher Effekte oder borniere Spießbürger mit zufälligen rücksichtslosen Geschäftsprinzipien."[43]

Die These von der Deformierung des Nordisch-Zerebralen durch die Tropen scheint sich in einer neuen Sehweise zu bestätigen, die die Kausalitätskette umkehrt, ohne daß sich an der Wirkung der vertauschbaren Tatsachen etwas ändert.[44] Diese Sehweise entspricht der Wahrnehmungsirritation eines Eisenbahnreisenden, dessen Bewußtsein den Zug stillstehen und die Landschaft sich daran vorbeibewegen läßt. Aus einer solchen Wahrnehmungsirritation wächst als erstes Produkt eines ‚tropischen' Denkens die Idee vom *Paradox*, derzufolge eine Sehweise, die reale Vorgänge auf den Kopf stellt, als bewußt anzuwendende Methode der Realitätserfassung legitimiert wird. Die Frage der Erfassung der Realität ist zugleich eine Frage ihrer Akzentuierung. Der Akzent der Wirklichkeit kann subjektiv verschoben werden. Um sie zu verändern, muß man sie nur neu skandieren:

> „Wir alternieren eine Sache, wir machen es anders, absurd, verkehrt, und siehe da, es ist *auch* etwas. Wir denken einen Gedanken pervers, und er ist frisch wie eine Jungfrau. (…) Wir stellen einen Akzent um, und das Neue ist eine neuere Welt als irgendein Amerika (…) Es eröffnet neue Welten, es gibt Glück, es erweitert die Möglichkeiten, und wir fügen den künstlichen Paradiesen, die ein Wiking des Geistes erfahren, erfahrtet hat, weil die alten Paradiese übervölkert waren, die *künstlichen Realitäten* hinzu, denn die normalen hat eine Volkszählung uns komplett erwiesen! (…) Unser Geschlecht ist nicht anmaßend, nein, es will die Weisheit nicht ausschöpfen, es will

---

[42] Ebd., S. 23.
[43] Ebd., S. 24.
[44] Vgl. ebd., S. 38ff.

vom Flecke kommen, sich nicht umsehen und jeden Gott anbeten, der ihm mit Schnelligkeiten Wunder zeigt."[45]

Mit solchen ‚Erkenntnisprämissen' ausgestattet, versucht der Reisende zwischen seiner „zerebralen Spannung" und der „Relaxation des Urmenschen" zu vermitteln.[46] Das Gesetz des Rhythmus erschließt sich ihm als Grundlage primitiver Existenz. Das Leben des Wilden erscheint „von Rhythmus betrieben und während seines ganzen Lebens vermutlich in eine wilde Sanftheit hineingeleitet. Dort wo bei uns das Gehirn sitzt, saß bei ihm eine präzise Taktmaschine."[47] Das Streben des Reisenden ist zunächst auf Eingliederung in die *Pace* der Primitiven ausgerichtet,[48] mit welchem dem Pferdesport entliehenen und von Jensen übernommenen Terminus[49] das Eingefügtsein in den Takt eines primitiven Kulturkreises umschrieben wird.

Dem Wunsch nach Rückkehr in einen primitiven Lebenszusammenhang scheint sich allerdings der Intellekt als unüberwindliches Hindernis entgegenzustemmen und die dem Primitiven selbstverständliche Befähigung zu Leidenschaft und Genuß zu blockieren.[50] Die Antriebe des Lebens erfolgen in Bereichen, die dem Intellekt nicht mehr kontrollierbar sind. Der Wilde besitzt einen größeren Erfahrungsbereich der Lust, weil seine Triebe nicht nach Art der europäischen Moral eingeschränkt sind.[51] In Europa hat man einen verkürzten Begriff der Gesundheit. „Richtig, das heißt gesund, ist der Mensch mit dem vielseitigsten und von keiner Moral verschnittenen Lusttriebe."[52] Die europäische Kultur ist demgegenüber einseitig und unausgeglichen, eine „Rechtser-Kultur", denn sie hat sich ein Wertsystem geschaffen, das es ihr erlaubt, die eine Seite ihres Wesens als „linkisch" gegenüber der bevorzugten Seite abzuwerten. „Es gibt aber kein Links oder Rechts mit Bezug auf die Güte einer abstrakten Fähigkeit. Der körperliche Linkser gilt als Abnormität und besitzt doch nichts anderes als die komplette, gesunde Konstitution."[53]

---

[45] Ebd., S. 39f.
[46] Ebd., S. 33.
[47] Ebd., S. 37.
[48] Ebd., S. 42.
[49] Vgl. Jensen, *Die Welt ist tief* ..., S. 165.
[50] Robert Müller, *Tropen*, S. 57f.
[51] Ebd., S. 71f.
[52] Ebd., S. 72.
[53] Ebd., S. 73.

Zur Verdeutlichung dieser Sicht bedienen sich die Reisenden der Theorie von den *Dimensionen* als einer Hilfskonstruktion.[54] Die dabei entwickelte Reihe der Dimensionen wird an einer Stelle durchbrochen, denn: „Der Mensch platzt als Bewußtseinsträger herein und sofort beginnt sein Geschäft als Lustsammler. Er vierteilt, grob gesagt, die Dimensionen; sein erster Augenaufschlag ist ein Willkürakt. Er zerreißt und halbiert das Ganze: Leben und verschafft sich die Effekte: Links und Rechts."[55] Er setzt den Akzent; der Wunsch ist ihm dabei der Vater des Gedanken. Auch die Theorie von den Dimensionen ist fehlerhaft, denn sie verschafft sich einen Standpunkt außerhalb des Seins.[56] Das Denken ist als Ausfluß des Gefühls nur etwas Halbes; nur das Gefühl stellt etwas Ganzes dar und kann zu Lösungen führen, die die Harmonie ihres Seins und ihrer Erklärung in sich tragen. Die vom Intellekt bestimmte Kultur Europas soll nicht verneint werden.[57] Es fehlt ihr lediglich der Mut zur Übertreibung; der Gebrauch, der von der Reflexion, der „Analysengeschmeidigkeit dieses getigerten Gehirnes" gemacht wird, ist allzu „philiströs", zu sehr „von Rechts wegen".[58] Höchste Gesundheit, Einfachheit und Strenge einer Kultur ergeben sich nur aus der allseitigsten, exzessivsten Ausschöpfung menschlicher Möglichkeiten. Die Reflexion ist beim europäischen Menschen ein unveräußerlicher Bestandteil jener „Lustmaschine", die man Bewußtsein nennt.[59] In ihren Wurzeln stellt sie einen Urinstinkt dar. Der Grad, in dem sie bei dem modernen Neurastheniker in Erscheinung tritt, bedeutet nichts anderes als das Wiedererwachen „eines uralten und geschärften Jägerinstinktes, einer Raubtierbeobachtung".

Eine Vorhut des europäischen Geistes, zumeist aus Künstlern bestehend, hat die ersten Anzeichen einer beginnenden Kulturwende bereits erkannt und bemüht sich um eine neue Sehweise: „der Akzent springt um".[60] Man erinnert sich an die Abstammung des Menschen „vom Katzengeschlechte": „klein, schlau und beharrlich, reüssierend, sich steigernd".[61]

Der neue Typus erinnert sich an die alte Beobachtungsgabe, mit der sich der Mensch im Laufe der Entwicklung gegen größere Systeme durchgesetzt

---

[54] Ebd., S. 74.
[55] Ebd., S. 75.
[56] Ebd., S. 75f.
[57] Ebd., S. 77f.
[58] Ebd., S. 78.
[59] Ebd., S. 78.
[60] Ebd., S. 78f.
[61] Ebd., S. 127.

hat. Während die „Phalanx der Bürger, eine Humpelmaschine, lustlos und verdrießlich"[62], „leidensunfähig und eitel"[63], um „das gerettete Überbleibsel und den Ruin von uralten Lüsten"[64] tanzt, kehrt der ‚neue Typus' dieser zu einem Museumswesen erstarrten Kultur den Rücken und reist zu den Primitiven, um „Grausamkeit und Würde"[65] wiederzuerlangen. Er holt sich dort zurück, was er bereits besitzt: „Denn unser Gehirn ist unser Messer, eine feine Klinge der Beobachtung, die wir nicht vom Leibe geben."

Dieses Ziel kann der ‚neue Typus' jedoch nur erreichen, wenn es ihm gelingt, über zwei Bewußtseinsebenen zugleich zu verfügen. Traumleben und Wachleben stellen jeweils eine solche Ebene, ein *Phantoplasma*, dar, d.h. sie sind jeweils als ein „Bild gewordenes System der zureichenden Erklärungen" logisch zu fassen.[66] Andererseits stellt das eine jeweils doch bloß den rhythmischen Umschwung des anderen dar. Sie sind nur die wechselnden Phantoplasmen eines sich gleich bleibenden intellektuellen und psychischen Verlaufs. Die Synthese zwischen der „zerebralen Spannung" des modernen Neurasthenikers und der „Relaxation des Urmenschen"[67] muß infolgedessen an einem Punkte des Bewußtseins erfolgen, der gemäß der Lehre vom Paradox die Phantoplasmen, welche beiden Kulturkreisen zugeordnet sind, aufhebt.

Beim ‚neuen Typus' sollen wie beim Primitiven Beobachtung und Tat wieder zusammenfallen. Auf eine neue Weise verändert er die Wirklichkeit: „Ein guter Beobachter aber freut sich seines Sehens. Er sieht nichts, das er nicht gerne sieht. Er sieht, auf daß etwas zu sehen sei. Denn der moderne Mensch ist jener, der so lange hört, bis das Gras davon wächst."[68] Er vermag dies, weil er erkannt hat, daß Beobachtung ihrem Wesen nach Postulat ist.[69] Beobachtung entnimmt scheinbar der Außenwelt, was ihr im Innern als Prinzip bereits vorgegeben ist. Das Phantoplasma „ist nur die Treibung und Verräumlichung endgültiger und einziger Lebenswahrheiten".[70] Das Phantoplasma des künftigen Typus ist aber die Welt des Jägers- und Beobachtermenschen.

---

[62] Ebd., S. 128.
[63] Ebd., S. 127.
[64] Ebd., S. 128.
[65] Ebd., S. 127.
[66] Vgl. ebd., S. 123f.
[67] Ebd., S. 33.
[68] Ebd., S. 127f.
[69] Ebd., S. 132.
[70] Ebd., S. 134.

Nur scheinbar kehrt er mit seiner Reise in die Vergangenheit zurück. Denken vollzieht sich im Widerspruch, „an jener höheren Grenze, die über den zureichenden Gründen der Phantoplasmen verläuft". „Längs der Beobachtung" scheint er in Urzustände zurückzukehren, stürmt aber tatsächlich nach vorwärts: „Die Vergangenheit ist ein Buch mit sieben Siegeln. Das Gedächtnis zeigt in die Zukunft. So ahnt er die Zusammenhänge, die innerhalb des Phantoplasmas zu liegen scheinen, als eine Abschichtung von Instanzen, deren niedrigste das Phantoplasma selber ist. In ihr macht er sich eine Vergangenheit, daß sie ein Gleichnis seiner Zukunft sei."[71] Das will besagen, daß er sich mit Hilfe des Paradoxes anschickt, neue Dimensionen zu erschließen. Er beobachtet den Beobachter in sich und fällt ihm gleichsam in den Rücken.[72] Auf diesem Wege vermag er die Zeit, die vierte Dimension, zu verschieben, denn das Denken ist ein zeitlicher Vorgang: „Wenn ich nun denke und zugleich dawider denke, so verschiebe ich die Zeit in einer höheren Anschauungsform, die nicht Zeit ist. Die Zeit wird senkrecht zu sich selbst gebracht. Ich erhalte eine neue Dimension".[73]

Nur die wenigsten vermögen bereits in der fünften Dimension zu denken; die meisten verharren im „anorganischen Denken" der vierten Dimension.[74] Dem Wilden aber ist auch diese vierte Dimension unbekannt:

> „Denn erst die Idee des Fortschrittes konnte den Begriff der Zeit vollständig mit einem Anschauungsmomente decken. (…) Er lebt in der Ewigkeit, im seienden Raum, der ihm niemals unter den Füßen fortbewegt wurde zu einer höheren Existenzform, zu technischen Umgestaltungen oder geistigen Manövern. Nur wer die Ewigkeit verliert, entdeckt die Zeit – wir verloren und entdeckten."

Aber auch die dritte Dimension wird ihm abgesprochen. Während die Beobachtung des modernen Menschen „in die Tiefe, in die Entwicklung und in die Inversion" dringt, beobachtet der Dschungelmensch nur in der Fläche: „Wir sind introspektiv, er ist grausam. Neugierig sind wir beide."[75] Seine Sprache ist als Anschauungsform noch nicht weit entwickelt. Daher dominieren bei ihm noch die primären Künste: Musik, Tanz und Malerei. Der moderne expressionistische Maler scheint zu diesen primitiven Ursprüngen der Malerei, zur Fläche, zurückzukehren. Mit den Werken der primitiven

---

[71] Ebd., S. 134f.
[72] Ebd., S. 133.
[73] Ebd., S. 135.
[74] Ebd., S. 140.
[75] Ebd., S. 141.

Kunst hat er die „Betonung des Physischen" und die „urhafte Ausbeutung des Beobachtenden als des Grausamen" gemeinsam. Aber da er aus der fünften Dimension heraus schafft, ist er zugleich geistiger und wissenschaftlicher als alle vorangegangenen Künstler. Innerhalb dieser Dimension entwickelt sich eine neue „asiatische Intellektkultur".[76]

Beim ‚neuen Typus' werden Rasse und Charakter durch Training ersetzt.[77] Um ihn zu verwirklichen, muß namentlich der Deutsche zuallererst seinen Hang zur Romantik und zum gesteigerten Erleben aufgeben.[78] Er muß in sich den Typus des Parvenü überwinden, wie er beispielsweise durch die Literatur der letzten Generation (Fin de siècle) repräsentiert wurde.[79] Deren Vertreter, die sich zumeist aus sozial benachteiligten oder rassisch diskriminierten Bevölkerungsteilen zusammensetzten, vergeudeten ihre Talente an ephemere Gegenstände, indem sie dem Hauch der parfümierten Salons und den ersten besten Frauenzimmern zum Opfer fielen. In ihrer Sehnsucht griffen sie auf „dieses alte Eisen, die Ferne" zurück. Die neue Generation hingegen hat sich angeschickt, Sehnsucht und Analyse zu überwinden. An ihre Stelle tritt die Kombination, die die Lebensformen Amerikas, Asiens und Europas zur Synthese bringt und die Ferne überflüssig macht.[80] Der Dschungel ist dieser Generation ein „etwas altertümlicher Boulevard", Berlin und Amazonas sind ihr gleichbedeutend. Der ‚neue Typus' hat die Fähigkeit, sich selbst fortlaufend zu relativieren, und lebt immer in der Bewegung. Er ist allenfalls „sentimental nach vorwärts".[81] Seine Realität ist schwebend und durchdringlich. Indem er kritisiert, kombiniert er zugleich. Analyse und Synthese sind ihm identisch. Sein Denken ist suggestiv und hat unmittelbare Auswirkungen.[82]

Um die Art solcher Auswirkungen zu verstehen, muß man sich zunächst einmal verdeutlichen, daß es nicht mehr möglich ist, von der Vorstellung des Charakters auszugehen; durch Analyse ist man seiner Formel bereits auf die Spur gekommen. Der Mensch darf also nicht mehr als Charakter gesehen werden, sondern stellt sich nunmehr „als eine Schnittblume im jeweiligen Augenblick losgelassener, noch unerkannter Einzelvorgänge" dar.[83] In

---

[76] Ebd., S. 142.
[77] Vgl. ebd., S. 227.
[78] Ebd., S. 163f.
[79] Ebd., S. 228.
[80] Ebd., S. 228f., 233.
[81] Ebd., S. 231.
[82] Ebd., S. 236.
[83] Ebd., S. 237.

diesem System, „ein Arrangement von erteilten Kräften", gibt es zwar konstante Positionen; die Menschen, die sie jeweils einnehmen, bleiben aber nicht dieselben.[84] Anstelle der Charaktere sind Situationen getreten. Im Grunde gibt es nur „diese Beziehungen zwischen den Menschen, Ausflüsse magnetischer Art (...)". Der Mensch läßt sich nur als eine Nummer in einer jeweiligen Situation bestimmen: „Er entsteht eigentlich erst durch die Dispositionen der anderen, durch die anderen Nummern (...)."

Der ‚neue Typus' schöpft seinen Aktivismus daher nicht aus der Positivität des Charakters, sondern aus dem Negativ vom Negativ: „(...) seine Lebenskraft ruht im Paradoxen."[85] Wiewohl kein Charakter, ist er „lebenszäh", ein „Kraftmonstrum" durch Training. Mit seinem Gedächtnis umschließt er vergangene und gegenwärtige Situationen und beschaut sich schließlich von allen Seiten. Er absolviert einen Kursus in allen Möglichkeiten, einen Kursus in Chaos sozusagen. Aber dieser Weg endet weder im Nihilismus noch in einer poetischen Verklärung dieses Nihilismus. Denn das „Zopfige" hat er sich so lange abgeschnitten, „bis er nach rückwärts kahlrasiert dasteht". Man könnte aber genausogut sagen, daß ihm der Zopf jetzt nach vorne hängt: „(...) er ist einseitig für die Zukunft eingenommen, er ist baufällig nach vorwärts, gebrechlich wie alles Menschliche."

Zum Zopfigen gehört auch das Gewissen, das der Neue nicht mehr besitzt. Er hat die Disposition eines Meuchelmörders: „(...) er kennt die gespannten Hähne in sich, die wohl nie faktisch losgehen (...)."[86] Aber er wiegt die dunklen Raubtier- und Jägerinstinkte nicht in Schlaf, sondern hat sie ständig zur Verfügung. Er nimmt Einflüsse sublimer Art wahr: „Sein Gehirn ist Trommelfell und Linse und empfängt Eindrücke ohne den Umweg über die Sinne. Die Reizschwelle der Organe liegt so tief, daß sie für das Bewußtsein begraben bleibt. Er ist suggestibel."[87]

Auf diesen sublimen, Kontakten der Geister untereinander, auf dieser *Gravitation der Intellekte*[88], beruht auch das Verhältnis Slim/Brandlberger, das diesen von mir vorgenommenen Gedankenkontraktionen zugrunde liegt. Demzufolge lassen sich nicht die Anteile beider Denker ermitteln, sondern lediglich die Positionen, die sie bei der Produktion der Gedankenfolge jeweils einnehmen. Daß sie ihren utopischen Entwurf auf ästhetische Vorha-

---

[84] Ebd., S. 238.
[85] Ebd., S. 237f.
[86] Ebd., S. 238.
[87] Ebd., S. 239.
[88] Ebd., S. 226, 239, 232.

ben zur Anwendung bringen wollen, entspricht der Intention des Autors, seinen Lesern einen Schlüssel in die Hand zu geben, mit dessen Hilfe sie sich die Kompliziertheit der Struktur erschließen können. Vom Leser wird aber zugleich erwartet, daß er diese Hinweise ironisch zu gebrauchen versteht. Die Intentionen Slims, der auch einen Roman *Tropen* schreiben will[89], sind nicht mit denen des Autors gleichzusetzen, der im Gegensatz zu jenem nicht den Anspruch erhebt, den ‚neuen Typus' in seinem Werk Gestalt werden zu lassen. Zur Relativierung des Slimschen Programms dient ihm vor allem sein Ich-Erzähler Brandlberger, der bezeichnenderweise *seinem* Romanentwurf den Titel „Irrsinn" geben möchte[90], und schließlich auch der Sancho-Pansa-Typ von den Dusen, eine Verkörperung des Durchschnittseuropäers[91], der eine vorwiegend stumme, aber gerade durch seine Stummheit beredte Position einnimmt. Nach Slims Tod übernimmt er dessen Position und schwingt sich zum Verkünder des ‚neuen Typus' auf.[92] Die Konstellation Slim/Brandlberger wiederholt sich in der Konstellation van den Dusen/Brandlberger. Wesentliche Inhalte werden in dieser neuen Konstellation wiederholt, aber in der Parodie aufgehoben. Hatte Brandlberger, der schwerfällige deutsche Hans, gegenüber Slim, dem schlauen und wendigen amerikanischen Hans, die Rolle des Analytikers und Skeptikers eingenommen, so besitzt er hier allenfalls noch die Position des desillusionierten Spötters. Die Kühnheit des Paradoxes, an dem sich der wendige Slim – wie Münchhausen an seinem Zopf – immer wieder aus der Affäre ziehen konnte, verkommt bei van den Dusen zum bloßen „Jägerlatein", wobei er diesen Ausdruck, der einem spöttischen Einwurf Brandlbergers entstammt, seinerseits zu einem Romantitel erheben will.[93] Auf die Tragödie folgt das Satyrspiel.

Es soll im folgenden die Verflechtung der Reflexion mit den anderen Elementen des Romans aufgezeigt werden. Die Exposition dieses „Epos der Ideen" bzw. dieser „Gedankenkomödie" kommt in einer Dschungelreise und der Partizipation an dem primitiven Dasein eines Indianerstammes zur Anschauung. Während einer Flußfahrt durch den Dschungel verbinden sich Naturbeobachtungen und Reflexion der Darstellung von Brandlbergers

---

[89] Ebd., S. 230.
[90] Ebd., S. 226.
[91] Ebd., S. 129.
[92] Ebd., S. 250ff.
[93] Ebd., S. 251f.

Meditationen.[94] In dieser Darstellung konkretisiert sich der somnolente Zustand, der die Weißen befällt, die sich von Indianern durch die Flußläufe des Dschungels rudern lassen. Ein etwa impressionistisch vorgeprägter literarischer Erwartungshorizont, der mit diesem Zustand die Vorstellung von trägem Einpendeln in farbentrunkene exotische Stimmungsbilder verbindet, wird sogleich durchbrochen. An seine Stelle tritt eine überscharfe Beobachtungsgabe, die sich ihre Zielpunkte aus dem chaotischen Lebensgewimmel, wenn nötig mit mikroskopischer Exaktheit, herausschneidet:

„Lagunen fielen ins Land und fingen im braunglasigen Spiegel die träge dampfende Ruhe eines schweigenden Urwalds, den kilometerlange Systeme von Schlinggewächsen zu einem einzigen quirligen Laubfilz zusammenspannen. Inseln und Halbinseln krochen vor und trugen sichtbar die Knoten verschlungener Riesenpflanzen und Bäume, sie stellten eine gefahrvolle Barre dar und zwangen uns zur Steuerung in Mäandern. Wenn wir aber vorbei waren und die Wellen unserer flinken Kähne sie erreichten, begann, was massiv geschienen hatte, zu schaukeln. Schleimige, schwarz glänzende Bildungen tauchten auf und nieder, wurmartige Äste, die im klaren Wasser wie Spieße gedroht hatten, begannen rhythmisch zu bändern und zuckend zu greifen. Der Flußlauf war eine aufgereihte, in weiten Schlingen sich schlängelnde Schnur von kleineren und größeren Seen, ein ununterbrochenes Szenarium von Buchten. Bald verflachten sie zu morastigen Untiefen, aus denen die herzblattförmigen Stechruder Blasen und lehmige Wirbel auflöffelten, bald zwängten sie sich zu laubüberschatteten Tunnels, in denen das Wasser stillzustehen schien, schwarz, ungesund und fettig, wie es uns da fühlbar trug. Denn das war das Erregende an solchen Stellen, daß sie plötzlich das eigene Schwergewicht ins Bewußtsein riefen. Man empfand den zähen breiten Widerstand der brodemhaften Wassermassen gegen die Bootswände."[95]

Exakte Beobachtungsgabe verbindet sich bei Brandlberger mit einer fieberhaften Tätigkeit des Intellekts. Die besondere Situation des Bootes, das sich einen Weg durch morastige Untiefen bahnen muß, korrespondiert mit seiner Bewußtseinslage:

„(...) das gewohnte Gefühl, am äußersten Grunde aller Dinge zu sein, das man gegenüber dem unendlichen All des Himmels auch noch auf den höchsten Bergen in sich weiß, dieses Gefühl fehlte hier; es war ein Schweben über unreiner Tiefe und eine Distanz, die

---

[94] Ebd., S. 16-41.
[95] Ebd., S. 16f.

nur nach der einen Seite gewohnt war, stellte sich nun nach einer zweiten hin ein."[96]

Brandlbergers zügellos gewordener Drang zur Analyse hat den Halt des Tagesbewußtseins verloren und ergeht sich in einem angestrengten Wühlen im Halbbewußtsein. Die ihn umgebende Tropenlandschaft erscheint ihm altvertraut.[97] Das Hinabsteigen in die Tiefen des Erinnerungsvermögens zeitigt den Erfolg eines ersten Heureka-Erlebnisses: es ist die Rückerinnerung an den Zustand des willenlosen tropischen Wachsens im Mutterleib. Primitivste Ausformungen des Lebens am Grunde des Wassers, das er zuvor als ihn belauernde Bedrohung empfunden hatte, erlauben ihm nunmehr eine Identifikation. Diese Wesen sind zurückgebliebene Gefährten eines Zustandes, den er einst selbst durchmessen hatte. Indem er sich als „ein naschhaftes Zellenbündel"[98] im Wasser erlebt, werden ihm die Wurzeln seines somnolenten Zustandes bewußt. Seine mangelnde Aktivität, seine Langeweile und Leere, entsprechen der Lauheit einer vegetativen Existenz.[99] Lediglich die Berührung vitaler Interessen vermag als Selbsterhaltungstrieb Aktion zu provozieren. Indem er „die Lauheit des Wassers" zur Lauheit seines Blutes analogisiert, verinnerlicht er seine Umgebung und begreift sich selbst nunmehr als „eine vielfach verbesserte Tropenlandschaft". Die wohlbehütete Kindheit des Bürgersohnes, dem „das äußere Leben des Unterhalts (...) selbsttätig und selbstverständlich geregelt"[100] erscheint, wirkt in einem Blute nach, das auf Genüsse, nicht aber auf Arbeit, eingestellt ist.

Die bereits bekannten Reflexionen über die Nordländer und die Folgen ihrer Rückkehr in die Tropen schließen sich an.[101] Auch für Brandlberger bedeutet Reisen „Erfahrung" der Innenwelt anhand der Außenwelt. Er versucht die Natur im Symbol des Weibes zu fassen und seine Beziehungen zu ihr im Sinne einer modernen Erotik, in der sich das Ich dem anderen nur im Hinblick auf Erlangen und Auskosten „eines höheren und raffinierteren Bewußtseins" nähert.[102] Die Natur hat den „Reiz der Bebärerin, in der ein Mann die ersten Anfänge und letzten Bedeutungen des Ichs sucht". Reisen

---

[96] Ebd., S. 16f.
[97] Ebd., S. 17ff.
[98] Ebd., S. 21.
[99] Ebd., S. 21f.
[100] Ebd., S. 22.
[101] Ebd., S. 22, 23f.
[102] Ebd., S. 25ff.

bedeutet also nicht nur Rückkehr zum Ursprung, sondern auch Zeugung, die Eroberung neuer Bereiche des Bewußtseins. Die Reise ist daher eine rein männliche Angelegenheit: „Die Frau nämlich ist ihrerseits nie aus den Tropen herausgekommen (...)."[103]

Der somnolente Zustand schlägt jäh in eine Extraversion um, in einen „Hunger nach Brutalität", der sich in unmotivierten Aggressionen ausdrückt.[104] Die zurückgehaltene Innenwelt kehrt sich in einem neuen Machtanspruch nach außen. Diese Extraversion zeigt sich auch als neue Lust am Physischen und konkretisiert sich in der Bewunderung für die Schönheit eines indianischen Ruderers.[105] An ihm liest er das Gesetz des Rhythmus als Grundlage primitiver Existenz ab. Auf der Basis der nunmehr erreichten Erkenntnislage, die sich in einer metaphorischen Dialektik von Innen und Außen manifestiert, in der sich Brandlberger einmal als in den Dschungel eingebettetes somnolentes Es, einmal als das Außen integrierendes und dominierendes Dschungel-Ich erfährt, fällt ihm die Lehre vom Paradox als ein zweites Heureka-Erlebnis zu.[106] Ein durch die Ruderbewegung entstehender Wirbel erweckt in ihm für einen Augenblick die Illusion, das Boot werde von Kräften vorwärts getrieben, die vom menschlichen Willen unabhängig sind; nicht die Ruder, sondern ein geheimnisvolles Wasserrad sei hier am Werk. Das Wasserrad wird schließlich zum Symbol erhoben, das in Slims und Brandlbergers Argumentationen als Zeichen für das Paradox eintritt.[107]

> „Ist es nicht verdammt gleichgültig, ob das Wasserrad oder zwei indianische Knechte Anspruch erheben auf unser Fortkommen, wenn wir nur weiterkommen, und sei's auch um keines anderen Zweckes willen, als um unserer Nervosität genug zu tun! Denn letzten Endes schwimmen wir ja alle doch nur in unserem eigenen Blute – auch das ist eine Inversion der Natur, eine paradoxe Verdrehung von Urtatsachen vor uns – und sumpfen!"[108]

Die Reise findet in einem Indianerdorf mitten im Dschungel ein vorläufiges Ende. Der längere Aufenthalt in diesem Dorf, der einen großen Teil des Buches ausfüllt, konzentriert sich am Anfang auf das Streben nach Teilhabe am Lebensrhythmus der Primitiven. Die Einfügung in die Pace der Indianer

---

[103] Ebd., S. 27.
[104] Ebd., S. 34f.
[105] Ebd., S. 36f.
[106] Ebd., S. 38ff.
[107] Ebd., S. 58, 164f.
[108] Ebd., S. 40.

gelingt nicht so ohne weiteres. Die Struktur des Dorfes wird zwar von dem analytischen Blick des Ingenieurs sogleich notiert, aber in ihrem Bedeutungsgehalt noch nicht erschlossen.[109] Auch Brandlbergers Versuche, auf dem Wege des erotischen Abenteuers diesem Ziele näher zu kommen, scheitern.[110] Erst nachdem die Entwicklung der Lehre von den Dimensionen und dem Verhältnis der Linkser- und Rechtserkulturen in einem langen Gespräch mit Slim erfolgt ist, vermag Brandlberger seine Umgebung als solide Realität zu erkennen.[111]

Der Schleier des Stimmungshaften und Exotischen, der ihn zuvor so sehr bedrückt hatte, ist gefallen. Brandlberger entlarvt die impressionistische Exotik als „veralteten Standpunkt", als „Defekt der Beobachtung"[112]. Den neuen lustbetonten Gedanken entspricht eine neue lustbetonte Schweise. Die neue Realitätserfassung ist seinen neuen Bedürfnissen gemäß. Das Indianerdorf ist ihm nicht fremder als ein Alpendorf. Die Strukturen dieses Kulturkreises werden transparent: „Hier ist Arbeit, Betrieb, Geschäft und Transaktion. Eine kleine, niedliche Technik. Die Hauptsache ist, daß sich alles ziemlich eng um den Punkt des Daseins bewegt. Es könnte in einem Ameisenhaufen nicht stimmungsloser hergehen."[113]

Die neue Sehweise schlägt sich in neuen Erlebnissen nieder. Seine erotischen Bestrebungen bringen Brandlberger immer mehr in den Bannkreis Zanas, der Priesterin des Stammes. Er wird damit zwangsläufig zum Rivalen Slims, der sich in den Kopf gesetzt hat, Zana zu entführen. In diesem Urwaldmädchen personalisiert sich Brandlbergers erotisch-metaphorischer Bezug zu dem „Weib" Natur. Während einer Folge von Tänzen, die Zana einem gefräßig-trägen Fruchtbarkeitsgotte darbringt, unterliegt er der Faszination ihres Körpers.[114] Zana stellt tänzerisch eine Pantherkatze dar, ihr Wesen enthüllt sich Brandlberger als ein katzenhaft-bedrohliches.[115] In späteren traumhaften Szenen schreitet diese primitive Femme fatale als Schlangenweib oder Mondfrau durch den Dschungel.[116] Ein solcher Rück-

---

[109] Vgl. ebd., S. 49.
[110] Ebd., S. 55ff., 88f.
[111] Ebd., S. 80ff.
[112] Ebd., S. 81.
[113] Ebd., S. 82.
[114] Ebd., S. 98-110.
[115] Ebd., S. 100f.
[116] Ebd., S. 123, 171, 263. – Wir kennen dieses Motiv aus einem der berühmten Dschungelbilder Henri Rousseaus (*Die Schlangenbeschwörerin* 1907), ebenso als einen häufigen Bestandteil der künstlichen Paradiese des Jugendstils. Be-

griff auf den Archetypus des Großen Weiblichen bedeutet hier die Markierung der Macht des animalischen Weiblichen, das nach dem Erleiden von Grausamkeit, d. h. nach Unterwerfung unter das männliche Prinzip, verlangt oder aber diesem bei Abstumpfung und Schwächung der männlichen Raubtierinstinkte den Untergang bereitet.

An dieser Stelle setzt eine Werkphase ein, die man den Leseanweisungen des Autors entsprechend als Peripetie bezeichnen könnte. Diese Phase umfaßt die letzten Tage und Nächte des Aufenthalts im Dorfe, deren Ereignisse zur Flucht durch den Dschungel führen, und findet mit dem ersten Vordringen in die Schatzhöhle ihren Abschluß. Kennzeichnend für diese neue Phase und auch für den weiteren Verlauf des Werkes ist die zunehmende Dominanz von Handlungselementen. Die Reflexion drängt zur dialektischen Aufhebung der primitiven Pace und voran zur unmittelbaren Aktion. Die Ebenen, auf denen sich Reflexion und Handlung nunmehr vollziehen, schwanken zwischen Traum- und Wachzustand und lassen sich nicht mehr eindeutig bestimmen.

In der auf das kultische Fest folgenden Nacht fällt Brandlberger in einen tranceartigen Zustand.[117] Bei überscharfem Bewußtsein vermischt er ständig zwei Realitätsebenen. Einmal findet er sich mitten in einer europäischen Großstadt, zum anderen wieder unter tropischem Himmel. Als er sich in den leeren Straßen einer solchen Stadt wiederfindet, wandelt Zana in der raffinierten Aufmachung einer europäischen Dame an ihm vorüber. Eine Lähmung befällt ihn, er kann sich nicht mehr bemerkbar machen: „Ich fühlte mich tief geknickt, ohne Lebenslust, ohne das Schwergewicht eines Charakters, wie ich dalag, jenseits des Lebens, ganz nördlich von den einfachsten warmen Regungen, ohnmächtig, nur einen Finger zu rühren."[118] Während seine Sehnsucht ganz vom Anblick Zanas gefangen ist, verselbständigt sich

---

drohliche Züge hat es schon in Wedekinds „*Erdgeist*"-Prolog (1895). Späterhin findet es sich in Höllriegels „*Urwaldschiff*" (*Bermann*, a.a.O., S. 187f.) und in Döblins „*Land ohne Tod*" (*Amazonas*, S. 14f., 264f.) in der Gestalt panther- oder schlangenbegleiteter Amazoneköniginnen. Es handelt sich bei diesen Motiven um besondere Ausprägungen des primitiven Vorstellungen entlehnten Archetypus von der Großen Mutter, deren Bedeutungsgehalt Erich Neumann wie folgt umreißt: „Überall also, wo das Weibliche als fruchtbar auftritt, ist es auch die uroborische Schlangenfrau, das Weib mit dem Phallus, die Einheit von Gebärendem und Zeugendem, von Leben und Tod." (Erich Neumann, *Die Große Mutter. Der Archetyp des Großen Weiblichen, Zürich 1956, S. 166.*)

[117] Ebd., S. 115-129.
[118] Ebd., S. 120.

sein Geist und erarbeitet eine Analyse der kosmetischen Hilfsmittel und Requisiten ihrer Schönheit: ihr gemusterter Schleier soll an die indianische Tätowierung gemahnen, der Schirm die poetische Wirkung der Palme ersetzen.[119] In der Zierlichkeit und Koketterie der modernen Dame spiegelt sich die Grausamkeit des Dschungelmenschen – freilich in einer durch die Zivilisation korrumpierten Form – wider. Ihre Toilette kompensiert längst vergessene Instinkte, die dem modernen Mann abhanden gekommen sind: „Der Sinn des Brutalen, Beschränkenden, Verstümmelnden schürzt die Falten am Körper des modernen Weibes, ringt verlangend in den Formen der Bekleidung, strengt sich leer und inhaltslos, müde vom vergeblichen Bitten im sehnsüchtigen Schein des Tuches an, alte Lüste zu verbildlichen."[120] Bei diesem Erkenntnisstande verwandelt sich die Großstadtszene zurück in eine Tropenlandschaft. Brandlberger liegt unter einer Palme. Unter dem kaltbannenden Einfluß des Mondes verfällt er in einen schweren Traum, vermag aber in einer gleichsam schizoiden Situation aus sich herauszutreten und sich selbst zu beobachten. Er gibt sich Rechenschaft über seine Realitätserfahrung und erkennt, daß sie eine zwiefache ist. Jede dieser Ebenen läßt sich als „Bild gewordenes System der zureichenden Erklärungen" logisch fassen und ist doch bloß der rhythmische Umschwung der anderen. Brandlberger nennt eine solche Ebene Phantoplasma. In der Wirklichkeit der Trance, in dieser stärksten Wirklichkeit zwischen zwei schwächeren, formuliert Brandlberger seine Kritik an der europäischen Zivilisation und beginnt, ihr eine Utopie des neuen Typus entgegenzusetzen.

Das von Brandlberger nur geträumte Erscheinen van den Dusens, der in weißblau gestreiften Badehosen vor ihn hintritt, setzt einen vorläufigen ironischen Punkt hinter diese utopischen Perspektiven.[121] Brandlberger bricht in Gelächter aus, erwacht und sieht tatsächlich van den Dusen vor sich stehen: er hat die Wirklichkeit geträumt. Die Meditation wird im Wachzustand weitergeführt und gelangt zur Bewegung der vierten Dimension und zur Synthese von primitiver Pace und Intellekt in einer neuen Geistigkeit. Als sich Brandlberger anschickt, sein neugewonnenes intellektuelles Panorama abzuschreiten, wird er von Zana unterbrochen.[122] Slim tritt dazwischen, macht dem erotischen Spiel der beiden, das die Anzeichen anima-

---

[119] Ebd., S. 121.
[120] Ebd., S. 122.
[121] Ebd., S. 129.
[122] Ebd., S. 143ff.

lischer Wildheit annimmt, ein Ende und setzt den Aufbruch nebst Entführung Zanas für den nächsten Tag fest.

Mit den Ereignissen der letzten Nacht vor dem Aufbruch wird der Leser erstmalig Handlungselementen ausgesetzt, deren Realitätsebene und Motivation für ihn nicht mehr eindeutig bestimmbar sind. Es bleibt seiner kombinatorischen Befähigung überlassen, die logische Verlaufskette zu rekonstruieren. Selbst an späteren Stellen des Werkes nachgelieferte Informationen ermöglichen keine eindeutige Schließung der Kette. Es bleiben jeweils eine bestimmte Zahl von Detektionen möglich. Der Autor behält diese Strategie im letzten Teil des Werkes bei, dessen Struktur ebenso wie in dieser Handlungspassage vorwiegend von Kriminalmotiven bestimmt wird.

Die Ereignisse der Nacht vor der Flucht stellen sich aus Brandlbergers Perspektive wie folgt dar. Indem er sich in dieser schönen Tropennacht hemmungslos längst überwunden geglaubten Stimmungsgehalten hingibt, erwacht in ihm der Wunsch nach erotischen Abenteuern und treibt ihn in das Unterholz am Rande des Dschungels, wo sich nachts die liebeslustigen Paare treffen.[123] Dabei stößt er auf van den Dusen, den sein forsches Auftreten wahrscheinlich zum Rückzug veranlaßt. Im Unterholz entdeckt er die mütterlich-üppige Rulc, welche ihn zum Liebesgenuß herausfordert.[124] Der Vertrautheit und dem Wiedererkennen in der Ekstase folgt die individuelle Fremdheit post actum. Ehe er sich noch mit „Herzenshöflichkeit" entfernen kann, hört man Geräusche im Unterholz. Rulc ergreift die Flucht. Brandlberger hört bald darauf einen dünnen Klang wie von vibrierendem Metall und unmittelbar darauf einen tonlosen Seufzer. Am Ort des Geschehens angekommen, sieht er die von Schlangen umwundene Zana im Mondlicht stehen.[125] Sie bückt sich nieder, um eine der Schlangen am Körper einer am Boden liegenden üppigen Frau anzusetzen, wendet sich aber, als Slim hinter ihr erscheint, um und greift ihn mit ihren Schlangen an. Slim zerteilt die Schlangen mit seiner dünngeschliffenen Machetta und überwältigt Zana. Brandlberger wird Zeuge ihrer Liebesvereinigung. An weiteres vermag sich Brandlberger nicht mehr zu erinnern, und als Slim ihn gegen Morgen weckt und zum Aufbruch drängt, ist er geneigt, die Geschehnisse dieser Nacht für einen Traum zu halten.[126]

---

[123] Ebd., S. 166, 168.
[124] Ebd., S. 170f.
[125] Ebd., S. 171f.
[126] Ebd., S. 172f.

Auf die Klarheit und Logik des „Traums" folgt das gequälte Analysieren des Wachzustandes, das gegen den Gedächtnisschwund ankämpfen muß und sich nur langsam an einer Kette von momentanen Rückerinnerungen zur Versicherung von Realität und Identität vorantastet.

Der fluchtartige Aufbruch findet am Rande des Dschungels eine Unterbrechung, als man im Unterholz die Leiche Rulcs entdeckt, auf der noch eine Schlange züngelt.[127] Slim betätigt sich als Detektiv, während die ihm nunmehr ganz ergebene Zana gelangweilt dabeisteht. Er weist zwei Messerstiche nach, die mit einer sehr dünnen Machetta ausgeführt worden sein müssen. Durch angesetzte Giftschlangen sollte das von Slim als „indianisches Eifersuchtsdrama"[128] interpretierte Verbrechen offenbar als Unfall kaschiert werden. Er bleibt ganz ungerührt und zieht daraus sogleich die sachliche Nutzanwendung für die Expedition. Mit der Machetta in der Hand schafft man sich Bahn durch den Dschungel und bewahrt hinfort ängstliches Stillschweigen über die Vorfälle.

Brandlbergers Drang nach Rekonstruktion und Vervollständigung der Ereignisse steigert sich in einen Zustand des „Irreseins".[129] Andererseits verzichtet er darauf, sich auf dem Wege einfacher Fragen bezüglich der Realität seines „Traumes" Gewißheit zu verschaffen.[130]

Er fühlt sich mit den beiden Gefährten in einer Art „Nervengemeinschaft" verbunden, die sich in gegenseitigem Gedankenlesen und Beeinflussen auswirkt. Das Bewußtsein hiervon beraubt ihn seiner Willenskraft. Es bleibt bei „planvollen Ausdeutungen, willkürlichen Vervollständigungen der Geschehnisse".[131] Brandlberger hält an seinem Traum fest. Dies erlaubt ihm, Verdachtsmomente von Slim fernzuhalten und eigene aufdämmernde Schuldgefühle zu beschwichtigen.[132] In letzterem kann er sich durch die Feststellung bestärken, selbst niemals im Besitze einer besonders dünngeschliffenen Machetta gewesen zu sein. Viel später erst gibt Slim eine Deutung zum besten, die es gestattet, auch diesen Gegenstand in belastender Weise mit Brandlberger in Verbindung zu bringen.[133]

---

[127] Ebd., S. 173ff.
[128] Ebd., S. 175.
[129] Ebd., S. 176.
[130] Ebd., S. 180f.
[131] Ebd., S. 176.
[132] Ebd., S. 174, 182.
[133] Ebd., S. 223ff.

Die Flucht durch den Dschungel wird von Brandlberger auf einen wechselseitigen Verfolgungswahn zwischen Slim und ihm bezogen.[134] Es gilt, den gemeinsamen seelischen Schnittpunkten zu entkommen: „Wir lebten uns wider einander, lebten uns jeder wider sein eigenes Leben."[135]

Die Wesenskerne beider decken sich jedoch in dem gemeinsamen „Traum" nach wie vor. Auf seiner Identitätssuche kommen Brandlberger eine Reihe äußerer Vorkommnisse zu Hilfe, die Rückerinnerungsmechanismen in Gang setzen.[136] Als ihn eines Nachts die Eifersucht aus dem Schlafe reißt und er Slims und Zanas Liebesgegirr vernimmt, wird ihm bewußt, daß er das gleiche Geflüster schon einmal gehört hat.[137] Dieses Bewußtsein verdichtet sich zu der Gewißheit, mit Slim ein Erlebnis, aber keinen Traum gemeinsam zu haben. Brandlberger erlebt sich in seiner Eifersucht als „gesunde Persönlichkeit" und glaubt, daß das Band zu Slim in diesem Augenblick für immer gerissen ist. Er straft sich aber zugleich selbst Lügen, indem er Begriffe wie das widersprüchliche Denken als Rationalisierung mißbraucht, um sich seinen Verzicht auf Zana als einen heroischen Akt einreden zu können.[138]

Die Weißen verbinden mit ihrem Dschungelmarsch die Vorstellung, den Raum zu schleppen und wider die Zeit Sturm zu laufen.[139] Waren sie auf ihrer früheren Dschungeldurchquerung auf dem Weg zur Pace der Primitiven, so lassen sie jetzt das Dasein in der Fläche hinter sich zurück und reisen in die fünfte Dimension. Der Gegensatz von geschlossenem Traumgeschehen und der Analyse im Wachleben soll in der Synthese eines höheren Bewußtseinszustandes aufgehoben werden.

Schließlich gelangt man zu einer Lichtung. Hier staut sich der Fluß in einem Becken, um dann in einem Wasserfall etwa vierzig Meter tief in ein weiteres Becken hinabzustürzen. Zwischen der Wand und dem Fall tritt der Fels etwas zurück, so daß eine natürliche Grotte entsteht.[140] Hier soll sich nach Slims indianischen Schriftzeichen der Konquistadorenschatz befinden. Anstelle des Schatzes findet man nur ein paar alte verschimmelte und vermoderte Rüstungen und Waffen vor.[141] Trotz der Enttäuschung bemächtigt

---

[134] Ebd., S. 181.
[135] Ebd., S. 182.
[136] Ebd., S. 177, 178, 183, 184, 188.
[137] Ebd., S. 184f.
[138] Ebd., S. 186f.
[139] Ebd., S. 182f.
[140] Ebd., S. 188f.
[141] Ebd., S. 190ff.

sich der Expeditionsteilnehmer, die sich in der Grotte versammelt haben, ein eigentümlicher Lachzwang. Das apfelgrüne Licht, das den Raum im Verein mit den rhythmisch auftauchenden und verschwindenden Regenbogenbrechungen beherrscht, scheint durch die Gestalten hindurchzudringen. Man fühlt sich schwerelos. In einer Synästhesie verschmelzen Licht- und Tastsinn: Licht und Materie sind hier identisch. Die Gestalten wirken wie raumlose, an die grüne Wand gemalte Flächen. Nur die Weißen scheinen eine Dissonanz zwischen dieser „organischen Heiterkeit" und ihrem Gehirn zu empfinden. Zana blüht in diesem Licht auf und erscheint als neuer „Undinentypus". Als nach dem Hinaustreten wieder eine verbale Artikulation möglich ist, spricht Slim die Empfindungen der übrigen Weißen aus, wenn er diese Erscheinung den „zweiten Leib" nennt: „Wenn man einmal den ersten vermißt, kann man hier immer noch in der Reserve hausen!"

An dieser Stelle des Buches ist im Kräftespiel der Figuren eine Entwicklung erreicht, die zur dritten und letzten Phase des Romans überleitet, die wir in Übereinstimmung mit Müllers Drama-Metaphorik als „Katastrophe" bezeichnen können.[142] Die Weißen werden nach Erreichen des Expeditionsziels von einer Lähmung des Willens erfaßt.[143] Sie kümmern sich weder um ihre Lebensbedingungen noch um das Weiterkommen und verbringen ihre Zeit in Untätigkeit. Plötzlich ausbrechender Aktionstrieb führt zu keinem zweckbestimmten Verrichtungen, sondern entlädt sich allenfalls in sinnlosen Grausamkeiten, in Exzessen der Langeweile.[144] Brandlbergers geistige Tätigkeit konzentriert sich auf eine neue Ausdeutung und Überwindung der gegenwärtigen Situation unter Zuhilfenahme des Begriffes „Robinsonade".[145] Er füllt diesen Begriff jedoch immer mehr mit eindeutig antizivilisatorisch-regressiven Inhalten, die sich bei Abbau aller utopisch-progressiven Ansprüche auf das einfache Leben in der Einsamkeit der Natur, in paradiesischer Zweisamkeit mit Zana, konzentrieren.[146] Er sieht in Slim, seinem Doppelgänger, der immerhin den Bau von Kanus in die Wege leitet, eine Art Vampir, der sich auf mysteriöse Art der eigenen zerebralen Begabung bedient, so daß Brandlbergers Handlungsfähigkeit in der bloßen Anschauung verbraucht wird.[147] So vermag er auch Zanas passiven Widerstand ge-

---

[142] Ebd., S. 201, 204.
[143] Ebd., S. 194.
[144] Ebd., S. 193, 194f., 195f.
[145] Ebd., S. 199.
[146] Ebd., S. 206, 208f., 210.
[147] Ebd., S. 155, 201.

gen Slim und seine Pläne nicht für sich zu benutzen. Die Demütigung Slims erfolgt durch den Holländer, dem jener Zana abtreten muß.[148] Die allgemeine Liebe-Haß-Beziehung scheint unentrinnbar und nicht durchbrechbar[149]; eine Lösung deutet sich nur in augenblickhaft ins Bewußtsein tretenden und wieder verdrängten Mordgelüsten an.[150] Das Bewußtsein wechselseitigen Verfolgtseins führt zur ständigen Belauerung des anderen.[151]

Die Demontage des Zerebral-Utopischen führt bei Brandlberger im Verein mit der zunehmenden Abwertung Slims zur Aufgabe seines Buchplans „Tropen".[152] Erst in der Konkurrenz zu Slims Buchplan, der dem ursprünglichen Exposé Brandlbergers entspricht, greift dieser seinen Plan aus einer rationalistisch-skeptischen Gegenposition wieder auf, wie sich in Titeln wie „Fieber" oder „Irrsinn" widerspiegelt.[153] Diese Position behält er bei, während Slim zum letzten Mal Gedanken zum ‚neuen Typus', zur Gravitation der Intellekte und zu seinem ästhetischen Programm vorträgt.[154] Die Ergebnisse dieser vorzeitig abgebrochenen, auf den Typus ausgerichteten Reflexion werden von Brandlberger mit dem Hinweis auf das tropische Klima kommentiert, das „das Entstehen abstrakter und weltfremder Systeme" begünstige.[155]

Reflexion tritt jetzt nur noch als Paraphrase auf; das Ende des Buches ist ganz durch die Aktion bestimmt. Slim ist ihr erstes Opfer.[156] Sein Tod wird scheinbar durch einen Unglücksfall hervorgerufen und tritt beim Kentern des neuerbauten Kanus ein, dessen Tauglichkeit die drei Weißen im oberen Becken ausprobieren wollten. Die Bewußtseinsebene dieses Ereignisses ist eindeutig die Tageswirklichkeit. Das Boot gerät in den Bereich der gefährlichen Strömung. Nach dem Kentern gewähren Brandlberger und van den Dusen, die sich auf Klippen retten konnten, den Körper Slims, der anscheinend willenlos die Wasserfälle hinabtreibt. Dieser Vorfall wird von Brandlberger und van den Dusen ohne Bedauern und als „glatte Rechnung" hingenommen.[157] Das fieberhafte detektivisch-analytische Streben, das nach

---

[148] Ebd., S. 203ff.
[149] Ebd., S. 205.
[150] Ebd., S. 207f.
[151] Ebd., S. 206, 216f., 245ff.
[152] Ebd., S. 209ff., 216.
[153] Ebd., S. 220, 226f., 230.
[154] Ebd., S. 226ff., 235ff.
[155] Ebd., S. 240.
[156] Ebd., S. 240ff.
[157] Ebd., S. 243.

Rules Ermordung einsetzte, unterbleibt. Brandlberger entdeckt später Slims Leiche, einen aufgedunsenen Sack von zerschmetterten Knochen, in der Schatzgrotte, wo ihn das zurückgewichene Wasser in einem natürlichen Mausoleum zurückgelassen hat[158], was ganz den Intentionen van den Dusens entspricht, der als Nachfolger Slims die Rückkehr des neuen Menschen zum Höhlenmenschen verkündet.[159] Während van den Dusen bis in die Körperhaltung hinein immer mehr Slim zu ähneln beginnt, findet sich Brandlberger einerseits in Situationen seines einstigen Doppelgängers, andererseits in typische Haltungen des Holländers versetzt.[160] Der beiderseitige Identitätsverlust hat einen Zustand der völligen Verwirrung der Bewußtseinsebene im Gefolge. Im Delirium steigert sich Brandlbergers Intellekt zu letzter Klarheit und Schärfe. In einer Vision schaut er die lückenlose Verlaufskette, die zu Slims Tod führte.[161] Zana geleitet ihn als Mondfrau durch diese Vision, in deren Verlauf er zum Zeugen der doppelten Ermordung Slims durch einen Ruderschlag und durch ein Projektil wird. Anstelle der Analyse ist die kombinatorische Kraft der Synthese getreten. Ein detektivisches Schließen der Kette im Hinblick auf den Mörder liegt erklärtermaßen nicht in Brandlbergers Interesse.[162]

Die sich bereits in der Vision andeutende Liebesvereinigung mit Zana scheint jetzt ihre Erfüllung zu finden. Da sich aber die statthabende Vereinigung auf der gleichen Bewußtseinsebene abspielt wie die Ermordung des Holländers, zieht er es vor, die Realität dieses Erfüllungserlebnisses grundsätzlich in Zweifel zu ziehen.[163] Zana und Brandlberger werden nämlich in ihren Liebesspielen durch Schüsse unterbrochen. Es gelingt ihnen, van den Dusen zu überwältigen. Sie martern ihn auf grausame Weise zu Tode und verstümmeln seinen Körper. Das zärtliche Liebesspiel und sein Vokabular setzt sich fort und steigert sich in einer sadistischen Orgie, deren Enthemmtheit als die Enthemmtheit eines bloßen Traumerlebnisses gedeutet und damit entschuldigt wird. Brandlberger und Zana, die sich allein aufmachen, um mit dem Kanu den Amazonas und schließlich die Küste zu erreichen, entdecken beim Verlassen des Lagergebietes die Leiche des Holländers, die, nach Brandlbergers Ausdeutung, die Spuren der im Traum

---

[158] Ebd., S. 255f., 274.
[159] Ebd., S. 259.
[160] Ebd., S. 245f., 253, 257f., 261.
[161] Ebd., S. 263ff.
[162] Ebd., S. 266.
[163] Ebd., S. 267ff., 275f.

vorausgeahnten Geschehnisse aufweist.[164] Entgegen sonstiger Zurückhaltung versucht er in diesem Falle, den Verdacht auf eine bestimmte Gruppe zu lenken: er glaubt die Tat den indianischen Expeditionsteilnehmern anlasten zu können, die sich unter der Einwirkung des Hungers mittlerweile dem Kannibalismus ergeben haben.[165]

Zana heilt als ‚gute Mutter' den delirierenden Brandlberger und führt ihn der Zivilisation entgegen. Seine Heilung erscheint ihm wie eine Wiedergeburt.[166] Sein Blick hat sich am Ausgangspunkt des Lebens für das Funktionelle geschärft und vermag nunmehr Zanas Schönheit ganz zu erschließen: „Man sah, wie weise und sparsam sie gebaut war, ganz auf Funktion eingestellt wie der Rumpf eines Raubtiers". Er versteht sich jetzt als Nachfolger Slims, des einstigen Doppelgängers, und wahrt im wesentlichen dessen utopische Ansprüche. Er erteilt den Tropen eine Absage zugunsten der europäischen Großstadt.[167] Er braucht jetzt nicht weiter über das Vordringen der Zivilisation zu klagen, die Schienenstränge durch die Dschungel legen und die Katzen ausrotten wird. Phantasie, Jugend und „mörderische Gefährlichkeit" entwickeln sich erst in der Großstadt zu ihrer vollen Blüte.[168] Die „Verfolgungen, die eine Gesellschaft heute gegen einen einzigen losläßt", sind viel bedrohlicher als das Faustrecht des Dschungels. Es ist daher nicht nötig, sich über Kämpfe im Dschungel zu beunruhigen oder gar zu empören: „Doch der Wilde, der seinen Nebenmenschen durchlocht, hat seine Hand durchaus nicht näher im Spiele, als der Chauffeur, der ein Kind überfährt."[169] Der moderne Großstädter ist der neue Wilde. Auch die Maschinen, vor denen sich der Ingenieur Brandlberger bald wieder stehen sieht, sind so etwas wie Kannibalen.[170] Er braucht keine Tropen mehr, denn er hat die Tropen in sich. Europa ist im Begriffe, wieder tropisch zu werden. Die „Sehnsucht nach fernen Ländern", den Exotismus also, glaubt Brandlberger überwunden zu haben.[171] Er verwahrt sich gegen den Eindruck, „eine Parodie auf die Sehnsucht" geschrieben zu haben. Im Hinblick auf den lächerlichen Tod des großen Slim bringt er den Gattungsbegriff „Tragikomödie" ins Spiel, der seine volle Bestätigung und Abrundung erfahren wür-

---

[164] Ebd., S. 272f.
[165] Ebd., S. 273, 276.
[166] Ebd., S. 270.
[167] Ebd., S. 276ff.
[168] Ebd., S. 278.
[169] Ebd., S. 277.
[170] Ebd., S. 278.
[171] Ebd., S. 276f.

de, falls ihm ein ähnlicher Tod bevorstünde.[172] Die Abrundung zur Tragikomödie erfolgt tatsächlich: Durch den „Herausgeber" erfahren wir, daß die Teilnehmer einer späteren Expedition, unter denen sich auch Brandlberger befand, durch aufständische Indianer den Tod gefunden haben.[173] Diese hatten sich unter Führung einer Priesterin Zoana, deren Identität mit Zana der Herausgeber in Betracht zieht, gegen die vorrückende Zivilisation erhoben. Das Ziel der aus Amerikanern und Deutschen bestehenden Expedition war die Gründung einer sogenannten Freelandkolonie. Die Pläne stammten von Brandlberger, „der mit amerikanischem Kapital den großzügigen Vorsatz verwirklichen wollte, fruchtbare Gebiete des inneren Südamerika, die heute noch von unendlichem Urwald überzogen sind, weißen Farmern zugänglich zu machen und auf kommunistischer Grundlage eine ideale Verwaltung der kultivierten Gebiete durchzuführen".

Es wird hier offensichtlich auf das „Freiland"-Programm des anarchistischen Utopisten Theodor Hertzka angespielt. Realisierungsversuche dieser oder ähnlicher Projekte waren in der Boheme der Jahrhundertwende nicht unüblich. Daß sich hier sozialistisch-utopistische Bestrebungen in den Dienst von Kapitalismus und Imperialismus stellen lassen, erweist sich auf den ersten Blick nur als eine neue Variante im Denken einer außenseiterischen Schriftstellerpersönlichkeit voll exotisch schillernder Widersprüchlichkeit. Der in seiner für die expressionistische Generation typischen Karl-Kraus-Gegnerschaft Werfel, Kulka und Ehrenstein in nichts nachstehende Robert Müller[174] wird von dem Satiriker in seiner „magischen Operette" *Literatur* (1921) mit solcher Treffsicherheit karikiert und charakterisiert, daß eine wissenschaftliche Analyse nur noch Ergänzendes beizusteuern braucht. Hans Heinz Hahnl hat darauf hingewiesen[175], daß die beiden nur als Doppelgänger auftretenden Gestalten Harald Brüller und Brahamanuel Leiser sich auf Robert Müller beziehen. Sie stellen zwei Grundtendenzen in Müllers Psyche dar. Leiser, ein weltflüchtiger Mystiker, Dandy und Katho-

---

[172] Ebd., S. 278.
[173] Ebd., S. 5f.
[174] Müller schrieb 1914 das Pamphlet „*Karl Kraus oder Dalai Lama, der dunkle Priester. Eine Nervenabtötung.*" Er porträtiert Karl Kraus 1917 als Ekkehard Meyer in seiner Literaturkomödie „*Die Politiker des Geistes*". Interessant ist, daß Kraus und Müller sich gegenseitig als Exotisten diffamieren und daß beide damit recht haben. Eine nennenswerte Diskrepanz zwischen dem Exotismus der *Tropen* und dem der *Chinesischen Mauer* besteht nicht.
[175] Vgl. Hans Heinz Hahnl. „Harald Brüller und Ekkehard Meyer", in: *Literatur und Kritik* 3, 1968, H. 26/27, S. 425-428.

lik, der Wort und Tat entsagt und sich mit dem Bewußtsein seiner Möglichkeiten zufrieden gibt, steht Brüller, einem amerikanisierten Wikinger, gegenüber, der „Bolschewik und Gentleman"[176] zugleich ist und vor Tatendrang nicht gezügelt werden kann. In beiden wiederholt sich in etwa die Konstellation Brandlberger/Slim. Freilich bedurfte es nicht des Scharfsinns eines Karl Kraus, um die schizoide Persönlichkeitsstruktur Robert Müllers aufzuspüren. Sie liegt im Werke in einer ziemlich seltenen Deutlichkeit zutage, ohne daß das Werk deswegen als Produkt und Dokument einer Psychose abgetan werden könnte. Wenn der „Herausgeber" der *Tropen* empfiehlt, diese Zwiesprache seiner beiden Selbste als schlichtes „Dokument" aufzufassen, so entzieht er sich damit nur der Verantwortung für die utopischen Ansprüche seines Werkes. Auch wenn man das Werk im Sinne Brandlbergers als ästhetisch kontrollierte Darstellung eines „Irrsinns" interpretiert, bleibt seine Ambiguität bestehen, falls man nicht bereit ist, dem selbstmörderischen Salto mortale zu folgen, in dem sich Müllers Intellekt gefällt, um sie zu einer kopflastigen Synthese zu zwingen.

Es gilt vielmehr, das Müllersche Paradox aus seiner idealistisch-subjektivistischen Spiegelverkehrtheit zu lösen, um seine Kongruenz mit materiellen Widersprüchen sichtbar zu machen. Es ist selbstverständlich, daß die Frage nach den Einflüssen auf das Müllersche Denken unter diesem Gesichtspunkt *sekundär bleibt*. Einflüsse östlicher Mystik (Buddhismus, Hinduismus) und der Lebensphilosophie (Nietzsche, Bergson) sind ohnehin evident. Beeinflussungen durch den Wiener Neopositivismus und durch Entwicklungen in der modernen Physik scheinen ebenfalls gegeben zu sein.

Wenn wir uns im folgenden die Einsichten des englischen Psychiaters Ronald D. Laing über die schizoide Persönlichkeitsstruktur zunutze machen, so geschieht dies natürlich nicht, um aus dem Phänomen Müller einen klinischen Fall zu konstruieren. Laing hat in seinen Publikationen die Zusammenhänge zwischen Schizophrenie und sozialer Ordnung aufgezeigt. Die Wirklichkeit des Schizophrenen stellt also unter Umständen nur die extremste Verlängerung sozialer Wirklichkeit dar. Die Interaktionen des Schizoiden können geradezu zum Normalfall des sozialen Handelns bestimmter Gruppen werden. Leben und Werk des scheinbaren Außenseiters und Obskuranten Robert Müller sollen im folgenden in diesem Sinne als typisch verstanden werden.

---

[176] Ein gleichnamiger Essay Robert Müllers erschien 1920.

Laing begreift den schizoiden Zustand als einen Versuch, unsicher strukturiertes Sein zu erhalten.[177] Das, was das Individuum als sein „wahres" Selbst begreift, entzieht sich dem sozialen Bereich und seinem System von Interaktionen und schafft sich eine eigene „unverkörperte", also rein geistige Realität.[178] Alle Interaktionen werden an ein „Falsches Selbst-System" delegiert, welches nach außen als „Persönlichkeit" auftritt; das „wahre" Selbst erlebt die Aktivitäten dieses Systems als diejenigen eines anderen und nimmt ihnen gegenüber die Haltung des unbeteiligten Beobachters ein. Das verkörperte Selbst des Nichtschizoiden erfährt die wahrgenommenen Objekte als real; seine Gedanken und Gefühle sind lebendig und werden von ihm als sinnvoll, seine Aktionen als wahr empfunden.[179] Das schizoide Individuum erlebt demgegenüber seine Aktionen als falsch und bedeutungslos und seine Wahrnehmungen als unwirklich.

Auf Müllers *Tropen* angewandt, erschließt sich die schizoide Struktur am augenfälligsten in dem Zentralmotiv des Doppelgängertums. Das wahre Selbst (Brandlberger) beobachtet die Aktionen des „Falschen Selbst-Systems" (Jack Slim) und setzt sich davon ab. Es geht mit ihm eine pseudointerpersonale Beziehung ein,[180] wobei dieses System in ein pseudo-soziales Außen projiziert wird. Das System wird als ein magisches verstanden, das durch die „Gravitation der Intellekte" bestimmt ist. Die „Personen" dieses Systems werden nach einer Strategie, die das schizoide Individuum auch gegenüber anderen Individuen zur Anwendung bringt, „depersonalisiert"[181] und als bloße Nummern begriffen, die austauschbar sind. Das schizoide Individuum empfindet eine ständige Bedrohung von außen und sucht der vermeintlich drohenden Depersonalisierung durch andere nur zuvorzukommen.[182] Tendenzen solcher Art finden sich etwa in Brandlbergers erotischen Theorien und in seinen Beziehungen zu Frauen. In der Großstadt-Dschungel-Vision erlebt er die hypnotische Erstarrung unter Zanas Einfluß, während er Rulc gegenüber in die Offensive geht und sie mittels Suggestion depersonalisiert.[183] „Das Individuum fürchtet eine reale lebendige dialektische Beziehung mit realen lebendigen Leuten. Es kann sich in Beziehung

---

[177] Ronald D. Laing, *Das geteilte Selbst. Eine existenzielle Studie über geistige Gesundheit und Wahnsinn*, Köln 1972, S. 94.
[178] Laing, S. 89f.
[179] Ebd., S. 99f.
[180] Ebd., S. 91.
[181] Vgl. ebd., S. 93.
[182] Ebd., S. 94.
[183] Vgl. Robert Müller, *Tropen*, S. 150ff.

setzen nur zu depersonalisierten Personen, zu Phantomen seiner eigenen Phantasien (Imagos), vielleicht zu Dingen, vielleicht zu Tieren" (Laing[184]). Das System sozialer Bezüge wird durch einen „inneren Mikrokosmos" ersetzt.[185]

Der Verdoppelung des Selbst entspricht das „doppelte Bewußtsein", das von Marianne Kesting als eines der typischen Symptome für schizoide Prädispositionen in der modernen Literatur angeführt wird.[186] Ein Gegenstand oder ein Vorgang kann zwiefach gedeutet und entsprechend wahrgenommen werden. Die hieraus resultierende Wahrnehmungsirritation läßt es zu, einen Wirbel auch als „Wasserrad" wahrzunehmen. Diese Sehweise wird durch die Lehre vom Paradox, einem typischen Produkt der pseudointerpersonalen Beziehung des Doppelgängerpaares, gerechtfertigt. Die daraus entwickelte Lehre von den Dimensionen und der Begriff des Phantoplasmas decken ein weiteres Symptom schizoider Zustände: die Vermischung und Verwischung der Bewußtseinsebenen, die Aufhebung des Unterschiedes von Wach- und Traumzustand.[187]

Die Wortschöpfung „Phantoplasma" gibt einen Fingerzeig, der auf eine realitätsentbundene Phantasie als heimliche Triebfelder solcher Systembildungen hindeutet.[188] Dem wechselnden Zusammenspiel beider Selbste zufolge kann das Bewußtsein des Schizoiden sowohl von einem Omnipotenz- als auch von einem Impotenz-Gefühl beherrscht werden.[189] Das Selbst kann sich in Korrespondenz zu seinem falschen Selbst-System als „Lustmaschine" empfinden, die kraft der Phantasie der Realität ihren Willen aufzwingt, indem sie deren Gesetze mittels eines Paradoxes, das Beobachtung zur Tat verkehrt, außer Kraft setzt. Da es aber im Gegensatz zum falschen Selbst, das – wie Slim – „gewöhnlich in einer Hinsicht unvollständig ist, nämlich aufgrund seiner nur mangelhaft reflektierenden Bewußtheit", seiner selbst extrem bewußt bleibt,[190] empfindet er seinen Zustand auch oft als „Leere", Sinnlosigkeit und Ziellosigkeit"[191]. Solche Empfindungen dominieren am Anfang der *Tropen* (Flußfahrt) und vor allem während des langen Aufent-

---

[184] Laing, S. 94.
[185] Ebd., S. 91.
[186] Marianne Kesting (Rez.), „Literatur und Schizophrenie. Ronald D. Laing: *Das geteilte Selbst*, in: *Frankfurter Allgemeine Zeitung*, Nr. 137 (16.6.1972).
[187] Ebd.
[188] Vgl. Laing, S. 104f.
[189] Ebd., S. 91f., 103.
[190] Vgl. ebd., S. 90f.
[191] Ebd., S. 100, vgl. auch S. 90, 92.

haltes am Ort der mißglückten Schatzsuche. In diesem Zustand ist dem wahren Selbst sein „Mangel an Spontaneität"[192] und seine Ausgeschlossenheit von den Aktivitäten des falschen Selbst schmerzlich bewußt. „Mehr noch, dieses abgesperrte und isolierte Selbst kann nicht durch äußere Erfahrung bereichert werden, und so verarmt die ganze innere Welt immer mehr, bis das Individuum sich schließlich als bloßes Vakuum empfindet."[193] Es wird nunmehr von der Sehnsucht nach dem wirklichen Leben bestimmt.[194] Es blickt wie Hofmannsthals Claudio sehnsüchtig nach den fernen Matten des einfachen Lebens und wünscht sich wie Brandlberger das Glück einer Robinsonade zu zweit.

Ich glaube, daß diese angeführten Beispiele schizoider Symptomatik genügen, das Wesen des utopischen Strebens Müllers in bestimmter Hinsicht zu charakterisieren, und erspare mir eine detailliertere diesbezügliche Aufschlüsselung der *Tropen*. Es wird deutlich, daß der Müllersche Utopismus auf dem Verfahren beruht, mittels schizoider Strategien an sich negative kritische Befunde auf den Kopf zu stellen, um ihnen einen utopischen Stellenwert zuzumessen, den wir natürlich nicht als solchen anerkennen können. Krankheit wird infolge eines solchen intellektuellen Manövers zur Gesundheit. Daraus ergibt sich für uns die Frage, welchen Stellenwert wir der auf die Utopie ausgerichteten Müllerschen Aktion zubilligen können?

Musils um so vieles jüngere literarische Figur Ulrich, die aber dennoch ihre Wurzeln in derselben materiellen Basis wie Slim/Brandlberger hat, entschließt sich unter diesen gleichen Voraussetzungen zum Nichthandeln und wird damit zum „Mann ohne Eigenschaften". Auch Ulrichs Leben, wie es sich ihm in dem Gleichnis von den zwei Bäumen darstellt, verläuft auf zwei Bahnen.[195] Auf der einen Seite steht die Bereitschaft zum hart zupackenden „Angriff auf das Leben", wobei wie schon bei Müller die Begriffe Grausamkeit und Wissenschaft eine Einheit bilden, als „Möglichkeitssinn", „Essayismus" und „phantastische Genauigkeit", auf der anderen mit dem Begriff „Liebe" eng verknüpften Seite steht dagegen das, was Musil unter dem Begriff des „anderen Zustandes" zusammenfaßt: es ist die „untätige Hälfte" von Ulrichs Wesen, die im Bewußtsein der Relativität der Wirklichkeit jede Aktion paralysiert. Die Erkenntnis von der Unvereinbarkeit

---

[192] Ebd., S. 90.
[193] Ebd., S. 92.
[194] Ebd., S. 92, 112.
[195] Robert Musil, *Der Mann ohne Eigenschaften*. Hrsg. v. Adolf Frisé, Hamburg: Rowohlt 1970, S. 591ff.

beider Positionen führt zum bewußten Verzicht auf Aktionen. Nicht so bei Slim/Brandlberger.

Bei ihnen erfolgt aus der gleichen schizoiden Konstellation die Aktion, die sich vom wahren Selbst abgelöst hat und als „kompensatorische Rigidität"[196] ihren Ausgang vom ‚falschen Selbst-System' nimmt. Die Eigenschaftslosigkeit erfährt so in der eigenschaftslosen Tat eine Verlängerung. Der „Möglichkeitssinn" des Aktivisten Slim erweist sich nicht als Progression, denn er verdeckt nur die Regression des wahren Selbst, das sich – einer Feststellung Slims gemäß – gleichsam einen zweiten Leib zugelegt hat, mit dem es in der Reserve hausen kann. Die archetypischen Bilder des Werkes bestätigen diese Lesart: Nachdem das falsche Selbst in einem Salto mortale seinen – auch intellektuellen – Weg den Abgrund hinab getan hat, bleibt das Selbst als unverkörperte Masse in der Grotte zurück. Dieser schatzentleerte Raum bedeutet nicht die Progression zur bewußtseinserweiternden Utopie der fünften Dimension, sondern ist das Reich Zanas: Die Genesis des ‚neuen Typus' erweist sich als Regression zum Höhlenmenschen. Die Tat bleibt regressiv und ihr Ort der Dschungel, einerlei, ob sie sich im tropischen Urwald oder in einer Großstadt abspielt. Sie entspricht dem „Gesetz des Dschungels" und ist gnadenloser Kampf als Antwort auf ständige Bedrohung. Sie ist aber zugleich Tat auf Abstand.[197] Die an das falsche Selbst delegierte Grausamkeit, mit der sich der Kämpfer zur Wehr setzt, bleibt ohne Folgen für das Gewissen. Der Impuls erfolgt unmittelbar vom Unbewußten an das falsche Selbst. Das wahre Selbst steht der Tat als einem Fremden gegenüber und braucht weder seine Situation noch seine Tat ernst zu nehmen: es gibt für das wahre Selbst weder Motive noch Folgen.[198] Was erfolgt, ist nicht die intendierte exzessivste Ausschöpfung menschlicher Möglichkeiten durch die Tat, sondern die exzessivste Selbstbespiegelung im Dschungel aller möglichen Taten. Die Bedrohung von außen wird als ebenso eigenschaftslos erfahren wie die eigene Reaktion.

So erlebt auch Musils Ulrich diese Bedrohung, als er im „Urwald"[199] der Stadt von drei Männern überfallen wird, die ihn offenbar berauben wollen.[200] Er ist nicht fähig, in diesem Überfall etwas anderes als den „Zustand

---

[196] Laing, S. 95.
[197] Vgl. ebd., S. 99.
[198] Vgl. ebd., S. 103, 105.
[199] Musil, *Der Mann ohne Eigenschaften.* S. 27.
[200] Ebd., S. 25ff.

einer ungewissen, atmosphärischen Feindseligkeit, von dem in unserem Menschenalter die Luft voll ist"[201], zu sehen.

Ulrich ist allerdings im Gegensatz etwa zu Brandlberger nicht in der Lage, die zu einer erfolgreichen Verteidigung nötige Geschwindigkeit der Reaktion aufzubringen. Indessen weiß er, einmal im Krankenbett gelandet, das Wesen solcher Reaktionsfähigkeit gegenüber der ihn umsorgenden Bonadea in einer mit Müllers Vorstellungen übereinstimmenden intellektuellen Brillanz zur Anschauung zu bringen[202]: die „völlige Entrückung und Durchbrechung der bewußten Person" beim kämpfenden Boxer oder Sportler wird wie bei Müller mit den Erlebnissen der Mystiker in Verbindung gebracht und der Sport so in den Rang einer Art von säkularisierter Theologie erhoben. Auch Liebe wird als etwas Bedrohliches aufgefaßt und verbindet sich auch hier mit der Vorstellung der Grausamkeit. Was hier theoretisch-essayistisch aufgewiesen wird, kommt in den *Tropen* in der Tötung van den Dusens zu krasser Anschaulichkeit.

Dem hier aufgezeigten Zustand des schizoiden Individuums entspricht auf der sozialen Ebene der Marxsche Terminus der Selbstentfremdung, seiner hauptsächlichen Handlungsstrategie der Begriff der Verdinglichung. Es ist der Zustand des geistig-literarischen Typus, der sich im Zeichen einer ökonomischen und technischen Entwicklung, die zu einer Zentralisation des Kapitals im Innern und zu imperialistischen Expansionsbestrebungen nach außen geführt hat, seiner öffentlichen Stellung und Einflußnahme beraubt fühlt. Da ihm das Wesen dieser Entwicklung undurchschaubar bleibt, entweicht er vor dieser Fremdheit in die Regression. Der Reduzierung durch das System folgt die Selbstreduzierung. Sein relatives Abseitsstehen innerhalb des kapitalistischen Produktionsprozesses erlaubt ihm nicht nur den Rückzug auf einen exotischen Freiraum, sondern auch die direkte Projizierung einer solchen realitäts- und identitätsentbundenen Innenwelt auf die Fremdheit des Außen. Die von dieser Fremdheit ausgehende unfaßbare Bedrohung wandelt sich zu der bloß exotischen Fremdheit des Dschungels, in dem man sich durch Rückgriff auf animalische Fähigkeiten Geltung verschaffen kann. Das Gefühl der Leere und Beziehungslosigkeit weicht einem Gefühl der Allmacht und Allbezogenheit, das Regression und Exotismus ist, aber als progressive utopische Kraft gelten will. Die vom System ausgehende Verdinglichung menschlicher Beziehungen wird als Verstümmelung

---

[201] Ebd., S. 26.
[202] Ebd., S. 28f.

erfahren, aber als nach außen gerichteter Sadismus eines neuen Raubtier- und Jägerbewußtseins reflektiert. Konsequenterweise betrachtet der reduzierte einzelne seine Umwelt seinerseits unter der Perspektive des Beutemachens. Das schizoide Individuum vermag diese Vorgänge exakt zu analysieren: „Das Faustrecht, wo jeder sich gegen jeden Feind wußte, war eine gemütliche Einrichtung zu den Verfolgungen, die eine Gesellschaft heute gegen einen einzigen losläßt. Man kann sich auch nicht beklagen, daß wir in Grausamkeiten und Verstümmelungen zurück sind".[203]

Das Individuum beklagt sich nicht darüber, sondern nimmt die Position des Exotismus ein, die es ihm erlaubt, darüber zu jubeln. Der „utopische" Gehalt dieses Exotismus besteht darin, daß der Verlust an Individualität und das hiermit verknüpfte Erlebnis bloßer Nummernhaftigkeit und Uniformität als Anzeichen eines vor der Machtübernahme stehenden ‚neuen Typus' ausgedeutet werden, dessen Stärke gerade aus dem Mangel an Individualität erwachsen soll.

Welche Qualitäten die Aktionen des „Geistigen" im außerliterarischen, quasi politischen Felde unter diesen Voraussetzungen annehmen, soll an symptomatischen Punkten der Biographie Robert Müllers kurz illustriert werden. Wenn auch die Rechtfertigung des Imperialismus, in die seine *Tropen* mündeten, wegen der kaum vorhandenen Rezeption des schwierigen Werkes ungehört blieb, so hat er doch die imperialistischen Zielsetzungen seit dem Ausbruch des Weltkrieges durch eine Fülle von propagandistischen Publikationen unterstützt. Der Exotist kehrt wie Cendrars' Moravagine aus dem Amazonasgebiet zurück in den Dschungel der Großstadt und wird wie dieser zum Apologeten des Krieges, nachdem er sich zuvor – wie die italienischen Futuristen – am Geist des Amerikanismus und der Technik gestärkt hat. Wie manche anderen Expressionisten glaubt er, durch die Unterstützung dieses Kampfes am Anbruch der Herrschaft des Geistes mitzuwirken. Wie diese wandelt er sich nach Fronterlebnissen zum Kriegsgegner.[204] Er wird zum Haupt des österreichischen Aktivismus und wird von Kurt Hiller als kongenialer „Logokrat" anerkannt.[205] Die Fülle der Publikationen als Herausgeber und Autor ist kaum zu überblicken. An der Struktur der Müllerschen Weltsicht hat sich nichts geändert, nur der Akzent

---

[203] Robert Müller, *Tropen*, S. 278.
[204] Vgl. Arthur Ernst Rutra, „Zum Andenken an Robert Müller", in: *Die Lit. Welt* Jg. 3 (1927), Nr. 34, S. 1.
[205] Kurt Hiller, *Leben gegen die Zeit*, Reinbek bei Hamburg: Rowohlt 1969, S. 137f., 190.

ist gewissermaßen umgesprungen. Er initiiert einen politischen Geheimbund und nach dem Krieg eine revolutionäre Organisation der „geistig Tätigen".[206] Musil, der sich zeitweise an solchen Aktionen beteiligt, merkt an, daß in der Durchführung oft die Küche statt der Gerichte kochte.[207] Dem Tatendrang dieses vitalen Menschen war dadurch aber keineswegs Genüge getan. Der Herausgeber zweier Wirtschaftszeitschriften[208] kehrt der Literaturproduktion den Rücken und geht in die Wirtschaft, um als freier Unternehmer die Herrschaft des Geistes anzubahnen. Aus der Überzeugung heraus, „daß in einer dem Kapitalismus unterworfenen Zeit ein Mann nur wirken könne, wenn er sich der Organisationskräfte des Geldes bedient"[209] versuchte er wie Brandlberger, das Kapital seinen idealen Zielen dienstbar zu machen und schritt folgerichtig vom ,Logokraten' zum ,Plutokraten' weiter. Er übernahm zusammen mit seinem geschäftstüchtigen Bruder ein Zeitschriften- und Buchvertriebsgeschäft, das „mit amerikanischer Schnelligkeit" wuchs, die Dimension eines Konzerns erreichte und bald eine beherrschende Stellung im Wiener Nachkriegsbuchhandel einnahm.[210] Das Unternehmen schrumpfte im Zeichen der Wirtschaftskrise wieder zusammen, um einer Verlagsgründung großen Stils zu weichen, die schließlich ebenfalls scheiterte, weil Müller, der gewohnt war, in amerikanischen Dimensionen zu denken und zu handeln, und beispielsweise nur in Form von Telegrammen und Eilbriefen korrespondierte, nicht in der Lage war, die Bedingungen richtig einzuschätzen.[211] Er setzte darauf 1924 seinem Leben selbst ein Ende: „(...) die Überzeugung hatte sich in ihm gebildet, daß der Schriftsteller daher heute in jeder Weise verurteilt sei, ein überflüssiges Anhängsel am Gesellschaftskörper zu bilden."[212] Nachdem er bereits sein Dichten als Suizid verstanden hatte[213], ein Suizid, der in den *Tropen* gegen das falsche Selbst gewendet wird, glaubte er, in einer letzten Tat sich selbst und seine Aktionen zurücknehmen zu können. Allerdings war auch diese letzte Tat, indem sie sich von den Konsequenzen früherer Taten ablöste,

---

[206] Vgl. Rutra, a.a.O., S. 1.
[207] Robert Musil, *Tagebücher, Aphorismen, Essays und Reden*, S. 747.
[208] Er gab neben einer Reihe anderer z. T. kurzlebiger Zeitschriften „*Finanzpresse*" und „*Neue Wirtschaft*" heraus.
[209] Musil, *Tagebücher*, S. 748.
[210] Vgl. Rutra, a.a.O., S. 1; Musil, S. 748ff.
[211] Vgl. Otto Flake, *Es wird Abend. Bericht aus einem langen Leben*, Gütersloh 1960, S. 321, 330ff., 334ff.
[212] Musil, *Tagebücher*, S. 749.
[213] Vgl. Robert Müller, *Tropen*, S. 211ff.

eigenschaftslos. Diese Konsequenzen hatten diejenigen zu tragen, die mit ihrer Existenz mehr oder weniger in seine Aktionen verstrickt waren.[214] Dieses Leben stellt so etwas wie eine literarische Abrundung des Werkes dar, beide ergänzen sich mit ihrer kaum vorhandenen Rezeption zu der Tragikomödie vom Unvermögen des ‚Geistigen', der nicht zur Analyse seines sozialen Standorts vordringen kann und daher von jeder effektiven Aktivität ausgeschlossen bleibt.
(Reif, Wolfgang: Zivilisationsflucht und literarische Wunschträume. Der exotische Roman im ersten Viertel des 20. Jahrhunderts, Stuttgart 1975, S. 120-150)

---

[214] Flake, *Es wird Abend*, S. 335f.

J. Kamerbeek, Jr.
Vergleichende Deutung einer Epiphanie[1]: Robert Müller – Marcel Proust (1976)

I

Gestatten Sie, mein lieber Jubilar[2], daß ich mit einer persönlichen Erinnerung beginne. Als ich vor einigen Jahren als Verkehrsopfer mit einer Beckenfraktur ins Krankenhaus verschlagen wurde, dachte ein guter Freund sich ein probates Mittel aus, um meine Not zu lindern: er suchte aus seiner reichlich versehenen Bibliothek einige wenig bekannte literarische Spitzenleistungen zusammen und bracht sie mir zur Lesung. Darunter war *Tropen: der Mythos der Reise* (München, 1915) des fast gänzlich verschollenen österreichischen Autors Robert Müller. Das Buch stellt einen großen und in jeder Hinsicht gelungenen Wurf dar. Ex ungue leonem: schon die wenigen Seiten, die ich zu zitieren gedenke, können nicht verfehlen, von einer Meisterschaft, die sich ihrer Mittel in souveräner Weise bewußt ist, Zeugnis abzulegen. Indessen ist es nicht meine Absicht, Müllers Text einer stilistischen Analyse zu unterziehen. Für den Moment bevorzuge ich ein globaleres, vergleichendes Verfahren, das darauf zielt, den von mir gewählten Passus inhaltlich zu situieren und zu charakterisieren. Da soll erst Robert Müller zu Worte kommen.

Drei Abenteurer: ein Deutscher – der Berichterstatter – mit einem Amerikaner und einem Holländer bewegen sich stromaufwärts in einem Boot auf dem Rio Taquado in Guyana:

> (17.) „An seichten Stellen schwammen warzige Eidechsen und Alligatorenfamilien, ineinander verschränkt, von ferne karstigen Klippen ähnelnd. Der Schlag der Ruder versprengte sie wimmelnd ins kreiselnde Wasser, Perlen schossen aus Luftminen auf und setzten sich zu weißen und rosigen Schaumaugen an. Zur Rechten und Linken, vorne und hinten hielt der Wald sein Schweigen, nur das Tropfen reifer Früchte und der drahtige Klang vom Fallen knuspriger abgestorbener Zweige störte das Brüten. Wo ein Ende schien öffnete sich plötzlich die graue Laubwand auf lautlose Zauberformel hin, glitt im Vorschießen des Kahns täuschend wie Vorhänge zurück und gab ein neues Stück der Flußlandschaft blendend frei. Im Rücken schlugen die Ufer wie für immer zusammen, böse, erregt, anders, als wir sie

---

[1] Frau Prof. Dr. E. Kunne-Ibsch danke ich für die kritische Durchsicht meines Textes.
[2] Vgl. die Quellenangabe am Schluß des Aufsatzes!

fanden, verstört über die unheimliche Kraft: Mensch, die hier ihre gewohnte Glätte in schaudernde Vibrationen und alpschwer empfundene Störungen ihres Traumes brachte...
Halt; was war das? Einen Augenblick lang rafften sich die eingeschläferten Geisteskräfte auf, die Lethargie platzte wie eine der Fruchtkapseln im brütendstillen Walde, sechs Sekunden lang fühlte ich mich so frisch und hell, als ginge ich auf dem Sonntagspflaster einer hübschen mitteleuropäischen Stadt und dächte einen unbekannten Gedanken. Ich hatte eine blitzartige vorüberhuschende Erkenntnis, eine Erinnerung wollte sich formen, ein paar Vorstellungen liefen vage zu einem Urteil zusammen... und da wurde das weiße Licht des Tages grau vor Weiße, es türmte sich zu einer sinnlichen Mauer von Widerstand, an der das Denken zerbrach. Ich nahm mich in Zucht, quälte mich zu einer höchsten Verengung zusammen, aber die graue Masse meiner Gedanken, die sich der Monotonie der Außenwelt angeglichen zu haben schien, rührte sich nicht. Meine Spannung wurde weich, sie löste sich wieder in jene einförmige dicke Empfindung auf, in ein üppiges Dahinsein, eine gierige Benommenheit. Aber die Wollust der Öde war durch ein lauerndes Interesse getrübt. Ich konnte unter diesen Verhältnissen die angemessene Lebensfreude nicht mehr zurückgewinnen, inmitten des süßen Stumpfsinns quälte eine Plumpheit, ein Rest, eine unbequeme Originalität, am Grunde meines Bewußtseins hing ein Ballast und machte Schwierigkeiten. Der Gedanke, (18.) der meinen entwöhnten Kräften entglitt, bevor er unter dieser sengenden Hitze reif ward, er kam wieder, er machte sich lästig: plötzlich summten mir die Ohren von ihm, als hätte ihn einer ausgesprochen. Der Gedanke war: All dies hatte ich schon einmal erlebt. Diese milden müden Wasser hatten um mich gespült. Dieses scheinhafte Licht, diese Süße, diese Laune, dieses Dämmern im Unausgesprochenen war nicht neu, es traf auf Erinnerung im Menschen, es war eine – Wiederholung. Wo aber, wo hatte ich diesen Zustand der Tropen, diese Szene willenlosen Wachsens durchgemacht, wo, wo?
Es war heiß, ha, heiß, und der Fluß mochte vielleicht eben den Äquator schneiden; diese lächerliche Versicherung, lächerlich, weil ich sie mir geben mußte, durfte ich mir geben: daß ich hier noch nicht gewesen bin. Aber nun beginne ich zu zweifeln, ich lache dabei innerlich, aber ich beginne regelrecht zu zweifeln. Ob ich mich nicht vielleicht doch irre? Es ist mir nun einfach unmöglich, zu verzichten. Ich kann meinem Extragedanken nicht unrecht geben, ich bin bereits einmal unter sengenden brütenden lichtbeflissenen Umständen dagewesen. Dagewesen...hm. Ich habe eine heftige aber umrißlose Erinnerung. Ja, ich bin hier Bürger, hier stehe ich und falle ich, ich brauche mir vom Bewußtsein nichts vorschreiben lassen. Donnerwetter, wie ist das nun, wenn, sagen wir, jemand verrückt ist? Ich bin ein wenig gelähmt vor Schreck, ich rühre mich nicht, um nicht an den drohenden Wahnsinn zu stoßen, es ist in diesem Augenblicke alles ungewiß und vielleicht bin ich gar nicht vorhanden.

Vielleicht bin ich nur eine von den Flechten, die hier merkwürdig im Wasser rotieren, eine mit einem Gehirn, mit einem kranken bösen Gehirn...Aber gleichzeitig reckt sich eine Art Schadenfreude in mir, hehe, ich bin tralalla, tralalla --ffst-peinlich genug, ich glaube, nun habe ich wirklich gesungen, so geflötet à la süße Ophelia, hm, hm, hm, hm, -- eine sachte, aufrichtige Freude beherrscht mich.
Ist es nicht unglaublich...und ich bin doch dagewesen. Dagewesen, dagewesen – ich möchte es singen, ich möchte es kauen und essen vor Vergnügen. Dies alles sollte ich nicht kennen, diesen trägen Laß der Wasserpflanzen, die schwimmen, schaukeln und in dem Brudel vergehen möchten, alle diese fleischigen aufgelösten Körper von Blumen, Getieren und Wasserwesen, all dies Gelefze und dies Schlampampen, das so anschaulich ist, das ich mit der Haut erfasse, mit dem ganzen Leibe erlebe – dies alles sollte ich nicht kennen?

Vor Vergnügen lief es mir kalt über den Rücken. Mitten in dieser rasenden Sonnenglut? Hatte ich Fieber? Augenblicklich focht (19.) es mich nicht an. Die Hauptsache war, daß ich das Wiedersehen feierte. Dieses träge dumpfe Glück war mir ein alter lieber Freund, mir, der ich aus einer nervösen, in jede Minute fatalen, aus einer so unbeschaulichen Stadt kam! Ich strengte meine Augen an, um die Bekanntschaft mit den Einzelheiten der Szenerie zu erneuern. Ich schaute und schaute den plötzlich vertrauten Dingen die Seele aus; aber leider wollte sich noch nichts Bestimmtes im Gedächtnis einstellen. Statt dessen bekamen die Konturen des Laubes rote Säume und die Luft begann wie ein überzartes Netz vor den Augen zu rieseln. Meine Gewaltsamkeit führte nur dazu, daß ich eine Art Spektrum in diese grellweiße Luft hineinsah.
Wie es dann endlich geschah, daß ich meinen Extragedanken vollerblüht zu Gesicht bekam, das entzieht sich beinahe meiner Kontrolle. Nachdem ich mich zwei Tage lang appetitlos durch diese Misere hindurchgeschleppt hatte, wurde die Geschichte auf eins, zwei, drei erledigt. Nach wie vor schlängelten wir uns den Fluß entlang, dessen Ufer, so unausgesprochen wie die eines Sumpfes, sich nie und niemals zu einer schönen Parallelität bequemen wollten. Aus dem Reich des Waldes gelockert, standen immer ein paar der Bäume im Wasser. Milde wie fließender Honig trieb die unmerkliche Strömung dazwischen hin, mehr eine Überschwemmung denn ein Flußbett. Immer noch barg die Tiefe Rätsel, noch hatte ich mich nicht mit ihr ausgesöhnt. Inseln von Wasserlilien drehten sich um ihre Achsen, schoben dabei sich langsam fort, vielleicht in eine nahrhaftere Wassergegend, vielleicht in die Sonne, vielleicht in den Schatten, dann machten sie in ihrer weilsamen Drehung halt und begannen sich, wie von einer Feder getrieben, in der entgegengesetzten Richtung aufzurollen. Feiste Lianenarme halsten die überhangenden Bäume und nährten ein Gefolge von laszive blickenden Blüten. Orchideen spreizten ihre kleinen dicken Rüssel mitten durch die Laubknoten, saftig und geschwellt bogen sich die Schenkel ungewöhnlich ge-

formter Blumen auf handgroße behaarte Blätter herab. Im Wasser trieb eine Welt des kleinen Grauens. Graugrüne Knorpel, wuchernde Blütennarben, Köpfe, die begonnen hatten sich zu spalten und aus deren klaffenden Hirnen es in winzigen spitzen Zungen starrte. Umgekrempelte Lappen, die sich faserten, Finger, zwischen denen Schwimmhäute wuchsen, regungslos lebende Leiber, Leiber von einem unheimlichen, unbeurteilbaren Leben, mit Spuren von Menschenähnlichkeit und Zügen, die nach Entwicklung drängten. Wie im Traume sah ich Dinge, die im Näherkommen gewöhnlicher wurden. Der Umstand, daß ich sie ergreifen konnte, gab mir (20.) etwas von meiner Kühle zurück...aber dann lagen sie wieder hinten und plusterten aus vollen Backen, wenn die Wellen unserer Boote sie auf und nieder schaukelten. Sie drehten sich, hundert Augen sahen uns gespenstisch nach, und in diesen kalten Augen lag ein Vorwurf. Diese Augen sprachen ein Todesurteil, einen Racheschrei. Ihre Ruhe, die Majestät ihres Grauens ward verstört, sie blickten böse, und begannen lächerlich auszusehen, wie der entweihte Nimbus einer Angstpuppe, einer kompromittierten Angstpuppe, haha, einer dummen starren Panoptikumsfigur -- diese Fötusse, die halb geistreich und fähig, wissend und werdend, halb verlassen und zurückgeblieben, satt und seelenlos ein gestopptes Dasein von Möglichkeiten führten, träumerisch, träge, willenlos gedreht und von Nachgiebigkeit und Wohlsein trunken-
Ahh! Was war das---
---als es auch schon licht in mir wurde, ja, geradezu überirdisch zu tagen begann. Das also war es! Das also war das Geheimnis, das ich mit diesen unlauteren, trügerischen Nährwassern der Tiefe gemeinsam hatte! Das also feierte ein Wiedersehen von Morgen und Abend des Lebens! Im Schachte meines Bewußtseins, im Berge meiner Herkunft schlummerte eine Stimmung aus der Vorzeit von Millionen Wesen, das mütterliche Säugen und Tränken des Stromes, die brütende Wärme der Zone, die hilfreiche Ruhe des Müßiggangs hatten meinem simplen Triebe geschmeichelt. Wie lange war es her: ...dreiundzwanzig Jahre und neun Monate hatte ich zurückzugehen, dann hatte ich die Lebenshöhe eines dieser knorpeligen Zellenstöcke erreicht. Meine Identität mit diesem Zustande war festgestellt. In diesen seimigen Tiefen hausten Wesen, denen ich einmal ein lieber Kollege gewesen war. Vorzeiten siedelte sich die stammhaltende Zelle in diesen Urwaldpfützen umher, kugelte sich an den Rändern fremder Pflanzen schmarotzerisch entlang, ließ ihre wimpeligen Fühler unter den welligen Stößen sich mischender Wasser flattern und ihre gefiederten Muskelfäden nach anderen Organismen angeln, strangulierte ein Pflänzchen, ein Mikröbchen, ein Flöhchen und sog ihm alles Mark aus der einen Pore, aus der es vielleicht nur bestand. Oder war selbst ein so wundervoll kompaktes Knöspchen mit einem prall sitzenden Mieder von Blumenblättern, ein Kelch, der langsam die Fächer seiner bunten Schönheit entfaltete und Nahrung und Genuß bürgerlich durch ein Domestikensystem von Wurzeln bezog, die

> in der Fäulnis eines Brackwassers oder eines schwammig gewordenen Holzklotzes häuslich ihren Herd eingerichtet hatten und mittels der einfachen Kost der zart zubereiteten Stickstoffe jenen Appetit stillten, der notwendig mit der (21.) Schönheit eines glutigen Rots oder wellig verblassenden Violetts verbunden sein muß. Alle diese Lebewesen, all dies Generelle um mich her war einmal ich. Nun lag es da, von meinem Reinlichkeitstriebe verabscheut, die Schlangenhaut auf meinem Entwicklungspfade!"[3]

Ganz allgemein formuliert enthalten die zitierten Seiten den Bericht einer Bewußtseinserhellung – einer Epiphanie, um es mit dem von Joyce geprägten Wort zu sagen. Wenn man sich nun in der zeitgenössischen Literatur nach einem Analogon umsieht, dann stößt man auf einige zentralen Stellen in Marcel Prousts *A la recherche du temps perdu*, namentlich solche Stellen, die sich kurzerhand mit dem Kennwort „la Petite Madeleine" bezeichnen lassen. Bei genauerem Zusehen manifestieren sich zwischen Prousts und Müllers Ausführungen so vielerlei Entsprechungen – bei allem Unterschied der Umstände, der Atmosphäre und des Tons –, daß eine vergleichende Analyse fruchtbar erscheint.

Man kennt den berühmten Passus, in dem Prousts Erzähler über das Madeleine-Erlebnis berichtet:

> „…bientôt, machinalement, accablé par l a morne journée et la perspective d'un triste lendemain, je portai à mes lèvres une cuillerée du thé où j'avais laisse s'amollir un morceau de madeleine. Mais à l'instant même où la gorgée mêlée des miettes du gâteau toucha mon palais, je tressaillis, attentif à ce qui se passait d'extraordinaire en moi. Un plaisir délicieux m'avait envahi, isolé, sans la notion de sa cause. Il m'avait aussitôt rendu les vicissitudes de la vie indifférentes, ses désastres inoffensifs, sa brièveté illusoire, de la même façon qu'opère l'amour, en me remplissant d'une essence précieuse ou plutôt cette essence n'était pas en moi, elle était moi. J'avais cessé de me sentir médiocre, contingent, mortel." (Pléiade, I, 45)

Das berichtete Ereignis ist der Einbruch von etwas Außerordentlichem in den Alltag. Es wird gekennzeichnet durch schroffe Momentaneität („à l'instant même") und weckt eine gespannte Aufmerksamkeit. Bald stellen sich Fragen ein:
„D'où avait pu me venir cette puissante joie (…) D'où venait-elle? Que signifiait-elle? Où l'appréhender?" (I, 45)
Die Fragen tendieren dahin, das undifferenzierte Erlebnis zu identifizieren. Es handelt sich um ein Rätsel, das um jeden Preis gelöst werden soll.

---

[3] Robert Müller, *Tropen: Der Mythos der Reise*, München 1915, S. 17-21.

Die Ausgangssituation bei Müller ist gleicher Art. Das Wort „Halt" am Anfang des zweiten Absatzes markiert den momentanen Einbruch des Außerordentlichen. Zugleich stellt sich mit den Worten: „Was war das?" die Frage nach der Identität des zunächst völlig undifferenzierten „das" ein. Im folgenden Satz ist die Rede von „einem unbekannten Gedanken". Dann heißt es andeutungsweise: „Ich hatte eine blitzartige vorüberhuschende Erkenntnis, eine Erinnerung wollte sich formen, ein paar Vorstellungen liefen vage zu einem Urteil zusammen." (17) Aber die gesuchte Identifizierung scheint zu mißlingen. Das Fiasko wird in drastischer Plastik vor Augen geführt: „da wurde das weiße Licht des Tages grau vor Weiße, es türmte sich zu einer sinnlichen Mauer von Widerstand, an der das Denken zerbrach." (17) Aus dieser Formulierung erhellt, daß „das Denken" die Aufgabe erhalten hat, das Erlebte in den Griff zu bekommen.

Bei Proust gibt es eine ganze Reihe Versuche, mit dem Erlebnis fertig zu werden. Nachdem zwei Rekapitulationen des Erlebten sich als unergiebig erwiesen haben, schaltet auch er, bzw. der Erzähler, „das Denken" ein:

> „Je pose la tasse et me tourne vers mon esprit. C'est à lui de trouver la vérité." (I, 45)

So ist auch hier dem Denken seine Aufgabe zugewiesen worden. Ein erstes Experiment mißlingt, dann rafft er sich zu neuer Anstrengung zusammen. Er praktiziert die strategischen Kunstgriffe einer zielbewußt geübten inneren Askese, die sich jeweils den phasenhaft verschiebenden Umständen anpassen:

> „Je demande à mon esprit un effort de plus, de ramener encore une fois la sensation qui s'enfuit. Et, pour que rien ne brise l'élan dont il va tâcher de la ressaisir, j'écarte tout obstacle, toute idée étrangère, j'abrite mes oreilles et mon attention contre les bruits de la chambre voisine. Mais sentant mon esprit qui se fatigue sans réussir, je le force au contraire à prendre cette distraction que je lui refusais. Puis une deuxième fois, je fais le vide devant lui, je remets en face de lui la saveur encore récente de cette première gorgée et je sens tressaillir en moi quelque chose qui se déplace, voudrait s'élever, quelque chose qu'on aurait désancré, à une grande profondeur; je ne sais ce que c'est, mais cela monte lentement; j'éprouve la résistance et j'entends la rumeur des distances traversées." (I, 46)

Noch ist das elusive „Etwas" nicht identifiziert, aber man kann sagen, daß es wenigstens lokalisiert worden ist, und zwar in der Tiefe des Bewußtseins. Nun höre man den Bericht, den Müllers Erzähler von der seinerseits geübten Askese erstattet:

„Ich nahm mich in Zucht, quälte mich zu einer höchsten Verengung zusammen, aber die graue Masse meiner Gedanken, die sich der Monotonie der Außenwelt angeglichen zu haben schien, rührte sich nicht. Meine Spannung wurde weich, sie löste sich wieder in jene einförmige dicke Empfindung auf, in ein üppiges Dahinsein, eine gierige Benommenheit." (17)

Aber das elusive Etwas läßt dem Erzähler keine Ruhe:

„Die Wollust der Öde war durch ein lauerndes Interesse getrübt. Ich konnte unter diesen Verhältnissen die angemessene Lebensfreude nicht mehr zurückgewinnen, inmitten des süßen Stumpfsinns quälte eine Plumpheit, ein Rest, eine unbequeme Originalität, am Grunde meines Bewußtseins hing ein Ballast und machte Schwierigkeiten." (17)

Hier „ein Ballast am Grunde meines Bewußtseins", dort „quelque chose qu'on aurait désancré, à une grande profondeur": in beiden Fällen weist die Suche in unterbewußte Tiefen hinein. Bei Proust stellt sich dann zunächst die Gewißheit ein, daß es sich um eine Erinnerung handelt, aber welche Erinnerung? Das bleibt die als lebenswichtig empfundene Frage:

„Arrivera-t-il jusqu'à la surface de ma conscience, ce souvenir, l'instant ancien que l'attraction d'un instant identique est venue de si loin solliciter, émouvoir, soulever tout au fond de moi?" (I, 46)

Zehn neue Versuche scheitern, dann erfolgt, mit gleicher Instantaneität wie das erste Erlebnis, der Durchbruch, der dem Fragen vorläufig ein Ende bereitet:

„Et tout d'un coup le souvenir m'est apparu. Ce goût c'était celui du petit morceau de madeleine que le dimanche matin (…), quand j'allais lui dire bonjour dans sa chambre, ma tante Léonie m'offrait après l'avoir trempé dans son infusion de thé ou de tilleul […]" (I, 46,47)

„Et dès que j'eus reconnu le goût du morceau de madeleine trempé dans le tilleul que me donnait ma tante (quoique je ne susse pas encore et dusse remettre à bien plus tard de découvrir pourquoi ce souvenir me rendait si heureux), aussitôt la vieille maison grise sur la rue où était sa chambre, vint comme un décor de théâtre s'appliquer au petit pavillon donnant sur le jardin, qu'on avait construit pour mes parents sur ses dernières (…); et avec la maison, la ville, la Place où on m'envoyait avant déjeuner, les rues où j'allais faire des courses depuis le matin jusqu'au soir et par tous les temps, les chemins qu'on prenait si le temps était beau." (I, 47)

In dieser Weise hat die „mémoire involontaire" den königlichen Weg nach Combray, den Weg in die Vergangenheit freigegeben. Bei Müller hat der gleichfalls instantan auftretende Durchbruch einen déjà-vu Charakter; der Erzähler erinnert sich dessen, was er normalerweise nicht gesehen haben kann:

> „Der Gedanke, der meinen entwöhnten Kräften entglitt, bevor er unter dieser sengenden Hitze reif ward, er kam wieder, er machte sich lästig: plötzlich summten mir die Ohren von ihm, als hätte ihn einer ausgesprochen. Diese milden müden Wasser hatten um mich gespült. Dieses scheinhafte Licht, diese Süße, diese Laune, dieses Dämmern im Unausgesprochenen war nicht neu, es traf auf Erinnerung im Menschen, es war eine – Wiederholung." (17,18)

Das undifferenzierte „das" ist als Erinnerung identifiziert, die anfängliche Frage hat eine Antwort erhalten. Aber unmittelbar darauf stellt sich mit akuter Dringlichkeit eine neue Frage ein: „Wo aber, wo hatte ich diesen Zustand der Tropen, diese Szene willenlosen Wachsens durchgemacht, wo, wo?" (18)

Diese Fragestellung, zu der der Titel des Buches die Resonanz bildet, impliziert die Frage nach dem *Sinn* des Erlebten. Damit eröffnet sich ein neues Kapitel.

II

In Prousts Roman überspannen 3000 Seiten den Bericht des Madeleine-Erlebnisses und jene Stelle im *Temps Retrouvé*, wo die Sinnfrage – auf die der mit „quoique" anfangende Schaltsatz im letzten Proust-Zitat schon präludiert hat – sich in endgültiger Weise erhebt. Das geschieht anläßlich eines neuen Erlebnisses, das mit gleicher Instantaneität in den Alltag hineinbricht. Hatte die Madeleine damals „tout Combray et ses environs" evoziert, so war es jetzt Venedig, das eine Auferstehung erlebte. Nachdem der Erzähler das neue Erlebnis identifiziert hat, holt er zu weiterer Suche aus und fragt nach dem Warum des Erlebten:

> „mais pourquoi les images de Combray et de Venise m'avaient-elles à l'un et à l'autre moment donné une joie pareille à une certitude et suffisante sans autres preuves à me rendre la mort indifférente?" (III,867)

Die „recherche" des Erzählers ist in ein entscheidendes Stadium eingetreten, und er erklärt sich fest entschlossen, die Antwort auf seine Frage zu finden. Da kommt ein Glücksfall ihm zu Hilfe: irgendeine außerordentliche Disponibilität läßt ihn zweimal mit gleicher Unwidersprechlichkeit die „résurrection" eines vergangenen Moments erleben. Damit verfügt er über Material, das ihn befähigt, in vergleichendem Verfahren die grundsätzliche Identität der drei, vier Erlebnisse festzustellen und dem Gesetz auf die Spur zu kommen, nach dem sie angetreten. Alle anderen Überlegungen vernachlässigend strengt er sich zu neuer Suche an:

> „Je glissais rapidement sur tout cela, plus impérieusement sollicité que j'étais de chercher la cause de cette félicité, du caractère de certitude avec lequel elle s'imposait, recherche ajournée autrefois. Or cette cause, je la devinais en comparant entre elles ces diverses impressions bienheures et qui avaient entre elles ceci de commun que je les éprouvais à la fois dans le moment actuel et dans un moment éloigné..." (III,871)

Im folgenden hat er sich zu noch entschiedener Gewißheit und tieferer Einsicht durchgerungen:

> „au vrai l'être qui alors goûtait en moi cette impression la goûtait en ce qu'elle avait de commun dans un jour ancien et maintenant, dans ce qu'elle avait d'extra-temporel, un être qui n'apparaissait que quand par une de ces identités entre le présent et le passé, il pouvait se trouver dans le seul milieu où il pût vivre, jouir de l'essence des choses, c'est-à-dire en dehors du temps." (III,871)

Der Passus ist von einem außerordentlichen Reichtum, aber die wichtigsten Leitwörter scheinen mir „identité" und „extratemporel": die Identität zwischen dem Heute und der Vergangenheit, wie sie an der Madeleine erlebt wird, hat einen Zugang zu dem Außerzeitlichen eröffnet. In dieser Weise hat das anfängliche Erlebnis nach 3000 Seiten eine endgültige, ihrem Wesen nach platonische Interpretation erfahren.

Kehren wir jetzt zu Robert Müllers *Tropen* zurück. Man kann darüber einig sein, daß es sich hier gleichfalls um eine von drängenden Fragen vorangetriebene Suche handelt. Wir verfolgten sie bis zur Schwelle ihrer zweiten Phase, wo die Frage nach dem Sinn des Erlebten unumgänglich geworden war. Das déjà-vu-Erlebnis scheint so strittig mit der Alltagslogik, daß sich Zweifel an der Authentizität des Erfahrenen einstellen: „Aber nun beginne ich zu zweifeln, ich lache dabei innerlich, aber ich, beginne regelrecht zu zweifeln. Ob ich mich nicht vielleicht doch irre?" (18).

Die innere Gewißheit erweist sich aber unantastbar: „Es ist mir nun einfach unmöglich, zu verzichten. Ich kann meinem Extragedanken nicht unrecht geben, ich bin bereits einmal unter sengenden brütenden lichtbeflissenen Umständen dagewesen." (18)

Man beachte, wie der Enthusiasmus, mit dem der Erzähler sein tropisches Abenteuer erlebt, ihn zu einer so kühnen Neuschöpfung wie dem Epitheton „lichtbeflissen" inspiriert. Aber noch ist die innere Gewißheit nicht vollkommen. Mit Schrecken vergegenwärtigt er sich eine noch nicht vorhergesehene Möglichkeit:

> „Donnerwetter, wie ist das nun, wenn, sagen wir, jemand verrückt ist? Ich bin ein wenig gelähmt vor Schreck, ich rühre mich nicht, um nicht in den drohenden Wahnsinn zu stoßen, es ist in diesem Augenblicke alles ungewiß und vielleicht bin ich gar nicht vorhanden. Vielleicht bin ich nur eine von den Flechten, die hier merkwürdig im Wasser rotieren, eine mit einem Gehirn, mit einem kranken bösen Gehirn..." (18)

Später wird sich herausstellen, daß er sich gerade mit diesem letzten absurden Gedanken, in den er sich versteigt, auf der Spur der endgültigen Lösung befand. Wie dem auch sei, der Erzähler läßt sich seine Euphorie nicht nehmen, die sich in triumphanten Wortwiederholungen und in verbaler Drastik bekundet: „Ist es nicht unglaublich...und ich bin doch dagewesen. Dagewesen, dagewesen – ich möchte es singen, ich möchte es kauen und essen vor Vergnügen." (18) Vielleicht ist es doch möglich, durch Willensanstrengung dem Rätsel eine Lösung abzuzwingen? „Ich strenge meine Augen an, um die Bekanntschaft mit den Einzelheiten der Szenerie zu erneuern." (19)

Im folgenden Satz ist die optische Energie zum Paroxysmus gesteigert, was sich lautlich in Reim, insistenter Wiederholung und Assonanz auswirkt:

> „Ich schaute und schaute den plötzlich vertrauten Dingen die Seele aus; aber leider wollte sich noch nichts Bestimmtes im Gedächtnis einstellen. Statt dessen bekamen die Konturen des Laubes rote Säume und die Luft begann wie ein überzartes Netz vor den Augen zu rieseln. Meine Gewaltsamkeit führte nur dazu, daß ich eine Art Spektrum in diese grellweiße Luft hineinsah." (19)

Ein neues Fiasko: von Prousts Erzähler hätte Müllers Erzähler lernen können, daß die „mémoire volontaire" grundsätzlich steril ist. Und wie bei Proust erfolgt der endgültige Durchbruch mit plötzlicher Instantaneität:

> „Wie es dann endlich geschah, daß ich meinen Extragedanken vollerblüht zu Gesicht bekam, das entzieht sich beinahe meiner Kontrolle. Nachdem ich mich zwei Tage lang appetitlos durch diese Misere hindurchgeschleppt hatte, wurde die Geschichte auf eins, zwei, drei erledigt." (19)

Es handelt sich hier um eine Ankündigung, noch nicht um den eigentlichen Bericht des entscheidenden Ereignisses. Vorerst folgt ein langer Absatz, in dem alles, was der mächtige Strom an vegetativem und halbanimalem Leben mitführt, in breiter, geradezu plethorischer Schilderung aufgerufen wird. Aber während man auf das verbum finitum des letzten Satzes wartet, wird der syntaktische Zusammenhang jäh durch ein emphatisches „Ahh!" verbrochen, das seinerseits von eben dem gleichen Signal: „Was war das", gefolgt wird, womit das ganze Abenteuer angehoben hatte. Es gibt nur einen winzigen, aber bedeutsamen Unterschied: das Fragezeichen fehlt, offenbar weil die Frage, kaum gestellt, in die begeisterte Mitteilung hinüberführt, daß die Antwort gefunden sei – eine Mitteilung, die denn auch in einem gleich anschließenden Nebensatz erfolgt: „,—als es auch schon licht in mir wurde, ja, geradezu überirdisch zu tagen begann. Das also war es!" (20)

Die chiastische Umkehrung des Fragesatzes, unter Hinzufügung des übermütigen „also", bekundet das Eintreten der Gewißheit. Der früher ausgesprochene, absurde Gedanke: „Vielleicht bin ich nur eine von den Flechten, die hier merkwürdig im Wasser rotieren" hat eben doch Recht behalten. Was „geradezu überirdisch zu tagen begann", der „vollerblühte Extragedanke" war die Einsicht in das *Tat twam asi* (um die Formel zu gebrauchen, deren Müller sich im weiteren Verlauf seiner Ausführungen bedient):

> „Das also war das Geheimnis, das ich mit diesen unlauteren, trügerischen Nährwassern der Tiefe gemeinsam hatte! Das also feierte ein Wiedersehen von Morgen und Abend des Lebens! Im Schachte meines Bewußtseins, im Berge meiner Herkunft schlummert eine Stimmung aus der Vorzeit von Millionen Wesen, das mütterliche Säugen und Tränken des Stromes, die Brütende Wärme der Zone, die hilfreiche Ruhe des Müßiganges hatten deinem simplen Triebe geschmeichelt. Wie lange war es her:... dreiundzwanzig Jahre und neun Monate hatte ich zurückzugehen, dann hatte ich die Lebenshöhe eines dieser knorpeligen Zellenstöcke erreicht. Meine Identität mit diesem Zustande war festgestellt (...) Alle diese Lebewesen, all dies Generelle um mich her war einmal ich. Nun lag es da, von meinem Reinlichkeitstriebe verabscheut, die Schlangenhaut auf meinem Entwicklungspfade!" (20)

Das Leitwort ist auch hier „Identität". Was bei Proust das Ergebnis einer jahrelangen Suche war und eine literarische Vorbereitung von 3000 Seiten erforderte, ist bei Müller in 2 Tagen und 4 Seiten zum Austrag gebracht worden. In beiden Fällen handelt es sich in letzter Analyse um ein Identitätserlebnis: bei Proust „identité entre le présent et le passé" (in dem ersten Madeleine-Zitat vorweggenommen durch die Wendung: „cette essence n'était pas en moi, elle était moi"), bei Müller Identität zwischen dem Ich und „all diesem Generellen". Proust gibt dem Erlebnis eine platonische Wendung, indem er es als einen Zugang zu dem *Außer*zeitlichen interpretiert, Müller schließt sich der zeitgenössischen Naturphilosophie an, indem er unter implizitem Appell an das biogenetische Grundgesetz die erlebte Identität der Phasen *innerhalb* des zeitlichen „Entwicklungspfades" lokalisiert. Aber diese Verschiedenheit der Interpretationen kann der Gleichheit des Erlebnisverlaufs nichts anhaben. Rekapitulieren wir kurz diesen Verlauf, dann ergeben sich folgende Stadien:

Einbruch des Außerordentlichen–
Frage nach dessen quidditas –
„Asketische" Versuche –
Erster Durchbruch: das Erlebnis als Erinnerung identifiziert –
Erneutes Fragen nach dem Sinn des Erlebten –
Zweiter Durchbruch: Identität als letzter Grund der Erinnerung.

Angesichts einer so weitgehenden Übereinstimmung der Verlaufsstruktur erscheint unser vergleichendes Verfahren als nachträglich gerechtfertigt. Übrigens handelten wir im Einklang mit keinem Geringeren als Proust selber: wenn die „recherche" sich ihrem Höhepunkt nähert, *vergleicht* der Erzähler vier, der Materie nach ganz verschiedene, Erlebnisse, um letztlich auf ihre formale Identität zu schließen. In eben derselben Weise brachten wir zwei der Materie nach so weltenweit auseinanderliegende Erscheinungen wie Prousts „recherche" und Müllers Tropen-Abenteuer beisammen, und fanden, am Ende unserer Suche, die formale Identität zweier Identitätserfahrungen.

Postskriptum bei der Korrektur. Ich nannte Robert Müller einen „fast gänzlich verschollenen Autor". Siehe jedoch den Nachruf, den 1924 Robert Musil ihm widmete: *Tagebücher, Aphorismen, Essays und Reden*, hg. von Adolf Frisé. Hamburg, 1955, S. 745-750.

(*Wissen aus Erfahrungen. Werkbegriff und Interpretation heute. Festschrift für Herman Meyer zum 65. Geburtstag*, herausgegeben von Alexander von Bormann, Tübingen, Max Niemeyer Verlag 1976, S. 682-693)

Ingrid Kreuzer
Robert Müllers „Tropen"
Fiktionsstruktur, Rezeptionsdimensionen, paradoxe Utopie (1978)

„Von zwei Auslegungen wird die reichere und unbestimmtere die bessere sein." (Robert Müller, *Tropen*)

Nach Robert Müllers Freitod im Jahr 1924 erschienen die Nekrologe seiner Freunde Robert Musil, Otto Flake, Arthur Ernst Rutra, zum Teil in renommierten Zeitschriften. Seitdem ist durch Jahrzehnte kaum noch ein Wort über Müller geschrieben worden; sein Name ist aus dem literarischen Bewußtsein verschwunden. Er schien nur noch in den Kommentaren zu Satiren von Karl Kraus fortzuleben, mit dem er in literarische Fehden verwickelt gewesen war. Dabei ist Müller (der 1887 in Wien geboren wurde) mit einer Vielzahl von Publikationen hervorgetreten, war im literarischen (aber auch im politischen und ökonomischen) Leben Österreichs höchst aktiv. Doch weder die Musil-Forscher noch die zahlreichen Expressionismus-Forscher der fünfziger und sechziger Jahre gingen den Spuren seines Schaffens nach, obwohl sein Roman *Tropen* zu den erzählerischen Hauptwerken des expressionistischen Jahrzehnts gehört und von Musil gerühmt wurde. In den letzten zehn Jahren gab es zwar Zeichen einer Neuentdeckung;[1] erst jetzt aber – im Jahr von Müllers 90. Geburtstag – tritt der verschollene Roman selbst wieder ins literarische Leben ein, der 1915 erschienen und vom Ersten Weltkrieg überrollt worden war und den wohl nur wenige Zeitgenossen zur Kenntnis genommen hatten.[2]

---

[1] Die Zeitschrift *Pestsäule* widmete Ende 1974 in ihrer Nr. 12 Robert Müller einen Sonderteil. – Die Saarbrücker Dissertation Wolfgang Reifs, *Zivilisationsflucht und literarische Wunschträume. Der exotistische Roman im ersten Viertel des 20. Jahrhunderts*, Stuttgart 1975, interpretierte zum erstenmal *Tropen* ausführlich. – Am Verhältnis Müller/Kraus knüpfen kleinere Arbeiten an: H. H. Hahnl: „Robert Müller und Karl Kraus", im erwähnten Heft der *Pestsäule*; sowie J. M. Fischer: „Affe oder Dalai Lama? Kraus-Gegner gestern und heute". In: *Text und Kritik*, Sonderband, hg. v. H. L. Arnold, München 1975. – Der Amsterdamer Komparatist J. Kamerbeek, Jr., unternimmt die „Vergleichende Deutung einer Epiphanie. Robert Müller – Marcel Proust." In: *Wissen aus Erfahrungen. Werkbegriff und Interpretation heute. Festschrift für Herman Meyer*, Tübingen 1976.

[2] Dieser Aufsatz war ursprünglich konzipiert als Nachwort einer für Herbst 1977 geplanten Reprint-Ausgabe in der von Helmut Kreuzer (der auch die Disserta-

Er verdient die Aufmerksamkeit des Literaturhistorikers wie des literarischen Lesers unter verschiedenen Aspekten. Einmal – vom Thema her –als ein eminentes Beispiel exotistischer Reiseliteratur und zugleich als theoretisierend-reflektierendes Werk über den Exotismus und seine anthropologischen, kulturhistorischen und zivilisationskritisch utopischen Implikationen aus dem Blickwinkel eines expressionistischen Autors. Zum andern als dessen erweiterte Selbstdarstellung durch das Mittel der Spiegelung in zwei komplementären ‚Helden'-Figuren und durch ein verbreitertes Erkenntnisspektrum in allen Stadien des ‚aufgerissenen' Bewußtseins zwischen Vision, Erlebnis und Traum. Zum dritten operiert der Autor mit ironischen und strukturalen Tricks, experimentiert mit Zeit-Dimensionen und potenzierten Fiktionsebenen, erzähltechnischen Raffinessen, die zum Teil ihrer Zeit voraus sind; dennoch – und obwohl sich der Erzähler an keinerlei werkimmanente inhaltliche ‚Wahrheit' bindet – lassen sie Sedimente der verschiedensten zeittypischen Haltungen und Einstellungen sichtbar werden. Nicht zuletzt bietet der Roman ein ästhetisch relevantes Leseerlebnis durch eine passagenweise faszinierende Sprachgewalt, komprimiert und exzessiv zugleich, wie sie in der gleichzeitigen Prosa so nicht auftritt, ja, sich literarischen Vergleichen überhaupt weithin entzieht.

Zum Vorwort

Unter erzähltheoretischem und erzählmethodischem Gesichtspunkt stellen Müllers *Tropen* eines der kompliziertesten Gebilde der ‚Moderne' dar, obwohl sich der Roman auf den ersten Blick in der vertrauten Form der Rahmenerzählung zu präsentieren scheint, die auf nichts Ungewöhnliches hindeutet. Der volle Titel des Buches:

TROPEN
Der Mythos der Reise
Urkunden eines deutschen Ingenieurs
Herausgegeben
von
Robert Müller
Anno 1915

---

tion von W. Reif betreute) herausgegebenen *Reihe Q*. Kurz vor dem Erscheinen vergab der vermutliche Inhaber der Rechte, W. J. Schweiger, diese jedoch an einen anderen Verlag, der den Reprint untersagte und erklärte, eine eigene Neuausgabe herausbringen zu wollen.

besagt (oder scheint zu besagen), daß Robert Müller als bloßer Herausgeber die „Urkunden eines deutschen Ingenieurs" ediert. Das Buch ist also zweigeteilt: An das *Vorwort* des Herausgebers (dessen Name innerhalb des Buches nicht mehr erscheint) schließt sich der eigentliche Erzähltext, „die Geschichte eines deutschen Ingenieurs" (S. 12[3]) namens Hans Brandlberger an, der in Ich-Form über eine ‚selbsterlebte' Tropenreise schreibt. Auch Brandlbergers voller Name erscheint in dessen Text nicht mehr; ihn nennt nur das *Vorwort*, das einsetzt mit der Erinnerung an Brandlbergers Tod auf einer späteren Expedition im gleichen Reisegebiet; das seine Person und seinen Charakter schildert, vor allem aber Biographie und Persönlichkeit seines ‚berühmten' ersten Reisegenossen Jack Slim. Schon das *Vorwort* gibt preis, was sich als ‚Inhalt' von Brandlbergers Text ereignet: Jack Slims, und eines weiteren Reisegefährten: des Holländers van den Dusen schreckliches Ende und dessen Zusammenhang mit den Beziehungen der drei Männer zu der Indianerin Zana; der Herausgeber suggeriert eine mögliche Identität dieser Zana mit einer Priesterin Zaona, Anführerin eines Aufstands der wilden „Urwaldnationen", deren „Mißhandlungen" Hans Brandlberger auf seiner zweiten Reise „im Quellgebiet des Rio Taquado", nämlich „Im Jahre 1907", laut *Vorwort* zum Opfer fiel (S. 5). Ein einführender Erzählrahmen dient in der Regel zur Beglaubigung des Erzählten, zur atmosphärischen Einstimmung und zur historischen oder sachlichen Orientierung des Lesers, beansprucht also die Leseintensität nicht in gleicher Weise wie das *Vorwort* zu Müllers Tropen, das andere Funktionen hat: obwohl nur 11 1/2 Seiten lang, ist es zur adäquaten Rezeption des Gesamtromans unentbehrlich. Ein Leser, der allen artifiziellen Manövern des Autors folgen möchte, sollte es nicht nur einmal, sondern mindestens zweimal lesen: einmal vor und einmal nach der Lektüre des Binnenromans. Denn das *Vorwort* leitet ihn nicht nur ein, es ist auch mit seinem Schluß verzahnt und intoniert das Fiktionsspiel; zugleich bietet es die Schlüssel zu dessen Entzifferung: eine Voraussetzung also zum Vergnügen an der literarischen Ironie.

Zunächst freilich scheint Robert Müller nur in der Rolle eines bloßen Herausgebers aufzutreten, seine Autorschaft auf das *Vorwort* beschränkt zu sein. Er ediert das Manuskript eines Ich-Erzählers namens Brandlberger über dessen Tropenreise, einen also vorgeblich gleichfalls fiktionalen Erzähltext.[4] Demnach gehört scheinbar weder das *Vorwort* des Herausgebers

---

[3] Ich zitiere nach der Originalausgabe des Hugo-Schmidt-Verlags, München 1915.
[4] Terminologisch Kate Hamburger folgend; vgl. *Die Logik der Dichtung*, 2. Aufl., Stuttgart 1968.

Müller noch der Text Hans Brandlbergers überhaupt in den Bereich des Fiktionalen: eine Fiktion, die das *Vorwort* mit eindrucksvollem Aufwand an (vorgeblich) ‚historischen' Fakten zu untermauern sucht: Jahreszahlen, Topographie, ‚historische Ereignisse' und Mitwissen des Lesers sollen die ‚Authentizität' der Romanpersonen absichern. Der Herausgeber Müller erinnert sich – laut Titel im Jahre 1915 – im Rahmen einer minuziös geschilderten ‚selbstbiographischen' Rückblende – an das Jahr „1907". „Damals", am Schreibtisch der Redaktion der Zeitschrift „Three worlds" in San Francisco, las er in den „Zeitungen" von dem „Indianeraufstand" „im „Quellgebiete des Rio Taquado" (S. 5), dem auch „Hans Brandlberger" als Leiter und Inaugurator einer Kolonisationsexpedition zum Opfer fiel. Die Erinnerung an dessen Person stellt sich ein, – zusammt dem längst vergessenen Manuskript, „das Hans Brandlberger mir vor langer Zeit persönlich übergeben hatte." (S. 6) Herausgeber Müller und Berichtautor Brandlberger verbürgen ihre Existenz also wechselseitig; Brandlberger wird durch die ‚Objektivität' der Medien zusätzlich als Person dokumentiert. Sein Reisegenosse – der „historische" (S. 9) Jack Slim, zugleich Figur in Brandlbergers Text, – ist laut Meinung des Herausgebers sowieso den Lesern allgemein „bekannt" (S. 10): „Man weiß ja, wer Jack Slim war" (S. 9), „der uns alle durch sein reiches und groteskes Leben beschäftigt" (S. 11), der ganz „Europa zum Aufhorchen oder Lächeln veranlaßt hat" (S. 9). Trotz soviel Bekanntheit erfolgt Slims Personenbeschreibung samt ausführlicher Biographie und einem Abriß seiner Taten; der erstaunt-belehrte Leser kann sich bei seinem Rezeptionsakt auf die ‚Wahrheit' des Erzählten stützen, für die er selber zum Zeugen aufgerufen ist, die überdies verbürgt scheint durch die Vertrauenswürdigkeit des Vorwortschreibers, der hier nur ediert und kommentiert, nicht aber selber produziert. Wohl ist dem Leser trotzdem nicht dabei. Das *Vorwort*, ungeachtet seines fingierten Ernsts und biographisch-‚historischen' Beweisapiombs, erscheint ihm auf den zweiten Blick als doppelzüngig. Mit Paradoxen ruft es Zweifel an Brandlberger als Berichterstatter wach: sein Buch" sei „ehrlich (…) unaufrichtig und direkt" (S. 12). Auch die Beschreibung seiner Person nimmt nicht für ihn ein. Nach dem Urteil des Herausgebers ist er „ein Durchschnittsdeutscher", „ohne eigentliche Begabung und ohne Charakter, ja, kaum ein Mann von Geist", auch physisch nur „Typus" „vom Beginn des 20. Jahrhunderts": blaß, blond, gescheitelt, mit starkem „Augenglas" und „Mensurschmiß" (S. 8); man stellt ihn sich vor wie die Karikatur eines Studenten aus dem *Simplizissimus*. Desgleichen zielt sein „nicht eben (…) heroischer (…) Name", in dem „kein blendendes Schicksal von Heldentum eines Forschers (...) vorgesehen" war, der im Gegenteil „eher nach behaglichem Lebensgeschmacke denn nach eifernder Tatenlust" (S. 6) klingt, in dieselbe parodistische Richtung. Auch künstlerische Absichten verfolgt er mit seinem „mangelhaften" (S. 11) Manuskript offenbar nicht, das dem Herausgeber wegen seiner „ungeheuerlichen philosophischen Abschweifungen" (S. 7) mißfällt, weswegen er ihm nicht das Prädikat „eines Kunstwerkes, aber immerhin" das „eines Dokumentes" zuweist (S. 8) – (der Titel bezeichnet es sogar als „Urkunden"), dessen „wert" für ihn jedoch in seiner Eigenschaft als „Offenbarung über einen historischen Menschen" (S. 11) liegt. Dessen – nämlich Slims – ‚Realität' im Brandlberger-Text hat der Herausgeber jedoch soeben selber in Frage gestellt: Slim als *Figur* erweckt in ihm den Eindruck, von Brandlberger projiziert, „eine freie Erfindung seines spekulativen Dranges, seines heftig monologisierenden Innenlebens" zu sein (S. 9).

> „Ja, ich würde, von der Lektüre seines Manuskriptes scharf, argwöhnisch und kombinationslustig gemacht, nicht anstehen, eine solche Behauptung einfach aufzustellen und aus gewissen Stellen zu belegen, wenn nicht Jack Slim eine historische Figur gewesen wäre, von der die meisten unter uns erfahren und sich ein Urteil gebildet haben. Man weiß ja, wer Jack Slim war." (ebd.)

Da der Leser es *nicht* weiß, werden die erstaunlichen ‚Fakten' aus Slims Lebens- und Tatenlauf kumuliert zu dem paradoxen Zweck, Versicherung *und* Verunsicherung des Lesers zugleich zu sein.[5] „Nichts von seinen Ideen ist bis heute verwirklicht; vielleicht nicht einmal er selbst." Doch im selben

---

[5] Der „Amerikaner" Jack Slim hat die Biographie einer Traumfigur. Obwohl nirgends Daten für seinen Lebenslauf gegeben werden, kann der Leser ihn durch die Datierungen echter historischer Ereignisse unschwer konstruieren, an denen Slim – laut Vorwort und auch laut Brandlberger-Text – teilhatte. So schließt er in Paris „als Student" Bekanntschaft mit dem *Maler* Gauguin (ab 1882?), muß also etwa 1860 geboren sein. Sein Dasein endet im Jahr 1900 auf Brandlbergers Tropenreise. In den ca. 40 Jahren seines ‚Lebens' nimmt er auf „einer seiner vielen Irrfahrten" an einer „kolumbianischen Revolution" teil; durchschwimmt die Niagarafälle; managt eine Buffalo-Bill-Show auf einer Pariser Weltausstellung (von 1889?); besucht (zwischen 1891 und 1893) Gauguin auf Tahiti; unternimmt „zwei fruchtlose Versuche", einen Schatz „im Innern Gujanas" zu finden; berät 1896 in Berlin Wilhelm II. zwecks Absendung der Krüger-Depesche; sitzt in Wien mit Peter Altenberg im Café; ist in Rußland Freund Tolstojs; trifft van den Dusen in Cartagena; verdient sein Geld als Spieler; entwirft diverse politische oder ökonomische Projekte (z. B. Ansiedlung des Papstes in der Steiermark); und begibt sich endlich auf die verhängnisvolle Reise.

Atemzug wird auch diese Andeutung wieder zurückgenommen: „Es ist kein Zweifel, daß der Jack Slim des Buches und jener Jack Slim eine Person sind" (S. 11); auch dieser Satz ist ein Zeichen auktorialer List und Mittel zur Verstellung *und* Entlarvung des Spiels mit den Fiktionen, denn er lenkt den Blick auf die faktische Struktur des Gesamtromans: Der „Jack Slim des Buches" und der „historische" Jack Slim sind in der Tat „eine Person" – nämlich eine und dieselbe Figur in Robert Müllers *Tropen*. Die Fiktionsebenen sind auf einmal freigelegt: Der *Herausgeber* Müller ist nicht mit dem Autor Robert Müller identisch, sondern eine von ihm erfundene *Erzählerfigur*: der Ich-Erzähler des Rahmenvorworts, der einen fiktiven Jack Slim und einen fiktiven Hans Brandlberger erdenkt (in dessen Namen er, wie gesagt, keinerlei „Heldentum eines Forschers" vorsieht!).[6] Auch der Ich-Erzähler Brandlberger ist also nicht ‚realer' Berichterstatter, sondern Erzähler*figur*, als solche Autor des Binnenromans und somit ebenfalls Schöpfer eines fiktiven Helden Jack Slim, der hier in potenzierter Fiktivität erscheint, da alle drei – Herausgeber, Brandlberger und Slim – ja fiktive Figuren des Autors Robert Müller sind. So enthüllt bereits das *Vorwort* die Fiktionsstruktur, obwohl es sich gleichzeitig forciert darum bemüht, den Eindruck nichtfiktionaler Authentizität zu untermauern. In Brandlbergers Binnenroman wird das Spiel mit den Fiktionsebenen noch komplizierter werden.[7]

Mit der Vortäuschung und Enthüllung von Fiktionsstrukturen sind die Aufgaben des *Vorworts* jedoch noch nicht ausgeschöpft. Es nimmt den Leser bereits fest in den Griff und programmiert seine Lesehaltung. Es stachelt einmal seine Leselust an; es setzt ihm zum ändern auch Lese*aufgaben*:

---

[6] Der Vorwortschreiber erscheint, nach Tonfall und Distanz seiner Erinnerungen, als reiferer Mann. Auch seine biographischen ‚Daten' haben nichts mit denen Robert Müllers zu tun. Im Jahr 1915 erinnert er sich an das Jahr „1907" als er Brandlbergers vergessenes Manuskript wiederfand, das dieser ihm „vor langer Zeit persönlich übergeben hatte" (S. 6). Müller war 1907 gerade 20 Jahre alt und legte in Wien seine Maturitätsprüfung ab. Erst Ende 1909 kommt er in die USA (nach New York), von wo aus er nach eigenen Angaben eine Südamerikareise unternahm (vgl. auch Anm. 18). Ende 1911 ist er bereits wieder in Wien. (Vgl. den biographischen Abriß Schweigers in: *Österreichs Avantgarde. 1900-1928. Ein unbekannter Aspekt*. Wien 1976 u. 1977, S. 139).

[7] Anders liegt das Fiktionsproblem bei der Figur Zanas, der indianischen ‚Heldin' in Brandlbergers Buch. Sie erscheint im *Vorwort* des Herausgebers nicht als Figur; ihre Identität mit der Priesterin Zaona, „die den großen Indianeraufstand entfesselte" (S. 12) und von der die „Zeitungen" 1907 ebenfalls berichten, bleibt unbewiesen; der Herausgeber suggeriert sie zwar, überläßt es aber dem Leser, sie rezeptiv wahrzumachen.

Der Leser ist zur Entscheidung über die inhaltliche ‚Wahrheit' des Romans ermächtigt; er wirkt aktiv bei der Vollendung von dessen Handlung mit und vollzieht den Romanschluß. Durch den Leser – nur durch ihn – kann der Gesamtroman zum ‚Kunstwerk' werden.

Die Les*lust* wird zunächst stimuliert durch die Andeutung von Themen aus dem Repertoire des Abenteuer- und des Detektivromans, Versprechen, die der Binnenroman allerdings so nicht einhalten wird. Besonders das Knabenromanmotiv der Schatzsuche, das auch der Anfang des Brandlbergermanuskripts noch einmal effektvoll intoniert („Hinter dem unaufhörlich rollenden Silberfilm lagen gehäuft die Schätze einer Karawane" „Millionen Goldes", S. 15,14) gerät bald aus dem Blick. Kontinuierlicher scheint die detektivische Aufgabe (die Lösung des ‚who's done it'), die ebenfalls bereits das *Vorwort* setzt: Wer ermordete van den Dusen und Slim? Zu diesem Zweck muß es paradoxerweise Inhalt vorwegnehmen und Spannung zerstören: Schon jetzt weiß der Leser, daß es – außer Zana – keine Überlebenden gibt; eine wesentliche Voraussetzung für ein Identifizierungserlebnis entfällt (Zana als ‚Wilde' käme bei Müller dafür sowieso nicht in Frage); der Leseantrieb scheint eher abgeschwächt. Wettgemacht wird dieser Verlust an Stimulierung durch die massive Suggestion von Geheimnis und Fatum, von Blutdurst, Horror und Brutalität, die ebenfalls das *Vorwort* liefert (vgl. S. 12). Aber auch das detektivische wie das Schatzmotiv führt den Leser auf den Holzweg. Brandlbergers Text versagt eine eindeutige ‚Wahrheits'findung; er liefert zwar Indizien und sogar Bekenntnisse, hebt sie aber durch das Jonglieren mit verschiedenartigen Bewußtseinsebenen immer wieder auf. Es gibt keinen Maßstab, keine eindeutige Plattform für die fiktive Wirklichkeitsfindung'.

Trotzdem verlangt das *Vorwort* vom Leser, daß er sich für einen Mörder entscheidet, und zwar aus Gründen der Finalität. Auch hierbei leistet ihm der Vorwortschreiber wieder Schützenhilfe und baut dabei auf die Habitualisierung des Lesens durch ‚trivialliterarische' Fügungen. So berichtet der Anfang des *Vorworts* lakonisch von Brandlbergers Tod durch einen „Indianeraufstand", den „eine Priesterin namens Zaona" anführte, „Im Jahre 1907", „an der Grenze zwischen Brasilien und Venezuelas im Quellgebiete des Rio Taquado". Der Schluß des *Vorworts* verbindet diese ‚Fakten' zu einem „der seltsamen Züge über die Beziehungen der Menschen in der Wirklichkeit" (S. 12) im Sinne der Schauer- und Schicksalsromane. Entscheidet sich der Leser – was ihm freigestellt bleibt – für die Identität Zanas mit Zaona, dann entscheidet er sich gleichzeitig für Brandlberger als den

Mörder van den Dusens und Slims, den die Strafe – nach 7 Jahren – am Tatort einholt, mit Zana, dem Mordmotiv, als Werkzeug seines Todes. In diesem Fall vollzieht der Leser nicht nur einen Akt ‚poetischer' ‚Gerechtigkeit', der den Text transzendiert; er wird auch in anderer Hinsicht zum Vollstrecker auktorialer Absichten: Mit diesem Denkprozeß schließt der Leser nicht nur eine Themenstruktur zum Kreis, sondern er hebt auch die lineare Dimension des *Gesamt*romans auf. Romanschluß und Anfang des *Vorworts* sind nun miteinander verknüpft; der Brandlbergertext ist in das *Vorwort* eingebettet. Der Gesamtroman kann im Nachhinein – auf Grund eines wiederholten, spiralenförmigen Leseakts – in seiner raumzeitlichen Komplexheit rezipiert werden. Die Entscheidung für Brandlberger als den Mörder wird dem Leser allerdings leichtgemacht, wenn der Herausgeber – auf Grund bloßer Lektüre des Brandlberger-Manuskripts – ihm einflüstert: „Slim wurde das Opfer einer Eifersucht. Man denke sich drei weiße Männer, die mit der Glut der Tropen im Blute um eine Indianerin werben" (S. 11), und außerdem die leserische Phantasie aufgeilt, alles Ungesagte durch den Einsatz eigener, brutal enthemmter Vorstellungen zu ergänzen:

> „Die Absicht des Verfassers, die Brutalität des Tiefsten der Ergänzung statt der Erzählung zu überlassen, scheint sein leitender Gedanke und seine heikelste Scham gewesen zu sein. Wie also Slim und der Holländer starben – ich erwarte da mit dem Verfasser vieles von dem Verständnis und dem Takt der Leser." (S. 12)

Den ‚Trivialroman', den der Künstler Robert Müller sich zu schreiben scheut, darf und soll sich der Leser schaffen!

Durch die Verzahnung von Vorwort und Binnenroman gelangt unversehens auch die Frage des Kunstwerts des Gesamtromans zur Sprache. Die im *Vorwort* von der Herausgeberfigur scheinheilig geäußerten Zweifel am Kunstwert des Brandlbergertextes werden durch ‚Brandlbergers' Schlußsätze indirekt aufgehoben. Sieht der ‚Herausgeber' den „Wert" von Brandlbergers Buch darin, daß es „ein alltägliches und unrühmliches Ende erzählt" (S. 11), so schließt Brandlberger mit der Hoffnung, daß, falls auch er selber „wie Slim den allerlächerlichsten Tod finde" (S.277) der „Dichter" einspringt: „dann ist es Zeit für den Dichter, die Tragikomödie liegt fix und fertig vor ihm da." Damit aber hat er nicht nur sich selber indirekt als „Dichter" bezeichnet und ‚seinen' Roman als Kunstwerk; auch der ‚Herausgeber' Müller wird hierdurch zum „Dichter" von Brandlbergers Tod, den er in seinem *Vorwort* beschreibt; Robert Müllers Gesamtroman also zum kunstvoll verschränkten Ganzen, dessen Glieder wie dessen Anfang und

Schluß auf mehrfache Weise ineinandergreifen. Wieder zeigt sich die Tendenz zur Kreisstruktur eines verschämten Klassizisten und Konstruktivisten, der sich erzähltechnischer Tricks bedient, um sie zu verschleiern, zugleich aber den Leser darauf stößt.

So scheint Robert Müller hier mehr als jeder andere auf die Aktivität seines Lesers angewiesen. Er bezieht ihn in ein reich facettiertes Vexierspiel ein und verlangt ihm (– einem möglichst in allen literarischen Genres trainierten Leser –) Offenheit, Beweglichkeit und literarischen Spürsinn ab, nicht zuletzt auch Humor im Einverständnis mit dem Spiel, das der Autor mit ihm treibt. Denn natürlich ist es möglich, Müllers *Tropen* auch naiv zu lesen und das Unbehagen, das die unreflektierte Rezeption, der direkte Zugang notwendigerweise hinterlassen muß, als ästhetisches Ungenügen dem Autor anzulasten; ein Vorwurf, den Müller bereits im *Vorwort* unterläuft, wenn er der „Geschichte" Brandlbergers nur menschliches Interesse attestiert, ihr künstlerische Qualität aber abspricht, obwohl er für *seinen* Gesamtroman einen Rezeptionserfolg als „Dichter" anstrebt und durch ‚Manipulierung' des Lesers zu erreichen sucht.

Zum Binnenroman

Brandlbergers ‚Bericht' hat zum vordergründigen Inhalt die Tropenreise ins Quellgebiet eben des „Rio Taquado", den schon das *Vorwort* als Schauplatz seines späteren Todes nennt, mit dem „Amerikaner" Jack Slim und dem „Holländer" „Charlie" van den Dusen als Gefährten. Die Reisegesellschaft konstituiert sich im „Jahr 19.." (S. 13) problemlos und rasch in einer „venezolanischen" Provinzstadt. Äußere Szenerie und Handlungsablauf der Reise, deren Zweck die Auffindung des von Slim schon mehrmals vergeblich gesuchten Schatzes ist, bilden eine Bootsfahrt auf dem Urwaldfluß; ein kurzer Waldmarsch zum Indianerdorf, in dem Zana „Priesterin" ist; ein längerer Aufenthalt in diesem Dorf (eine „Katastrophe der Langeweile", S. 84); ein kurzer Rückmarsch durch den Wald zum Fluß, diesmal mit Zana im Gefolge und der ersten Leiche, der Indianerin Rulc; eine weitere Bootsfahrt zum problemlos aufgefundenen Ort des (nicht vorhandenen) Schatzes; dort das abschließende Zeltlager (ebenfalls ein „Exzeß der Langeweile", S. 196 u.ö.), in dem die beiden Reisegefährten Slim und van den Dusen liquidiert werden. Brandlbergers märchenhafte Rettung durch Zana, die ihn auf dem „Amazonas" sicher „zur Küste" bringt, wird nicht mehr aktuell geschildert, sondern nur als jenseits der eigentlichen Romanhandlung liegendes Happy-End erwähnt (von dem der *Vorwort*-Leser jedoch weiß, daß es nur für den Binnenroman gilt). Auch Brandlbergers Ankunft am Ausgangspunkt des Unternehmens intoniert lediglich im bewährten Karl-May-Stil die Abenteuerstimmung: „Das Jahr 19.. fand mich in Curaçao, wohin mich eine technische Mission (...) verschlagen hatte (...) begierig harrte ich kommender Dinge" (S. 13). Van den Dusen findet er dort vor. Slim, von dessen Schatzsucherplänen ihm dieser erzählt, erscheint ungerufen „Vierzehn Tage später": „Auf einem holländischen Postdampfer kam er an" (S. 14). Während sich der Abenteuerton sehr rasch verliert, bleiben Märchenstrukturen (zum Beispiel die Dreizahl oder Vierzahl in der Kombination aus 3 + 1) und ein klassizistisches Symmetriebedürfnis in Handlungsverlauf und Szeneriegestaltung resistent.[8] Potenziert werden jedoch die erzähltechnischen Komplikationen dieser „Geschichte", der das *Vorwort* die Qualität eines „Dokumentes" zuspricht (S. 8) und die der Titel als „Urkunden eines deutschen Ingenieurs" bezeichnet (wozu allein schon der Untertitel *Der Mythos der Reise* im Widerspruch steht). Die Erwartungshaltung des Lesers wird ständig getäuscht. Der Motivstrang der Schatzsuche versickert gleich zu Anfang, wird erst spät wieder aufgegriffen und interesselos gehandhabt und verläuft schließlich im Nichts. Auch die vom *Vorwort* versprochene erotische Glut der Szenen um Zana entspricht den geweckten Vorstellungen nicht. Zana ist zwar Liebesziel von Brandlbergers Phantasie, die sie bald angezogen, bald abgestoßen umkreist, aber meist verfremdend verhäßlicht:

---

[8] Das Indianerdorf bildet nicht nur die topographische Mitte des Reisewegs und Ruhepunkt in seinem Ablauf, es ist selber auch konzentrisch angelegt und wird mit geometrischer Genauigkeit beschrieben: „Die Lichtung, in der das Dorf lag, war durch ein Rechteck (...) gebildet (...)" (S. 48). „Ich fand drei Ringstraßen, die in konzentrischen Kreisen um ein mittleres Prachtgebäude (...) angelegt waren. (...) Ein System von durchmesserförmig gestellten Durchsichten aber strömte im Mittelpunkt der großen Hütte zusammen. An jeder dieser Durchsichten, deren Hintergrund die Ansicht einer Hütte ergab, pflanzten sich die Kaminluken fort (...) Ein einziger Durchmesser nur führte breit (...) auf die große Hütte zu" (S. 49). Ähnliche Grundrißstrukturen, mit gleicher Akribie beschrieben, finden wir etwa in Goethes drei Märchen oder in den geometrischen Ordnungsprinzipien, die Novalis' *Lehrlinge von Sais* durchziehen und formen. Dort legt der Lehrer „dieses Steinchen auf einen leeren Platz, der mitten unter ändern Steinen lag, gerade wo wie Strahlen viele Reihen sich berührten" (*Novalis Schriften*, hg. v. R. Kluckhohn u. R. Samuel, unter Mitarbeit v. H. Ritter u. G. Schulz, 1. Bd., Stuttgart 1960, S. 81). – Noch an vielen anderen Stellen begegnet bei Müller dieser latente Klassizismus (Slim: „Meine Theorie ist kreisrund", S. 77; „Um die Mittagsstunde, als die Sonne sich im Zenith befand, waren wir an unserem Ziel", S. 188, usf.).

„Was war mir Zana? Nein, Zana war nichts, sie war ein menschliches Scheusal und ein dämonischer Halbaffe, eine gefärbte Kröte und ein zurückgebliebener Kretin (S. 52)."

Doch selbst als „schöne Katze Zana" (S. 100) verbleibt sie im Bereich des Tierhaft-Untermenschlichen. Daß jedoch „drei weiße Männer mit der Glut der Tropen im Blute" um sie werben (S. 11), verspricht zwar das *Vorwort*, Brandlbergers Text zeigt es jedoch nicht.[9] Und auch der detektivisch programmierte Leser, gesonnen, Hans Brandlberger als Mörder zu entlarven, wird zunächst von seiner Absicht abgelenkt, ertrinkt im Dschungel eines expressiven Sprachdickichts und Reflexionsrausches, der jeden konkreten Handlungsfaden überwuchert. Kommen aber die Morde ausdrücklich zur Sprache – beginnend mit der Indianerin Rulc –, so beschreibt Brandlbergers minuziöse „Beobachtung" (S. 132), seine ‚Gründlichkeit' im Ablegen von „Zeugenschaft" (wie das *Vorwort* sagt, S. 8), keineswegs eindeutige ‚Fakten', sondern variable Möglichkeiten von Fakten unter den Konditionen jeweils anderer Bewußtseinslagen: von Traum, Fieber, Irrsinn, Vision; von Schulderkenntnis und Schuldverdrängung; von geleugneter ‚Wahrheit' und vorgeblicher Lüge. Bleibt der Investigator jedoch hartnäckig, kombiniert er alle Andeutungen und Widersprüche, so kann ihm trotz allem die Rekonstruktion der Mordvorgänge deutlich werden, deren Konturen wie in einem Vexierbild versteckt und dennoch sichtbar sind. Auch die drei Morde insgesamt unterliegen einem formalen Zwang: die Anzahl der Beteiligten steigert sich, desgleichen die Anzahl der Varianten des dargestellten Vorgangs. Rulc wird von Brandlberger allein getötet; Zana scheint nur Komplizin nach der Tat. Slim ist das Opfer eines Doppelmords: Van den Dusen schießt auf ihn (Brandlberger, mit Slim im Boot sitzend, sieht den Einschlag des Projektils als Spiegelbild im Wasser); der aus dem Boot Gefallene erhält von Brandlberger mit dem Ruder einen Schlag auf den Kopf; außerdem ertrinkt er: Sämtliche als Alternativen gegebenen Möglichkeiten sind ‚wahr'. Der Mord an van den Dusen endlich, noch vielfältiger in den erzählten Modifi-

---

[9] Übertragbare erotische Faszination strahlt allerdings die Beschreibung von Zanas Nackt- und Liebestanz mit dem Bruder-Häuptling aus (S. 107ff. kaum dagegen der Liebesakt mit Brandlberger, der sich erst am Schluß des Buches als Vision realisiert: „es ist fraglich, ob ich sie jemals anders bekam als in den schwülen Träumen des Fiebers" (S. 267); „sie biß mir die Lippen wund und geiferte mir ins Gesicht vor Liebe (…) ich hielt mit rasendem Entzücken ihre dürren Knochen in meiner Hand" (ebd.), zumal Zana nun aller Fleischlichkeit entkleidet und zum bloßen „Knochensystem(s)", „Totenschädel(s)" und „Skelett" reduziert ist (S.270).

kationen des Akts, scheint ein Gemeinschaftsmord von Brandlberger und Zana und einem kannibalischen „Alten" aus den begleitenden indianischen „Leuten" der Reisegruppe. Doch gewonnen ist allein mit solchen Erkenntnissen nichts; der nur detektivische Leser ist zugleich der genarrte Leser; er hat eine zu einseitige Rezeptionshaltung gewählt. Ebenso einseitig und nicht im Sinne Müllers wäre es jedoch, auf den detektivischen Impetus ganz zu verzichten, weil er seine „Fälle" mit solcher Kunstfertigkeit erstellt und zugleich verborgen hat, Brandlbergers mörderische Aktivitäten zugleich leugnet und suggeriert:[10]

> „Es wird viel Geschrei sein über die paar Toten, die in meinem Buche vorkommen, man wird hin und her raten, wer die Mörder seien, und besonders geschickte Psychologen werden zuletzt den Verdacht auf mich lenken wollen: und dies alles, obwohl meine Toten nur durch das Einschlagen bloßer Menscheninstinkte das geworden sein mögen, was alle zum Schreien veranlaßt." (S. 277)

Dazu kommt, daß die Morde – samt ihrer Aufklärung – erst im Zusammenhang mit der Fiktionsstruktur, auf die sie hinweisen, ihre volle Relevanz erhalten. Brandlberger ist nämlich hier, in ‚seinem' Binnenroman, nicht nur kein romanimmanent ‚ehrlicher' ‚Berichterstatter'; auch als fiktiver Ich-Erzähler stellt er keine Einheit dar: Er ist in zwei Figuren aufgespalten. Er ist einmal Brandlberger (1), der ‚historische' Kolonialist des *Vorworts*, der „1907" ums Leben kam und Autor des (titellosen!) Manuskripts ist; und er ist Brandlberger (2), des Ich-Erzählers eigener ‚Held', also mit dem Erzähler-Ich Brandlbergers *nicht* identisch, sondern eine von ihm erfundene Ich-Figur; dieser liegt nicht einmal, wie schon das *Vorwort* andeutet, eine einheitliche und eindeutige Persönlichkeits- oder ‚Charakter'konzeption zugrunde. Durch das Medium dieser Figur aber kann Brandlberger (1) als ‚Autor' ohne Rücksicht auf Moral den potentiellen Radius von Denk- und

---

[10] Müller schrieb noch einen anderen „Detektivroman", der „in seiner Zerebralität so gar nicht für das Krimipublikum ist", seinen „Zukunftsroman *Camera obscura*", in dem er „sein Lieblingsgeschöpf Jack Slim auferstehen" läßt, „gleichwie Cooper seinen Lederstrumpf hat auferstehen lassen". Adalbert Muhr, aus dessen persönlich engagierter, an Erinnerungen reicher Würdigung „Robert Müller schrieb für das 21. Jahrhundert" diese Zitate stammen (*Pestsäule*, a.a.O., S. 148 u. 146), irrt sich allerdings bei seinem Rückblick auf Müllers *Tropen*; er glaubt darin „die Expedition weißer Pioniere im Jahre 1907 zu den Indianern im Quellgebiet des Rio Torquado" geschildert, deren „Aufstand (…), angeführt von der geheimnisvollen Priesterin Zaona, Mutter und Hure zugleich (…) niederzuschlagen" den Helden nicht gelinge (ebd. S. 145); er vermischt also *Vorwort* und Binnenroman.

Verhaltensweisen ausloten, bis hin zu den sadistischsten Morden, wobei er trotzdem mit romanimmanenter Ehrlichkeit behaupten darf, daß er „kein schlechtes Gewissen zu haben brauchte", wegen seiner Handlungen „keine Reue" empfand (S. 273). Das sagt auch ein Dialog über den ‚Helden' eines von Slim geplanten Romans mit dem Titel „Tropen", den er während der Reise erdenkt, simultan mit Brandlberger:

> *Brandlberger:* ‚Aber Slim, pfui Teufel! Ihr neuer Mensch ist doch (…) ein anständiger Kerl, wie ich ihn kenne, er ist doch hoffentlich—'
>
> *Slim:* ‚Kein Meuchelmörder? No, eben nicht. Er tut ja nichts und er käme ganz unangefochten über dieses Phantasiestückchen hinweg.' (S. 236)

Um wie viel ‚unschuldiger' ist dann noch Robert Müller, den eine Vielfalt von Fiktionsschichten allen ideologischen und ethischen Verantwortlichkeiten enthebt, auch wenn er auf die künstlerische nicht verzichten möchte. Den Distanzierungsprozeß durch die Fiktionsstruktur unterstützen die wechselnden Bewußtseinsphasen des ‚Helden' Brandlberger mit ihrem durch vorgreifende oder rückwirkende ‚Fakten'korrekturen entgrenzten Wahrheitsraum. Doch auch diese Komplizierungen reichen für Müllers Verifizierungsscheu und Vexationsmanie noch nicht aus. Brandlberger (1), der Manuskriptautor, erdenkt nicht nur zu ‚Helden' seines Buches die Er-Figur Slim und die Ich-Figur Brandlberger (2), sondern er läßt beide den gleichen Roman – „Tropen" – noch einmal projektieren, mit sich selber als wechselseitigen Helden, usf.[11] Das sieht in schematischer Darstellung folgendermaßen aus:

---

[11] Reifs vorzügliche Arbeit (s. Anm. 1) handelt ausführlich über die Denkinhalte des Romans, die er zu einem hypothetischen Theoriegebäude zusammenfügt und deren historischen Ursprüngen und Zusammenhängen er nachspürt. Auf die Fiktionsstrukturen dagegen geht er nur beiläufig ein. („Wenn der ‚Herausgeber' der *Tropen* empfiehlt, diese Zwiesprache seiner beiden Selbste als schlichtes ‚Dokument' aufzufassen, so entzieht er sich damit nur der Verantwortung für die utopischen Ansprüche seines Werkes. Auch wenn man das Werk im Sinne Brandlbergers als ästhetisch kontrollierte Darstellung eines ‚Irrsinns' interpretiert, bleibt seine Ambiguität bestehen"). Er lehnt es ab, „dem selbstmörderischen Salto mortale zu folgen, in dem sich Müllers Intellekt gefällt", sondern versucht, mit Karl Kraus „die schizoide Persönlichkeitsstruktur" Müllers für „das Müllersehe Paradox" und seine „idealistisch-subjektivistische Spiegel Verkehrtheit" verantwortlich zu machen, „ohne das Werk deswegen als Produkt und Dokument einer Psychose" abzutun oder „aus dem Phänomen

ROBERT MÜLLER
Tropen

Herausgeber Müller

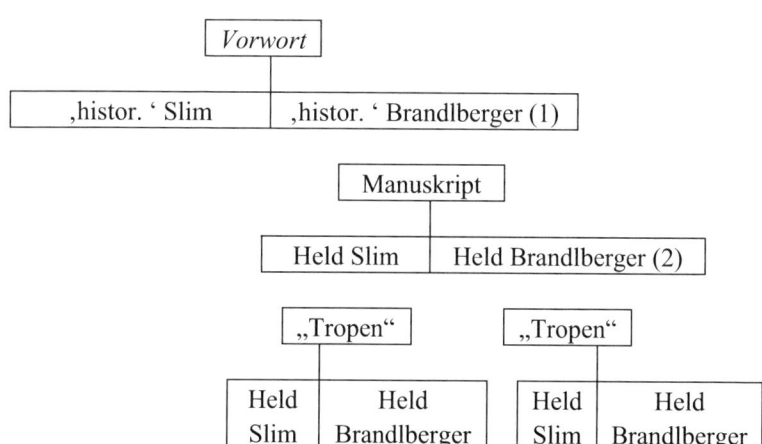

(Die Spiegelungen ließen sich theoretisch ad infinitum fortsetzen.)

Müller einen klinischen Fall zu konstruieren" (S. 143ff.). – Dieser Gesichtspunkt soll hier außer acht bleiben, da Müllers Methode einer ganzen Anzahl moderner Werke vorausgeht, die – falls sie nicht ebenfalls Produkte schizoid veranlagter Autoren sind – schizoide Phänomene zumindest darstellen oder nachahmen. Eine sehr ähnliche Konstellation bieten etwa Martin Walsers *Kristlein-Romane* (speziell *Halbzeit*), wo ebenfalls ein fiktives Erzähl-Ich einen Roman mit sich selber als Helden und Ich-Erzähler schreibt und nur „Dividualität" ist, d. i. kein Individuum, sondern „Fürwörterparlament" und dadurch Verantwortungen ausdrücklich entzogen (vgl. *Halbzeit*, S. 188); dennoch steht es in Personalunion mit dem Autor Martin Walser. Der aber ist sicherlich nicht schizoid, auch wenn sein dritter Kristlein-Roman, *Der Sturz*, ähnlich ‚tropische' Exzesse eines erweiterten Bewußtseins in artifizieller Vermengung von fiktiv-realen und surrealen Wahrheitsebenen schildert.

Zur Frage der Handlungswahrheit

Die Reflexionen des Autors Brandlberger – durch den Mund seines ‚Helden' – über das zu schreibende Buch mit den Titeln „Tropen", „Irrsinn", „Fieber", auch „Zana" (S. 209 u.ö.; 220, 226, 125) sind zwar weniger zahlreich als seine kulturphilosophischen Äußerungen, haben aber Erkenntnisrelevanz für den Binnen- wie den Gesamtroman in mehr als einer Hinsicht. Ihnen addieren sich die Reflexionen des ‚Helden' Slim, der plötzlich auch zum präsumptiven Autor wird und ebenfalls einen Roman, betitelt „Tropen", zu schreiben vorhat. Beider Dialoge bilden einen Ergänzungs- oder Repetitionsvorgang: Slim trägt vor, was Brandlberger sich gerade ausgedacht oder in seinem Buch bereits geschrieben hat (oder umgekehrt), entsprechend dem „Analogieverhältnis" (S. 179) zwischen beiden ‚Helden', das eines der Themen des Romans ist („Wir lasen einer den anderen von der eigenen Seele ab", S. 180; vgl. auch 181, 204 u.ö.). In ihrer Zusammenschau liefern diese Dialoge die entscheidenden Schlüssel stellen für die inhaltliche ‚Wahrheit' des Binnenromans, durch die der Gesamtroman sich in eine völlig andere Kategorie einordnet, als der Augenschein vorgibt. Slim plant für sein Buch, was der Text des ‚Autors' Brandlberger schon enthält einen ‚Helden' ohne „Charakter",

> „ ‚eine Nummer in einer Situation und nicht immer die höchste. Er entsteht eigentlich erst durch die Dispositionen der anderen, durch die anderen Nummern (...) Nun soll ein Buch entstehen, in dem er alle Nummern vorübergehend besetzt (...) er soll in diesem Buche, in dem alles an ihm demonstriert wird, auch (...) selbst an sich demonstriert werden, er soll nicht bloß Figur, er soll auch Abhandlung sein'."[12] (S.238)

Auch das Thema der Tropenreise – schon vorher seiner Authentizität als Erlebnis beraubt – wird nun aufgehoben, der Roman zum bloßen „Mythos der Reise" (wie allerdings der Untertitel schon gesteht). Wieder beschreibt Slims Romanprojekt, was der Roman Brandlbergers faktisch *ist*.

---

[12] Oder, im gleichen Zusammenhang: „(...) was ist der Mensch denn anderes, als eine Schnittlinie im jeweiligen Augenblick losgelassener, noch unbekannter Einzelvorgänge? Es gibt doch keine Charaktere mehr (...) keine großen und keine kleinen" (S. 237). – Nichts anderes meint Martin Walser, wenn er den Menschen zum „Dividuum" erklärt, zum manipulierten Produkt der großen „Konditionierungsmaschinerie", der „Klimaanlage" der Gesellschaft (Vgl. etwa *Das Einhorn*, S. 190 u.ö.; auch „Imitation oder Realismus X". In: *Erfahrungen und Leseerfahrungen*, ed. suhrkamp, S. 88 u. 86).

> „*Slim*: ‚mein Buch (...) soll ‚Tropen' heißen!'.
>
> *Brandlberger (2)* (der bereits ausführlich über sein ‚Tropen'-Romanprojekt gehandelt hat): ‚Soso, 'Tropen ', sagte ich, ‚das klingt sehr gut. (...) Das hat so etwas Vielsagendes. Man könnte eigens um diesen Titel herum ein Buch schreiben?'
>
> *Slim*; ‚Ich denke das auch. Ich habe dabei eine verschlagene Absicht. Das Wort hat noch einen Nebensinn. Und das Schönste ist, ich lasse die Geschichte von einem erzählen, der gar nie in den Tropen war. Das ist nämlich die Pointe. Es stellt sich heraus, daß er, der Nordländer, die Tropen in sich hat. Er braucht gar nicht erst an den Äquator zu gehen, er hat ihn in sich. (...) Dieser Mensch, den ich dort zeige, ist bei aller Kultur, die er besitzt, gleichsam ein ‚neuer Wilder'. (...) die Tropen mit all ihren Einzelheiten sind also gleichsam ein Schlüsselbegriff. Ich werde sogar soweit gehen, eine diesbezügliche Gebrauchsanweisung einzuflechten—'"

Was hiermit geschehen ist. Brandlberger protestiert zwar der Form halber:

> „ ‚Aber nein, das ist doch wirklich — na ja, aber ist es nicht doch ein bißchen zu verwegen? Ich glaube, dieser Djungle ist für den Leser unzugänglich. Bewegen Sie sich denn während der ganzen Erzählung auf solchen Schleichpfaden? '"

Slim bejaht dies „gierig":

> „ ‚Mein Mann ist ja ein Typus. Und es gilt, diesem Typus sich etablieren zu helfen. Auch ein solcher vertrackter Kerl kann leben. Die Analyse hat ihn nicht gelähmt." (S. 230)

Am Ende dieses humorig geführten Gesprächs („Wir lachten beide. Er war damals wohl noch ganz gesund, nur ein wenig überspannt.") fragt Brandlberger „des Abschlusses halber":

> „ ‚Aber in den Tropen wird er ja doch wohl gewesen sein? ', ‚Well', lautet Slims Antwort, ‚aber dann wär's kein Kunststück – Er soll ja in Tausendsassa der Analyse – Pardon, der Synthese sein.'"(S. 232)

Daß aber Slim wie Brandlberger nur verschiedene Namen derselben auktorialen Stimme sind, wird nicht nur durch das geschilderte „Analogieverhältnis" indirekt angedeutet, sondern ausdrücklich gesagt:

> „während ich doppellebig träumte (...) träumte ich gar nicht. Ich hörte (...) Es war alles die Erzählung eines merkwürdigen Fremden (...) den ich Slim nannte. (...) Wer war ich in seiner Erzählung? Wer war er selbst? ...) ich gewahrte, daß er nur ein Stück seiner Erzählung war – Er war die Gestalt eines Buches, das ich las. Während ich es aber las, schrieb ich es, und ich schrieb es ab von meiner Seele

(...) Alles was ich räumte, war nur ein Buch, das ich schrieb (...)."
(S. 125)

So wenig wie die Figuren bedarf der ‚Charakter' des tropischen Millieus der einheitlichen Konzeption und Stimmigkeit. Es bildet nur den vorgestellten Erlebnisraum, in den sich ein entgrenztes Bewußtsein ergießen kann; das Motiv der ‚Reise' liefert zu seiner Konkretisierung die zeitliche Dimension. Die Reise-‚Ereignisse' sind strukturelles und Symbolgerüst, an dem sich die Bewußtseinsinhalte kristallisieren können; sie schaffen die Kondition, in der der mediale „Typus" des ‚Helden' Brandlberger Erscheinung wird.[13] Der ‚Autor' Brandlberger (1), ein junger Mann von 23 Jahren, wie zweimal an versteckter Stelle gesagt wird (S. 20, 58), der keine textimmanent ‚wahre' Tropenreise Bedingungen der Wirklichkeit nachgestaltet, ‚erlebt' (im Unterschied zu seinem Helden Brandlberger [2]) sein Buch daheim, in einer Großstadt, auf der Couch der „Analyse", ohne forscherhaftes Heldentum, das sein Name, wie gesagt, ja gar nicht impliziert und dem seine „Neigung zu behaglichem Lebensgeschmacke" (S. 6) sogar entgegensteht:

> „Meine Lauheit und mein träger Sinn (...) Arbeit ist mir noch heute zuwider und ich liege noch heute huntertmal lieber am Diwan und rauche Zigaretten." (S. 21)

Sein Tropenerlebnis findet statt auf den Großstadtboulevards, in ihren Fabriken (er ist ja „Ingenieur"), am Schreibtisch (wobei am Schreibtisch des ‚Autors' Brandlberger der Strom, auf der vorgestellten Stromfahrt des ‚Helden' Brandlberger der Schreibtisch imaginiert wird, der Schreibakt als Zukunft, die sich faktisch schon ereignet hat):

> „ich schildere einen Mann, der inmitten gesegneter, abenteuerlicher Umstände, wie er sich einbildet, das Buch schreibt, das er erst erleben wird. Dieser Mann war ich. Ich war mit visionärer Kraft meiner eigenen Zukunft vorausgeeilt. Ich fuhr als Schreibtisch einen Strom hinauf und vermengte in der Geschwindigkeit ein wenig die Zeit."
> (S.28)

Die vorgestellten ‚Tropen' schildert er mit Bildern aus dem Großstadtdschungel, als „sich drehende Maschinenhallen in Hochglut und kollerige Eisenstangen" (S. 210); ähnlich sieht er Zana als „weibliches Wesen" aus dem Cabaret-Milieu, „nackt (...) bis über die (...) Knie schwarze Strümpfe

---

[13] Dies alles widerspricht dennoch nicht der Tatsache, daß Müller – wie Reif betont – ein Exotist ist und daß er das Buch trotz allem auch als exotistischen Roman geschrieben hat, obwohl er – wie wir noch sehen werden – es zugleich als programmatische Kampfschrift *gegen* den Exotismus meint.

und auf dem (...) Kopfe einen pompösen Hut" mit einer „Straußfeder" (S. 124), oder im (um 1912 gerade) hochmodischen ‚Humpelrock' (S. 122). Sein ‚reales' Tropenerlebnis auf dem „Rio Taquado" holt Brandlberger erst im Jahr „1907" nach, und mit ihm seinen ‚Tod', den er ebenfalls hier schon vorwegnimmt, nicht nur als Slims, sondern als das eigene Ende:

> „Ich bin tot, ich bin gestorben, addio. Der Holländer hat mich gemordet. (...) dies ist riesig bedauerlich, denn ich werde das Buch, das ich (...) schreiben wollte, nie mehr schreiben." (S. 209)

Wie Slims Projekt, so ist auch Brandlbergers Buch „ein Epos der Ideen", (S. 239). Die in seinen „ungeheuerlichen philosophischen Abschweifungen", (S. 7) monologisch paraphrasierte Gleichsetzung oder Verkehrung von tropischem Urzustand und moderner Zivilisation hat jedoch nicht nur ideologische Gründe, sondern hängt zusammen mit der kreativen Situation; diese wird bedingt durch einen notwendigen kathartischen Akt, einen Bewußtseinsprozeß von existentieller Bedeutung. Brandlberger selber spricht – in Formulierungen, die Slims später erfolgende Projektbeschreibung sinngemäß vorwegnehmen – über ‚

> „das Buch, das ich über meine Erfahrung vom Verkehr und der Wirkung von Mensch auf Mensch schreiben wollte (...) Ich hätte es ‚die Tropen' jenannt; nicht nur dem Milieu zuliebe und gleichsam der hypertrophischen (...) Entfaltung aller menschlichen Beziehungen wegen, die hier (...) tropisch sozusagen ins Kraut schießen; (...) sondern aus Hinterlist, aus Spitzfindigkeit, weil alles Gegebene immer nur eine poetische Methode, ein Tropus ist (...) dessen Säfte doch immer wieder mein eigenes rollendes Blut sind und nichts Fremdes." (S. 209)

Das Manipulieren von Zeit, ihre Aufhebung und Zerstörung als objektives Maß – Thema auch in Brandlbergers Theorien über die „Dimensionen" – praktiziert er in seinen Reflexionen über das „Tropen"-Buch hemmungslos. Dieses wird, während er es als fiktiver Autor auf dem Diwan erdenkt, durch den Mund seines ‚Helden', der es scheinbar zugleich erlebt *und* plant, sowohl als zu schreibendes, schon geschriebenes, niemals zu schreibendes oder nie geschriebenes vorgestellt. Damit aber die Identität mit dem Buch, das der Leser in den Händen hält, ja nicht bezweifelt wird, folgen solche Reflexionen häufig auf Gedanken und Sätze, die der Leser schon vorher, an anderer Stelle, gelesen hat. „‚Ich habe Frauen aller Länder gesehen und genossen (...)'" (S. 203), mit diesem Satz etwa wird der Anfang des Binnenromans wieder aufgenommen (S. 13); oder: „‚Ich habe das Rätsel auch später nie gelöst'. Dieser Satz fiel mir damals ein; ich würde ihn zukünftig denken" (ebd.).

„Ich erinnerte mich nämlich an die Zukunft. Ich nahm mit meinen Worten alles Kommende voraus; es war mir mit einem Male gewiß, daß ich diese Phrasen einst würde mit gutem Gewissen gebrauchen können." (S. 204)

Das „einst", welches den aktuellen Augenblick des Schreibens bezeichnet, reist von diesem ‚zurück' in die Tropen und wird dort als „Zukunft" imaginiert.[14] Dieser raum-zeitliche „Djungle" ist in der Tat „für den Leser unzulänglich" (S. 230), falls er sich nicht entschließt, auf ‚reale' lineare Erzählzeit ganz zu verzichten und als Zeitmaß des Romans einzig den Zeit*punkt* des kreativen Akts zu betrachten. Damit ihm das leichtfällt, wird er darüber belehrt, daß Autor Brandlberger nicht nur „Ingenieur", sondern darüber hinaus auch noch „Dichter" ist (S. 65, 67, 71 u.ö.). Der ‚Herausgeber' glaubt zwar, daß er durch die Edition von Brandlbergers Manuskript „kaum die Literaturgeschichte (…) bereichere" (S. 7); Brandlberger selber, auch wenn er sich ironisch gibt, ist anderer Meinung:

„Ich aber, der Ingenieur, ich hatte den Beruf verfehlt. Ich war zum Dichter bestimmt (…) Ich war der Dichter (S. 65). Man könnte vermuten, daß die Beobachtung ein Dichter ist, der sein Buch aus dem eigenen Kopfe abschreibt. Je besser der Beobachter, desto größer das Plagiat meines Ichs. Ich sehe Moräste, Raubtiere und Jägermenschen nur darum, weil alles in mir nach der Gestaltung dieser Erscheinungen drängt." (S. 133)
Ein solcher Dichter, ein solches Stück Tropennatur, bitte zu bemerken, ein solcher Verfertiger von Tropen bin ich."[15] (S. 200)

---

[14] „Ein Buch, das mir in einem gesegneten Momente einfällt, habe ich nachträglich seit je geschrieben. (…) Ich kann also nichts tun und muß dieses Buch unterlassen. Ich bin über das Buch hinausgewachsen. Es ist immer eine schmutzige Sache, wenn einer Bücher schreibt, zumal solche über die Tropen. Denn die Tropen sind die Kinderschuhe der Menschheit. Wer sie ausgetreten hat, wäre reif und dichtete sie nicht" (S. 210f.).
„Ich werde mein Buch nie schreiben, denn es ist niemand da, für den ich es schreiben möchte. Da ich weiß, daß die Welt dadurch nicht verändert wird (…) werde ich dieses Buch nie schreiben" (S. 216).

[15] „und ohne daß ich selber geschult und tatkräftig die Fäden in der Hand hielt, bloß, indem ich mich mir und dem Leben hingab, schlug sich das Leitmotiv in der Verquickung der Wirklichkeiten (…) nachdrucksvoll durch. (…) *Beobachtung*, bitte, das ist mein Haupttrumpf, *ist Postulat*. Das Schöpferische sieht, hört, schmeckt, riecht und tastet in die Weltdinge hinein, und siehe da, sie werden unter seinen Sinnen wirklich" (S. 132). – „Genauigkeit" der „Beo-

Auch den Helden Slim hat Brandlberger ‚verfertigt', wie der Herausgeber zu Recht vermutet.[16] Haßliebe zu Slim, dem Superman, und konkurrierende geistige Eifersucht; Doppelgängertum, „Analogieverhältnis" und der zeitverkehrende telepathische Austausch mit ihm, der Vergangenheit und Zukunft verquickt, gehören mit in das ironische Spiel, das das Ich mit sich selber treibt:

> „Denn, meine Herren, *der Dichter ist stets genialer als sein Geschöpf.*" (S. 66)

Außer dem interpretatorischen gibt es noch einen simpleren Weg zur ‚Wahrheitsfindung' im Hinblick auf die Inhaltsstruktur des Romans. Der aufmerksame Leser – paradoxerweise einer, der einen ‚Bericht' über eine Tropenreise erwartet – stößt auf Unstimmigkeiten, ja regelrechte Fehler in deren ‚Geschichte', Topographie, folkloristischem und biologischem Milieu, die ihn verärgern und irritieren, falls er sie nicht als Absicht durchschaut. Während das *Vorwort* mit ‚exakten' Daten operiert, um Authentizität vorzutäuschen, stellt der Brandlbergertext an seinen Anfang eine unbestimmte Zahl („19.."), die nur durch die Zeitangaben des Vorworts zu verifizieren ist.[17] Die dann folgenden verstreuten Bemerkungen Brandlbergers zum ‚faktischen' zeitlichen Ablauf der Reise sind schlechterdings unsinnig, wenn man sie als ‚exakte' Beschreibungen zeitlicher Distanzen versteht. Hier einige Beispiele:

---

bachtung" des eigenen Ich ist auch Martin Walsers Postulat (und das seines ‚Autor'-Helden Kristlein) für einen Schriftsteller, der so Realitäten aufspürt, deren Produkt er ist.

[16] Slim warnt ihn an einer Stelle vor seinem Stilisierungs-„Bedürfnis" zu „Überlebensgröße" (S. 163).

[17] Auch die Biographie Brandlbergers – schlichter als diejenige Slims – läßt sich rekonstruieren. Da er – laut Text im Jahre „19.." 23 ist (S. 20, 58), im Jahr „1907" laut *Vorwort* stirbt, dem ‚Herausgeber' das Manuskript, das er mit 23 verfaßte, „vor langen Jahren" schon übergeben hat (S. 6), von diesem außerdem als „ein junger Mann vom Beginn des 20. Jahrhunderts" (S.8) bezeichnet wird, kann diese Zahl das Jahr 1900 meinen. Selbst dann wäre er als Inaugurator des „Freelandunternehmens" (S. 6) in seinem Todesjahr erst 30 Jahre alt. Er ist, als er den Roman schreibt, offenbar noch Student („ich bin Senior einer deutschen Burschenschaft", sagt er einmal zu Slim, S. 147); schwerlich aber könnte er die nicht weiter spezifizierte „technische Mission für die Vereinigten Staaten des Nordens" mit genau 23 Jahren (vgl. S. 20) schon hinter sich haben, deren Abschluß ihn für das Abenteuer der Schatzsuche freisetzt (S. 13), von der im übrigen unklar bleibt, wer sie finanziert (denn Slim „hat schlecht gespielt in den letzten Zeiten", S. 14).

Nachdem Brandlberger auf der Insel „Curaçao" van den Dusen kennengelernt hat, „Vierzehn Tage später" (S. 14) Slim aufgetaucht ist, treiben die drei sich „jetzt" (S. 16) in Kaffeehäusern „der venezolanischen Provinzstädte" herum. „Eines Tages" aber begannen sie für die Reise zu „rüsten (…) es dauerte einen Monat", dann sind sie im „Urwald" und auf den „Wassern des Rio Taquado" (S. 16). Im Boot – „eine Woche (…) den Fluß hinauf" (S. 23) – stellt Brandlberger Zeitberechnungen an:

> „Ich rechnete nach. Wie lange war's her, daß ich das Leben nach mondänen Genüssen gemessen hatte? Vor einer Woche hatten wir in einer kleinen Garnisonstadt des holländischen Guyana die Zeit (…) verbracht. Vor drei Wochen hatte ich mit Van den Dusen in Rio zum letzten Male einen Tanzsaal betreten. Und vor einem Monat, genau so viel vom heutigen Tage zurück, war ich mit dem Manhattangirl (…) in Coney Island."[18] (S. 25)

---

[18]   Das Ende der Reise wartet mit ebenso vielen verschiedenen Orten auf. So heißt es schon relativ früh im Buch: „Erst mit dem heilsamen Fieber, aus dem ich in Panama sechzig Tage später erwachen sollte" (S. 62); aber auch: „in Rio, als ich aus meinem wochenlangen Fieber erwachte" (S. 269) (Rio ist noch öfters erwähnt, u. a. S. 270 u. 276). Alle diese Daten und Orte sind im Zusammenhang von Brandlbergers Tropenreise absurd. Sie könnten jedoch Stationen in der geheimnisvollen Reisezeit Robert Müllers sein, die 1910 beginnt und sich bis Ende 1911 erstreckt. „Ende 1909 von seiner Tante (…) nach N. Y. geholt, wo er als Reporter arbeitet (…) verschwindet er wenige Monate später spurlos. (…) Nach seiner Reportertätigkeit heuert er auf einem Frachter als Matrose an, der ihn in mittelamerikanische Gewässer führt. Danach als Steward auf einem (…) Fracht- und Passagierschiff. Läßt sich in einem mexikanischen Hafen absetzen und versucht sich als Cowboy auf einer Pferderanch. Nach einer Reise quer durch Amerika verdingt er sich neuerlich als Steward und bereist die süd- und lateinamerikanischen Gewässer. Ende 1911 kehrt er über Bremen nach Wien zurück" (So W. J. Schweiger in seiner Müller-Biographie [s. Anm.6] , S. 139). Das Programm scheint für die knappe Zeitspanne ab Frühjahr 1910 ähnlich überfüllt wie bei Müllers Helden Slim. – Daß Müller in Rio und Panama war, ist jedoch denkbar, auch, daß er fieberkrank war (was allerdings den Umfang dieser Reisen und Tätigkeiten noch mehr reduziert hätte). Vermutlich hat Robert Müller auch in Bezug auf das eigene „Rätsel seiner Wanderschaft" (ebd.) Legenden gebildet. Immerhin war er in dieser Zeit – am 29. Oktober des Jahres 1910 – genau 23 Jahre alt. Dies vernietet ihn mit seinem Autor Brandlberger, dessen Beruf er jedoch nicht teilt, denn Müller hat Philosophie, Kunstgeschichte und Germanistik studiert. – Partielle eigene körperliche Züge hat er auf beide Helden verteilt (und zugleich vertuscht). Müller wird von seinen Freunden als „prächtige Normannengestalt" beschrieben, als „athletischer, breitschultriger Riese mit (…) Wikingerkopf", „körperlich ein Erz-Teutone" (Pestsäule, a.a.O., S. 142, 159, 168). Slim ist zwar auch „baumlang, stark" (S. 13), aber „furchterregend" unschön „sein Froschblick" (S. 70), das „geierhafte

Auch andere topographische Angaben, betreffend den Reiseweg zum vorgestellten „Lokale des Schatzes" erwecken den Eindruck, als habe der Erzähler noch nie einen Atlas vor Augen gehabt, obwohl er behauptet, daß „Geographie" (...) auf der Schulbank meine Leidenschaft gewesen" sei (S. 46). Ebensowenig bemüht ist er um biologische Einzelheiten. Zu Bewohnern des Amazonasdschungels wählt er den „Kakadu" und ein Paar von ‚Klapperstörchen', „ganz Schnäbel, rote Storchenschnäbel" (S. 200); beide dienen ihm als Symbolträger: Sowohl Slim wie van den Dusen stoßen beim Verenden den „Brunstschrei des „Kakaduweibchens" aus (S. 264, 275); Brandlbergers Beinah-Selbstmord, sein „kleines Harakiri" „auf dem Gipfelpunkte" seiner „Einsicht", zielt mit dem „Mauserrepetierstutzen" auf den Schnabel des Storchenmännchens: irrtümliche ‚Selbsthinrichtung' an einem „schönen roten Fetisch."[19] Auch die Folklore des Indianerstamms, dessen Lebensweise, „Kunst", Religion und Körperbeschaffenheit sind eine Mixtur aus Phantasie und Wirklichkeit. Zanas Stamm verfügt auch über einen „Maler", einen „Künstler" mit „Bohemewirtschaft" (S. 157); seine eindrucksvolle „Schilder"malerei wird von Brandlberger als hocherotischer „Impressionismus einer naiven Kunst" wiederholt und ausführlich dargestellt, ‚erschaffen' mit einem Seitenblick auf die ‚Moderne' und einem Rückblick auf die griechisch-archaische Vasenmalerei (vgl. S. 49, 64f., 96 u.ö.). Die Liste solcher ‚Fehler' im Bild, vom Leser aufzusuchen wie auf einer Rätselzeichnung, ließe sich beliebig verlängern:

> „Ich tat eine Reise mit sinnlichen Erlebnissen (...) und tat eine Reise der abstrakten Erkenntnis, unter der jeder geographische Boden schwand und ein Fleck des Planeten so gut war wie jeder andere." (S. 131)

Unstimmig, grotesk oder gänzlich unglaubwürdig sind auch Züge der ‚Handlung', „halb banaler und halb bedeutsamer Art" (ebd.), banal etwa die mehrfach erwähnte Tatsache, daß die drei Reisenden auch im Indianerdorf

---

19   Gesicht mit den stechenden schwarzen Augen" (S. 14) und dem „zottigen Knebelbarte" (S. 70). Der blonde Brandlberger mit seinem „Zwicker" (S. 246), blaß und unbedeutend, dagegen erinnert – läßt man einmal den Mensurschmiß weg – weit eher an Porträts des jungen Karl May.
„Ich, auf dem Gipfelpunkte meiner Einsicht angelangt, werde ein kleines Harakiri vollziehen. Störche mit roten Schnäbeln sind ein Zeichen; rote Schnäbel sind Blutzeugen von des Menschen Herkunft, Sehnsucht und Hingang. Soll es eine Browningpistole oder ein Mauserrepetierstutzen sein? Ich wähle den Stutzen – und schieße. Der Storch (...) war auf den Schuß hin umgefallen (...) Du erbarmungswürdiger Mensch!" (S. 211)

109

stets ihr Jackett tragen (und Brandlberger seinen „Klemmer", S. 94, 95, 175 u.ö.); bedeutsamer (für Brandlberger) die märchenhafte Rettung (auf dem „Amazonas") durch Zana. Zutiefst verunsichert wird der Leser aber durch Brandlbergers Psychologie und Stil, wo dieser die „Brutalität des Tiefsten" (S. 12) keineswegs ‚heikel' verschweigt, sondern lustvoll ausbreitet. Dazu gehören die oft abstoßenden Beschreibungen des angeblichen Liebesobjektes, „der stinkenden Hündin Zana" (S. 65; vgl. auch S. 112, 101 u.ö.); oder der kannibalischen Verwandlung des „schönen" Indianerknaben Checho:

> „merkwürdige rotrünstige Lappen und Stücke (...) Es stank nach Blut (...) Einer dieser Steine besaß eine aufsehenerregende Form. Ich stieß danach mit dem Ruder (...) da war es ein menschlicher Schädel mit geöffneten Augen und Lippen (...) Ach, der kleine Checho war der Hungersnot zum Opfer gefallen!" (S. 273)

Wirkt diese Art von Horror noch leicht komisch, so schockt die Gefühllosigkeit, mit der Brandlberger Slims Tod, und die provozierende Neugier, mit der er Slims Leiche schildert; mit der Abruptheit eines Filmschnitts ist aus dem Superman ein grotesker Kadaver geworden:

> „Es war ein grauer, ballonartig geblähter Sack (...) das Gesicht einer stupiden großen Katze, mit grünlich blasser Haut und Zottelhaaren (...) ein stumpfes großes Tiergesicht (...) das war der ganze Mensch da, dieser Hautsack." (S. 256)

(Diese Stelle dient jedoch zugleich für den detektivischen Leser als Autopsiebericht, da Slims Verletzungen durch Schuß und Ruderschlag genau beschrieben werden.) Den Höhepunkt an ironischem Sadismus bilden die Schilderungen der Ermordung van den Dusens mit der Projektion Zanas als Synthese aus „Wirklichkeit und Ausgeburt":

> „Ich schoß ihm eine Kugel durch und durch, sie traf ihn auch richtig an einer kitzlichen Stelle in die Eingeweide, wo die Liebe wohnt (S. 267f.); wir erschossen, erstachen und erdrosselten ihn (...) Haj, wie war Zana reizend, als sie ihm mit den Fingern die Augäpfel aus den Höhlen zog (...) sie (...) brachte ihm eine böse Verletzung an seiner Mannbarkeit bei (S. 268); da lag nun ein toter Mann mit einem dicken schiefen Kopfe, und seine Nase war abgeschnitten (S. 272) usf."

Der zügellose Blutrausch dieser ‚Variationen über das Töten', die fünfmal auf- und abschwellen, ist offenbar Brandlberger „unbotmäßig" und wirkt überzeugender als die zaghaft eingeschobenen Erklärungsversuche, es handele sich um eine „Verwischung der Grenzen zwischen traumhafter Wirklichkeit und wirklichkeitsartiger Vision" („Auch über den Tod van den

Dusens ist mir nichts Zuverlässiges bekannt", S. 275). Er ergibt sich dem Umwerfen von „Hemmungen (...) die Jahrtausende von Kultur aufgerichtet und an der dreißiggliedrigen Generationskette verankert hatten", mit berserkerhafter Wollust, ironisiert und entwirklicht es aber zugleich durch die Sprachform:

> „Er fiel auf die Seite und stöhnte noch einmal, es war ein rührend piepsender Laut, der seine Brust zum letztenmal hob. Es war ein vogelartiger Laut (...) der Liebeslaut (...), den das Vogelweibchen im Orgiasmus [sic] ausstößt (...) Es war aber auch der Todeslaut. (...) Der Holländer also, nehme ich mit Bestimmtheit an, legte sich auf die Seite und starb." (S. 275f.)

Der Befreiungsakt dient regressiver Entladung, auch wenn er zugleich zivilisations- und gesellschaftskritisch gemeint ist:

> „der Wilde, der seinen Nebenmenschen durchlocht, hat seine Hand durchaus nicht näher im Spiele, als der Chauffeur, der ein Kind überfährt. Wenn man daher Schienenstränge durch die Tropen legt und die großen Katzen ausrottet (...) wird die mörderische Gefährlichkeit erst recht eingepflanzt. Das Faustrecht, wo jeder sich gegen jeden feind wußte, war eine gemütliche Einrichtung zu den Verfolgungen, die eine Gesellschaft heute gegen einen einzigen losläßt. Man kann sich auch nicht beklagen, daß wir in Grausamkeiten und Verstümmelungen zurück sind." (S. 277f.)

Der heutige Leser und Kunstbetrachter ist Enthemmungsprozesse wie die oben zitierten gewohnt, obwohl er mit ihnen meist direkt konfrontiert wird, sie ihn seltener unvorbereitet in der Verpackung eines scheinbar harmlosen Genres überfallen, wie das in diesem Roman geschieht, der ausgerechnet zu einem Zeitpunkt erschien, als „Grausamkeiten und Verstümmelungen" als heilige vaterländische Pflicht galten.[20]

---

[20] In Hubert Fichtes Roman *Versuch Über die Pubertät* (Hamburg 1974) bildet eine brasilianische Morgue mit ‚brutalen' Sektionsbeschreibungen den Rahmen für einen ‚autobiographischen' Rückblick auf eine deutsche Kindheit und die „Pubertät" des ‚Helden'. Auch dieser ist kein eindeutig konturiertes Individuum, sondern setzt sich zusammen aus „Imitationen" (S. 81), die noch innerhalb des Buches als Decknamen des Autor-Ichs Hubert Fichte entschlüsselt werden (S. 289f.). Fichte teilt mit Müller hier die biozentrische Weltauffassung. „Ich wollte mich in einen Baum verwandeln; ich dachte, mein Gedächtnis würde ausgelöscht durch Blätter" (S. 308). (Für Brandlberger ist es „die Sprache des Waldes, die *leben* heißt", *Tropen* S. 27). Auch Fichte benützt ‚Tropen'milieu sowohl als Handlungshintergrund wie als Gleichnis für Sexuell-Erotisches (hier für „Pubertät"); wie Müller arbeitet er mit unbestimmten ‚Fakten' und Figuren, Assoziationen und zeitverschobenen Erinnerungen: „Die

Das Paradox

So gut wie nirgends in dem Brandlbergertext trifft der Leser auf einen geradlinigen, eindimensionalen Erzählvorgang. Dies verhindert einmal der anders dimensionierte Zeitbegriff, von dem schon die Rede war: Entsprechend Brandlbergers Theorie hebt ‚Denken' (und „dawider" denken) den horizontalen Zeitablauf auf; Zeit wird „senkrecht zu sich selbst gebracht", zu Raum blockiert und dadurch „fünfte Dimension", in der die Orientierungsmarken von Zukunft und Vergangenheit vertauschbar sind („das Gedächtnis zeigt in die Zukunft", S, 135). Andersartige Blockierungsvorgänge sperren Denkprozesse des Rezipienten ab, indem der Text Gedanken des Lesers, die diesem soeben erst suggeriert worden sind, gleichsam unterläuft, ihnen widerspricht oder sie zurücknimmt. Die Erzähllogik arbeitet scheinbar wider sich selbst durch konstante Verwendung von Ironie und Paradox; die Darstellung erfolgt stets mehrschichtig mit Mitteln der Spiegelung, Variation oder Repetition (alles auch Stilzüge des klassischen Kunstmärchens); Mitteilungen an den Leser erfolgen meist indirekt, durch untergründige Andeutung, verkleidet als Verneinung oder in Form eines Puzzlespiels; er muß sie sich ‚erarbeiten'. Das auffälligste Phänomen dieser Erzählhaltung, die den traditionellen Begriff des Erzählens ad absurdum führt, ist die Fixierung an das Paradox. Es strukturiert den gesamten Text, von der Gesamtkonzeption bis in den einzelnen Satz, die jeweilige Wortzuordnung; es bestimmt das Roman‚geschehen' wie die vom Helden explizierten Theorien.

Das Paradox erfüllt für Brandlberger die Funktion eines Perpetuum mobile: Es hält den Roman durch seine ‚mechanische' Dynamik in Gang, vermag also den Motor der Handlung zu ersetzen, auf die weitgehend verzichtet werden kann. Diese dynamische Qualität gibt dem Paradox Priorität vor der „Norm", macht es vor der simplen Wirklichkeit zur präferablen „Wahrheit":

> *„Von zwei Auslegungen wir die reichere und bestimmtere die bessere sein.* „(...) Das Paradox war richtiger, so oft es sich als fruchtbarer erwies. Wahrheit war Fortbildungsfähigkeit, Stillstand allein war Lüge." (S. 132)

Stadtlandschaft wird unerträglich voll von Wörtern, erinnerten Wörtern, Assoziationen, erinnerten Assoziationen, Handlungen, erinnerten Handlungen" (Fichte, S. 74f.). Ähnlich Müller verquickt auch Fichte Zivilisation mit animalisch-sexualistisch aufgefaßter, unveränderbarer ‚Natur': „Die Straßen verwandeln sich in Adern. Die Bäume in Schamhaare. Das Alsterwasser in Blut" (Fichte, S. 74)

Auch die Reflexion über das Paradox kann sich nicht anders als durch Paradoxe ausdrücken. Das artifizielle Spiel mit dem Paradox als Detail macht einen gewichtigen Teil des Lesevergnügens aus,[21] wenngleich die monomanische Massierung dem Leser zeitweilig den Geschmack daran verderben mag. Fragwürdiger aber als durch Übermaß wird die Paradox-Manie Brandlbergers dort, wo sie den Relativismus des Paradoxen absolut setzt, somit Wahrheiten annulliert und die Möglichkeit von Wahrheitsfindung in Frage stellt („Forschung ist Konstruktion", S. 133). Dann nämlich wird durch die mechanische Dynamik des Paradoxen auch Geschichte als lineare Bewegung blockiert und die Möglichkeit von Fortschritt verneint. Entwicklung erscheint dann als bloßes Auf-der-Stelle-treten; Zukunft bestenfalls als Ziel eines spiraligen Krebsgangs; die menschliche Welt wird zum bloß rotierenden Filmband mit wechselnden Aspekten:

> *„ein Zeitalter ist das Paradox des anderen.* Bald lassen wir den Zug, bald die Landschaft laufen." (S. 39)

Theoretisch zwar postuliert Brandlberger nur die „Gleichberechtigung für das Paradoxe" (ebd.) als Mittel zur Neubelebung, als Medikament gegen Stagnation:

> „es eröffnet neue Welten, es gibt Glück, es erweitert die Möglichkeiten, und wir fügen den künstlichen Paradiesen (...) die *künstlichen Realitäten* hinzu." (ebd.)

Praktisch aber verfängt der Prophet sich in der eigenen Schlinge, weil alle Polarisierungen – seine einzige Ordnungsstruktur für Wirklichkeit – vertauschbar werden: Tropen und Großstadt, Maschine und Mensch, Natur und Geist, Subjekt und Wirklichkeit, Neuzeit und Weltbeginn.[22]

---

[21] „Auf die Dauer konnte die Maschine diesen Mangel an Arbeit nicht leisten; sie verausgabte sich" (S. 23f.). – „Daß man stille lag, war die schnellste Art, vom Fleck zu kommen" (S. 58); – „eine redselige Heimlichtuerei" (S. 197) usw.

[22] *Brandlberger*: „Diese Wilden (...) sind die gefährlichsten Philister." *Slim*: „Sie sprechen einen Anachronismus, Die Sache ist perfekt; nur, daß die Philister die gefährlichsten Wilden sind. (...) Dieses Eingeborenenleben in den Gesellschaften einer Stadt, zähe Urwaldgebräuche (...) lustvolle Verkrüppelungen, freudevoller Blödsinn, alles das (...) ist höchst wild und pikant!" (S. 92) – Slim bezieht jedoch nur formal hier eine Gegenposition. Brandlberger repetiert an einer späteren Stelle (auf die ‚Wilden' bezogen): „Eingeborenenleben, lustvolle Verkrüppelungen, freudevoller Blödsinn des Daseins, alles das ist höchst reizvoll und der Pflege wert." (S. 126) – Slim selber bekennt sich an mehr als einer Stelle zum Paradox: „Ich lebe in der Dimension des Paradoxen, des ewig Konträren." (S. 159)

So hebt auch seine intendierte Kulturkritik sich selber auf, indem sie in die regressistische Utopie vom „neuen Menschen" als einem „neuen Wilden" (S. 230) mündet und so im Kreislauf des Bestehenden befangen bleibt, aus dem sie auch das Denkspiel mit den neuen „Dimensionen" nicht befreit: „Denn ich ahne, daß sich Zukunft und Urvergangenheit berühren" (S. 139). Trotzdem ist Brandlbergers Regressismus nicht resignativ gefärbt, sondern mit der Überzeugung von einer Gesellschaftskorrektur verknüpft, auch wenn diese wiederum nur durch ein paradoxes Wortspiel ausgedrückt wird:

> „Es wird sich herausstellen, daß rationaler Idealismus dem romantischen Materialismus überlegen ist." (S. 41.)

Nicht der Romanheld, wohl aber der ‚historische' Brandlberger des *Vorworts* versucht sich an einer solchen paradoxen Utopie (und bezahlt dies sogar mit seinem Leben, als er „1907"

> „mit amerikanischem Kapital den großzügigen Vorsatz verwirklichen wollte, fruchtbare Gebiete des innern Südamerika (…) weißen Farmern zugänglich zu machen und auf kommunistischer Grundlage eine ideale Verwaltung der kultivierten Gebiete durchzuführen. Brandlberger hatte das Schicksal seiner Begleiter geteilt." (S. 5f.)

Der Herausgeber Müller referiert dieses Unternehmen unkommentiert. Möglicherweise teilt er – und mit ihm der Autor Robert Müller – den Glauben an den paradoxen Messianismus Brandlbergers, der „das katechetische Buch unserer verrückten Nerven" schreibt, „die ich als Nachkommen des Urwalds entdeckt habe!" (S. 40) In diesem Falle wäre das Paradox zwar Struktur des Binnenromans, nicht aber des *Gesamt*romans; das artifizielle Spiel mit dem Relativen wäre nicht l'art pour l'art, sondern auch Kaschierung einer Botschaft, und Müllers *Tropen* im Geheimen als Katechismus expressionistischer Verkündigung gemeint.

> „Hei! Ich verkündige den Spiegel, die Verkehrtheit, das Paradox! Es soll meine andere große Arbeit für die Menschheit werden. Auf den Spiegel kommt es an! (…) Steht still und laßt die Welt rasen, raset und überholt die Welt! Laßt Euch von realen Rudern treiben und von unsichtbaren Mächten, werdet seekrank vor Anbetung des Unbekannten und irrsinnigen Lichtes (…) berauscht euch und seid trocken, phantasiert und seid zynisch (…) seid aus dem Norden und tragt den Süden in Euch – dies sage ich." (S. 40)

Die Reflexionen

Dafür spricht, daß Brandlbergers Buch primär ein theoretisches ist. Seine Reflexionen, keineswegs bloß „Abschweifungen", bilden seinen eigentlichen Inhalt; ihnen folgen – sowohl vom Umfang her wie an Bedeutung für Formulierlust und Lesefreude – seine Beschreibungen; erst die Nachhut unter den Gegenständen des auktorialen Interesses bilden die spärlichen Elemente, mit denen er den Schein von Handlung aufrecht erhält.

Durchgängiges Thema seiner Denkakrobatik sind die unermüdlich paraphrasierten Verquickungen des Tropen- und des Kulturbegriffs und anderer, korrespondierender Polarisierungen, von Natur und Technik zum Beispiel, der Geschlechter, von Nord und Süd, usf. Aus ihren paradoxen ‚Analysen' entwickelt er seine Evolutionstheorie und mit ihr den Entwurf des „neuen Menschen"; andere Überlegungen gelten (unter anderem) der (Homo oder Hetero-)Erotik oder, weniger häufig, dem Kunstbegriff. Alle diese Aussagen lassen sich zwar zu einem hypothetischen Denkgebäude zusammensetzen, werden jedoch nicht als solches dargeboten. Ihre Darstellung ist sprunghaft, repetierend und assoziativ. Brandlbergers Pseudorationalismus entspringt dem Irrationalen (und strebt ihm zu). Seine Pseudodialektik dient der Präferenz eines regressiven Biozentrismus, der alle seine Denkvorgänge bestimmt; sein Erkenntnisstreben zielt auf die Erfahrung subjektiver, „einziger Lebenswahrheiten" (S. 124); ein neues Organ, das er „Phantoplasma" getauft hat (Slim: „Ich verstehe, Phantasie, Plastik" S. 156). Gleich der vertikal gestellten Zeit schafft auch das Phantoplasma „Verräumlichung": Es ist ein „Zwischending mit den vielen möglichen Dimensionen" zwischen „Gehirn und Eingeweide" und nötig, weil diese „einander in der Formation [zu] ähnlich" sind:

> „Es ist in Paris anders als am Urwaldfluß, heute anders, als es vor Jahrtausenden war. Gehirn und Eingeweide aber sind die gleichen."
> (S. 134)

Nicht das Gehirn (das sowieso nur „Surrogat (...) für das Original tropischer Hitze" ist, S. 23), sondern das „kommende Phantoplasma" verbürgt als sensibles Registrierinstrument Erkenntnis von Zukunft. Es bestimmt den „neuen Menschen", eine Ausgeburt Brandlbergers: „Ich kreiere seinen Typus": Sein *„Lebenssystem ist die Welt des Jäger- und Beobachtermenschen"*; *deren* Bewältigung geschieht durch „Spiegelung": Aktion und Rezeption, Eindrucks- und Ausdrucksvermögen umschließt ein und derselbe, passive, totale und selektionslose Vorgang. Der „Neue" "wird mit dem Spiegel geboren werden. Und sein Kopf, diese nackte Spiegelfläche, wirft sein verkleinertes und vergrößertes, sein vergröbertes und verdichtetes Bild auf alles, was ihm begegnet (...) Sein Hirn ist unantastbar spiegelblank." (S. 134)

Auch Slims Entwurf des „Neuen" zielt auf ein ähnlich algenhaftes Wesen, las Umweltreize bloß absorbiert und zurückwirft:

„er hat die Methode und das Genie seiner Urvorgänger. Er ist Beobachter. Sein Gehirn ist Trommelfell und Linse und empfängt Eindrücke auf dem Umweg über die Sinne. Die Reizschwelle der Organe liegt so tief, daß sie für das Bewußtsein begraben bleibt. Er ist suggestibel." (S. 239)

Identisch mit dem „Wilden", in dessen „Lebenssystem" er zurückkehrt, ist der neue Mensch jedoch nicht. Er, als Spitzenprodukt der Entwicklung, existiert mobil im vieldimensionierten „Raum", während der „Djunglemensch", „stationär" geblieben, noch immer „in der Fläche" haust (S.140). Retorte für den Homunculus sind die schon erwähnten Dialoge über Slim/Brandlbergers geplantes „Tropen"-Buch, dessen ‚charakter'loser Held der „Neue" sein soll: Er ist „gar nicht positiv (...) ein Negativ vom Negativ (...) seine Lebenskraft ruht im Paradoxen." Andererseits ist er ein Kraftmonstrum, alles an ihm ist „Training" (S. 237). Verkörpert sieht Brandlberger ihn bereits in Slim, „dem ersten neuzeitlichen Menschen" (S. 80). Slim ist „Mann der fünften Dimension" (S. 179),[23] also letztes Evolutionsmodell, und „Vertreter einer neuen Menschlichkeit", weil er den rückläufigen Anschluß an den Urgrund schon vollzogen hat, den „Geist des Boulevards wieder mit (...) der animalischen Tiefe des Lebens" vereint (S. 79). Was ihm an „Rasse" abgeht,[24] ersetzt auch er durch „Training": „Training ist ein verkürztes Verfahren für Rasse", S. 227f.). Slim hat es nicht nötig, aus ‚edler Zucht' zu sein: „Rasse hat die Hündin Zana und jedes Tier hier im Walde. Ich aber habe Training" (S. 227); ebensowenig ist er „gesund", weder geistig noch körperlich. Psychophysische ‚Gesundheit' attestiert er zwar ironisch Brandlberger („Sie sind schon ein gesundes Kind" S. 226; S. a. 236); er seiner besitzt sie im traditionell-ideologischen Sinn von Klarheit, Einigkeit und Naivität der Veranlagung nicht. Er kombiniert „auch die heterogenste Saite"; seine „vielen Talente sind verdorben, weil sie sich

---

[23] *Brandlberger*: „Ich (nenne) unsere Kultur in ihrem Hochstande eine solche der fünften Dimension" (S. 139).
[24] „Denn Rasse besitze ich nicht (...) ich habe alle Rassen in mir, ich bin eigentlich, was der Franzose einen deraciné nennt." (S. 227).

kreuzen" (S. 228). Weder seine Seele noch sein Körper sind gesund und schön;[25] er ist nicht als Renaissancemensch konzipiert, auch nicht als Erneuerer des klassischen Humanitätsideals. Er propagiert „eine neue Gesundheit. Das Leben erobern, kneten, biegen, brechen (...)" (S. 227) und erteilt – „Nachkomme eines Konquistadorengeschlechts" (S. 13) – auch fatale praktische Lektionen über ‚falsch verstandene Humanität' im Umgang mit Eingeborenen (vgl. S. 61 u.ö.). Doch auch Brandlberger, wenn er „eine neue unantastbare Menschlichkeit" erträumt, denkt dabei an „eine gesunde unsentimentale Humanität, bei der auch einmal einer draufgehen dürfte. (...) Leben mit und gegen das Leben!" (S. 96). Bekenntnisse solcher Art werden zwar meist in einen halbironischen Stil gefaßt, doch täuscht das nicht darüber hinweg, daß Brandlbergers Utopie inhuman ist. Das Obermenschentum, das in der „Idee" des „Neuen" konzipiert und in Slim partiell bereits Erscheinung ist, bezieht entscheidende Komponenten aus der Retrospektive auf Darwin und Nietzsche, nimmt aber mit dem Trainingsbegriff schon die Sportideologie des folgenden Jahrzehnts vorweg. Konservatismus zeigt sich auch in Brandlbergers (allerdings seltenen) Äußerungen zur Klassenfrage. Die Aristokratie zwar ist für ihn „ein überlebter Typus", ihre Zeit „heute vorbei" (S. 213). Auch die „Arrieregarde" der „Bürger" karikiert er als „Humpelmaschine" aus Skeletten und „Leichen" (S. 128); eine Alternative jedoch vermag seine utopische Phantasie sich nicht auszudenken. So proklamiert er – wenngleich in seinem typischen Mischstil – den Ersatz des überlebten durch ein neues Bürgertum:

> *„Denn eine neue Bürgerlichkeit muß kommen! Eine neue strenge Sitte und Zucht, harte Gesetze und frohe gottgewollte Abhängigkeiten!"* (S. 128)

Sehr viel deutlicher wird Brandlbergers Konservatismus an seinen Reflexionen über die Frau und das Verhältnis der Geschlechter. Hier erlegt Müller seinem Autor weniger intellektuelle Kontrolle auf, bezieht weniger Rücksicht auf mögliche Kritik in dessen Äußerungen ein (was sich aus den Denkmoden Wiens in der Zeit Weiningers, Musils und Kokoschkas erklären mag). Die Frau ist in Brandlbergers Utopie vom ‚neuen Menschen' nicht

---

[25] Slim „setzte Fett an, und es stand ihm nicht schön, er hatte eine unsaubere Art zu gedeihen" (S. 35f.). ‚Schön' ist Slim höchstens im Paradox: „Ein weniger edles und schönes Gesicht (...) hätte niemals so (...) abstoßend lächeln können" (S. 75). „(...) auf Slims Gesicht trat ein eiskalter Zug hervor, ein barbarisch entwickelter Muskel der Verachtung, wie ich sie bei keinem Manne, wohl aber bei edlen Frauen beobachtet habe" (S. 76).

inbegriffen. Sie gehört – zeitlos und unveränderbar – dem Bereich der „Natur" an; sie hat den Evolutionsprozeß zum Individuum nicht mitgemacht, auch nicht als ‚weiße' Frau. Nur so ist das ständig exerzierte Denkspiel möglich, das Zana bald als ‚Wilde', bald als Großstadtweibchen sieht.[26] Während eine vergleichbare Identifizierung eines ‚weißen' Mannes mit einem der Indianer sich durch den fundamentalen Unterschied zwischen ‚Mann" und „Weib" verbietet. Sind die Tropen eine „Natur, die ganz Weib ist" (S. 26), „Mutter und Hure zugleich" (S. 27), so ist die

> „Frau nämlich (…) ihrerseits nie aus den Tropen herausgekommen; und so gewiß der weiße Mann ein gänzlich verändertes System im Verhältnis zu seiner Urwaldherkunft darstellt, so gewiß ist es, daß Zana sich von seiner Boulevarddame wesentlich unterschieden hat." (S. 27)

Die Inferiorität der Frau, ihr retardierter Zustand im Hinblick auf die ‚Menschheits'entwicklung, der bedingt wird durch ihre statische Funktion als „Gebärerin", macht sie zugleich bedrohlich: Sie verschlingt den einzelnen Mann, der in ihr „die ersten Anfänge und letzten Bedingungen seines Ichs sucht" (S. 25); und sie überwuchert – auf Grund ihrer Befähigung zur unendlichen Reproduktion – als ‚Natur' seine individuelle Welt. Denn

> „die weibliche Natur der Tropen (kehrt) in jener weiblichen einer modernen Großstadt wieder (…) es ist gleichgültig, ob man unter einen Panter oder einen Autobus gerät, das Gleichgültigste aber ist, ob sie Zana oder Fräulein Soundso heißt." (S. 27)

Diese Dichotomie scheidet natürlich nicht Mann und Frau generell voneinander: über dem Evolutionsstrich steht lediglich der „*weiße* Mann", unter dem Strich die Frau schlechthin, unabhängig von Rasse und Farbe. Die männlichen ‚Wilden' gehören für Slim/Brandlbergers Herrenmenschenideologie sowieso nicht zum Bereich des Humanen, sondern den „Tieren", „nicht einmal gesunden Tieren" (S. 37), wenn auch begabt mit einem „lustvollen paradiesischen Käferdasein" (S. 79).[27] Der Stil, mit dem dieses „Volk

---

[26] In „Zana" verschmelzen sich die verschiedenartigsten Frauenbilder (und sicherlich auch ‚Modelle'): „Zana ist nur ein Name, eine Überschrift für eine Episode" (S. 52); „Ein Fräulein Zauner oder Zana" (S. 120), „Inhaberin dieses berühmten Namens (…) verehrte Freundin und Künstlerin" (S. 137); „die süße Emanzipierte" (S. 261) ist auch „Nacktänzerin Zana II." unter der indianischen „Boheme" (S. 167) und wird zuletzt zur Inkarnation des ‚Urweibs', zur „Eva" des ‚neuen Menschen' Brandlberger, mit der er „eine neue Menschheit gründen" will, die „hinfort mager sein (soll) wie ein Indianer" (S. 271).

[27] „Bei diesen Tieren aber lag das Heil. Ihr Genie (…) bestand darin, die Krank-

magerer Affen" (S. 46), von „schlecht ausdünstenden splitternackten Bestien" (S. 51) beschrieben wird, entleiht Vokabeln aus der Terminologie des Tierpräparators (vgl. S. 31); die Kolonisatorenscherze, mit denen Slim / Brandlberger die unwissenden Dschungelbewohner zum Narren halten, entsprechen Usancen Old Shatterhands gegenüber feindlichen ‚Roten' oder ‚minderwertigen Weißen'. Auch Slim/Brandlberger nähren keine eigentlichen rassistischen Vorurteile (mischt sich doch in Slim „dunkles, rotes und vielleicht schwarzes Blut unter der gelben Haut", S. 32), sondern solche der ‚Qualität': Slims Supermanstum stammt – abgesehen vom „Training" – aus der schieren Disposition zum ‚Herren': „der es hat, hat es. (…) Ein Sklave kann ein Freigelassener werden – aber kein Herr" (S. 221f.). Dessen ungeachtet behauptet sich in Brandlbergers Weltvorstellung, allen paradoxen Verkehrungen von Nord und Süd zum Trotz, eine Präferenz für den Nordländer:

> „Kamen nicht alle Eroberer und Schöpferrassen aus dem Norden? (S. 23) Das Sonnenkind, der agilste, tapferste, beste und tüchtigste Typus einer bis jetzt erfundenen Menschlichkeit, war ja das Geschöpf des fernsten aller fernen Norden. In seinem Scheitel brannte der ewig glühende Ball der Sehnsucht. (S. 24)"

Durch „Sehnsucht, dieses nordische Erbübel" (S. 274) wird auch der blonde Brandlberger zum ‚nordischen' Typ, trotz aller „Maßnahmen", die er gegen sie ergreifen will und deren wichtigste das vorliegende Buch sein soll, mit dem er „zur Aufklärung der Menschen beitragen will" (S. 276); denn er schrieb es in der Absicht, „falsche Gemütswerte auszurotten": „Sehnsucht nach fernen Ländern, nach anderen Ländern, nach wunderbaren Dorados und Schlupfwinkeln des Abenteuers" (ebd.). Sein exotischer *Tropen-Roman* ist als Eigenblutinjektion gegen den Exotismus gemeint.

Slim zieht ebenfalls gegen die Sehnsucht zu Felde, und zwar gegen die literarische. In seinem zentralen Literaturmonolog entwirft er seine Literaturutopie und rechnet ab mit der „Literatur der letzten Generation" (S. 228), in der er einen ästhetisierenden poetischen Sentimentalismus bekämpft, welcher Sehnsucht als Surrogat für Leben gesetzt und mißbraucht habe:

> „In der Sehnsucht erfanden sie wieder dieses alte Eisen, die Ferne. Ferne Länder, exotische Landstriche, seltsame Erfahrungen. Wir haben die Sehnsucht überwunden; mit ihr wohl auch die Beobachtun-

---

heit zu Genuß und Schönheit zu erheben. Das Glück, das unsere Humanität anstrebte, erreichte ihr Egoismus" (S. 58).

gen, all das, was man unter der Etikette der ‚Analyse' verstand (S. 288f.)."

Die Formulierung von Slims Kritik nimmt die spätere von Brandlberger inhaltlich und wortnah vorweg. Auch hier ist eine versteckte Selbstbezichtigung des ‚Autors' Brandlberger am Werk, die seine eigenen, halb ironisch, halb ernst gemeinten Causerien am Ende des Buches noch einmal bestätigen: Vielleicht war der Drache im Drachentöter zu mächtig, ist der Vorsatz, die Sehnsucht abzuwürgen, von ihr unterlaufen worden; möglicherweise aber war nicht einmal die „Absicht" echt...[28]. Die Entscheidung bleibt, wie so oft in diesem Buch, dem Leser überlassen.

Auch sonst kommt Slims Literaturprogramm, das er mit markigem Pathos vorträgt, nicht ohne die Zwitterhaftigkeit des Paradoxen aus, doch scheint sie nicht immer gleich stark bewußt und beabsichtigt. Er attackiert – mit Hilfe fragwürdiger Kategorien[29] – Vertreter eines parvenühaften Salonpoetentums, die „hypersensibel" und „ewig Rekonvaleszenten" sind, in „ihrer Sehnsucht nach Eleganz und gutem Geschmack" dem „Weltenglück" ständig hinterherlaufen, auch „das panische Glück, das sie gerade anstrebten", nie erreichen (S. 228). Er versteht „ihre ästhetische Noblesse" nicht mehr. „Sie waren zu wenig hart und trainiert" S. 229). Enthält der Angriff auf „unsere Vorgänger, die wir selbst einmal gewesen sind" (ebd.), Spurenelemente latenter Selbstkritik, so ist das damit verbundene Manifest als reformerisches Postulat gemeint, dessen „wir" Brandlberger mitumgreift, Wesen und Methode von dessen Roman in die Definition einer neuen „Zeit" mit hineinnimmt. Deren „Merkmal" ist „Synthese" und „Kombination"; sie „ist eine im letzten Grunde artistische Zeit", aber nur „dem Wesen nach";

---

[28] Brandlberger bezeichnet gegen Ende sein Buch als einen „Rückblick" auf die Sehnsucht und fordert: „bitte, ohne alle Sentiments; denn wenn Rechenschaft gegeben wird, läse sichs vielleicht wie eine flotte Parodie auf die Sehnsucht: und dies war die Absicht nicht, also ist es falsch. Wenn es aber vielleicht doch des Reisenden Absicht war und er seine eigentliche Meinung in der Kapsel behält, dann ist es erst recht falsch gewesen. Denn eine Parodie auf die Sehnsucht ist die sehnsüchtigste und sentimentalste Angelegenheit von der Welt" (S. 227).

[29] *Slim*: „Ich bin der Amerikaner, der Parvenü, der sich aber zugleich überwunden hat. (...) Diese Männer, Dichter und Denker, kamen nie aus guten Familien her. Sie waren Bauern, Arbeiter und Juden – " (S.228) Laut dem Vorwortschreiber hegte Slim allerdings „nicht nur die Sympathie für den reinen Typus des Westariers, sondern auch jene für das semitische Element, von dem er einen guten Teil in sich trug" (S. 10f.). Seine Mutter, „ungebildet, (stammte) aus der Hefe des eingeborenen Volkes" und war „niemals mit Jack Slim dem Älteren verheiratet" (S. 10).

denn dem Geschmack nach sind wir natürlich" (S. 229). Das Postulat schlichter Natürlichkeit versteigt sich allerdings zu Begriffen, die der zeitgenössischen Literaturtheorie und -praxis um ein gutes Jahrzehnt voraus sind und neusachliche Programme vorwegzunehmen scheinen. Es macht Schluß mit dem sensiblen Genie und seinem subtilen Schöpfertum und setzt an seine stelle den ‚Macher' von Literatur:

> „weil wir ohne Sehnsucht sind und aus praktischen Motiven handeln, weinen wir nicht nachts in unsere Polster und machen Gedichte; sondern wir schlafen gut und stehen am Morgen mit gestautem Blut in den Fäusten auf. Wir sind Handwerker, Meister und Zimmerleute." (S. 229)

Dieses neue „Geschlecht" von Literaten hat endlich die Furcht vor dem sowohl betörenden wie bedrohlichen ‚Dschungel' des Salons verloren:

> „Wir stolpern über keinen Teppich mehr, lassen uns von keinem Parfüm imponieren und werden von keinem Frauenzimmer aufgebraucht." (ebd.)

Seine Befreiung, die zugleich ein junges „Europa", ja eine neue „Menschheit" impliziert, wird beschworen mit Bildern eines rustikal stilisierten Frauentyps:

> „Unsere Eleganz ist etwas vierschrötig und solid. (...) unsere Frauen sind wild (...) und brutal angezogen, sie haben Kittel und kräftige Schuhe an breiten Füßen mit schlanken Fersen. Ein solches Geschlecht kennt die Sehnsucht nicht, aber es lebt gut (ebd.)."

Die zu Tracht veränderte Mode demonstriert die Distanz zum Bild „zu Seelen verkrüppelter Weiber" (S. 59), der „Frauen der Gesellschaft", „glänzend und falsch" (S. 24), an denen Brandlbergers Haß sich wetzt (deren Kostüm aber auch Zana trägt!). Seine Literaturkritik, die zugleich Gesellschaftskritik ist (wenn auch vorwiegend Kritik an der sogenannten ‚guten Gesellschaft'), entpuppt sich plötzlich in ihrer Bezogenheit auf das Erotische. Die Frau – in seiner Theorie nur animalische Kreatur, über die der Gang der Entwicklung hinweggeschritten ist, – hat hier existentielle Bedeutung nicht nur für das männliche Individuum. Nur *ihre* Veränderung kann, auf dem Weg über den Dichter, den sie nicht länger quält, bedroht, betrügt, verführt und hindert, auch eine Veränderung der Welt, das heißt ihrer Kultur bedeuten. Slim/Brandlbergers Kunst- und Künstlerutopie soll nicht nur eine, sondern diverse Formen von „Sehnsucht" abblocken: einmal die inhaltlich-exotistische im konkreten Sinn; zum ändern in übertragener Bedeutung die Sehnsucht nach den ‚Tropen' in der eigenen Brust, die sich unerfüllt im

Kreis dreht; außerdem den sexuell-erotischen Drang nach dem verführerischen Großstadtweibchen und mit ihm den „Trieb" des besessenen Künstlers zum artifiziellen Exzeß, der Raffinesse des l'art pour l'art; jenem steht die Frau mit Gesundheitsschuh und Reformkittel, diesem das Hans Sachsische Ideal des ‚Meisters', des Kunst-„Handwerkers" mit geballter Faust und gebändigtem Blut gegenüber. Daß eine solche Utopie von Ruhe und ‚Gesundheit', von Kraft und bäuerlicher Schlichtheit für den im hektischen Literaturbetrieb der Großstadt sich aufreibenden Autor Robert Müller (weit mehr als für den Ingenieur" Hans Brandlberger, mit „Romantik im Nebenfach", S. 34) eine neue (echte?) Sehnsucht aufstellt, die sich nie erfüllen kann und insofern für ihn ‚sentimental' ist, gehört zur Tragikomik seines Buchs und zur Paradoxie seines Schicksals.

Zum Stil

In Müllers Roman lassen sich Elemente aus fast allen Literaturepochen vom späten 18. Jahrhundert bis zur Gegenwart aufspüren. Seine formalen Strukturen enthüllen eine Fixierung an klassizistische Formzwänge, eine Manie zur Symmetrie, Zentrumsbezogenheit, zur Antithetik, zur Spiegelung, zum Kreis. Sein Körperideal entspricht partiell der auf Plastik bezogenen homoerotisch inspirierten Ästhetik Winckelmanns. Seinen Sehnsuchtsbegriff bezieht er nicht nur allgemein von der Romantik, sondern in seiner spezifischen introvertierten Prägung von Novalis' *Lehrlingen zu Sais:*

> „Wohin anders reisen wir, als nach rückwärts in unser eigenes Gedächtnis? (S. 131)
> Wozu reist dieses Geschlecht? Um den Menschen in sich zu erreisen." (S. 134)

Andere Verknüpfungspunkte, vor allem mit der unmittelbar vorangehenden oder nachfolgenden Literatur (von Nietzsche, Freud und Karl May bis zu Musil und Brecht[30]) sind so zahlreich, daß ihnen eine eigene Studie gewidmet werden könnte.

---

[30] Reif (s. Anm. 1), der auf zahlreiche Vorläufer und Nachfolger Müllers eingeht, erwähnt auch Brechts *Im Dickicht der Städte* und arbeitet den grundsätzlichen Unterschied zu dessen Vorbild Jensen (und auch zu Müller) heraus (S. 151ff.). Der letzte Dialog des Brechtschen Heldenpaars Garga/Shlink („Kameraden einer metaphysischen Aktion!") weckt jedoch Erinnerungen an das Müllersche Paradox und den Rhythmus seiner Utopie: „Die unendliche Vereinzelung des Menschen macht eine Feindschaft zum unerreichbaren Ziel." – „Der Schluß ist nicht das Ziel, die letzte Episode nicht wichtiger als irgend eine andere." –

Der Zukunftsradius des Romans reicht bis in die allerjüngste Moderne, deren Varianten von Wirklichkeit, deren Entgrenzung von Bewußtsein, deren Experimentieren mit Zeit, deren Testen von Wahrheit er schon ausprobiert hat.

Das facettenreiche Spektrum von Müllers Stil erstreckt sich vom hohen Kunststil des Expressionismus bis zum Trivialstil des Abenteuerromans; bei letzterem hat Karl May Pate gestanden (von Slims deutsch-englischem Mischstil in den Dialogen bis zum Blick auf die „gehobbelten Knöchel" Zanas, S. 109); er dient – ebenso wie ein ausgesprochen rüder, bewußt ordinär sich gebender Conferencierstil – zur Darstellung konkreter Handlungselemente. Ein wiederum anderer, leicht albernder flapsiger Dialogstil von selten Brandlbergers zeigt, wie ein Lügendetektor, Bereiche unsicherer ‚Wahrheit' an (vgl. u. a. S. 20, 24, 116 u.ö.).

Zu fast lyrischer Intensität verdichtet sich Müllers Sprache in seinen Beschreibungen; hier wird Beobachtung zur plastischen Gestalt. Sein Sprachbedürfnis bevorzugt aus einer speziellen Affinität zu allem Räumlich-Plastischen bestimmte Objekte, etwa den menschlichen Körper, dessen Knochenstrukturen und Muskelplastik er in einer Art von besessenem ‚Anatomiestil' beschreibt, der mit subtilster Präzision jeden Quadratzentimeter solcher maschinellen ‚Konstruktionen' abtastet, unabhängig von ihrer ästhetischen Qualität (vgl. S. 107). Als Aktmodelle dienen ihm die nackten Körper der ‚Wilden' (S. 31, 94, 145 u.ö,); die ‚mädchenhafte' Grazie des jungen Checho (S. 36) und Zanas knabenhafte Magerkeit sind von homoerotischen Impulsen stimuliert.[31] Doch eignet dem ‚Wilden' nicht generell die Schönheit des Tiers; auch die Indianerkörper sind „Kessel und Röhrensysteme aus Zellgewebe, die (…) da herumunken und aus allen Löchern der Qual des Lebenmüssens pfeifen" (S. 147). Im Menschen wird auch die

---

[31] „Der Wald! Von hier kommt die Menschheit (…) gute Tiere, die zu leben wußten. Alles war so leicht. Sie zerfleischten sich einfach." – „Ich werde hingehen, und ich werde zurückkommen mit eisernen Gliedern, dunkler Haut, die Wut im Auge. Meinem Gesicht nach wird man glauben, daß ich von starker Rasse bin. Ich werde Gold haben, müßig sein und brutal" (Brecht. Ges. Werke. Stücke I, ed. suhrkamp, S. 186, 187, 188).
„Zana sieht aus wie ein junger Krieger" (S. 101). – Die hymnische Exaktheit, mit der der Leib des sechzehnjährigen Checho beschrieben wird („Der Bursche war ein junger Gott" – „Zorre, ein fünfziger (…)" mit „einem vollständig erhaltenen jungen Körper" saß daneben) läßt den Leser an Winckelmanns Beschreibungen der Belvedere-Statuen-Apollo und Torso des Herkules denken (S. 36).

„Natur" zur Maschine': „die ganze Tropenlandschaft fahrbar gemacht auf zwei Hinterfüßen" (S. 97). Andere Gleichnisse für Naturerscheinungen sind auf Schockeffekt angelegt: So ist die Sonne „eine ungeheure vollgesogene Wanze" (S. 263),

> „Die Sterne, dummes Silbergeklingel und steife, eingedörrte Krötenbälge traten, so oft sie anstießen, beim Steiß in meinen Körper ein und nahmen ihren juckenden Weg (...) wieder beim Hinterkopfe hinaus." (S.119)

Eine Großstadtstraße im Abendlicht wird zur expressiven Metapher erotischen Heißhungers: „Fleisch, das wie eine gigantische Maschine mit Kolbenstößen um mich herum rotierte", suggeriert „die betäubende Symbiose von Fäulnis und Pracht", von „Duft und Gestank der Wollust" (S. 35). Umgekehrt manifestiert sich massive Sexsymbolik vorwiegend im Bereich des Pflanzlichen[32], wie überhaupt die Vorstellung des vegetativen tropischen ‚Urgrunds' die Phantasie der Sprache zu immer neuen Expressionen anheizt:

> „diesen trägen Laß der Wasserpflanzen, die schwimmen, schaukeln und in dem Brudel vergehen möchten (...) all dies Gelefze und dies Schlampampen." (S. 18)

Auch die Dimensionen des Ekelerregenden werden nicht nur vom Inhalt er, sondern mit zum Äußersten angestrengter sprachlicher Erfindungskraft ausgeleuchtet. Widerwärtig wird die enthemmte Sprachlust jedoch erst dann, wenn sie sich, wie bei manchen Beschreibungen von ‚Wilden', mit ihrer Demonstration von Verachtung und Ekel am falschen Objekt vergeht.

Den Leser fasziniert Müllers singuläre Sprachkraft, ihr nie ermüdender Elan, ihre elastische Spannung, ihre dynamische und expressive Bildphantasie; doch zugleich bedrängt ihn seine Unersättlichkeit, eine besessene, fast selbstzerstörerische Hingabe an das Wort, dessen raubtierhafte Gewalt:

> „Er hatte durch Beobachtung und schöpferische Betrachtung seine Maße ins Ungeheuerliche geschraubt (...). Sein Wille war sein Schicksal. Seine Beobachtung war seine Klaue. Mit seinen Wimpern marschierte er in Weiten, die die Erde nicht kennt. (...) Gott hat ihm Augen gegeben, zu lieben und zu verdauen. Dem Drachen aber den Wanst." (S. 127)

---

[32] „Orchideen spreizten ihre dicken kleinen Rüssel durch die Laubknoten, saftig und geschwellt bogen sich die Schenkel ungewöhnlich geformter Blumen auf handtellergroße behaarte Blätter herab" (S. 19).

Robert Müller, als „unheilbarer Dichter" (S. 211), hat seine *Tropen* ganz sicherlich als ‚Kunstwerk' und sich selber als ‚Schöpfer' im tradierten Sinn des Geniebegriffs empfunden, auch wenn seine „heikelste Scham" dies einzugestehen verbot, auch wenn er diesen mit Verve attackierte. Wie seine drei Helden fand auch er ein gewaltsames Ende. Doch braucht für ihn kein anderer „Dichter" ‚einzuspringen': Er hat die ‚Tragikomödie" auch seines eigenen Lebens und Werkes dem Leser schon vorweg erzählt; sie liegt „fix und fertig vor ihm da."

(Kreuzer, Ingrid: „Robert Müllers *Tropen*. Fiktionsstrukturen, Rezeptionsdimensionen, Paradoxe, Utopie". In: LiLi-Beiheft 8, Erzählforschung 3, 1978, S. 193-222)

J. J. Oversteegen
Spekulative Psychologie – Zu Robert Müllers „Tropen" (1980)

I

Bei der ersten Lektüre von *Tropen* springen zahlreiche frappierende Formulierungen und literarische Tricks ins Auge. Worum es aber bei dieser verknoteten und verschnittenen Geschichte eigentlich geht, darüber ist nicht so leicht etwas auszumachen. Beschäftigt man sich jedoch über einen längeren Zeitraum hinweg wiederholt mit diesem Roman, so wird einem dessen Eigenwilligkeit immer deutlicher. Nach zwanzig Jahren und viermaliger Lektüre verändert sich die Blickrichtung des Lesers. Er will nun wirklich wissen, ‚worum es eigentlich geht', und alle Kunstgriffe und Gedankensprünge interessieren ihn nicht, solange er auf diese Frage keine Antwort findet. Er will nicht länger nur die Eisenteilchen sehen, sondern das magnetische Feld. Und darüber läßt sich nichts sagen, was man wissenschaftlicher Kontrolle unterwerfen könnte.

Mir geht es jedenfalls so. ‚Notizen eines hilflosen Lesers' wäre vielleicht der passende Titel für diesen Aufsatz; und ich komme mir ein wenig wie Van der Dusen vor, den Holländer der *Tropen*, der auch alles nicht so ganz begreift.

Zweifellos lassen sich objektive Gründe für den exklusiven Charakter von *Tropen* nennen: ein Buch von beinahe essayistischer Qualität, welches seine Gedankengänge hinter Bildern verbirgt, und welches dann die Form dieses Denkens selbst wieder zum Thema macht, sodaß eine Geschichte entsteht, die man fast emblematisch nennen könnte. Über ein derartiges Buch kann man eigentlich nur intuitiv reden, es sei denn, man beschränkt sich aufs Aufzeigen technischer Finessen. Hierüber zunächst ein paar Worte.

II

Die wenigen Literaturwissenschaftler, die sich eingehender mit *Tropen* beschäftigt haben, nämlich Reif, Ingrid Kreuzer und Kamerbeek, haben auf Eigenschaften gewiesen, die dieses Buch fast ‚unzeitgemäß' machen: Zunächst die Art und Weise, in der die fiktionale Situation aufgebaut und dann wieder zweifelhaft gemacht wird, dann die Behandlung von Raum und besonders von Zeit, und schließlich, in Verbindung hiermit, die äußerst seltsame Behandlung der Kausalität.

Tropen hat die Form einer ‚mise en abyme': [1] der Erzähler der Haupterzählung, Brandlberger, trägt sich selbst mit dem Gedanken an ein Buch (Essay?, Erzählung?), dem er den Titel ‚Die Tropen' geben will. [2] Was er über seine *Ideen* mitteilt, finden wir zum großen Teil in seinen eigenen Erlebnissen wieder, das heißt, als *Ereignisse*. Dabei darf man nicht vergessen, daß Robert Müllers Buch zehn Jahre vor Gides „*Les Faux Monnayeurs*" geschrieben wurde.

In der Erzählung tritt dann noch eine Figur auf, die ein Buch mit dem Titel *Tropen* zu schreiben beabsichtigt: die zweite Hauptfigur Slim (230). [3] Damit geht Müller über Gide hinaus, auch was den Effekt betrifft. Denn dieses Werk *Tropen*, das wir vor uns haben, ist nicht, wie man erwarten könnte, eins jener zwei geplanten Bücher. Es hat Züge von beiden, weicht aber auch auf wichtigen Punkten von beiden ab, im Falle Slims weniger als im Falle Brandlbergers. Hinzu kommt, daß fast alles, was wir über Slim wissen, von Brandlberger stammt. In seinem ‚Vorwort' läßt ‚Robert Müller' [4] jedoch keinen Zweifel, daß er Brandlberger für nicht sehr zuverlässig hält, und daß Slim eine historische Figur ist.

Auf diese Weise kann man eine Zusammenfassung dieses Romans immer komplizierter machen. Slim muß dann tatsächlich existiert haben, aber über das doch sicher frappierende Verschwinden einer international so berühmten Figur hat ‚Robert Müller' offenbar nichts gehört. Man könnte kurzen Prozeß machen und *Tropen* entweder als Ganzes als eine Erzählung Brandlbergers betrachten, der dann Slim bestimmte Gedanken und Erfahrungen zudichtet (aber dann fallen die pikantesten Züge des Buchs weg, wie

---

[1] Dieser Ausdruck stammt von Gide. In seinem Buch *Le Récit speculaire, essays sur la mise en abyme* (Paris 1977) hat L. Dällenbach diesem Ausdruck eine sehr weite Bedeutung gegeben. Inhaltlich ist er jedoch sehr brauchbar für den seltenen Romantyp, zu dem *Tropen* gehört: dem Roman, in dem eine Figur ein Buch mit demselben Titel schreibt wie das Werk, das der Leser vor sich hat, so daß der Leser über den Status des Gelesenen unsicher wird. Außer *Les Faux Monnayeurs* gehört der niederländische Roman *Bewölkt bestaan* von Cola Debrot in diese Gruppe. Mir ist keine Monographie über diesen Untertyp des Romans bekannt, und ich frage mich, ob viel mehr Beispiele zu finden sind.

[2] Brandlberger verwendet noch drei Titel, nämlich *Zana* (125), *Fieber* (220) und *Irrsinn* (226). Vgl. die folgende Anmerkung.

[3] Zahlen nach einem Zitat verweisen auf den noch immer einzigen Druck von *Tropen*, München 1915.

[4] Ingrid Kreuzer hat eine komplizierte Hierarchie von Erzählern und Figuren analysiert. Ich setze in diesem Teil meiner Darstellung ihre ausgezeichnete Analyse als bekannt voraus.

wir noch sehen werden), oder man könnte das Buch als die Verschmelzung der Tatsachen, die Brandlberger uns über seine übrigen Pläne verschafft (wie man das aus Träumereien kennt), mit den in Gesprächen mitgeteilten Tatsachen über das Buch Slims sehen, Plänen, die einander teils ergänzen, teils widersprechen. Aber dann klappt es ganz und gar nicht mehr: Slims Sprecher darf nicht in die Tropen kommen, denn sonst wäre ein Buch über diese kein Kunststück mehr... Man kann Schemata anlegen und versuchen, herauszubekommen, was wirklich ist, und was ausgedacht (damit meine ich natürlich: ‚wirklich' und ‚ausgedacht' innerhalb der Romanillusion): aber immer wieder kehrt sich das Verhältnis unter der Hand um. Es gibt keinen festen Punkt, von dem aus man bestimmen könnte, was wir als ‚wahr' ansehen sollen, und was nicht. Innerhalb der Haupterzählung ist dies selbst ein zentrales Thema.[5] Ingrid Kreuzer hat sicher recht, wenn sie feststellt, es sei Aufgabe des *Lesers*, den ‚eigentlichen' Zusammenhang zu konstruieren. Es wird selbst angedeutet, daß dies keine allzu schwierige Aufgabe sei: „Viel seltsame und überraschende Dinge sind auf meiner Reise vor sich gegangen. Aber es hat sich für alle eine rationale und logisch gerechtfertigte Erklärung finden lassen" (232). Ein Leser, der sich hierdurch verleiten ließe, würde mit Tropen große Mühe haben. Ich möchte behaupten, daß dieses Buch grundsätzlich nicht als ein in sich geschlossenes Ganzes zu beschreiben ist.

Ingrid Kreuzer hat gezeigt, daß faktisch Unmögliches erwähnt wird, wodurch der zunächst unterstellte ‚Bericht' unterminiert wird. Aber es sind nicht nur Oberflächenfakten, welche den Glauben an die Wahrheit (Wahrheitsillusion) der Erzählung unmöglich machen. Brandlberger präsentiert seine eigene Geschichte so, daß Wirklichkeit und ‚Phantasie' (Traum, Halluzination) nicht voneinander zu trennen sind. Zitieren ist hier unmöglich, denn dann müßte ich die Hälfte des Buchs zitieren. Eine kühne Mitteilung soll als Vorbild dessen dienen, was ich meine: am Ende eines Berichts über einen Fiebertraum faßt Brandlberger zusammen: „Ich hatte die Wirklichkeit geträumt" (129). Es geht hier nicht um etwas, was die Hauptfigur selbst erlebt hat, sondern um etwas, worüber Brandlberger aufgrund von Tatsachen feststellen kann, es müsse „irgendwo" geschehen sein. Dies sind Kette und Schuß dieses Buches.

---

[5] Ich komme auf diesen Punkt im Zusammenhang mit meiner Analyse von Zeit und Raum zurück.

In dem eigenartigen Bewußtseinszustand, in dem sich Brandlberger manchmal befindet, genügt es, daß er etwas *denkt,* um es zum *Ereignis* zu machen. Dies habe ich vor Augen, wenn ich von einer ‚Thematisierung des Fiktionalisienmgsprozesses' spreche. Hiermit hängt zusammen, daß Slim und Brandlberger bisweilen nicht voneinander zu trennen sind (z. B. 165), aber um dies zu verdeutlichen, werden beide in ihren Erfahrungen nebeneinander gesetzt.

Deshalb befinden wir uns mit Fragen wie: wer erlebt was? (meistenteils Brandlberger, aber nicht immer) und wer ist nur ‚personage' in diesen Erfahrungen? (meistens Slim, aber wieder: nicht immer) dauernd auf unsicherem Grund.

Aus der Optik der ‚mise en abyme' gilt also die Unsicherheit über ‚wahr' und ‚unwahr' sowohl für den Leser, wie auch für die Figuren von Müllers *Tropen.* Das führt dazu, daß der Leser auf verschiedenen Wegen in das Werk eindringen kann, und daß es jedesmal wieder zu einer anderen Erzählung wird. Jede Hypothese darüber, was ‚wahr' ist (im Sinne von: Romanwahrheit), ist nur begrenzt gültig. Immer wieder geschieht etwas oder wird etwas gedacht (was ist, innerhalb *Tropen,* der Unterschied zwischen Beiden?), was eine neue, oft gegensätzliche Annahme nötig macht, wenn man weiter lesen will. Die Leserentwürfe, die das Fortschreiten der Lektüre möglich machen, verändern sich stets, daran ist der moderne Leser natürlich gewöhnt (auch der Leser des Jahres 1915); aber kommt es auch oft vor, daß es auch am Ende keine echte Antwort gibt, keinen archimedischen Punkt, von dem aus eine schlüssige Romanwirklichkeit konstruiert werden kann? Innerhalb der Romanwirklichkeit springt die Perspektive wahr-falsch bis ans Ende dauernd im. Dies hängt zusammen mit dem ‚Denken in Bildern', welches mit dem abstrakten Denken abwechselt. Was wir erfahren ist dasjenige, was wir ins vorstellen, ein „Phantoplasma", wie Müller/Brandlberger es nennen und folgendermaßen definieren: „*das Bild gewordene System der zureichenden Erklärungen*" (123).

Jedoch bekäme man ein zu einseitiges Bild *von Tropen,* wenn man dieses Werk nur als einen sich selbst aufhebenden Roman sähe. Auch diese Technik ist ja inzwischen bekannt (*Tristram Shandy* wäre ein sehr frühes Beispiel). Wichtig ist nicht die Romantechnik, sondern das Ziel, welches der Autor mit dieser Technik zu erreichen suchte, besser: die Wirkung auf den Leser.

Zunächst möchte ich hierzu nur soviel sagen: Müller hat einen Text produziert, dessen Charakter als Roman nicht so sehr von der stillschweigenden Absprache zwischen Autor und Leser abhängt, wie dies im 19. Jh. weitgehend der Fall war, sondern dessen ‚Taktik' durchschaut werden muß, will man zur eigentlichen ‚Botschaft' gelangen. Es handelt sich um eine Darstellung, die von Bildern Gebrauch macht, einen Gedankenstrom, für den der Autor gewissermaßen nicht verantwortlich gemacht werden kann (die Verantwortlichkeit ist der Hauptfigur zugespielt), aber deren besondere Form ernst genommen werden muß. Es handelt sich um eine Selbstentlarvung, eine zweite Geburt (dieser Begriff aus der Psychologie Jungs ist absichtlich gewählt), und zwar nicht Brandlbergers, sondern Robert Müllers. Denn dies ist die Konsequenz einer Erzählung, die sich als fiktional ausgibt, aber Fiktionalität als Nebensache, als zufällige Form behandelt. Für die Beweisführung kann der Leser ohne Mühe Brandlberger, laut ‚Vorwort' ein durchschnittlicher Deutscher, verantwortlich machen, für die *Figur* Brandlberger bürgt Robert Müller, d. h. für die Sorte von Bewußtsein, die er repräsentiert, für die Erfahrungen, die er macht. Manche der rassen- und völkerpsychologischen Ideen Brandlbergers sind irrsinnig. Warum auch nicht, eine Romanfigur muß nicht unbedingt erfreulich sein. Aber er macht auch Erfahrungen, die wir als tiefe Wahrheiten erkennen (und dann gönnen wir ihm seine Erklärungen, denn wer kann diese Dinge schon angemessen unter Worte bringen?); das ist doch alles von Robert Müller ausgedacht! „Der Dichter ist stets genialer als sein Geschöpf".[6]

Ich kann mir gut vorstellen, daß es Leser gibt, die angesichts dieser halben Verantwortlichkeit ärgerlich reagieren. Aber wie kann ein Autor über diese ‚letzten Dinge' anders als in Bildern reden? Bis in seine verzweigten Beweisführungen hinein ist dieses Buch Bild, bildhafte Konkretisierung innerer Erfahrungen, „Phantoplasma".

Um was für Erfahrungen geht es hier? Wieder ist ein Umweg über die Technik nötig. Geht man davon aus, und das ist eine communis opinio, daß die Welt des Romans sich in der Leseerfahrung konstituiert als Zeit-Raum-Konstruktion, dann muß eine Analyse von Zeit und Raum Information über die illusorische Realität (und in Müllers Fall: über das gleichzeitige Demaskieren dieser Illusion) liefern. Eine vollständige Analyse ist hier natürlich nicht möglich, aber ein paar zusammenfassende Bemerkungen, welche leicht zu kontrollieren sind, kann ich doch vorlegen.

---

[6] Man vergesse nicht, daß sich Freud mit Müllers großem Vorbild Jensen beschäftigt hat.

III

Das Buch besteht aus einem ‚Vorwort' und einem Haupttext; ersteres stammt von ‚Robert Müller' (die Anführungszeichen sollen andeuten, daß es natürlich nicht um die historische Figur Robert Müller geht; vgl. hierzu Ingrid Kreuzer); der Haupttext stammt von Brandlberger. Eine Betrachtung von Zeit und Raum des ‚Vorworts' liefert keine Besonderheiten: der einzige ausdrücklich erwähnte Raum ist ein Redaktionszimmer, die Zeit ist an drei Zeitpunkten fixiert: der Zeitpunkt des Erscheinens (Titel: 1915), der Zeitpunkt des Wiederfindens des Manuskripts im Zusammenhang mit einem Indianeraufstand (1907), und schließlich der Zeitpunkt des Empfangens des Manuskripts („vor langer Zeit"). Den Grund, weshalb zwischen Wiederfinden und Herausgeben acht Jahre verstreichen, erfahren wir nicht. Möglicherweise hat Müller ein wahres Ereignis des Jahres 1907 verwendet; dies entzieht sich jedoch meiner Kenntnis.

Die Haupterzählung, d. h. die ‚Urkunden' Brandlbergers, setzt wieder mit einem Anlauf von drei Seiten ein, in denen über das Treffen dreier Reisender und über ihren Plan einer Entdeckungsreise gesprochen wird. Zeitdauer: ein guter Monat, Zeitpunkt: 1900 oder etwas später. Raum: Curaçao und Venezuela, „Kaffeehäuser". Ein trivialer Beginn, auch was die Erzählform angeht. Dann beginnt sehr abrupt der Reisebericht, und zwar gleich mit einer Klimax. Raum: ein breiter Fluß, auf dem die Drei in den Urwald eindringen. Zeit: unbestimmt, man könnte von einem ‚stream of consciousness' sprechen. Dieser Einsatz ist so stark, daß Kamerbeek ihm seine ganze Studie widmet.

Ein großer Teil von *Tropen* kann übrigens als Wiedergabe von Gedanken bezeichnet werden. Die Zeit wird dann nicht weiter spezifiziert, der Raum bleibt indifferent, es sei denn, die dargestellten Gedanken beziehen sich auf eine Raumerfahrung. Hinterher hören wir manchmal, wie lang, oder besser: wie kurz, die Zeitspanne war, die während der Betrachtungen und (traumähnlichen) Erlebnisse verstrichen ist. Im oben erwähnten Fall lesen wir später, daß Brandlberger vergeblich versucht, sich während sechs Sekunden an „etwas" zu erinnern, und daß er dann, als dieser Augenblick vorüber ist, in Grübeleien versinkt, die zwei Tage dauern (19, 21). An einer anderen Stelle hören wir, daß eine komplizierte, in Trance erlebte Ereigniskette (auf 15 Seiten erzählt) sich in ein paar Minuten (120) und dann *Sekunden* (128) abspielt. Die Spezifizierung der Zeit hat in diesen Passagen deutlich die Funktion, jene Reihe von Erfahrungen und Fiebervisionen aus dem Fluß der Wirklichkeit herauszuheben. Aber auch dies geschieht wieder auf eine für Müller charakteristische zweideutige Weise, denn in jenen paar Minuten „hatte (Brandlberger) die Wirklichkeit geträumt" (129). Die Zeitbehandlung läßt sich etwa folgendermaßen ordnen:

1) ‚Denkzeit': natürlich kosten Gedanken Zeit, jedenfalls was den Leser betrifft; aber diese Zeit ist nicht als chronologische Zeit darzustellen. Insgesamt dienen etwa 102 Seiten der Wiedergabe von Gedanken.
2) ‚Gesprächszeit': läuft mit der Lesezeit parallel. Insgesamt 78 Seiten mit Gesprächen.
3) ‚Reisezeit': Hier handelt es sich um etwas ganz anderes, denn hier geht es um die Feststellung der chronologischen Zeit, meist in Form von Andeutungen des Zeitpunkts oder der Zeitdauer. Geht man das Buch durch, so erhält man folgendes Ergebnis (unsichere Zeitandeutungen lasse ich weg): Die Periode der Vorbereitung dauert, im Anschluß an eine unbestimmte Anlaufperiode, einen Monat. Dann die Flußreise: „Nach zwei Tagen" (21), „vom zehnten Tage unserer Abreise" (34) „im Verlaufe von vierzehn Tagen" (36). Urwaldreise: vier Tage (44). Dorf: „Wieder kam die Nacht" (53), wohl kaum als „Zeitandeutung" zu sehen, aber innerhalb der Nacht wird weiter spezifiziert: „Nach einer Stunde", „Zehn Minuten später" (59, in einem kritischen Augenblick); ,,Morgen.","Eine Viertelstunde, nachdem..." (146), „Zwei Stunden nach Mitternacht" (173), dies alles wieder in einer Krisis während der letzten Nacht im Dorf. Wieder unterwegs: „Am siebenten Tage" (183), „Am achten Tage" (188, Ankunft bei der Höhle), ,,Zehn Minuten" und „in dieser Sekunde" (196, Fieber, Krisenmoment). Danach folgen eigentlich keine Zeitandeutungen mehr, nicht über das Lager bei der Höhle, Über den Mord (?) an Slim, über den Fieberzustand gegen Ende, über den Mord an Van der Dusen.
4) ‚Trance-Zeit': „sechs Sekunden" (17, kurz vor dem ‚stream of consciousness', Augenblick der Konzentration auf eine wegebbende Erinnerung); „wenige Sekunden waren es" (128).

Schließlich sind noch zwei bemerkenswerte Zeitandeutungen zu erwähnen: auf Seite 62 die Mitteilung Brandlbergers: „Heute liegt das alles hinter mir". Dies bezieht sich wohl auf den Moment, wo er seine ‚Urkunden' aufzeichnet; innerhalb der Erzählform einer direkten Erfahrung sieht dies wie eine

Anomalie aus. Und schließlich: „dreiundzwanzig Jahre und neun Monate" (20), aber darüber später.

Ein paar vorläufige Schlußfolgerungen:

- Gedanken und Gespräche nehmen einen extrem großen Raum in Beschlag (180 der 273 Seiten); hierdurch wird der essayistische Charakter des Buches unterstrichen;
- Die Reise wird mit Hilfe von ein paar chronologischen Andeutungen markiert; das Leben im Indianerdorf spielt sich scheinbar zeitlos ab;
- Nach der Ankunft bei der Höhle (dem eigentlichen Ziel der Reise) werden keine Zeitandeutungen mehr gemacht, d. h. nur die ‚Hinreise' wird chronologisch erfaßt;
- Von ein paar Krisenmomenten und zwei Trance-Situationen (Kap. II und XVIII) werden sowohl Zeitpunkt wie Zeitdauer mitgeteilt.

IV

Dann die Darstellung des Raums.

Globale Übersicht: Fluß, Urwald, Indianerdorf (Hütten, Savanne), Urwald, Höhle, Fluß. Dies alles zusammen stellt ‚die Tropen' dar. Aber an ein paar Stellen wird diese unauffällige Raumwiedergabe durchbrochen. In Kapitel III (Gedankenstrom auf dem Fluß) werden Raum und Zeit so eigenartig manipuliert, daß ich ein paar Zitate geben muß. Ich fasse mich kurz, denn dies ist das Fragment, das Kamerbeek in seiner Totalität wiedergibt:

> „Im Rücken schlugen die Ufer wie für immer zusammen"; „sechs Sekunden lang fühlte ich mich so frisch und hell, als ginge ich auf dem Sonntagspflaster einer hübschen mitteleuropäischen Stadt und dächte einen unbekannten Gedanken. Ich hatte eine blitzartige vorüberhuschende Erkenntnis, eine Erinnerung wollte sich formen" (17). ,,Der Gedanke war: All dies hatte ich schon einmal erlebt. Diese milden müden Wasser hatten um mich gespült. Dieses scheinhafte Licht, diese Süße, diese Laune, dieses Dämmern im Unausgesprochenen war nicht neu, es traf auf Erinnerung im Menschen, es war eine – Wiederholung. Wo aber, wo hatte ich diesen Zustand der Tropen, diese Szene willenlosen Wachsens durchgemacht, wo, wo?" (…) „Dies alles sollte ich nicht kennen, diesen trägen Lass der Wasserpflanzen, die schwimmen, schaukeln und in dem Brudel vergehen möchten, alle diese fleischigen aufgelösten Körper von Blumen, Ge-

tieren und Wasserwesen, all dies Gelefze und dies Schlampampen, das so anschaulich ist, das ich mit der Haut erfasse, mit dem ganzen Leibe erlebe – dies alles sollte ich nicht kennen?" (18); „diese Fötusse, die halb geistreich und fähig, wissend und werdend, halb verlassen und zurückgeblieben, satt und seelenlos ein gestopptes Dasein (führten)" (...). „Wie lange war es her: ...dreiundzwanzig Jahre und neun Monate hatte ich zurückzugehen, dann hatte ich die Lebenshöhe eines dieser knorpeligen Zellenstöcke erreicht (20)."

So kommt Brandlberger zur Erkenntnis dessen, woran er sich ‚erinnert'. Der Leser hat es inzwischen schon selbst formuliert: die pränatale Existenz (die Fahrt gegen den Strom des enger werdenden Flusses bekommt so ebenfalls eine zweite Bedeutung), aber die Erklärung Müllers scheint in eine andere Richtung zu weisen: „Das also war das Geheimnis, das ich mit diesen unlauteren, trügerischen Nährwassern der Tiefe gemeinsam hatte! Das also feierte ein Wiedersehen von Morgen und Abend des Lebens! Im Schachte meines Bewußtseins, im Berge meiner Herkunft schlummerte eine Stimmung aus der Vorzeit von Millionen Wesen, das mütterliche Säugen und Tränken des Stromes" (20). Aus den Erklärungen, besonders denen des folgenden Kapitels („Die Lauheit des Wassers ist die meines Blutes", 21), kann man schließen, daß wir hier eher mit Häckel als mit Freud als Informant zu tun haben. Brandlberger erfährt, daß er persönlich die Geschichte der menschlichen Art wiederholt, und er wird sich dieser Tatsache bewußt, als er eine Welt primitiver Wesen, eine Welt von Zellenbündeln sieht. Aber: daß hier von einer *Erinnerung* die Rede ist, das ist wohl sicher im Sinne Freuds. Wie weit waren in den Jahren 1913-1914 die Theorien über pränatale Erinnerung der Wiener Intelligenz bekannt? Ist es möglich, daß Müller von ihnen gehört hatte? Oder ist dies ein genialer Wurf, der möglich gemacht wurde durch das öffnen der Schleusen des „Unterbewußten" (dieser Begriff kommt, im Unterschied zu dem des Unbewußten, in *Tropen* nicht vor), durch das ‚unverantwortliche' Schreiben, worüber ich oben sprach.

Vielleicht, aber ich bezweifle das, vielleicht hat Müller aus den laufenden Diskussionen unter Psychologen sozusagen die kreativen Konsequenzen gezogen. Dann wäre er einer der ersten psychoanalytischen Romanciers. Wovon er jedoch zu jener Zeit unmöglich gehört haben kann, ist die Theorie der Erinnerung an den Augenblick der Befruchtung (den Konzeptionsschock). Andererseits fällt es mir schwer, aus der ausdrücklichen Erwähnung von „neun Monaten" auf Seite 20 etwas anderes zu schließen, als daß er hierüber spricht, und daß er, via Brandlberger, behauptet, daß man sich gewissermaßen an jenen Moment erinnern kann, daß man sich raumzeitlich anders lokalisiert, daß man sich, in einem außergewöhnlichen Bewußtseinzustand, in die Vergangenheit der Einzelligkeit des Augenblicks der Befruchtung versetzt fühlen kann. In den späteren Überlegungen wird die Erinnerungserfahrung zur Metapher umgebaut und so unvermeidlich schwächer: „Ich bin eine vielfach verbesserte Tropenlandschaft", und umgekehrt: „Der in Adern zwischen den Waldvorposten sich durchzwängende Strom stellte ein großes Herz dar" (22). Ich denke, daß für ein Verständnis des Prozesses der Metaphorisierung diese zwei folgenden Kapitel wertvolles Material liefern würden! Mit oben erwähnten Zitaten steht uns ein möglicher Grund für die frühe Plazierung jener Klimax-Passage zur Verfügung. Das Thema: „Ich" (d. h. der Mensch) ist dasselbe wie die ‚Tropen', wird auf physisch-konkrete Weise eingeführt. Das ganze Buch hindurch wird Brandlberger an diesem Thema weiterspinnen (wie auch Slim, und selbst Van der Dusen), bis hin zur Schlußfolgerung des letzten Satzes, am Ende der Lektüre von ein paar Hundert Seiten mit Reflexionen über die ‚Tropen': „die Tropen bin ich!" (278).[7] Alles, was hier über die Tropen gesagt wird, ist Selbstanalyse, Analyse des Menschseins, physisch und psychisch. Die Tropen und das Buch *Tropen* sind ein Bild, ein „Phantoplasma" eines sich selbst bewußt gewordenen Menschen. Dies alles liegt in den ersten Seiten des eigentlichen Reiseberichts schon beschlossen, und das ist *einer* der aufwühlendsten Aspekte dieses Romans. Erst sehen wir, dann analysieren wir mit Brandlberger oder über den Punkt hinaus, den dieser erreicht.

Eine zweite Passage, wo die Raumdarstellung uns gefangen nimmt, und dies mit ebenso elementarer Kraft, ist der Fiebertraum des Kapitels XVIII, auch hier wieder vor einer viel rationaleren Darstellung. Ich zitiere wieder kurz: „Die Sterne (...) traten (...) in meinen Körper ein" (119). Das Bewußtsein des eigenen Leibs bleibt jedoch erhalten: „ich war imstande, zwei Räume ineinander zu schieben" (120). Sodann tritt eine zweite Teleskopierung ein: das Ich befindet sich in einer Stadt, Urwald und Stadt sind ebenfalls simultan, selbst ineinander verschränkt, anwesend. „Mein Leib aber schien indessen doppelt vorhanden (...) ich lebte in der großen Straße und lebte in einem indianischen Dorfe" (124).[8] Die erfahrene Wirklichkeit kann

---

[7] Dies wird über die „Menschen der Zukunft gesagt", gleichzeitig wird impliziert, daß Brandlberger diese Einsicht schon hat. Man überzieht diese Stelle m. E. auch nicht, wenn man sie als eine programmatische Erklärung von dem Romanautor Robert Müller versteht.

[8] Die Gleichsetzung von Stadt und Urwald geschieht auch über die Identifizierung von Za(o)na mit „Fräulein Zauner", was wienerisch wohl ungefähr gleich

nicht länger in *einer* Darstellung geklärt werden, deshalb schafft sich das Bewußtsein zwei „Phantoplasmen", d. h. zwei bildliche und doch systematische Erklärungen. Die Projektionen sind damit noch nicht erschöpft. Es gibt eine dritte, die wahre Welt: „was ich da träumte, (...) war alles die Erzählung eines merkwürdigen Fremden (...), den ich Slim nannte. (...) Außer uns beiden gab es nichts, die Welt, die Stadt, die Landschaft waren nur seine Erzählung. (...) Wer war ich in seiner Erzählung? Wer war er selbst? War er außerhalb seiner Erzählung? Und ich gewahrte, daß er nur ein Stück seiner Erzählung war. Es war die Gestalt eines Buches, das ich las. Während ich es aber las, schrieb ich es, und ich schrieb es von meiner Seele mit Schaudern und Staunen und Neugier. Alles was ich träumte, war nur ein Buch, das ich schrieb" (125).

Von Brandlberger sind wir über Slim[9] bei Robert Müller angekommen, – alle drei Autoren von *Tropen*. In kataraktähnlichen Verschiebungen werden wir von der Romansituation zum Schreibakt hingeführt; uns fehlen die Mittel, um festzustellen, wo wir uns als identifizierende Leser befinden: in einem brasilianischen Urwald oder an einem Wiener Schreibtisch.[10]

Doch der Erzähler zwingt uns zurück in die fiktionale Situation „Ich hatte die Wirklichkeit geträumt" (129), aber dies ist dann die „Wirklichkeit" der Romanwelt, obwohl wir die Wirklichkeit des Autors hinter dieser Wirklichkeit suchen können.

Zum Schlusse die dritte Passage, in der der Raum eine besondere Rolle spielt: der Eintritt in die Höhle, in der sich der (verschwundene) Schatz befinden muß. „Licht und Materie wurden identisch und die Folge war, daß wir raumlos dastanden" (192). „Der Raum, den unsere Leiber füllten, entstand auf neuen Grundbedingungen. Ich erinnerte mich flüchtig, daß ich dieses Licht in einer Vision gleichsam aus meinen eigenen Augen hatte hervorbrechen sehen" (190). Erst als sie wieder im hellen Tageslicht stehen, werden sie sich dessen bewußt, daß sie in der Höhle eine andere Identität hatten: „Der zweite Leib!", sagte Slim, „Wenn man einmal den ersten vermißt, – kann man hier immer noch in der Reserve hausen" (192).

---

klingt.
[9] Im Licht dieser Passage wird die Mitteilung von Freunden (u. a. Musil), daß Slim deutlich autobiographische Züge trägt, besonders interessant. Müllers versteckter Humor und Selbstironie kann man aus der Seitenbemerkung ablesen, die sagt, daß Slim eine Buffalo-Bill-Show organisierte (67).
[10] „Ich fuhr als Schreibtisch einen Strom hinauf" (28), – wieder eine Bemerkung mit doppelter Bedeutung.

Auch diese Passage trägt alle Züge einer pränatalen Erinnerung. Außer den in den Zitaten enthaltenen Argumenten (Höhle, grünes Licht, zweiter Leib, ein Raum, der identisch ist mit den eigenen physischen Grenzen) wäre noch mehr zu nennen, wie z. B. die Tatsache, daß nach dieser Erfahrung in der Höhle dem Erzähler in der Außenwelt alles riesengroß erscheint; aber der Leser ist wohl bereit, mir ohne weitere Information zu folgen.

Denn die Perspektiven sind verführerisch, obwohl ich mir bewußt bin, daß meine Deutung dieser Stelle im Sinne einer pränatalen Erinnerung hier gewagter ist als im ersten Fall. Als das Ziel der Reise erreicht ist, stehen die Drei in einer (leeren) Höhle. Was ist das für eine Reise in die Tropen mit einem so seltsamen Ziel? „Wohin anders reisen wir, als nach rückwärts in unser eigenes Gedächtnis?" (131). „Gedächtnis"! Dies kann den Stillstand der Zeit an denjenigen Momenten erklären, an denen das Bewußtsein geschärft ist. Die Zeit läuft zurück, ein Bild, welches uns aus der Lyrik überbekannt ist. Es ist auffallend, daß die längsten der drei Raum-Passagen diesen (Fast)-Stillstand der Zeit zeigen, während dieser Zustand sonst nirgends vorkommt. Noch kurz ein paar Bemerkungen über ein Thema, das in engem Zusammenhang mit dem der Zeitumkehrungen steht: das Thema der Kausalität. An mehreren Stellen hören wir, daß Kausalität eine zufällige Konstruktion unseres Bewußtseins ist und mit unseren Vorstellungen von Zeit und Raum zusammenhängt. Ein paar Zitate, zwar aus dem Zusammenhang gerissen, aber die Logik von Müller's Gedankengang dennoch wiedergebend: „Das Tier kannte den Raum nicht" (186) und deshalb sicher auch die höhere Dimension der Zeit nicht. Zeit und Raum „bestehen" dann auch nicht, sondern sind „nur Skelett, Technik" (183). Und deshalb: „Zeit, Entwicklung, sie waren nicht" (172), womit auch die natürliche Kausalität geleugnet wird.

Daher die langen Ausführungen, in denen für unser alltägliches Kausalitätsgefühl die Dinge auf dem Kopf (!) stehen. Wer handelt eigentlich, wenn sich ein Boot im Wasser fortbewegt? Rudert man, oder wird man gerudert? So ein bißchen „Zen" (Herrigel's *Kunst des Bogenschießens*!), wie es scheint.

Auch räumliche Umkehrungen kommen vor, vor allem in Augenblicken geschärften Bewußtseins. So wird die „Unterwasserwelt" schon auf den ersten Seiten als Pedant des Luftraums beschrieben. Was sich da abspielt, ist ein Unwetter an der anderen Seite des Wasserspiegels. Die Umkehrung der Raum-Erfahrung spielt in diesem Fall selbst eine wichtige Rolle bei der Auslösung des Trancezustands.

V

Das literaturwissenschaftliche Gewissen läßt sich nicht zum Schweigen bringen, über Raum, und besonders über Zeit, ist recht viel geschrieben. Können wir die dort entwickelten Begriffe für unseren Versuch brauchen, herauszufinden, was eigentlich an *Tropen* besonders ist? Die Beschreibungsmöglichkeiten, die Günther Müller und seine Schule bieten, bringen uns, so fürchte ich, nicht viel weiter. Höchstens kann man aus den Andeutungen zu Zeitverlauf und Zeitmarkierung, die ich oben gemacht habe, schließen, daß wir es hier mit einem außergewöhnlichen Fall zu tun haben, und zwar was die Darstellung der Zeit angeht. Natürlich könnte man genaue Tabellen aufstellen, aber das würde kaum weiterführen als die Folgerungen, die ich im 3. Abschnitt gezogen habe.

Wir stellten einen engen Zusammenhang von Zeit- und Raumdarstellung in *Tropen* fest. Vielleicht ist es dann sinnvoll, sich an der erst kürzlich im Westen bekanntgewordenen „Chronotopos"-Theorie des späten Formalisten/Anti-Formalisten Michael Bachtin zu orientieren? Soweit man aus den bisher übersetzten Abschnitten seines Werks schließen kann, eröffnen seine Auffassungen tatsächlich eine neue Perspektive.

Bachtin spricht ausführlich über den griechischen Abenteuerroman des 2. bis 6. Jahrhunderts, aber deutet an, daß seine Behauptungen (teilweise) auch für spätere „Abenteuer-Romane" gelten. Er gründet seine Thesen auf die Darstellung von Zeit und Raum im von ihm behandelten Genre, auf deren unauflösbaren Zusammenhang, wobei der Zeit Priorität zukommt. Die Nähe zu Müllers Roman läßt uns aufhorchen. Es ist an sich schon eine interessante Idee, Texttypologien auf Zeit-Raum-Beschreibungen zu basieren.[11] Als Kennzeichen des (griechischen) Abenteuerromans nennt Bachtin: die „gewöhnliche" Zeit entfällt, es scheint, als spielten sich die Abenteuer ab, ohne daß dabei Zeit verginge.

---

[11] Auch der niederländische Literaturwissenschaftler Frank C. Maatje, der von Günther Müller herkommt, will eine Gattungstheorie an den verschiedenen Weisen orientieren, in denen Zeit und Raum dargestellt werden. (Artikel 1968, Neudruck 1975; ausgearbeitet in *Literatuurwetenschap* 1977). Er denkt dabei an die „Hauptgattungen" Epik, Lyrik und Drama. Bachtin denkt offenbar mehr an Modi innerhalb der Gruppe narrativer Texte.

Es gibt nur ein paar Zeitmarkierungen; die dargestellten Räume liegen weit auseinander und werden nur zur Markierung der Zeit erwähnt. Von einer psychologischen Beschreibung des Helden ist keine Sprache.[12]

Diese Charakterisierung scheint sich auf ein paar Punkten, allerdings nicht vielen, bei demjenigen anzuschließen, was wir oben über *Tropen* gesagt haben. Die chronologische Zeit ist *manchmal* aufgehoben (Krisenmomente), im Indianerdorf erscheint das Leben als „zeitlos". Aber an entscheidenden Stellen widerspricht *Tropen* Bachtins Charakterisierung gründlich: der Held erlebt eine „zweite Geburt", er verändert sich im Zusammenhang hiermit psychisch in gründlicher Weise, der Abenteuerroman ist ein und derselbe, der psychische Raum jedoch ist gegliedert, aber simultan. Ich komme also mit Bachtins Charakterisierung nicht viel weiter als darauf hinzuweisen, daß Müllers „Abenteuerroman" nicht (mehr) unter dessen Beschreibung fällt. Will man dennoch an Bachtin festhalten, so kann man eventuell von einer Weiterentwicklung sprechen, von einer Entwicklungslinie, die über den „Abenteuerroman" hinausgeht, und die beim (explizit-, introspektiv- oder spekulativ-) psychologischen Roman endet. Damit sind wir dann wieder bei Reif, der *Tropen* ja sowohl exotisch wie auch antiexotisch nennt.

Kein Genreproblem also? Es ist auffallend, daß alle Autoren, die über *Tropen* geschrieben haben, Seitenbemerkungen machen, welche Konsequenzen für die Genrefrage haben. So spricht man von „lyrischen" Eruptionen im Zusammenhang mit der Diskussion der Trance-Passagen. Wie kommt das?

Ich denke nicht, daß es möglich ist, eine Umschreibung narrativer Texte zu geben, die an der chronologischen Sequenz deutlich unterscheidbarer Ereignisse vorbeigeht. Unter diesem Gesichtspunkt kann man in Tropen von Augenblicken sprechen, in denen die Narrativität „suspendiert" wird. Wenn es sich hierbei um Beschreibungen handelte, wäre dies theoretisch noch zu fassen. Aber es handelt sich eben gerade nicht um Beschreibungen. Es handelt sich um Krisenmomente, die direkt auf das Kernmotiv des Buchs verweisen: auf den Weg nach Innen. Das Wegfallen der Zeit ist dort keine integrierte „Pause" sondern ein *Bruch* im Ablauf der Zeit. In diesen Augen-

---

[12] Es fragt sich, ob Bachtin nicht zu sehr Kategorien des 20. Jh. (in diesem Fall: „Entwicklung") auf ältere Texte projiziert, wenn er behauptet, der griechische Abenteuerroman sei „unpsychologisch". Das Interesse an Kontinuität führt zu einer anderen Form der Psychologie als der unsrigen; aber darf man diese Nicht-Psychologie nennen? Der Leser von *Tropen* wird das bezweifeln…

blicken wird die ganze Lebensgeschichte des Erzählers, werden seine tatsächlichen und psychischen Erfahrungen ein Ganzes. Das Prinzip ist hier nicht „Entwicklung", wie dies in narrativen (oder mit einem älteren Ausdruck: epischen) Texten der Fall ist, sondern Simultaneität. Wenn man also nach einem Beschreibungsapparat für diese Passagen sucht, wird man deshalb eher bei Lyrik-Theorien Auskunft finden als bei Theorien des Epischen! Auf diese Weise nähere ich mich Maatje's Überlegungen, und zwar insofern, als ich eine Zeitdarstellung „lyrisch" nenne, wenn von einem Zeitablauf keine Rede ist.[13]

Unter diesem Gesichtspunkt kann man sagen: *Tropen* besitzt einige überwiegend narrative Passagen (die Reise), umfaßt Beschreibungen (das Indianerdorf), aber enthält auch Passagen, welche teilweise vorteilhafter mit Hilfe dramentheoretischer Begriffe zu beschreiben sind (die Gespräche), während die Höhepunkte des Romans sich gut für eine Beschreibung mit Hilfe lyrik-theoretischer Begriffe eignen.[14]

Und nun, das weiß ich sicher, jage ich dem Leser einen Schreck ein, wenn ich – man verzeihe mir die holländische Metapher – auf zu glattem Eis Schlittschuh laufe (und nur hoffen kann, elegant zu fallen): Der „lyrische" Charakter der inzwischen wiederholt erwähnten Höhepunkte läßt sich ebenfalls mit deren pränatalem Charakter in Verbindung bringen. Ich kann wenigstens im Moment keine bessere Erklärung für die vielfach konstatierte „Simultaneität" der lyrischen Situation, und die nicht weniger häufig postulierte „Autonomie" des Gedichts finden, als die Zeitlosigkeit und die In-sich-Geschlossenheit der pränatalen Welt heranzuziehen, die sich auch thematisch auffällig oft in lyrischen Gedichten finden.[15] Daß die selbst

---

[13] Maatje meint jedoch, daß die Hauptgattungen aufgrund des jeweiligen Verhältnisses von Erzählzeit und erzählter Zeit bestimmt werden können, und daß man auf dieser Grundlage eine dreiteilige Texttypologie entwickeln kann. M. E. kann man höchstens von Texteigenschaften sprechen (diese Diskussion ist nicht neu!), mit der Konsequenz, daß man mit Hilfe von Begriffen wie „lyrisch" und „narrativ" einem Text verschiedene, einander nicht ausschließende Beschreibungen zuordnen kann. Auf viele Gedichte z. B. dürfte ein narratives Beschreibungsmodell mit Gewinn zuzupassen sein.

[14] Es wäre interessant, dieses Thema weiter zu verfolgen. Ich weise außer auf die Darstellung der Zeit noch auf Müllers Verwendung des Paradox als Prinzip der Zeitaufhebung (vgl. die New Critics) hin, auf die assoziativen Verfahren in den Trance-Passagen und auf Kamerbeeks Interesse an „Coupling"-Phänomenen auf den von ihm analysierten Seiten.

[15] Ich habe aus der niederländischen Literatur Hunderte von Beispielen gesammelt, die ich aber hier nicht wiedergeben kann.

typographisch festzustellende Abgeschlossenheit der poetischen Form sich besonders gut zur Darstellung eines „Heterokosmos"[16] eignet, unterstreicht sicher die starke, aber nicht ausschließliche Verbindung von „Lyrik" und „Poesie" während der letzten 150 Jahre.

Um noch einen Schritt weiter zu gehen: eine psychoanalytisch orientierte Interpretation von *Tropen* erweist sich auch auf anderen Punkten als fruchtbar. Das Buch ist seinem Plan nach eine „Suche" nach einem Schatz; die „Suche" ist auch früher häufig als Unterscheidungsmerkmal der Epik genannt worden. Aber meistens ist von der einen oder anderen Form der „Vatersuche" die Rede. Bei Müller muß der „Schatz" in einer Höhle gefunden werden (aber er ist verschwunden), einer Höhle, deren pränataler Charakter deutlich ist. Und immer wieder wird gesagt, die Reise durch die tropische Landschaft sei eine „Reise zurück", eine „Entdeckungsreise zum eigen Ursprung", zur „unbequeme(n) Originalität" (17), deren Anwesenheit Brandlberger in seiner ersten aufblitzenden Ahnung schon vermutet. Ich sehe hier eine unauflösbare Verschmelzung von lyrischer und epischer Orientierung im Stoff des Buchs, als auch in der Darstellung dieses Stoffes.

Aber natürlich fußt diese Behauptung auf einer vorläufig (aber dennoch kommentierbaren) Hypothese über die psychologischen Grundlagen der Kategorien „lyrisch" und „episch". Spekulative Psychologie zu betreiben ist nicht Robert Müllers alleiniges Vorrecht, wie meine Ausführungen wohl deutlich gemacht haben.[17]

VI

---

[16] Auch dieser Ausdruck ist allgemein gebräuchlich in Lyrik-Poetiken. Er erinnert an Müllers „zweiter Leib".

[17] Auch die Hinweise auf den Titel *Tropen* innerhalb des Buchs deuten auf ein intensives Interesse an der Psychologie auf Seiten Müllers. Brandlbergers Buch *Die Tropen* soll „vom Verkehr und der Wirkung von Mensch auf Mensch" (209) handeln. Weiterhin sieht er die Tropen als „die Kinderschuhe der Menschheit" (211), „die Pubertät eines jungen Europäers" (211). Ich gehe also nur ein wenig weiter zurück als Brandlberger/Müller! Auch Reif landet mit seiner Charakterisierung von Müller als schizoider Persönlichkeit in der Psychologie, und seine Behauptung ist mit der meinigen nicht strittig. Es fragt sich allein, wie allgemein oder wie ungewöhnlich diese Gespaltenheit bei Autoren (des 20. Jh.) ist, und ob Müller diese Gespaltenheit sowohl manifestiert als auch überwindet. Psychologie ist ein Prügel mit zwei Enden, wie schon Dostojewskij wußte.

Ganz andere allgemeine Feststellungen zu *Tropen* als diejenigen, zu denen nicht die Zeit-Raum-Problematik geführt hat, sind natürlich möglich, Feststellungen auf soliderer literaturwissenschaftlicher und literaturgeschichtlicher Grundlage.

Tropen ist ein expressionistischer Roman, wie wir bei mehreren Autoren lesen. Darüber besteht kein Zweifel, vorausgesetzt natürlich, daß eine einigermaßen exakte Umschreibung von „Expressionismus" zur Verfügung steht. Ein Kennzeichen des Expressionismus, auf welches alle Autoren in der einen oder anderen Formulierung hinweisen, ist die Identifikation von „Ich" und „Kosmos", „Raum". (Die bekannteste flämische expressionistische Zeitschrift hieß *Ruimte* = *Raum*).

Liest man die Passagen noch einmal, die ich oben zum Thema Raumgefühl zitiert habe, so stellt man fest, daß diese Identifikation in *Tropen* deutlich realisiert ist. Auch das Durcheinander verschiedener Räume, bekannt z. B. aus Zeichnungen von Grosz (von denen man einige als Illustrationen für *Tropen* verwenden könnte), findet sich in diesen Passagen wieder. Daß der literarische Expressionismus fast keine langen narrativen Texte produziert hat, sondern vor allem Lyrik und Drama, könnte mit dieser Raumauffassung zusammenhängen, wie andererseits der bildliche, argumentierende und dialogische Charakter von *Tropen* weniger ungewöhnlich ist, als es auf den ersten Blick scheinen könnte.

Als weiterer literaturwissenschaftlicher Ansatzpunkt bietet sich an, *Tropen* vor dem Hintergrund der Kategorie von Texten zu betrachten, welche eine „Reise" und einen psychologischen Prozeß in einem beschreiben, von Bunyan's *Pilgrim's Progress* bis Pirsigs *Zen*. Auch hier liegt interessantes Material für Einsichten in die von Müller verwendeten literarischen Mittel, vergleichbar etwa mit der Information, welche Reif unter der Optik des „utopisch-exotischen Romans" über *Tropen* gewann. Aber worum es schließlich geht, um den ungewöhnlichen Eindruck, den dieses Buch auf einige Leser zu machen scheint, darüber ist hiermit noch nichts gesagt. Auch Reif war sich dessen vermutlich bewußt, als er sich der Persönlichkeitsstruktur des Autors zuwendete. Offensichtlich schreibt Müller in bildlich darstellender Form, welche ein direktes Einleben ermöglicht, über etwas, das viele von uns als Teil ihrer Lebenswirklichkeit erfahren (oder das ihnen aus einer überzeugenden Darstellung der Erfahrungen anderer bekannt ist). Etwas, was nicht zum unmittelbar zugänglichen, rationalen Teil unserer Persönlichkeit gehört. Die gedanklichen Teile von *Tropen* beeindrucken denn auch selten wegen ihrer Überlegungen, sondern wegen dem, was dort bisweilen an intuitiver Einsicht aufblitzt,[18] und besonders wegen ihrer Form als Kommentar zu völlig intuitiven Trance-Passen.[19] In Müller/Brandlbergers Antwort auf die Frage nach dem Inhalt des Tat Tvam Asi, in seinem Bild der *conditio humana*, liegt etwas Zwingendes. Was? Ich glaube nicht, daß hierauf eine Antwort möglich ist, weil wir hier auf das Dilemma stoßen, mit dem sich die Literaturwissenschaft schon seit hundert Jahren abmüht: das Dilemma der Wahl zwischen Hermeneutik und rational erklärender Wissenschaft.

VII

Eine positivistische Wissenschaftsauffassung (gegenwärtig in erster Linie: eine kritisch-rationale) will allein über das sprechen, was in expliziten Tatsachen am untersuchten Objekt überprüfbar ist. Unter diesem Gesichtspunkt wird sich das Resultat von Lesen und Interpretieren wohl kaum verwissenschaftlichen lassen. Versuche, die Interpretation als Hypothese á la Popper darzustellen, wie sie in Deutschland etwa durch Stegmüller und Heide Göttner, in Holland schon im Jahre 1963 durch J. J. A. Mooij unternommen worden sind,[20] mußten scheitern, weil interpretative Aussagen letztlich nicht

---

[18] Es ließe sich leicht eine Liste von ‚zu früh' gekommenen Einsichten zusammenstellen. Beispiele: „Unter Sprache verstehe ich jetzt das gesamte bildliche Ausdrucksvermögen" (155), was Semiotikern wohl bekannt in den Ohren klingt. Sprachwissenschaftler werden einen Satz wie „Ist es Ihnen entgangen, daß die Welt auf deutsch bereits anders aussieht als auf französisch oder englisch" (155) leicht als Variante der Sapir-Whorf-Hypothese erkennen. Wissenschaftstheoretiker werden an Bemerkungen wie dieser Freude haben: „*Nur Wahrheiten, die Pace haben, gelten*" (140), in der allein die Metapher aus dem Pferdesport verhindert, daß man sogleich den Paradigma-Begriff Kuhns erkennt. Ebenfalls: „Beobachtung ist Postulat. *Forschung ist Konstruktion*" (133), und weiter: „Daß meine Theorie rund ist, sich selbst als Theorie behandelt, also vollkommen alle Chancen auf Wirklichkeit erschöpft" (157). Es ist bekannt, daß Müller der wissenschaftstheoretischen Diskussion in Wien mit Interesse folgte, aber dies ist doch sicher ‚frühreif'!
Ihrer Zeit voraus sind auch einige psychologische Behauptungen wie „Es ist ein Beweis für die Tatsache, daß wir sinnlose Handlungen nachträglich oft künstlich begründen" (273). Ich kann diese Vorwegnahmen von späteren wissenschaftlichen Positionen wieder nur aus dem ‚unverantwortlichen' Schreiben erklären.

[19] Ob etwas intuitiv *geschrieben* ist, läßt sich natürlich nicht feststellen. Auf jeden Fall werden in den Trance-Passagen die Erfahrungen direkt dargestellt, ohne den Versuch, sie logisch zu ordnen. Dieses Ordnen kommt später.

[20] Über dieses Thema gibt es eine noch immer nicht abgeschlossene Diskussion, an der auch der Autor dieses Artikels teilgenommen hat, damals auf kritisch-

Bezug nehmen auf einen intersubjektiv erkennbaren Zustand der Wirklichkeit, sondern einen ordnenden Eingriff des Betrachters darstellen, einen Vorschlag, einen Aspekt der Wirklichkeit *auf eine bestimmte Weise zu sehen*. Die einzige Überprüfungsmöglichkeit hierfür liegt in der Relevanz dieses Vorschlags für die Leseerfahrung. Darüber sagt Müller in einer der verblüffenden Bemerkungen, an denen sein Buch so reich ist: „*Von zwei Auslegungen wird die reichere und unbestimmtere die bessere sein*". (132)

Wenn dies in irgendeiner Weise stimmt, und wäre dies auch nur in Bezug auf *Tropen*, so ergibt sich daraus ein recht negatives Urteil über eine „überprüfbare Hypothese". Die Hermeneutik wollte sich gerade mit der *Erfahrung* des Texts beschäftigen, aber sie überschritt dabei die Grenzen der Wissenschaft. Die Versuche in Richtung auf ein direktes Aussprechen des „Erlebnisses", welches ein Text ist oder hervorruft, auf dem Weg über einen „intuitiven Sprung", haben uns viele interessante Lesarten zur Verfügung gestellt, an denen aber problematisch ist, daß sie kaum oder nicht diskutabel sind, und das scheint mir eine Minimalforderung an Wissenschaft zu sein. Ein gangbarer Weg scheint mir der folgende zu sein: einerseits an der Norm der Diskutierbarkeit wissenschaftlicher Aussagen festzuhalten, andererseits den hermeneutischen Prozeß aufzuspalten in verschiedene Phasen. Fast der ganze Beschreibungsapparat, über den die Literaturwissenschaft gegenwärtig verfügt (man denke an die deutsche Romantheorie, die französische Narratologie), wurde als Hilfsmittel für interpretative Zwecke entworfen. Die Normen der Explizitheit und Intersubjektivität werden auf diesen Beschreibungsapparat durch die meisten Literaturwissenschaftler angewendet. Beschreibungskategorien dieser Art sind deshalb innerhalb jeder Wissenschaftsauffassung brauchbar oder brauchbar zu machen.

Anders liegen die Dinge, wenn es darum geht, interpretative Rahmen zu entwerfen. Sie sind und bleiben stark abhängig von Intuition und persönlichem Interesse. Als ich in meiner Analyse die *Erfahrung der Kontinuität der eigenen Person als über-persönliches Phänomen*[21] als Interpretationsrahmen für *Tropen* wählte und im Zusammenhang hiermit auf das Simultaneitätsprinzip wies, welches u. a. mit sich bringt, daß aktuelle Wahr-

---

[21] rationaler Seite.
„*Tropen*" bedeutet, außer einer geographischen Kennzeichnung, im Griechischen auch noch: Redewendung, Kurve (also: ungerader Weg) und Charakter. Es ist deutlich, daß Müller mit einigen Nebendeutungen gerechnet hat, da er explizit über diese spricht.

nehmung der Umwelt und pränatale „Erinnerung" zusammenfallen, waren für diesen Ausgangspunkt deutliche Hinweise im Text. Aber ‚der' Rahmen ist damit noch nicht gefunden, und zwar aus dem einfachen Grund, weil es so etwas nicht gibt.

Die Wahl eines Rahmens darf nicht mit dem Formulieren einer Hypothese im Sinne Poppers verwechselt werden; es handelt sich dabei um einen ordnenden Eingriff. Auf diesem Punkt, so meine ich, tritt der kritische Rationalismus (ganz allgemein die verschiedenen Richtungen der positivistischen Wissenschaftsauffassung) zu kurz, da er das Ordnen beobachteter Phänomene nicht in die methodologische Diskussion einbezieht, und zwar deshalb nicht, weil er sich zu ausschließlich mit dem Problem der Erklärung beschäftigt.

Aber auch das Ordnen, genau wie die Erklärung, ist belanglos, solange man dessen Relevanz nicht beurteilen kann. Im Falle der Literaturwissenschaft bedeutet dies: die Beschreibung eines einzelnen Texts ist irrelevant, wenn sie nicht entweder für weitere wissenschaftliche Arbeit brauchbar ist oder die Leseerfahrung intensiviert. Die Leseerfahrung kann niemals durch wissenschaftliche Handlungen ersetzt werden; für den (literarischen) Leser hat die wissenschaftliche Beschreibung, Ordnung und Erklärung eine *mäeutische* Funktion. Die Hermeneutik mag sich dann ein unerreichbares Ziel gestellt haben, ihr Verdienst um die Geschichte der Literaturwissenschaft war es, daß sie in der Praxis die Rolle der ‚Hebamme' oft viel besser gespielt hat als positivistisch orientierte Richtungen. Einsichten in das Phänomen Literatur im Allgemeinen hingegen haben die Hermeneutiker kaum zur Verfügung gestellt. Dafür müssen wir wieder zur anderen Partei.

Worum es in Robert Müllers *Tropen* geht, ist nicht wissenschaftlich zu formulieren, weil es sich hierbei um etwas handelt, was in den Bereich der Leseerfahrung gehört. Aber der Literaturwissenschaftler kann seinen Leser bis an die Grenze des gelobten Landes bringen. Und bei sonnigem Wetter wird dieser es dann vor sich liegen sehen.

Christoph Eykman
Das Problem des politischen Dichters im Expressionismus und Robert Müllers „Die Politiker des Geistes" (1980)

I

Das Verhältnis des expressionistischen Schriftstellers zur Politik ist nicht auf eine einfache Formel zu bringen. Die Vielfalt einander widersprechender Haltungen schließt sich nicht zum einheitlichen Bild zusammen. Die Skala reicht von der Haltung totaler Enthaltsamkeit in politicis bis zum engagierten „Politiker des Geistes". Der frühe Franz Werfel (in der Schrift: „Die Versuchung. Ein Gespräch des Dichters mit dem Erzengel und Luzifer" aus dem Jahre 1913)[1] versteht das Dichteramt völlig apolitisch. Der Poet dürfe zwar von der Misere der sozial Unterdrückten „singen", nicht aber gegen die Unterdrückung „kämpfen", denn er solle kein „rhetorischer Parteigänger"[2] werden. Das Leid der Welt, auch das sozial bedingte, sieht Werfel als von höherer Hand verhängt, als „Leid der Ewigkeit".[3] In dem 1916 erschienenen „Brief an einen Staatsmann"[4] begreift Werfel jedwede Staatsform als „Schicksalsmacht".[5] Daher erscheint es ihm vermessen, dem dichterischen Wort einen zum politischen Handeln führenden Impuls zuzuschreiben. Das einsame, unverbundene Ich steht ihm höher als das soziale. Als Poet spricht er zum Einzelnen als Wesen jenseits aller sozialen Bestimmungen.

Wie Werfel sehen manche expressionistischen Schriftsteller eine unüberbrückbare Kluft zwischen den Bereichen von Geist und Macht. Der Geist, dem der Dichter diene, so lesen wir bei Paul Kornfeld,[6] lasse sich nicht politisieren, denn Politik sei ihrem Wesen nach ungeistig. Auch Ludwig Rubiner behauptet, der Realpolitiker kenne den Geist nicht und verstehe erst recht nichts von Kunst.[7] Rubiner entwirft aber doch ein Idealbild des

---

[1] Werfel, Franz: „Die Versuchung: Ein Gespräch des Dichters mit dem Erzengel und Luzifer", in: *Der Jüngste Tag* I, Leipzig: Kurt Wolff, 1913.
[2] Ebd., S. 22.
[3] Ebd., S. 22.
[4] Werfel, Franz: „Brief an einen Staatsmann", in: *Das Ziel: Aufrufe zu tätigem Geist*, hrsg. von Kurt Killer, Bd. I, 1916, S. 95.
[5] Ebd., S. 96.
[6] Kornfeld, Paul: „Metapolitik II", in: *Der Anbruch*, Jg. I, H. 4, 1918, S. 3.
[7] Rubiner, Ludwig: „Über Lebendigkeit der Kunst", in: *Die Aktion*, 1917, S. 290.

zukünftigen *geistigen* Politikers, der ihm als ein „handelnder Christus"[8] vorschwebt, also Geist und Macht in sich vereinigt.

Einen Schritt weiter in Richtung auf ein optimistischeres Bild des politischen Dichters geht Klabund (Alfred Henschke), der in seinem chinesischen Märchen „Der Dichter und der Kaiser"[9] den Dichter immerhin als aktiven politischen Rebellen darstellt (er schneidet sich den Zopf ab). Gleichzeitig aber veranschaulicht das Märchen die politische Ohnmacht des Dichters, der ins „Ausland" fliehen muß und dessen Sendschreiben an den Kaiser von den Beratern des Herrschers abgefangen wird. Ihm bleibt am Ende nur der resignierte Rückzug in den Elfenbeinturm der Kunst. Die Sphären von Geist (Kunst) und Macht durchdringen einander nicht. Im gleichen Sinne schreibt auch Carl Einstein von der „Ergebnislosigkeit unserer Artistik".[10] Auch er grenzt den Raum der Dichtung jenseits von Tat und Politik ab.

Ein größeres Maß an Optimismus im Hinblick auf die praktische Wirksamkeit von Geist und Kunst zeigt Alfred Döblin. Zwar gesteht er zu, daß das im menschlichen Leben, was man die „Umstände" oder „Zustände" nennt, sich unendlich langsam und scheinbar unberührt von menschlichem Einwirken verändert. Dennoch schreibt Döblin dem Geist Trieb- und Wirkkraft zu. Man dürfe nicht vergessen, meint er, daß der geistige Mensch „langsamer wirkt und durch die Dinge und Zustände durchsickert wie eine Farbe oder verwitternd wie die Luft. Sie entgehen ihm nicht. Er hat es nur zu eilig gehabt."[11] Döblin fordert, die Kultur dürfe die Politik nicht aufgeben und sich in Kunst und Wissenschaft zurückziehen. Da der Schriftsteller als Geistiger schon per se politisch sei, erweise sich die Alternative von Geist und Tat als falsch. Geist und Macht dürften nicht in getrennte Bereiche gespalten werden, vielmehr habe der ungeistig gewordene Staat sich zu kultivieren.[12] Noch im Jahre 1931 hält Döblin an diesem Standpunkt fest und konkretisiert ihn weiter. Der Schriftsteller bzw. der Geistige habe an die Seite der Arbeiterschaft zu treten, ohne eine parteiliche Bindung einzugehen. Seine Aufgabe sei es allein, Erkenntnisse zu verbreiten und Gefühle zu

---

[8] Ebd., S. 292.
[9] Klabund (Henschke, Alfred): „Der Dichter und sein Kaiser" (1918), in: *Die Goldene Bombe: Expressionistische Märchendichtungen und Grotesken*, hrsg. von Hartmut Geerken, Darmstadt: Agora, 1970.
[10] Einstein, Carl: „Unverbindliches Schreiben", in: Einstein, Carl, *Gesammelte Werke*, hrsg. von Ernst Nef, Wiesbaden: Limes, 1962, S. 108.
[11] Döblin, Alfred: „Landauer", in: *Der neue Merkur*, H. 3, 1919, S. 217.
[12] Vgl. Döblin, Alfred: *Aufsätze zur Literatur*, hrsg. von Walter Muschg, Olten/Freiburg i. Br.: Walter, 1963, S. 50-58.

erwecken.¹³ Dabei erkennt Döblin weder die marxistische Idee des Klassenkampfes noch diejenige des Überbaues an.

Auch Kurt Pinthus, einer der herausragenden Wortführer des Expressionismus, definiert den Geist als politischen. Auch er scheut die Annäherung an die Tages- und Parteipolitik. Er postuliert aber, daß das Wirken des Geistes jeweils am Individuum und seiner inneren politisch-ethischen Erneuerung anzusetzen habe. Aus dieser erst fließe dann die neue wirklichkeitsverändernde Tat.¹⁴ Der optimistischste aller Politiker des Geistes unter den Expressionisten dürfte wohl Kurt Hiller gewesen sein, der von einer „Logokratie" träumte und dessen „Aktivismus" keine Kluft zwischen Geist und Macht anerkannte. Unter seiner Leitung konstituierte sich am 10.11.1917 im Reichstag der „Rat geistiger Arbeiter", ein Aktivistenbund, dem aber keine nennenswerte politische Wirkung beschieden war.

Die leidenschaftlichste Proklamation des politischen Auftrages des Dichters findet sich wohl in den bekannten Versen Walter Hasenclevers:

> „Der Dichter träumt nicht mehr in blauen Buchten.
> Er sieht aus Höfen helle Schwärme reiten.
> Sein Fuß bedeckt die Leichen der Verruchten.
> Sein Haupt erhebt sich, Völker zu begleiten.
> Er wird ihr Führer sein. Er wird verkünden.
> Die Flamme seines Wortes wird Musik.
> Er wird den großen Bund der Staaten gründen.
> Das Recht des Menschentums. Die Republik."¹⁵

II

Vor dem Hintergrund dieser kurzen Skizze der Thematik von Macht und Geist bzw. des politischen Dichters im Expressionismus läßt sich Robert Müllers Stück „*Die Politiker des Geistes. Sieben Situationen*" (1917)¹⁶ eher

---

[13] Vgl. Kreutzer, Leo: *Alfred Döblin: Sein Werk bis 1933*, Stuttgart: Kohlhammer, 1970, S. 152, 157.

[14] Pinthus, Kurt: „Rede an junge Dichter" (1917), in: *Ahnung und Aufbruch: Expressionistische Prosa*, hrsg. von Karl Otten, Darmstadt: Luchterhand, 1957, S. 42f.

[15] Hasenclever, Walter: „Der politische Dichter", in: *Umsturz und Aufbau, Zweite Flugschrift*, Berlin 1919, S. 23. Eine detailliertere Darstellung des Problems des politischen Dichters im Expressionismus findet sich bei: Eykman, Christoph: *Denk- und Stilformen des Expressionismus*, München: Francke, 1974, (UTB 256) S. 9-27.

[16] Müller, Robert: *Die Politiker des Geistes: Sieben Situationen*, Berlin: S. Fischer, 1917.

dem pessimistischen Standpunkt der Werfel, Kornfeld, Rubiner, Klabund und Einstein zuordnen, wenn auch mit gewissen Vorbehalten, wie noch zu zeigen sein wird. Müller gibt sozusagen eine ironische Typologie der Fehlformen einer versuchten Synthese von Politik und schöpferischem Geist. Einige der Nebenfiguren des Stückes verkörpern in jeweils verschiedener Form das Unzulängliche in den Bestrebungen politisierender Intellektueller, so etwa der „reine" Literat Meyer, der nicht an die Organisierbarkeit des Geistes glaubt, oder der „reine" Parteimann (Butzke und seine „sozialreformerische" Partei) und schließlich ein rassisch („völkisch") denkender Jude, Nuchem Tittel, welcher da glaubt, eine Organisation der Geistigen könne nur dann gelingen, wenn es eine „Individualitätenrasse" gebe, „wenn die Geistigen ein Volk sind".[17] Doch alle diese Gestalten, einschließlich des flach-optimistischen amerikanischen Managertyps Murphy, sind nur Figuranten, von denen sich die seltsame Hauptgestalt Gerhard Werners abhebt.

Werner ist offensichtlich – auf einem weltanschaulichen Hintergrund, der sowohl von Nietzsche wie auch von Bergson und Houston Stewart Chamberlain[18] geprägt ist – als der fortgeschrittenste Typ modernen westlichen Menschentums konzipiert. Im Personenverzeichnis figuriert er schlicht als „ein Schriftsteller". Aus seiner Vergangenheit erfahren wir, daß er vorübergehend als Cowboy und Matrose gearbeitet habe. Butzke berichtet, daß Werner einmal dem Vorbilde Napoleons nachgestrebt, später aber die Figur Christi zum Leitbild erhoben habe.[19] Das Ideal des Tatmenschentums weicht demjenigen einer vergeistigten Passion. Werner selbst behauptet, die bürgerliche Existenzform bereits in sich zuendegelebt zu haben.[20] Er steht also in der Lebensphase, in welcher das Stück ihn präsentiert, schon jenseits bzw. über der bürgerlichen Gesellschaft, wie das auch immer zu verstehen sein mag. Am Eingang des Stückes erweist sich Werner sowohl als vitaler Sportsmann (er gewinnt ein Match im Rudern) wie als Intellektueller. Als Mann des Geistes will er aber nicht außerhalb der praktischen Sphäre verharren, wie etwa der Literat Meyer, sondern kraft einer „Politik des Geistes"[21] aktiv in das Zeitgeschehen eingreifen. Werner versteht sich als

---

[17] Ebd., S. 41.
[18] Der Einfluß Nietzsches ist überdeutlich. Zu Müllers Verhältnis zu Bergson und Chamberlain vgl. Müller, Robert: *Macht: Psycho-politische Grundlagen des gegenwärtigen Atlantischen Krieges*, München: Hugo Schmidt, 1915, S. 25f., 38 et passim.
[19] Müller, Robert: *Die Politiker des Geistes*. S. 36.
[20] Ebd., S. 68.
[21] Ebd., S. 38.

politischen „Expressionisten",[22] nimmt also damit am Ringen seiner expressionistischen Zeitgenossen um die Klärung des Verhältnisses von Geist (Kunst) und Macht teil. Er läßt sich als politischen Kandidaten aufstellen, hält Wahlreden, hat auch einen Manager (den Amerikaner Murphy, der einen Film über ihn dreht, von dem er sich hohe Einkünfte erwartet). Seine politischen Ziele bleiben aber äußerst vage und werden eher in ihren Negationen als im Affirmativen greifbar.

Er möchte „das Triebleben gegen das Betriebsleben"[23] ausspielen. Das Wortspiel will sagen, daß Werner die erstarrten Formen von Staat und Gesellschaft nicht aus sozialen Motiven sprengen will (wie der Sozialreformer Butzke), sondern von einer im Sinne Nietzsches gefaßten irrationalen Lebenskraft her. „In gewissem Sinne sind wir politische Expressionisten", sagt er, „weil wir die schöpferische Willkür neben den Mechanismus stellen wollen, den irrationalen Staat neben den modernen wissenschaftlichen."[24] Gegen „Betrieb" und „Mechanismus" setzt Werner eine an Nietzsche orientierte Evolutionstheorie mit einer offenbar zeitbedingten rassistischen Komponente. In Robert Müllers Schrift „*Macht. Psychopolitische Grundlagen des gegenwärtigen Atlantischen Krieges*" (1915) klingt bereits der Gedanke der Höherentwicklung bzw. Höherzüchtung des Menschen mehrfach an. „Wir *Deutschen* übernehmen von Stund an die Verantwortung für den *Menschen*,"[25] so heißt es dort großsprecherisch. Das Ziel des deutschen Imperialismus sei „vorerst einmal nicht die Annexion, sondern ein hellerer und widerstandsfähigerer Mensch,..."[26] An anderer Stelle in der gleichen Schrift spricht Müller vom „Glauben an die Entwicklungsfähigkeit der Art".[27] In Verbindung mit solchen Thesen taucht bei ihm wiederholt der Rassegedanke auf. Da lesen wir von „Blutsverschlechterung des Durchschnitts",[28] „Rettung des germanischen Zuchtideals",[29] „Entartung" und „Herrentum".[30] Das Müllersche Rassendenken gipfelt in dem Satz: „...die bessere Rasse hat's: Gott, Welt, Urwahrheit, Leben und Vollendung."[31] Daß mit der „besseren

---

[22] Ebd., S. 39.
[23] Ebd., S. 38.
[24] Ebd., S. 39.
[25] Müller, Robert: *Macht*. S. 41.
[26] Ebd., S. 41.
[27] Ebd., S. 67.
[28] Ebd., S. 64.
[29] Ebd., S. 64.
[30] Ebd., S. 66.
[31] Ebd., S. 74.

Rasse" die Deutschen gemeint sind, darüber läßt Müller in seiner Schrift keinen Zweifel aufkommen.

Auch im zur Diskussion stehenden Stück Müllers stößt man auf Schritt und Tritt auf den Rassegedanken. Schon eingangs charakterisiert die Opernsängerin Ethel O'Brien Werner mit den Worten: „...er hat Rasse."[32] Werner selbst behauptet, die „alten Rassen" seien „formal und schöpferisch zu Ende gekommen", eine „universale neue Rassigkeit" müsse begründet werden.[33] Fragt man, wie die Weiter- und Höherentwicklung dieses (offenbar nicht mehr national gebundenen) Menschen konkret auszusehen habe, so erhält man die verblüffende Antwort, der Impuls zum neuen Menschentum werde aus der Nervenheilanstalt als einem Samuelplatz aller wertvollen, von der Gesellschaft verbannten bzw. abgedrängten menschlichen Kräfte kommen:

> „Zwei Jahre war ich in deinem Sanatorium gewesen. Es ist eine Zeit und ein Erlebnis, das ich nicht aus mir streichen würde. Ich habe die Erkenntnis gehabt, wie tausende der bedeutendsten Menschen hier ausserhalb der menschlichen Gesellschaft brach liegen, deren Kräfte so gutes Leben wie der Alltag irgendeines tüchtigen Bureaukraten sind. Die Ökonomie der Menschheit kann diese Typen nicht mehr entbehren; der irrationale, aber höchst schöpferische Zug, der diesen Gebilden des übersteigerten Geistes anhaftet, wird jene Form bringen, die über das Technische hinaus die nächste Entwicklungsstufe darstellt."[34]

Das höhere Menschentum als ein irrationales wird also die technische Zivilisation übersteigen. Mehr wird kaum deutlich. Die Gesellschaft soll ihr künftiges Heil den Ausgestoßenen verdanken, die, im Sinne Nietzsches, als die wahren Starken keine soziale, sondern eine orgiastisch-vitalistische Erneuerung bringen sollen:

> „Ich vertrete alle Outcasts; die Antipolitischen und die Asozialen; die Verwegenen und Vogelfreien; die Ökonomie der Gesellschaft darf auf diese, ihre Besten, nicht verzichten... aber man darf nicht stehen bleiben dabei; nach den Armen erhalten es (das gleiche Recht) alle Wahnsinnigen und Verstoßenen, alle Outcasts, alle diese Furchtbaren und Starken, die noch außerhalb der Bestimmungsrechte stehen. Wir wollen die Gesellschaft bis zur vollständigen Desorganisation organisieren, bis sie nur eine wilde Musik von Individualitäten geworden ist."[35]

---

[32] Müller, Robert: *Die Politiker des Geistes*, S. 13.
[33] Ebd., S. 41.
[34] Ebd., S. 66f.
[35] Ebd., S. 98f.

Man mag fragen, ob jene „wilde Musik von Individualitäten" überhaupt noch im hergebrachten Verstande als „Gesellschaft" verstanden werden kann. Müllers bzw. Werners These ist ebenfalls schon in der Schrift „*Macht*" aus dem Jahre 1915 vorgeformt. Dort heißt es über die Tendenzen der zeitgenössischen Literatur: „…das soziale Ich ist wertlos, seit man zum höheren strebt."[36] Staat und Gesellschaft werden im Zuge des gleichen verschwommenen Individualismus, welcher auch das Müllersche Drama charakterisiert, der Hoheit des Einzelich unterstellt: „Immer gilt: der Staat bin ich. Jeder ist ein solcher Sonnenkönig."[37] Die Zukunftsgesellschaft ist das Werk des machtvollen Einzelnen: „Der vollkommene Mensch ist imperialistisch; er steht nicht ausserhalb der Gesellschaft; sondern hat seine Gesellschaft nach sich gebildet und seinen Platz in ihr gefunden."[38] Hat man sich jene utopische Gesellschaft als Herrschaftsverband von Übermenschen und ihrer jeweiligen Untertanen zu denken?

Wie auch immer die Gesellschaft der Zukunft, die Werner erträumt, beschaffen sein mag, er selbst gibt sich (wiederum im Sinne Nietzsches, dessen Bild neben dem Goethes in seiner Studierstube hängt) als der allen überlegene Repräsentant des „Lebens". Er sieht sich zwar als Geistigen, handelt aber, wie er selbst bekennt, „stets aus Trieb".[39] Die von ihm faszinierte Bildhauerin Lotte Klirr spricht es naiv aus: …ich glaube nur, du bist das Leben."[40] „Meine Politik des Geistes", so verkündet Werner, „ist eine Diplomatie des Lebens, das ich rettungslos gegen alles Bleibende und Menschenfixe siegen sehe."[41] Das Stück endet mit den von Werner gesprochenen Worten: „…es muss einen das Leben haben".[42] „Leben" bedeutet hier ein irrationales, schöpferisch-dynamisches Prinzip, welches hinter dem Geistigen, Sinnlichen und Sozialen steht und jene Bereiche umgreift und bestimmt.

Doch die hochfliegenden Pläne Werners bleiben in der Phrase stecken und scheitern ganz trivial an den Verhaltensregeln der etablierten Gesellschaft. Werner wird von Butzke tätlich angegriffen, da er ihm eine Geliebte, Lotte Klirr, abspenstig zu machen droht. Der über solches Verhalten erha-

---

[36] Müller, Robert: *Macht*. S. 17.
[37] Ebd., S. 35.
[38] Ebd., S. 73.
[39] Müller, Robert: *Die Politiker des Geistes*, S. 64.
[40] Ebd., S. 58.
[41] Ebd., S. 99.
[42] Ebd., S. 108.

bene Werner wehrt sich nicht, zieht sich jedoch aufgrund jener absichtlichen Widerstandslosigkeit die Ächtung „der" Gesellschaft zu, so daß seine Kandidatur sich zerschlägt und sein amerikanischer Manager sich von ihm abwendet. Zu einem gleichwohl arrangierten Duell mit Butzke erscheint Werner zwar, verweigert aber dann zum zweiten Mal den Kampf. Der vom „Leben" erhobene Anspruch, kraft einer „Politik des Geistes" eine neue Gesellschaft herauf zuführen, erweist sich somit als ohnmächtig. Zwar redet sich Werner nunmehr auf eine Haltung östlich-mystischer Passivität heraus: „Mein Weg geht gegen Osten – mein Denken geschieht."[43] Seine Gestalt wird jedoch in der letzten Phase des Stückes vollends fragwürdig. Der Anspruch des lebensmächtigen Umgestalters erlischt im Rückzug in den vitalistischen Elfenbeinturm. So hoch steht das Leben über der schlechten Empirie der Gesellschaft, daß es sich erst gar nicht mit ihr einzulassen vermag: „Ich politisiere, um die Politik zu vernachlässigen. Ich werde nie in ihren Formen und Aktionen zur Erscheinung kommen können."[44] Die so stolz angekündigte Politik des aus machtvollem Leben gespeisten Geistes mündet am Ende in der für die soziale Praxis wirkungslosen) Haltung der ästhetischen Erfahrung. Der vitalistische Elfenbeinturm wird mit dem ästhetischen vertauscht: „Was steht noch bevor? Man liest Bücher, hört Musik, sieht Bilder, wandert über Schneeberge, steht auf einer gelben Klippe im grünen Meer – danach trägt mich meine Sehnsucht."[45]

Das Stück läßt die Frage offen, ob Werner nur ein verfrühter und daher noch zur Ohnmacht verdammter Obermensch ist, der immerhin doch als Vorbild konzipiert wurde – oder ob sein Autor letztlich doch die pessimistische These jener Expressionisten bestätigt, welche die Möglichkeit einer Vereinigung von Geist und Macht leugnen.

---

[43] Ebd., S. 80
[44] Ebd., S. 84f.
[45] Ebd., S. 101.

Günter Helmes
**Katholischer Bolschewik in der „Schwäbischen Türkey".[1]
Zum politischen Denken Robert Müllers (1980)**

Als im Jahre 1921 die von Franz Blei und Paris Gütersloh herausgegebene Zeitschrift *Die Rettung* mit dem Ruf „Es lebe der Kommunismus und die katholische Kirche!"[2] eingeht, hat Robert Müller eben in zwei größeren Arbeiten versucht, diesem politischen Glaubensbekenntnis eine hinreichende theoretische Rechtfertigung zu geben.[3]

Der Kommunismus, so Müller in „Der Kreis des Aktivismus. Ein Dialog vom aktivistischen Charakter", leide im besonderen darunter, daß in ihm „Abstraktes und Sinnliches" in einem unausgewogenen Verhältnis stünden, und wolle der Kommunismus siegen, so sei dies nur in „engster Verbindung mit der Reaktion", d. h. durch die Verbindung mit der Katholischen Kirche möglich. Denn diese habe bis zur Stunde „durch die Synthese des üppigen und Asketischen die größte irdische und geistige Macht zu entfalten vermocht."[4] Worauf es der wirklichen Masse, nicht der in der Phantasie des Kommunismus, ankomme, sei nicht ein bestimmtes System, sondern „Hunger und Schaulust".

> „Darum gib ihr panem und circenses, das heißt den Kommunismus, die Rente, aber auch die Hierarchie, Prozessionen, Repräsentationen, Prinzentum. Le Nombre, wie der Franzose das formlose Multiple besser festhaltend sagt, gebt ihm circenses, bürgerliche Zivilisation, den schönen Skandal, ... Monte Carlo, König Eduard VII, die Kronprinzessin von Koburg und derlei (...); und gebt ihm, Nombre, den Pfaffen dazu."[5]

---

[1] In seinem Buch *Deutsches Leben in Ungarn* (1916) bezeichnet Adam Müller-Guttenbrunn Ungarn als die „Schwäbische Türkey". Robert Müller hält in „österreichische Bibliothek", in: *Der Merker* 8, Tl. 3, Wien 1917, S. 544f., dafür, daß dieser Name „auf den gesamten Donaustaat" passe, „indem er Osten und Westen kumuliert, nicht rohes Pluszeichen, sondern, indem er das Neue ansagt, eben dies, die „Schwäbische Türkey."" (a.a.O., S. 545).

[2] *Die Rettung. Blätter Zur Erkenntnis Der Zelt,* herausgegeben von Franz Blei und Paris Gütersloh, Jg. 1 (Wien) – Jg. 2 (Hellerau bei Dresden), 1918-1920.

[3] Müller, Robert, *Bolschewik und Gentleman*, Erich Reiss Verlag, Berlin 1920. Ders., „Der Kreis des Aktivismus. Ein Dialog vom aktivistischen Charakter", in: *Das Ziel. Jahrbücher für geistige Politik*, Bd. 4, München 1920, S. 190-206.

[4] Müller, Robert, „Der Kreis des Aktivismus", S. 196.

[5] Ebd., S. 197.

Das Ziel der Politik dürfe es nicht sein, die Masse zu vervollkommnen, sondern umgekehrt, sie dumm zu halten und sie in ihrer Beschränktheit so glücklich zu machen wie eben möglich. Denn wahre Aufklärung sei allein „das Reservat der Auguren", und entstehe auch in „konsolidierteren Verhältnissen" der „höhere Dumme", der „Gebildete", so könne ihm der wahrhaft Geistige doch nur Verachtung, ja „Haß" entgegenbringen. Indem man die Masse so behandle, bekomme sie endlich „ihren biologischen Platz in der Welt.(...) Es beginnt die Revolution, des Geistes gegen die Masse."[6]

In diesen knappen Äußerungen Müllers kommt ein politisches Denken um Ausdruck, das – Teil einer umfassenderen und in sich gegliederten Bewegung – wie diese überhaupt von der bisherigen Forschung weitgehend unbeachtet geblieben ist.[7] Gemeint ist der Aktivismus, er sich etwa seit dem 2. Kriegsjahr 1915 in zahlreichen Publikationen lautstark zu Wort meldet und in Kurt Hillers Ziel-Jahrbüchern ein zweifellos wichtigstes Publikationsorgan findet.

Ich will an dieser Stelle versuchen, am Beispiel Robert Müllers eine markante und einflußreiche aktivistische Position in ihrer Entwicklung und schließlich Ausformulierung nachzuzeichnen.[8]

Schon 1912 bemerkte Müller in einer seiner frühesten Veröffentlichungen:

„Wir stehen im Zeichen der politischen Dekadenz. Der echte politische Typus hat sich aus der öffentlichen Karriere zurückgezogen, er

---

[6] Ebd., S. 198.
[7] Überhaupt läßt sich feststellen, daß dem Verhältnis von Literatur und Politik z. Zt. des sogenannten Expressionismus bisher nur wenig Aufmerksamkeit geschenkt worden ist. Zu den Ausnahmen gehören: Kolinsky, Eva, *Engagierter Expressionismus. Politik und Literatur zwischen Weltkrieg und Weimarer Republik. Eine Analyse expressionistischer Zeitschriften*, Stuttgart 1970. Peter, Lothar, *Literarische Intelligenz und Klassenkampf. „Die Aktion" 1911-1932*, Köln 1972. Vgl. streckenweise auch: Kreuzer, Helmut, *Die Boheme*, Stuttgart 1968. Für den Bereich des Aktivismus sind zu nennen: Paulsen, Wolfgang, *Expressionismus und Aktivismus. Eine typologische Untersuchung*, Bern und Leipzig 1935. *Der Aktivismus 1915-1920*, herausgegeben von Wolfgang Rothe, München 1969.
[8] Die Bedeutung Robert Müllers innerhalb der aktivistischen Bewegung läßt sich etwa daran ablesen, daß Kurt Hiller ihn 1920 in einer Vorbemerkung zu Müllers Artikel „Die Geist-Rasse" als den heutigen „Führer der aktivistischen Bewegung in Wien" bezeichnet und in ihm zusammen mit Otto Flake den durch Denk- und Sprachkraft glänzendsten Führer der aktivistischen Bewegung überhaupt sieht. (Hiller, Kurt, „Vorbemerkung zu Robert Müllers „Die Geist-Rasse", in: *Das Ziel. Jahrbücher für geistige Politik*, Bd. 4, München und Berlin 1920, S. 49.).

gründet eine Demokratie mit sich selber, eine Gesellschaft von identischen kräftigen wohlerzogenen Individuen und lebt mit seinen 24 Ichs zwischen Tag und Nacht nach eigener Verfassung."[9]

In der heutigen bürgerlichen Gesellschaft, so Müller, werde alles auf Ökonomie reduziert, selbst die Politik, obwohl diese doch ihrem Wesen nach „die Oekonomie der seelischen Kräfte einer Gesellschaft" sei und ihr Hauptaugenmerk „auf die Züchtung eines Kulturpatriotismus"[10] zu richten habe. Wahrer Politik liege die Einsicht zugrunde, daß auch die Bewältigung wirtschaftlicher Fragestellungen und Probleme „nur durch eine spezifische Politik, durch ethische Erziehung, gelöst werden kann."[11] Es gelte, so zwei Jahre später, der fortschreitenden Entidealisierung des gesellschaftlichen Zusammenlebens einen neuen Geist entgegenzusetzen, der, unter Vervollkommnung beispielsweise von Wissenschaft und Ökonomie, diese noch überwinde, indem er sie nur als „äußerliche Funktion" begreife, einen Geist, der in der Lage sei, der heutigen bürgerlichen Gesellschaft wieder eine „Offenbarung" zu geben. Dieser Geist sei der Konservativismus, „eine Blutbestimmtheit jenseits des Gehirns"[12], ein Geist, der Männer fordere, deren Schicksal „das schwere gewalttätige Blut im Kampf mit dem zähen Willen zu Vernunft und Gesetz"[13] sein werde. Müller erkennt solche Männer vornehmlich im österreichischen Adel und Herrscherhaus. In seinem ersten großen Essay *Was erwartet Österreich von seinem jungen Thronfolger?* (1914) führt er die skizzierten Gedanken aus. Was er zuvor als Perspektivlosigkeit oder „Entidealisierung" der heutigen Gesellschaft beklagte, wird hier als ein Verlust an geschichtlicher Gebundenheit näher bestimmt. Müller fordert im Gesellschaftlichen die Rückkehr zu vormals ‚Seiendem'. Die heutige Praxis der „Masse", Entscheidungen einzig unter dem Aspekt „stofflicher Nützlichkeit" zu fällen, müsse überwunden werden, da sie einem Maßstab huldige, der „von außen an die Seele herangetragen" sei. Es gelte, dem „Volk" gegenüber der „Masse" wieder zu seinem Recht zu verhelfen. Denn das „Volk" verteile „Befugnis und Wirkungsspielraum (...) nach den Bedürfnissen seiner Seele, nach sittlicher Einsicht, nach unbewuß-

---

[9] Müller, Robert, „Skandinavier", in: *Der Brenner* 2, H. 18, Innsbruck 1912, S. 627.
[10] Ebd., S. 626.
[11] Ebd., S. 627.
[12] Müller, Robert, „Contre-Anarchie", in: *Saturn* 4, H. 1, Heidelberg 1914, S. 16.
[13] Ebd., S. 16.

ter höherer Gerechtigkeit, die nicht nach Leistungen, sondern nach Werten fragt."[14]

Müller verweist auf die isländischen „Mythen" von Egil, Grettir und Hrafnkel. In diesen „Mythen" sei eine Gesellschaft vorgestellt worden, die aufgrund natürlicher, d. h. „blutsmäßiger" Unterschiede der Menschen hierarchisch gegliedert gewesen sei. Demut vor dem Auserwählteren sei die wesentliche Haltung der Menschen gewesen. Müller folgert: „Des Freien Freiheit ist es, sich zu eigen zu geben, wo die Natur in Vorzügen gesprochen hat."[15] Damit ist der Gedanke an eine Aufteilung der Menschen in Führer und Geführte formuliert. Entsprechend fordert Müller eine Gesellschaftsordnung, in der es allein einer Elite zukommt, die gesellschaftlichen Geschicke zu leiten. Er erstellt ein erstes politisches Programm:

> „Die Politik muß aus den Händen der Parlamentsprofessionals genommen und in die der Geistigen gelegt werden.(...) Die Kräfte der Volksvertretung müssen, und dies nirgends mehr denn in Österreich, beschränkt werden. (...) *Die Prinzen, Adeligen* und *Geistigen* sind als die *Zuchtgermanen des Staates* zur Leistung bestimmt."[16]

Gefordert wird, um in der Sprache Müllers zu bleiben, das Ideal der „germanischen Demokratie", die, blut- und traditionsgebundene Menschen favorisierend, sich der „Demokratie des Juden Madochai (Marx)" widersetze, die „keine anständige Geburt aus dem Geist der kulturtragenden Schichten unseres Volkes"[17] sei. Unterlassen wir es zunächst, zu den provokanten Thesen Müllers Stellung zu nehmen und wenden uns den Fragen zu, worin denn nach Müller die Aufgaben der herrschenden ‚Elite' liegen müßten und was für ein Staat gemeint sei, den diese ‚Elite' zu lenken berufen ist. Verfolgen wir Müllers Beantwortung der letzten Frage.

Unter Staat versteht Müller das willentliche Produkt einer erlesenen Minderheit: der „Geistigen". Damit trennt Müller den Staatsgedanken scharf vom Nationalitätsgedanken. Die Nation ist ihm einzig ein ‚Ordnungsresultat' des Staates – und nicht umgekehrt. Ihr haftet nach Müller etwas Zufälliges, Qualitätsloses an. Der Staat aber ist für Müller das ideale Produkt „in der Richtlinie einer schon erprobten Tradition und Begabung".[18]

---

[14] Müller, Robert, *Was erwartet Österreich von seinem jungen Thronfolger?*, München 1914. Hier zitiert nach der zweiten, veränderten Auflage, München 1915, S. 1.
[15] Ebd., S. 2.
[16] Ebd., S. 34.
[17] Ebd., S. 5.
[18] Ebd., S. 36.

Wenn daher der „Geistige" im Namen des Volkes, im Namen des Staates und nicht in dem der Nation handele, so tue er dies nicht „in dem er Mehrzahl seiner (der Nation; G.H.) Lumpe und Schafsköpfe, die es ausmachen, sondern mit einem scharfen Kultur- und Entwicklungstyps vor Augen."[19] Denn eben darin liege der Unterschied zwischen staatlichem und nationalem Denken: Während der Nationalismus sein Volk um dieses selbst willen wolle, fordere der Staatsgedanke eine strikte Gliederung des Volkes in eine ,Elite' und die Masse eben der „Lumpe und Schafsköpfe". Es gehöre daher zu ‚den größten Fehlern, nationale Eigenheiten oder Bewegungen zur legitimen Voraussetzung einer Staatsbildung zu machen. Die nationale Idee, so Müller an früherer Stelle, habe kein „Anrecht auf ihre Gültigkeit als staatliches Produkt".[20] An ihre Stelle tritt in Müllers Staatsdenken der *Rassegedanke*. So wenig die Nationen die ihnen bewiesene Sentimentalität verdienten, „so sehr verdient sie die Rasse. Die *Rasse ist überall* und allezeit das *kulturtragende* und *staatenbildende Element*".[21] Die herausragende Rasse aber, aus der alle europäischen Nationen in Mischung mit kleineren Rassen entstanden seien, sei die „germanische".

Müller überträgt das Gesagte auf Österreich. Der Staat Österreich ist ihm die sinnfällig gewordene Idee, „in der Richtlinie einer schon erprobten Tradition und Begabung" (s. o.), der „germanischen" nämlich, zu einem „Kultur- und Entwicklungstyp" zu gelangen, in dem das „Germanische" zu seiner vollen Entfaltung kommen kann. Damit wendet sich Müller am Vorabend des Ersten Weltkrieges auch entschieden gegen nationalstaatliche Bestrebungen im Vielvölkerstaat Österreich. Er selbst führt „die nationalen Verirrungen der österreichischen Politiker" als Beispiele verfehlten Staatsdenkens an:

> „Sie (diese österreichischen Politiker; G.H.) zweigen in die verschiedensten Detailwünsche aus, die alle (…) ihr nationales, weltgeschichtlich berechtigtes Programm nicht innerhalb des Staatsgedankens, sondern gegen ihn durchführen."[22]

Durch diese Äußerungen leitet Müller zur Beantwortung der Frage über, welche Aufgaben es denn sind, denen sich in Österreich der ideale Politiker

---

[19] Ebd., S. 35f.
[20] Müller, Robert, „Der Nationalitätenstaat", in: *Der Ruf*, H. 5, Wien, Oktober 1913, S. 2.
[21] Müller, Robert, *Was erwartet Österreich von seinem jungen Thronfolger?*, a.a.O., S. 39.
[22] Ebd., S. 38.

(Prinz, Adel, „Geistiger") gegenübergestellt sieht. Ihm müsse es darum gehen, „mit den realsten Mitteln die höchste Steigerung menschlicher Äußerungen"[23] zu erzielen, „Naturgeschichte in suspenso" zu schreiben, die „schwebenden Fragen der Biologie"[24] zu erledigen, einen solchen Staat zu schaffen, der auch aufgrund seiner materiellen Gegebenheiten dazu in der Lage sei, den „höheren Typus" zu ermöglichen. Müller fordert neben einer Vervollkommnung von Wissenschaft, Technik und Wirtschaft vor allem auch Expansion und Imperialismus, denn jeder neue Typus, „jede Teil- oder Ganzkultur ist die Folge von Imperialismus und Expansion; friktionsloses Wachstum von Kulturen kommt geschichtlich nicht vor."[25]

Allein, nach Müller ist die Entstehung des neuen Typus, ist die Vervollkommnung der „germanischen Rasse" durch Österreich allein nicht zu leisten. Eine „Arbeitsteilung" der fortgeschrittensten germanischen Staaten – Österreich und Deutschland – sei erforderlich. Österreich habe für die Schonung und Erhaltung all dessen zu sorgen, was in seinem Territorium auf dem „germanischen Gedanken" aufbaue. Seine Außenpolitik habe zwei Ziele zu verfolgen: einerseits müsse das alte Mittelmeerreich, das *„imperium romanum"* wieder aufgerichtet werden, um so ein Bollwerk gegen alle nicht-germanischen Kulturwelten (vor allem die asiatische) zu errichten; andererseits müsse dieses „imperium romanum" die Zugänge zum Meer schaffen, die Welthandels- und Expansionsmöglichkeiten eröffnen. Indem Österreich so im Süden und im näheren Osten einen germanischen Einflußbereich schaffe, ermögliche es dem Deutschen Reich, seiner Aufgabe, der Germanisierung der Welt nachzukommen. Und wenn dann einst, so Müller

> „die Bagdadbahn gebaut ist und mit ihrer Hilfe das große *arabische Reich deutscher Signatur* (…) gegründet wird, als nordöstliche Fortsetzung des zentralafrikanischen Reiches zu einem *deutschen Kolonisatignsgürtel* am *Äquator*, der in den jetzt holländischen Besitzungen Sumatras und Javas und weiter hinaus in den deutschen (…) Südseeinseln seinen Abschluß findet – die westliche Erstreckung über Rio Grande do Sul und Chile ist nicht ganz auszuschließen – dann, wenn dieses große deutsche Werk (…) im Werden"[26]

sei, komme die weltpolitische Bedeutung Österreichs vollends zum Ausdruck. Zuvor aber müsse es eben zur herrschenden Macht am Mittelmeer

---

[23] Ebd., S. 44.
[24] Ebd., S. 42.
[25] Ebd., S. 43f.
[26] Ebd., S. 25.

werden. Dazu bedürfe es sowohl eines gewonnenen Krieges gegen Serbien als auch gegen Italien.[27]

Ziehen wir ein erstes Fazit. Müllers politisches Denken in der unmittelbaren Vorkriegszeit geht davon aus, daß man die Menschen in einem Staatswesen in „Masse", „Volk" und eine ‚Elite' zu unterteilen habe. Dabei ist ihm die „Masse" der kulturell und politisch unqualifizierteste, weil historisch entwurzeltste Menschheitsteil. Unter „Volk" faßt er all jene zusammen, in deren Denken, Wollen und Handeln die s. g. „germanischen Traditionen" unbewußt weiterleben. Die ‚Elite' schließlich – Adel, Herrscherhaus und „Geistige" – hebt sich vom Volk dadurch ab, daß sie die „germanischen Traditionen" aktualisiert, indem sie diese zum politischen Programm erhebt. Das „Germanische" zeichnet sich für Müller dadurch aus, daß es einerseits Grundgegebenheiten des Menschen, Trieb und Ratio, gleichermaßen zur Entfaltung kommen läßt, und daß es andererseits die rassemäßige Grundlage aller europäischen Nationen bildet. Somit ist ihm das „Germanische" schon aufgrund seiner ‚geschichtlichen' Bedeutung als das Modell einer wünschenswerten Zukunft legitimiert. Eine herausragende Stellung nimmt es jedoch für Müller dadurch ein, daß es den Grundgedanken seines eigenen politischen Denkens, strenge Hierarchisierung der Gesellschaft nach der Maßgabe „blutgemäßer" Gegebenheiten, teilt. In Bezug auf Österreich sieht Müller folglich die wichtigste Aufgabe zunächst darin, den Einfluß aller plebiszitären Elemente im Staatswesen zurückzudrängen. Müller fordert kein wie auch immer organisiertes neues Staatswesen, sondern die Erhaltung bzw. Restitution überlebter sozialer und politischer Formen. Anders etwa als der Berliner Aktivist Kurt Hiller, der entschieden gegen die politischen Machthaber des Deutschen Kaiserreichs opponierte, da er in ihnen die Statthalter eines ungeistigen und unsozialen Prinzips erkannte, will der Wiener Aktivist Müller keine Oppositionshaltung zu den überkommenen politischen Mächten, sondern Anpassung, ja Anbiederung an diese.

Der ideale Staat Müllers ist nicht der organisatorische Ausdruck einer bestimmten Nation, sondern der eines bestimmten Typus. Der Begriff „Nation" und „Staat" stehen in keinem Bedingungsverhältnis zueinander. Der ideale Staat Müllers hat im wesentlichen die Zielsetzung zu verfolgen, den „germanischen Grundgedanken" in andere geographische und kulturelle Gebiete zu tragen. Dementsprechend stehen außenpolitische Überlegungen

---

[27] Ebd., S. 65.

für Müller ganz im Vordergrund. Dabei huldigt er, wie verschiedene Äußerungen deutlich machten, einem aggressiven Chauvinismus. Innenpolitische Themenkreise werden fast ganz ausgeklammert. Fragen beispielsweise nach der Gestaltung des Wirtschaftslebens und des Sozialwesens bleiben ungestellt, handelt es sich doch bei der Mehrzahl der Bevölkerung um „Lumpe und Schafsköpfe" (s. o.). Müllers politisches Denken ist einzig einem Ziel verpflichtet: der Schaffung eines in jeder Hinsicht idealen Lebensraums für die „geistige Rasse", d. h. für den „Germanen". Daß der „Geistige", daß der „Germane" mächtig werde, ist in der Auffassung Müllers das Ziel der Geschichte. Denn der Wille zur Herrschaft wohnt seinen „Geistigen" geradezu physisch, als „schwere(s) gewalttätige(s) Blut" (s. o.) inne. Ganz in diesem Sinne empfindet er die als notwendig erachtete Übernahme der Macht durch die „Geistigen" auch nicht als Last (wie dies etwa Kurt Hiller tut), sondern als Befreiung, eröffnet doch erst sie die volle Entfaltung des „germanischen Wesens". Macht ist für Müller nicht Mittel, sondern Ziel, ja „Sittlichkeit" schlechthin. Dies unter Beweis zu stellen, unternimmt der 1915 erschienene Essay *Macht. Psycho-politische Grundlagen des gegenwärtigen atlantischen Krieges*. Dort heißt es zu Anfang:

> *„Ist Macht nicht Pflicht?* Ist ein Volk (gemeint ist das deutsche Volk; 3.H.), das den Begriff Pflicht von seinen transzendenten Aprioris aus zerlegt und wieder zum Alltagsgebrauch gefügt (…) hat, ist ein solches Volk nicht dazu bestimmt, das Gleiche an dem schon äußerlich so ähnlichen Wort ‚Macht' und dem beinhalteten Begriffe durchzuführen?"[28]

Müller argumentiert zunächst ‚historisch'. Schon seit den Tagen Fausts stehe der Alltag des Deutschen unter dem *„kategorischen Imperativ der Macht"*.[29] Nun habe der Erste Weltkrieg „den Typus der Aktion, der Defensive, der Unternehmung, der Schnelligkeit, den Druck-auf-den-Knopf-Typus"[30] ganz in Deutschland angesiedelt. Wie Krupp, so sei auch die sozialistische Internationale ein Imperialismus, ja alles von Deutschen ins Werk Gesetzte könne als Imperialismus betrachtet werden. Macht und Imperialismus, das seien „einzig verschiedene Ausdrücke für dieselbe Sache, für ein seelisches Problem", eine neue „Weltanschauung, Weltanfühlung: ein

---

[28] Müller, Robert, *Macht. Psychopolitische Grundlagen des gegenwärtigen Atlantischen Krieges*, München 1915, 5.8.
[29] Ebd., S. 14.
[30] Ebd., S. 18.

Weltbewußtsein."[31] Ist aber diese Haltung des Deutschen zur Welt auch sittlich? Daß der Deutsche und wie er zur Macht komme, sei, so Müller, kein Problem. Doch dürfe er überhaupt, d. h. dürfe jedes einzelne deutsche Ich mächtig sein?

Müller geht davon aus, daß einzig das Ich selbst über die Sittlichkeit oder Unsittlichkeit einer Handlung entscheiden könne. Das führe dazu, daß das Problem der Sittlichkeit nie zu einem vollständig befriedigenden Ende gedacht werden könne. Jedes einzelne Ich setze sich in einem freien Akt die Leitlinien seines Handelns. Die „praktischste" aller Möglichkeiten sei nun die, sich eine Pflicht, einen bestimmten festen Kanon von Handlungsanweisungen zu setzen. Allein, so Müller, „ich kann mich auch auf weniger einlassen, was dann mehr ist, wenn es das Gefühl bis zu einem *kleineren* Rest befriedigt", und setze statt einer bestimmten Pflicht „die Macht, die Freiheit, die Willkür".[32] Dies tue der Deutsche, und eben hier liege seine „Mehrleistung" gegenüber anderen Völkern. Auch er setze eine Pflicht, freilich die, pflichtlos zu sein.

> „Er kreiert die Macht. Ist etwas geschehen? Nichts ist geschehen. Der Deutsche hat eine höhere Pflicht gefunden, eine heilige Pflicht, innerhalb der erst wieder die profane Pflicht sittlich reif und süß wird. (…) Macht also nur ein Superlativ zur Pflicht."[33]

Es werde zur Pflicht, mächtig zu werden. Jeder Deutsche übertrage sein Machtgefühl auf den Staat, und so werde der politische Imperialismus des Deutschen Reiches ein Symbol für das wachsende Machtgefühl jedes seiner Bürger. Das bedeute jetzt in der Situation des Ersten Weltkrieges: Der deutsche Imperialismus sei „kein solcher des Imperiums; im Gegenteil, er ist einer des Individuums. Aber er wird allmählich zur *verstaatlichten Privatangelegenheit*."[34] Darin begründe sich der „sittliche Wert" dieses Krieges, daß in ihm nicht „territoriale oder wirtschaftliche Komplexe, sondern Menschen, innere Weiten, nicht geographische, sondern seelische Erstreckungen" „konflagieren".[35] Folglich seien alle materiellen Veränderungen, die dieser Krieg zeitigen werde, lediglich beiläufige Erscheinungen und Ziele des einen großen Wollens: Des Machtbeweises des Deutschen. Der Deutsche übernehme von nun an die Verantwortung für den Menschen.

---

[31] Ebd., S. 19.
[32] Ebd., S. 32.
[33] Ebd., S. 33.
[34] Ebd., S. 37.
[35] Ebd., S. 38.

Erinnern wir uns, daß sich für Robert Müller in *Was erwartet Österreich von seinem jungen Thronfolger?* der Begriff Imperialismus nahezu vollständig in dem des Imperiums erschöpfte, so soll dies an dieser Stelle augenscheinlich nicht mehr gelten. Wo aber liegen die Ursachen für die erfolgte Begriffsverschiebung? Dazu Müller selbst:

> „Das imperialistische Votum eines großen Teils der Bürgerschaft (…), das nicht einmal im Felde steht, während die große wirklich zur Entscheidung berechtigte, weil erlebende Wahlmasse des Volkes infolge treuen Dienstes zur Stimmenthaltsamkeit gezwungen ist, dieses Votum eines erlebnismäßig minorennen Teiles des Volkes ist geradezu als unsittlich zu bezeichnen."[36]

Denn der Teil des Volkes, der nicht aktiv am Krieg teilnehme, habe den Imperialismusbegriff, der im wesentlichen unter kulturpolitischen Zielen zu definieren sei, zu einer „Straßentafelgermanisierung" reduziert. Das Kriegsziel dieses Teils des Volkes sei die Annexion, der Besitz. Darin erschöpfe sich sein Machtbegriff. Doch gehe es nicht an, den Machtbegriff „allein auf die Landkarte zu versteifen."[37] Das Ziel müsse es sein, „*objektgemäße Eroberungen durchzuführen.*"[38] Diese könnten sich z. B. auch in einem günstigen Handelsvertrag, in einer Zollunion oder in einem Militärbündnis ausdrücken. Freilich, der Begriff der „objektgemäßen Eroberung" enthalte ebenso, daß es nicht gerade nötig sein werde, „kleinere fremdnationale Gebiete oder ausländische Halbkulturen nervös zu berücksichtigen, sobald nur die Gesamtheit des eigenen Staatsgedankens Abrundung oder Einbeziehung fordert."[39]

Müller faßt zusammen, indem er gleichzeitig aus den Erfahrungen des ersten Kriegsjahres auf die Situation der Intellektuellen reflektiert. Man solle die Macht nicht rufen. Denn die Geister, die er und mit ihm andere gerufen hätten, werde man nun nicht mehr los. In Verfälschung seines eigenen Wollens entwickele der Krieg eine grell materialistische Eigendynamik, setze ein Teil des Volkes seine annexionistisch-imperialistischen Zielsetzungen durch.

> „Wir haben den Anschluß verloren. Wir, das ist die Gesamtheit der Intellektuellen, die kurz vor dem Kriege eine militärische und politische Machtentfaltung verstanden hatten: heute aber wie vor zehn

---

[36] Ebd., S. 81.
[37] Ebd., S. 84.
[38] Ebd., S. 85.
[39] Ebd., S. 86.

oder fünfzehn Jahren stehen: an einem Punkte, wo sie kein Verständnis dafür finden."[40]

Müller gesteht also ein, keinen Kontakt zu den Schalthebeln politischer Macht gewonnen zu haben, schlimmer noch, Thesen formuliert zu haben, die in den Händen der politischen Machthaber als ‚Scheinlegitimation' für – wie er nun meint – freilich ungeliebte Ziele und Handlungen ‚mißbraucht' werden können. Ein gemeinsames Wollen einer rassisch definierten Elite hat sich also als Fiktion erwiesen. Darin liegt die tiefere Ursache für die aufgezeigten Veränderungen in seinem politischen Denken.

Müller beschließt den Essay *Macht* mit einer neuen, gegenüber der vor Kriegsbeginn gegebenen abgeänderten Staatsutopie. Unter der bezeichnenden Kapitelüberschrift „Atlantis, ein deutscher Kontinent" heißt es:

> „Kontinent bedeutet etwas Zusammenhängendes. Wir wollen, was deutsch ist, durch eine große Brücke zusammenfügen, und diese große Brücke nenne ich Atlantis mit einem ungeographischen aber sehr weisen Begriffe.(...) wir wollen nicht einen Kontinent erobern, nein, wir sind viel frecher und deutscher: wir wollen einen Kontinent herstellen und taufen: Atlantis."[41]

Müller fordert uns auf, doch einmal zu träumen und skizziert die Grenzen des neuen „atlantischen Kontinents". „Die großen Brücken werden heißen: Berlin-Bagdad, Warschau-Kamerun, Kiel-Katanga, Hamburg-Tiflis."[42] Daran ist einmal mehr ablesbar, daß Müllers außenpolitische Zielsetzungen gemessen an denen der Vorkriegszeit wesentlich ‚bescheidener' geworden sind. Doch sind sie auch so formuliert, daß sie nicht auch weiterhin als ‚Scheinlegitimation' für eine „Straßentafelgermanisierung" gebraucht werden können? Hier ist nun zunächst auffallend, daß Müllers außenpolitische Zielsetzungen den Kriegszielen der Mittelmächte weitestgehend gleichen und diese gar noch übertreffen. In seiner Afrikapolitik beispielsweise begnügt sich Müller nicht mit der Beseitigung des englischen Einflusses auf Nordafrika, sondern fordert ebenso die Inbesitznahme der französischen und italienischen Kolonien. Denn, so Müllers Begründung für seine Pläne,

> „türkische, arabische, sudanesische und Bantu-Gehirne warten auf seinen (des Deutschen; G.H.) exploitierenden und findigen Fleiß in

---

[40] Ebd., S. 90.
[41] Ebd., S. 90.
[42] Ebd., S. 95.

gleicher Weise wie Kupferminen in Katanga, Erze in der reichen Ukraine, Kohlen in Asien (...)."[43]

Zum zweiten fällt ins Auge, daß Müller an dieser Stelle zur Beschreibung seines Verhältnisses zu anderen Völkern und Gebieten den Begriff „Exploitation" verwendet. Die Erschließung und Inbesitznahme von Rohstoffquellen steht ganz im Vordergrund des Interesses. Kulturpolitische Zielsetzungen werden nur in Randbemerkungen formuliert. Der imperiale Gedanke in seiner grell materialistischen Ausdeutung dominiert eindeutig. Für Mißverständnisse bleibt kein Raum – die politischen Machthaber der Mittelmächte haben Müller, sollten sie überhaupt von ihm Notiz genommen haben, durchaus recht verstanden. Müller freilich hält dafür, daß dieser Krieg einzig von der „innersten geistigen Spannung und Regung" des Deutschen bestimmt sei und daß es zur geschichtlichen Pflicht werde, daß „die sittliche Arbeit, die der Deutsche an sich vollzogen hat, (...) ein aufklärendes und erlösendes Ergebnis in der sichtbaren Welt der Völker zeitigen"[44] müsse. Doch herrsche nirgends „Gnade", nirgends „Verständnis" für das deutsche Volk. So führe Deutschland mit Österreich-Ungarn einen „Nibelungenkampf der Helligkeit gegen den giftigen Dunst aus Nifelheim."[45] Eine neue Epoche der Weltgeschichte sei so im Werden, eine Epoche, so in dem *Essay Österreich und der Mensch* (1916), die entscheidend allein durch Österreich und Deutschland geprägt werde. Müller gelangt zu einer Neubestimmung des Verhältnisses der beiden Kaiserreiche. Vor dem Kriege, in *Was erwartet Österreich von seinem jungen Thronfolger?*, hatte er das Verhältnis beider „in einer Art Arbeitsteilung von Kulturzeugung und Kulturwehr" bestimmt, wobei die „Kulturwehr"[46] Österreich, die „Kulturzeugung" Deutschland zukam (vgl. hier S. 182f.). Heute aber müsse man zwischen einer inneren und einer äußeren Arbeitsgemeinschaft unterscheiden. Die äußere Arbeitsgemeinschaft, das meine „Kulturwehr", sei beiden Staaten durch den Kriegsverlauf gleichermaßen auferlegt. Dann habe sich in den vergangenen zwei Kriegsjahren gezeigt, daß Deutschland den Begriff der „Kulturzeugung" – dieser Begriff deckt sich für Müller weitestgehend mit dem der „objektgemäßen Eroberung" – nur unzureichend verstanden und gehandhabt habe. Verstehe man unter „Kulturzeugung" all jene Leis-

---

[43] Ebd., S. 96f.
[44] Ebd., S. 96.
[45] Ebd., S. 98.
[46] Müller, Robert, *Österreich und der Mensch. Eine Mythik des Donau. Alpenmenschen*, Berlin 1916, S. 102.

tungen, „die unter das Gebiet der geistigen Beherrschung und der Organisation des Stoffes" subsumiert werden können, sowie jene, „die letzte sittliche und wohl auch künstlerische Normen"[47] erstellen, so habe Deutschland von diesen geforderten Leistungen nur die der Organisation zur Zufriedenheit erbracht. Deshalb müsse auch Österreich nach Kriegsende einen wesentlichen Teil der „Kulturzeugung" übernehmen. Darin bestehe dann die innere Arbeitsgemeinschaft. „Der Preuße, als Idee, mag seine Organisation geben; der Österreicher, als Idee, gibt seine Einbildungskraft, sein sinnliches Raffinement, und das Lauterste seiner musischen Tugenden".[48] Denn es steht für Müller außer Zweifel, daß sowohl Österreich als auch Deutschland nach Beendigung des Krieges an „Territorium und an Völkern" gewachsen sein werden.

Mehr Interesse aber als die nur notdürftig Überdeckten Durchhalte-Parolen Müllers verdient die Tatsache, daß er sich in *Österreich und der Mensch* erst ganz zum Schluß deutlicher zu politischen, vor allem außenpolitischen Fragestellungen äußert. Seine Thesen und Antworten haben dabei, gemessen an denen der Jahre zuvor, nur noch sehr allgemeinen Charakter. Hier deutet sich bereits eine Tendenz an, die sich bis zum Kriegsende weiter verstärken wird: Müller weicht der Auseinandersetzung mit dem realen politisch-militärischen Geschehen zusehends aus. Eine Überprüfung der Realisierungschancen seiner weltpolitischen Zielsetzungen anhand der realen historischen Vorgänge unterbleibt. An ihre Stelle treten kulturhistorische und kulturkritische Betrachtungen oder Wiederabdrucke politisch besonders markanter Artikel oder Textpassagen aus Essays der Jahre 1912-1915. Letzteres wird besonders in der Essaysammlung *Europäische Wege. Im Kampf um den Typus.* (1917) deutlich. Ich beschränke mich daher an dieser Stelle auf einige Hinweise zu dem gleichnamigen Eingangsessay dieser Sammlung. Dort heißt es, daß die Staatslosigkeit das Endziel aller Staatsentwicklung sei. Doch

> „um einmal von der Organisation frei zu werden, muß der Mensch die schärfsten und strapaziösesten Arten der Organisation durchmachen. (Denn; G.H.) die Vergeistigung ist nicht im Gegensatz zum Materiellen möglich, sondern (nur; G.H.) auf dem Umweg seiner Beherrschung, nicht in der Verachtungsgeste für das Ungeistige."[49]

---

[47] Ebd., S. 102f.
[48] Ebd., S. 104.
[49] Müller, Robert, *Europäische Wege. Im Kampf um den Typus*, Berlin 1917, S. 18.

In diesem Sinne sei die Forderung des imperialen Staates „gewiß der beste Weg" gewesen, um den Staat zu überwinden. Beschleunigt worden sei dieser Prozeß der Staatsüberwindung durch den Krieg. „Ins Neue gereinigt, sehen wir uns vor einer jungen radikalen Welt, die wir geboren haben."[50] Die politische Grundform der nahen Zukunft werde zwar der „*Normal- und Einheitsstaat*" sein, der, von „keinerlei irrationalem Beiwerk freundlich überhellt", als vollkommener „Maschinenstaat" eine „Reduktion zur Technik und zur Langeweile" darstellen werde. Aber nichts bereite eben den „irrationalen Zukunftsstaat, den Musikstaat, den Selbstaufhebungsstaat" besser vor als jener „Maschinenstaat". „Wir kämpfen noch um Ordnung, unser innerstes Dasein aber ist in Fühlung mit dem Weltschöpfungschaos."[51]

Nun ist zu beachten, daß die von Müller prognostizierte und gewünschte Staatslosigkeit nur scheinbar die objektive Aufhebung staatlicher Einrichtungen im Sinne anarchistischen Denkens meint. Im Gegenteil: Müller fordert den perfekten Staat, die vollkommene Organisierung menschlichen Zusammenlebens. Die ‚Überwindung' dieses Staates besteht nicht in seiner Zerschlagung, sondern in einer geänderten Bewußtseinshaltung gegenüber seinen Objektivationen. Müller geht davon aus, daß sich das menschliche Leben und Zusammenleben – vor allem in seinen materiellen Voraussetzungen – in einem solchen Grade durch Technik und Organisation perfektionieren lasse, daß es überflüssig werde, überhaupt noch einen Gedanken auf diese Bereiche zu richten. Das werde notwendig zur Folge haben, daß sich der Mensch mit anderen Fragestellungen, vorwiegend mit solchen kultureller Art, beschäftige. Indem der Mensch so von staats-politischem Denken entbunden sei, bewege er sich auf der Grundlage des vollkommenen „Maschinenstaats" in einem „Musikstaat", d. h. in einem Gebilde, das ihm die Möglichkeit zu künstlerischer Entfaltung gebe, ja allein diese Form menschlicher Betätigung ins Bewußtsein rücke, damit wird deutlich, daß der von Müller erstrebte „Musikstaat" keinen neuen Staatstypus darstellt, sondern lediglich eine (erhoffte!) Folgeerscheinung des perfektionierten Staates ist: Ein objektiv gegebener Freiraum zu künstlerischer Entfaltung und ein menschliches Bewußtsein, das sich allein noch auf diesen Freiraum richtet und richten braucht. Indem Müller bei seinen Überlegungen eine perfekte Technifizierung und Organisierung des menschlichen Zusammenlebens

---

[50] Ebd., S. 18.
[51] Ebd., S. 20.

voraussetzt, eine solche, die, da nicht problemerzeugend, sich selbst überlassen werden kann, verläßt er einen realistischen Standpunkt. Um dies festzustellen, bedarf es nicht erst unserer heutigen Erfahrungen mit einer oftmals destruierenden Technik und einer staatlichen Organisations- und Registrierungsmanie, die Grundweisen menschlicher Lebensgestaltung zunehmend beschränken. Schon die Erfahrungen mit den pervertiert-hochentwickelten Kriegswerkzeugen des Ersten Weltkriegs und den staatlichen Obergriffen gerade in den kulturellen Bereich (Zensur) hätten Müller deutlich werden lassen können, daß auch – oder vor allem! – ein technisch und organisatorisch weitentwickeltes Staatsgebilde der ständigen Kontrolle durch die in ihm Lebenden bedarf. Mehr noch: Am Beispiel der Zensur während des Ersten Weltkrieges hätte Müller erkennen können, daß sich Staat und Kultur, „Maschinenstaat" und „Musikstaat" nicht in der gleichgültigen Beziehungslosigkeit gegenüberstehen, in die er sie selbst setzt. Hier bleibt – gegenüber Müller – festzuhalten, daß Kultur wesentlich nicht als „irrationales Beiwerk" zu einer technologisch-organisatorischen Grundlage gedacht werden darf, sondern als kritische Auseinandersetzung mit dieser Grundlage verstanden und gefordert werden muß.

Anhand einiger Anführungen konnten wir verfolgen, wie das politische Denken Müllers seit der Mitte des Ersten Weltkrieges an Präzision verliert. Das ändert sich mit dem Ende des Krieges, dem Zusammenbruch des Deutschen Reiches und Österreich-Ungarns und dem Revolutionsgeschehen in Deutschland. Denn durch diese Geschehnisse werden Müllers weitpolitische Zielsetzungen, so wie sie in den Jahren 1914/15 formuliert wurden, und die Mehrzahl der daraus abgeleiteten politischen An- und Einsichten historisch widerlegt. Der Rückzug in Betrachtungen allgemeinerer Art, in den Wiederabdruck früherer Artikel ist verlegt. Neue Gegebenheiten zwingen zur Stellungnahme. Für Müller beginnt eine neue Phase des politischen Denkens. Dennoch wird vieles Grundsätzliche der Vorkriegs- und Kriegszeit übernommen, wie schon die frühsten Artikel der Nachkriegszeit zeigen. Beispielsweise versucht Müller in „Geist und Republik" (1918), die Revolutionsereignisse in Deutschland als Ausdruck des „deutschen Menschen" zu begreifen und knüpft damit an seine zuvor praktizierte „psychopolitische" Betrachtungsweise an. Die Revolution sei ebenso ein Ausdruck der Schöpfungskraft des deutschen Volkes gewesen, wie es der Krieg gewesen sei. Allerdings, dem deutschen Volk fehle es an „Sinnlichkeit", um seine Schöpfungen unter Kontrolle zu halten.[52] Im Konkreten könne es über seine Schöpfungen, „die es abstrakt so überlegen meistert"[53] nicht Herr werden. Das habe das „schauerliche Monstrum Militarismus"[54] gezeigt. Daraus folgert Müller, daß das deutsche Volk auch „Republik und Demokratie, Sozialismus und Massenwirtschaft" übertreiben werde, und daß es zwar eine vollkommene, niemals aber eine „menschenwürdige politische Ordnung"[55] schaffen könne. Dieses Volk brauche Geister, die es versinnlichten. Zwar sei mit der Revolution und der Republikanisierung Großes geschehen,

> „aber eine neue Lebensform ist mit der Republik nicht geschaffen worden. Es ist bloß ein freierer Platz geschaffen für die großen und wahren Deutschen, die jetzt auftreten sollen, um jene einzige deutsche Politik zu machen, Philosophie, Lebensbewußtheit, Erfüllung des Sinnlichen im Geist. Alles, was wir, in gerechter Würdigung rascher kühner Tat, von dieser Stelle aus an der Demokratie als Geistige begrüßen, ist die Möglichkeit, frei zu sprechen. Sie müßte so absolut sein, daß wir, wenn es uns not scheint, auch dagegen sprechen dürfen müßten. Dann erst kann die Gesellschaft kommen, die wir erwarten."[56]

Für seine im folgenden zu entwickelnde politische Theorie ist es von größter Bedeutung, daß Müller an dieser Stelle urteilt, der Deutsche als Durchschnittsbürger sei nicht in der Lage, anstehende gesellschaftliche Fragen sachgemäß, d. h. in der Formulierung Müllers „menschenwürdig", zu bewältigen. Denn aus diesem Urteil leitet Müller das Selbstverständnis und die politische Ortsbestimmung der „Geistigen" ab. Sie sind diejenigen, die, zwischen realen doch unvollkommenen Schöpfungen des Volkes und vollkommenen Ideen seiner geistigen Elite vermittelnd, dazu berufen sind, auch gegen den Mehrheitswillen den Aufbau des Staates zu leiten und seine politische Führung zu übernehmen. Und Müller fordert die „Geistigen" dazu auf, diese Möglichkeit zu aktiver politischer Einflußnahme zu nutzen. Er bekennt sich zum „Aktivismus". Was aber ist dieser „Aktivismus?" Dazu Müller in „Die Geistrasse" (1918):

---

[52] An dieser Stelle sei auf die diesbezüglichen Aussagen in *Österreich und der Mensch* erinnert. Schon dort sprach Müller dem „Deutschen" Sinnlichkeit ab.
[53] Müller, Robert, „Geist und Republik", in: *Der Anbruch (Jahrbuch)*, München 1920, S. 87.
[54] Ebd., S. 86.
[55] Ebd., S. 87.
[56] Ebd., S. 88.

> „Der Aktivismus ist eine Emotion seelischer Grundtatsachen wie die Gotik oder die Aufklärung. Er zentriert das Leben neu, und zwar nicht ohne seine Wirkungen unkontrolliert zu lassen wie der Dichter, von dem er abstammt, sondern mit einer entschiedenen undichterischen Absicht, an Ort und Stelle zu wirken. Das Kunstwerk der Umwelt, die Formgewalt über das soziale Chaos (…), sind die an ihm dem dichterischen Menschen entsprechenden Komplexe."[57]

Der Aktivismus sei die „*Politik des Geistes*", die jener Menschen, die aus „der Not an dem Seienden" versuchen, sich selbst des Staates und der politischen Macht zu bemächtigen. In diesem Sinne opfere sich der Aktivist für den Dichter, vor allem für den Expressionisten, auf. „Er ist das fliegende Korps des Expressionismus".[58] Der Aktivist verzichte auf das eigene Kunstwerk, „um eine Welt zu ermöglichen, in der die Treuherzigkeit des Expressionisten ohne Gefahr für seine Person und sein Werk unbestochen bleiben kann."[59] Denn der Expressionismus stelle Weltformen dar, die innerhalb der bestehenden Weltform nicht erreicht werden könnten, sondern erst nach der „Zersetzung, Liquidation, Elementarisierung der jetzigen möglich werden."[60] Darum nun gehe es dem Aktivismus, „die Welt bessernd so vorzubereiten, daß jene ‚Weltauflösung-Weltsynthese' (des Expressionismus; G.H.) (…) eintreten kann."[61] Robert Müller kommt zu einer Konkretisierung der aktivistischen Zielsetzungen: Beseitigung des „Systemdeutschen" zugunsten des „Menschen der Schwungkraft", bereichert um die „deutsche Ratio" und Begründung einer „Universalrasse", die an die Stelle der bisherigen – preußischen – „Herrenrasse" tritt. „Daß die Deutschen wieder deutsch würden",[62] sei das Ziel des Aktivismus.

Im folgenden gilt es zu sehen, mit welchen politischen Mitteln Müller diese Ziele zu erreichen sucht. Darüber gibt der Artikel „Der Bürger, Der Kommunist Und Der Geistige" (1918) erste Auskunft. Hier diskutiert Müller in enger Anlehnung an die tatsächlichen tagespolitischen Fragen die Modelle Demokratie und Sozialismus und kommt zu folgendem Ergebnis: Müsse auch die Demokratie als unverzichtbare „latente Grundstimmung" des menschlichen Lebens betrachtet werden, so sei doch mit ihr keine neue Gesellschaft geschaffen worden. Sie habe zwar die Voraussetzungen ge-

---

57 Müller, Robert, „Die Geistrasse", in: *Daimon*, H. 4, August 1918, S. 210.
58 Ebd., S. 210.
59 Ebd., S. 210.
60 Ebd., S. 210.
61 Ebd., S. 211.
62 Ebd., S. 213.

schaffen, unter denen der Verkehr zwischen den Menschen neue Wege gehen könne, sei aber selbst „formlos" und „unschöpferisch". Demokratie werde geradezu zu einem logischen Nonsens, wenn man ihr das Adjektiv „bürgerlich" zuordne, weil sich dann unter neuem Gewand lediglich Altes neu formieren würde.

> „Mit der Betonung der Bürgerlichkeit sind stille und gerade die ödesten Monarchismen verbunden. Diese verdammte Deutschlerei stellt sich unter dem Bürger Wohlgeratenheit vor, die sie in Gegensatz bringt zu der befleckten Existenz des Proletariers. Es wird mit dieser Vokabel „Bürgerlichkeit" die Entstellung propagiert, als drohe dem gewachsenen Menschen der Untergang durch den kohle- und erdgeschwärzten Unterweltler."[63]

Verweisen wir an dieser Stelle lediglich darauf, daß Müller hier – letztlich ohne explizite Vorbereitung – die Forderung nach einer geistgerechten Gesellschaft von dem Gedanken an die Beibehaltung einer monarchischen Regierungsform abkoppelt. Letztere, und vor allem ihre Träger, werden deutlich negativ belegt. Damit ändert sich auch das Bild des „Geistigen". In den Jahren vor 1916 wurde eine bestimmte ethnologische Gruppe, die „Germanen", als „Geistige" bezeichnet. Das ändert sich nun insofern, als bestimmte Namen oder künstlerische Entwicklungen unbeschadet ethnologischer Vorüberlegungen mit" –dem Begriff des „Geistes" assoziiert werden. Ihnen, nicht einer bestimmten Gesellschaftsklasse wie dem Adel, fühlt sich Müller jetzt verpflichtet. Der Kommunismus andererseits, so Müller, sei von Nachteil in moralischer und wirtschaftlicher Hinsicht. Nach der politischen und klassenwirtschaftlichen Vernichtung" des bisherigen Bürgertums werde der „Sozialbürger" entstehen, dessen Mangel der sei, daß er „vom Operettengenre" sein werde. Darin bestehe der moralische Nachteil des Kommunismus. In wirtschaftlicher Hinsicht nahe der Kommunismus zwei „Defekte": Er atomisiere entweder die Produktionsmittel und beschneide damit ihre volle Ergiebigkeit, oder er zentralisiere sie in solch monotoner Weise, daß eine ‚grässliche Bürokratie", ein „Parasitismus kommunistischer Beamter, die an der Allgemeinheit schmarotzen",[64] die Folge sein werde. Beide möglichen wirtschaftlichen Verhaltensweisen des Kommunismus aber seien von Schaden für jeden einzelnen. Für den „Geis-

---

[63] Müller, Robert, „Der Bürger, Der Kommunist Und Der Geistige", in: *Der Anbruch* I, H. 13, Dez. 1918, S. 3.
[64] Ebd., S. 3.

tigen" aber sei der moralische Nachteil des Kommunismus von größerer Bedeutung.

> „Rentnerwesen, kurze Arbeitsdauer, ein verhältnismäßig sorgenloses Dasein werden die gewöhnlichen Menschen oberflächlich machen. (...) Den Librettisten wird es am flottesten gehen. Der Sozialbürger wird den heutigen Bürger ins Absurde fortsetzen."[65]

Der „Sozialbürger" werde das Leben „*ver*amüsieren", werde den Bürger der Monarchie und „ihres Ersatzes ,demokratische Republik' ästhetisch vervollkommnen, also nicht, wie es der „Geistige" wünsche, einen neuen Menschentypus repräsentieren. Dabei müsse der „Geistige" den Sozialismus, solange es sich um die gerechtere Gestaltung des wirtschaftlichen Lebens bemühe, „aus Geist und Herz heraus bejahen."[66] Doch für das „Unabsehbare der moralischen Wirkung" solcher sozialistischer Wirtschaftspolitik könne er nur dann aufkommen, „wenn ihm im weitesten Masse der kompensierende Einfluß auf die Politik, die Gesellschaftsgestaltung, die Menschenerziehung gewahrt wird."[67] Das geschehe am besten durch eine „*Kammer der Geistigen*", die dafür zu sorgen hätte, daß die „tiefen Kulturwerte" gesichert und gegen den verhängnisvollen Einfluß eines unbeschwerten Soziallebens gestellt werden.[68]

Schon im Jahre 1919 setzt Müller seine Auseinandersetzung mit den deutschen Revolutionsereignissen und den damit zur Frage stehenden gesellschaftspolitischen Entscheidungen fort. In „Österreich und das deutsche Geschäft", vertritt er die Ansicht, daß im Grunde genommen das republikanische Deutschland das alte monarchische System übernommen habe, indem es dessen Denk- und Lebensweise unangetastet gelassen habe. Lediglich die obersten politischen Machthaber seien „in Pension geschickt" worden, „aber nur, weil sie Pech gehabt haben."[69] Selbst ein Mann wie

---

[65] Ebd., S. 3.
[66] Ebd., S. 3.
[67] Ebd., S. 3.
[68] Damit nimmt Müller explizit die mechanistische Entgegensetzung zurück, die in seinem Modell eines Zugleich von „Maschinenstaat" und „Musikstaat" zum Ausdruck kam und die sich selbst noch in Artikeln des Jahres 1918 findet. Die Bestimmung der Aufgaben, die die „Kammer der Geistigen" im Staate zu übernehmen hat, macht deutlich, daß Müller zu der Erkenntnis gelangt ist, daß Wirtschaft, Staat und Kultur nicht in einem berührungslosen Nebeneinander, sondern in einem vielseitig verflochtenen Wechsel Verhältnis zueinander stehen.
[69] Müller Robert, „Österreich und das deutsche Geschäft", in: *Der Friede*. Bd. 3, Nr. 54, 1919, S. 32f.

Liebknecht sei nur ein „energischer Bataillonskommandant". „Die Lust am Kommando (...), an der Reih- und Glied-Romantik ob für oder gegen dieselbe Sache, ist vielleicht zweitwichtig – sie steckt (...) dem potsdam'sch erzogenen modernen Deutschreicher im Gemüte."[70] Dieser „Deutschreicher" sei und bleibe von einer „soldatischen Arbeitsmoral" geprägt, und schon habe man sich „mit Größe" in die schwere Lage eines verlorenen Krieges geschickt. Es sei abzusehen, daß Deutschland, sobald es von der jetzigen Kriegsniederlage erholt sei, „an Stelle einer wirklich schöpferischen, weil erstmaligen planetarischen Politik eine herkömmliche Bündnis- und Gleichgewichtspolitik mit Rußland, mit Italien, mit Japan"[71] eingehen werde. Das Ziel einer solchen Politik sei die Wiederherstellung des alten Imperiums. Dem „Geistigen" aber sei die Wiederherstellung des alten Imperiums, „ob unter junkerlicher, ob unter sozialbürgerlicher Führung, jedenfalls aber unter preußischer (...), was der *Antichrist* dem gläubigen Mittelalter war."[72] Denn die Geistigen sähen im „*Abbau der Großmächte*" einen historisch notwendigen Prozeß, da sich die Großmächte als „Feinde der geistigen Entwicklung" erwiesen hätten. Ein intensives Geistesleben sei nur in Kleinstaaten möglich und entstanden. Und Robert Müller zieht Fazit:

> „Der *Ausschluß der großen Menschen*, der Vertreter des Geistes von der Politik, war eine Folge des Großmachtstrebens. In dem von Soldaten regierten Deutschland bildeten die Geistigen eine Enklave; im revolutionierten, vom Arbeiter verwalteten Reich bilden sie das Gleiche."[73]

Schon recht früh also kommt Müller zu einer negativen Beurteilung dessen, was durch die revolutionären Ereignisse in Deutschland an politischem Aufbau geleistet wurde. Seine Kritik ist dabei in wesentlichen Punkten zutreffend, so da, wo er heraushebt, daß diese Revolution. Im sozialen und wirtschaftlichen Bereich in Halbheiten steckengeblieben sei und nicht mit den Trägern des Kaiserreichs gebrochen habe. In unserem Zusammenhang kommt es aber besonders auf die Selbstkritik an, die Müller in seine Auseinandersetzung mit Revolution und Republik einfließen läßt.

In allen Konzeptionen der Zeit vor der Revolution vertrat er die Ansicht, daß eine Erweiterung des Staatsgebietes, der Aufbau eines Imperiums möglich und wünschenswert sei. Aus diesem Grunde, so seine damalige Argu-

---

[70] Ebd., S. 33.
[71] Ebd., S. 33.
[72] Ebd., S. 33.
[73] Ebd., S. 34.

mentation, unterstütze er alle Großmachtbestrebungen Österreichs und Deutschlands. Nun bekennt er, daß sich sein damaliges Denken als falsch erwiesen habe. Denn was er und mit ihm andere „Geistige" als Mittel verstanden hätten, Großmachtpolitik nämlich, sei von den Staaten Österreich und Deutschland als Zweck aufgefaßt worden. Müller fordert Kleinstaaten. Inwieweit damit auch seine These, daß der Staatsgedanke nicht auf dem Nationalitätsgedanken aufbauen dürfe, einer Revision unterliegt, wird an späterer Stelle zu fragen und zu beantworten sein.

In den schon zuvor dokumentierten Hinweisen Müllers wurde deutlich, im was es sich beim Aktivismus grundsätzlich – gleich welcher Austragung – handelt. Dort wurde der Aktivismus mit den Formeln „eine Emotion seelischer Grundtatsachen" und „die Politik des Geistes" genannt. Herausgehoben wurde seine Oppositionshaltung gegen jede Form der Erbmonarchie und gegen die politischen Strukturen, die durch die Revolutionsereignisse geschaffen wurden.

In „Aus Deutschösterreich" (1919) präzisiert Müller seine früheren Ausführungen. In Österreich gebe es eine zweifache, sich überschneidende und ergänzende Opposition gegen die „mißglückte Revolution", die aus „Aktivisten" und „herrschaftslosen Sozialisten" bestehe. Im Wiener Aktivismus wiederum seien zwei Typen zu unterscheiden: Ein gänzlich am Marxismus orientierter Aktivismus, eine „salongemäßere Form der Sozialdemokratie",[74] und ein Aktivismus, der sich nicht mit dem einzig an wirtschaftlichen Fragen interessierten Programm der Marxisten begnüge, sondern der „mehr eine biologische Variation des schon erreichten Menschentyps dadurch hervorbringen" wolle, „daß er in den Vertretern des kulturschöpferischen Individualismus die soziale Verantwortung, aber ohne, ja eventuell gegen den Marxismus großziehen"[75] wolle. Beiden Richtungen des Aktivismus sei die Ansicht gemein, daß der Geist akut hervortreten muß, „bevor er als chronisch zurücktreten darf hinter pragmatischen Abwicklungen, also so wie es bisher war und am Schluß der entwickelten Gesellschaft wieder sein wird".[76] Was aber ist „Geist"? „Geist" ist, so Müller, „geistige Dinge wichtig zu nehmen und stoffliche Dinge stofflich zu lassen". Das bedeute u. a., daß man etwa wirtschaftliche Dinge von „Geist" freizuhalten habe, um den „Geist" nicht zu verderben. Wenn sich der „Geistige" wirtschaftlichen Din-

---

[74] Müller, Robert, „Aus Deutschösterreich", in: *Der Neue Merkur* 3, H. 4, Juli 1919, S. 241.
[75] Ebd., S. 241.
[76] Ebd., S. 241.

gen widme, so nicht, um diese zu „vergeistigen", sondern um sie so zu vollenden, daß der Mensch innerlich „entwirtschaftet" wird. „Letztes Ziel, die Entlastung des menschlichen Bewußtseins von der Maschine als Symbol ist an den Vortritt der unwiderruflich letzten Erfindung, der höchsten Technik auch im Gesellschaftlichen gebunden."[77] Wie diese „Technik" auszusehen habe, darüber gehen, so Müller, die Meinungen in der, aktivistischen Bewegung auseinander. Der eine, rechte Flügel des Aktivismus, der in seiner Haltung der unabhängigen Sozialdemokratie am nächsten stehe, habe noch „eine konservative Beziehung zur letzten bürgerlichen (antibürgerlichen) Ordnung,"[78] während der linke Flügel auch von den unabhängigen Sozialdemokraten so unabhängig sei, daß er sich um Fragen wie Bürgerlichkeit oder Klassenkampf nicht schere. Zu diesem Flügel bekennt sich Müller und verweist auf zwei Zusammenschlüsse der „geistigen Menschen" im Nachkriegs-Wien: die „Katakombe" und den „Bund der Geistig Tätigen". Kritisch merkt Müller zu beiden Zusammenschlüssen an (er selbst initiierte die „Katakombe"), daß es ihnen nicht gelungen sei, direkt ins politische Geschehen einzugreifen. Aus den Unzulänglichkeiten der „Katakombe" und des „Bundes der Geistig Tätigen" schließt Müller, daß man den Gedanken an eine Diktatur der „Geistigen", etwa in der Form einer „Kammer der Geistigen" doch gänzlich fallen lassen müsse (vgl. hier dazu Müllers Stellungnahme oben S.196).

> „Ein idealer Erfolg wäre es schon, wenn an die Stelle der Vereinsredner und Ordnernaturen der jetzigen republikanischen Regierungen geschmeidige, interessante und geistreiche Persönlichkeiten treten würden".[79]

Robert Müller verzichtet im folgenden aufgrund seiner Erfahrungen mit den Zusammenschlüssen der „Geistigen" auf einen Entwurf eines idealen Staatswesens, läßt vor allem von dem Anspruch ab, daß allein die „Geistigen" zu „geistgerechtem" politischen Handeln in der Lage seien. Er beschränkt sich im wesentlichen darauf, in der Diskussion verschiedener politischer Grundhaltungen die Positionen und Richtlinien zu erarbeiten, die einem „geistgerechten" Handeln zugrunde liegen sollten. Dies bedeutet nicht, daß nicht auch über verschiedene politische Modelle geurteilt wird, wie der Schluß von „Aus Deutsch-Österreich" deutlich macht. Dort heißt es, daß sich der Aktivismus ebenfalls „sehr intensiv mit der Lösung jener aktu-

---

[77] Ebd., S. 241.
[78] Ebd., S. 241.
[79] Ebd., S. 243.

ellen Frage des Rätesystems"[80] auseinandersetze. Müller hält dafür, daß sowohl parlamentarische als auch autokratische Staatsformen ungeeignet seien, eine von den „Geistigen" gewünschte Politik zu machen. Er plädiert für ein „Parlamentissimum", d. h. ein Rätesystem, weil sich in den Räten die „„arbeitswillige Essenz aller Funktionäre eines Fragenkomplexes" konzentriere. Doch nehmen sich solche Äußerungen Müllers mehr als Beiwerk zu der Frage aus, welchen politischen Weg Deutschland und Österreich grundsätzlich gehen sollten. Darauf findet sich in dem Essay *Bolschewik und Gentleman* (1920) eine erste umfassendere Antwort.

In der Politik, so die allen Ausführungen zugrundeliegende These, habe es immer darum zu gehen, daß dem „Besseren" die uneingeschränkte Möglichkeit zur Entfaltung gegeben werde. Heute gebe es zwei Systeme, die von sich behaupten,

„auf kürzestem und bestem Wege den *Besseren* auszulosen. Das System des Westens ist die sogenannte Demokratie. Die Methode – noch weit entfernt vom System – des Ostens ist der sogenannte Bolschewismus. Beide sind Ideologien und wollen dasselbe, die Sicherstellung der Herrschaft des Bessern oder der Bessern".[81]

Müller vergleicht den „faktische(n) Bolschewismus" mit dem „paulinische(n) Christentum", denn – da er weit mehr als eine bloße „soziale nachmarxistische Bewegung" sei – kämen im Bolschewismus „soziale, nationale, rassiale, religiöse und generationelle Strebungen zusammen."[82] Der Bolschewismus vereinige alles, was „nur konterintellektuell und emotional" sei. Im heutigen Rußland gehe es mehr „divinatorisch als planvoll", „mehr genial als geübt", also „wirklich aktivistisch"[83] zu. Dieser Bolschewismus sei „die Fortsetzung jenes antiwestlerischen Slawophilentums (…), das damals schon das Organisch-Natürliche gegen das Konstruktiv-Technische Europas ausspielen wollte".[84] In diesem Sinne sei er auch die Fortsetzung jenes „aktivistischen Kunstempfinden(s), das die Welt schaffend souverän umgestalten will": des Expressionismus. Doch liege das Anziehende am Bolschewismus nicht allein in seiner weltanschaulichen Grundhaltung. Ebenso beeindruckend seien seine realen politischen und sozialen Erfolge. Denn während sich im Westen die sozialen Verhältnisse „von Tag zu Tag"

---

[80] Ebd., S. 243.
[81] Müller, Robert, *Bolschewik und Gentleman,* a.a.O., S. 9.
[82] Ebd., S. 10.
[83] Ebd., S. 13.
[84] Ebd., S. 15.

verschlechterten, werde die Situation der Menschen in Rußland „von Woche zu Woche" besser. „Nach einer furchtbaren Umwälzung aller Schichten, die viele Unschuldige in unverdientes Unglück riß, beginnt sich langsam ein Gleichgewicht der Verdienste und Tüchtigkeiten herzustellen."[85]

Überhaupt der Westen: In den Ententestaaten untergrabe „ein furchtbarer Zersetzungsprozeß (…) die Gesundheit der westlichen Zivilisation", die Wirtschaft liege danieder, und seit längerer Zeit schon habe die Entente keine politischen Erfolge mehr gehabt. Dort „lügenstrafe" sich die Demokratie selbst, sei sie doch überall, wo sie herrsche, nichts als Plutokratie. „Das demokratische Prinzip der Bestenlese verkehrt sich zur zweideutigen Auslegung."[86] Unter Fortschritt werde im Westen immer nur technisch-önonomische Weiterentwicklung verstanden. Eine Folge sei, daß im Westen die „kulturellen Schöpfergaben atrophieren."[87] Deutschland also, das zwischen die Entente und Rußland gestellt sei, müsse sich entscheiden, welchen Weg es zu gehen wünsche. Daher versteht Müller diesen Essay nicht nur als ‚Analyse' zweier möglicher politischer Modelle, sondern vor allem auch als Grundlegung jeder künftigen „geistgerechten" Politik Deutschlands und auch Österreichs. Der Bolschewismus sei aus naheliegenden Gründen zum jetzigen Zeitpunkt nicht demokratisch, sondern diktatorisch. Denn

> „durch die Diktatur soll die allgemeine Stimmung von den Miasmen einer plutokratischen Vergangenheit purgiert werden. Die Diktatur ist ein Zuchtmittel. Für den Zustand nach diesem Prozeß schwebt offenbar auch Lenin das reine demokratische Verhältnis vor."[88]

Müller sieht weitere Parallelen zwischen Bolschewismus, Aktivismus und Expressionismus. Am russischen Bolschewismus sei das Kommunistische nicht das eigentlich Wesentliche. In der russischen Revolution äußere sich allererst „das Gefühl der Zusammengehörigkeit des schlechthin Lebenden".[89] Daher sei zu fragen, ob nicht Expressionismus, Aktivismus und Bolschewismus Synonyme „für dieselbe moderne Erregung sind, je nachdem sie sich auf verschiedenen Formgebieten ausspricht, dem der Kunst, der Kultur, der Politik."[90] Zudem, alle drei Ismen zentrieren für Müller ihr

---

[85] Ebd., S. 13.
[86] Ebd., S. 14.
[87] Ebd., S. 16.
[88] Ebd., S. 20.
[89] Ebd., S. 24.
[90] Ebd., S. 28.

Denken um das Subjekt und erkennen „jene restliche Objektivität", deren Denken in Sachzwängen nicht an. Wie für Jack Slim, den Helden in seinem Roman *Tropen* (1915), könne auch für Expressionismus, Aktivismus und Bolschewismus das Motto lauten:

> „Gestalte dich und deine Umwelt direkt, schleudere das Simultane, Untechnifizierte deines inneren Ablaufs hinaus in die Welten der Erscheinung. (…) Gestalte unmittelbar, gleichgültig ob sich die inneren Zusammenhänge mit denen der Objekte, d. i. des schon, wenn auch nicht endgültig Gestalteten decken. Denn das Sichtbare und Wirkliche ist auch nur eine ehemals aktivistische Konzeption".[91]

Ob im Geiste oder gegenüber der Natur und Kultur: überall herrsche allein die Tat. So empfinde der Bolschewik, und so empfinde der Aktivist, und deshalb sei der Bolschewismus aktivistisch. Eine Folge der Ich-Zentrierung des Bolschewismus sei, daß man ihn nicht verstehe, wenn man ihn als System oder Theorie begreife, sondern nur dann, wenn man vom „lebenden bolschewistischen Individuum" ausgehe. Darin liege seine entscheidende Differenz zum Marxismus, daß sich in jenem das handelnde Individuum in einem System objektiver Gegebenheiten und notwendiger Abläufe verflüchtige.

> „Jenes Phänomen, das wir Bolschewismus nennen, geht nicht von einer Idee aus, sondern von einer Art Mensch. (…) Dem Phänomen nähert man sich nur durch An- und Einschauung. Das Verzeichnis der Gefühle, Unwägbarkeiten und Hauchwichtigkeiten ist immanent, nicht namenhaft."[92]

Es braucht nicht näher aufgezeigt zu werden, daß sich der „Bolschewismus" Müllers nur in Teilen mit der realen historischen Bewegung deckt. Müllers „Bolschewismus", so zeigt es sich, ist als Ansammlung bestimmter anthropologisch-psychologischer Momente charakterisiert und damit ein Phänomen, dem es nur akzidentiell zukommt, sich im Rußland des Jahres 1917 zu aktualisieren. Das wird besonders deutlich, wenn Müller die bolschewistische Politik als die des „élan vital"[93] kennzeichnet. Denn mit „élan vital" ist genau das bezeichnet, was Müller vor allem in seinen Vorkriegsarbeiten „Blut" nannte. Mit dem „bolschewistischen" Typus als Zentrum des Denkens ändert sich auch Müllers politisches Weltbild. Die künftige Welt wird, so Müller, „im nächsten Zeitraum ihr Schwergewicht an den Stillen Oze-

---

[91] Ebd., S. 29.
[92] Ebd., S. 36.
[93] Ebd., S. 37.

an"[94] verlegen. Das bolschewistische Rußland „als politischer Leib" werde ob der Bedrohungen von außen zu einer imperialen Politik gezwungen sein und nicht eher zur Ruhe kommen, bis die gesellschaftlichen Probleme „am ganzen Globus" vollkommen gelöst sind. Um den Osten zu bolschewisieren, bedürfe es geeigneter Erzieher. Und hier eröffne sich eine deutsche Mission: „Die historischen Voraussetzungen wirklicher deutscher Geisteshegemonie, von unseren Philosophen erträumt, liegen im Osten. Wenn nichts es bewiese, der deutsche Aktivismus beweist es."[95]

Wir konnten an früherer Stelle sehen, daß Müller über den Ersten Weltkrieg hinaus an (kultur)-imperialistischen Zielsetzungen festhält.[96] Indem sich diese Zielsetzungen für Österreich und Deutschland als nicht realisierbar erweisen, wendet Müller sein Interesse auf einen anderen Staat mit imperialen Möglichkeiten, eben das bolschewistische Rußland. In und mit Rußland glaubt er nun seine (kultur)-imperialistischen Zielsetzungen verfolgen zu können. Darin sehe ich auch begründet, daß Müller auf eine Analyse des realen Bolschewismus verzichtet und seinen Überlegungen stattdessen das Phantomgebilde eines ‚aktivistischen Bolschewismus' oder „bolschewistischen Aktivismus' zugrundelegt.

Müller kommt von hier aus wieder auf Deutschland zu sprechen. Deutschland habe noch einmal eine „Weltchance". Entweder könne es sein Reich „suspendieren und als diasporiertes Deutschtum, das innerlich und überterritorial organisiert wäre, seinen Einfluß geltend machen"[97], oder es könne im bolschewistischen Weltreich „eine geistige Führer-Schicht", „der Geistesadel einer Hemisphäre werden."[98] Eine Entscheidung für den Westen aber sei auf jeden Fall eine Entscheidung für die Erstarrung. Im übrigen solle man nicht länger zaudern, wieder imperiale Ziele zu verfolgen. Alles hänge davon ab, ob diese Ziele solche niederer oder höherer Art seien. Das Streben nach geistiger Führung sei immer ein hohes Ziel und also ein imperiales Streben Deutschlands gerechtfertigt. So Müller am Schluß dieses Essays.

---

[94] Ebd., S. 35.
[95] Ebd., S. 35.
[96] Ich verweise an dieser Stelle auch auf den in diese Darstellung nicht einbezogenen Artikel „Der Kolonialmensch als Romantiker und Sozialist" (1919), in dem Müller zu dem Ergebnis kommt, dass die soziale und auch kulturelle Frage für die geforderten Kleinstaaten nur über eine „Innenkolonisation" und die Erschließung von Kolonien zu lösen ist.
[97] Müller, Robert, *Bolschewik und Gentleman*, S. 62.
[98] Ebd., S. 62.

Zwei Arbeiten aus dem Jahre 1920 nehmen nochmals ausführlicher zum „Aktivismus" Stellung. In „Der Kreis des Aktivismus. Ein Dialog von aktivistischen Charakter" setzt sich Müller weiter mit ‚kommunistischem' Denken auseinander. Ein Aktivist und ein ‚Kommunist' diskutieren. Das Gespräch gerät zur Selbstdarstellung des Aktivisten. Der ‚Kommunist', weit davon entfernt, tatsächlich Marxistisches oder Leninistisches zu äußern, hat lediglich die Aufgabe, dem Aktivisten die Steigbügel zu seinen gedanklichen Ausflügen zu halten. Der Aktivist erklärt sich zum Nihilisten. Bevor er – vielleicht – etwas setze, wolle er erst „ganz scharf alles aufgehoben haben". Zwar sei auch er Kommunist, doch halte er nichts vom politischen Kommunismus, der ihm nichts als eine „furchtbare irrationale Begriffsverwirrung"[99] zu sein scheine. In den reaktionären Köpfen habe er immer die aufgeklärtesten Geister gefunden. Das Alte, die *anonymen großen Wirklichkeiten der Natur*,[100] komme immer wieder und siege. Auch er, der Aktivist, glaube an den Fortschritt, doch sei gar nicht zu sagen, was Fortschritt sei, worin fortgeschritten werde und wie fortgeschritten werden solle. Beispielsweise sei er der Meinung, daß der vom Kommunismus verachtete Bürger eine Entwicklungsmöglichkeit besitze. Er, der Aktivist, entwachse schließlich dem Bürger, während der Kommunist in ihn hineinwachse. Nun sei es leicht, dem Aktivisten Widersprüchlichkeiten in seinen Äußerungen nachzuweisen. Doch da er ja im Grunde Nihilist sei, müßten auch seine Bejahungen immer nur als „Akt, bewußte Zeugung, Kunstwerk" verstanden werden. Als Aktivist bejahe er auch die Kommunisierung des Lebens, damit sich auch im Geringsten das Geistige entfalten könne. Aber die Kommunisierung des Lebens allein garantiere nicht, daß sich auch der Mensch ändere. Müller kommt auf seine schon zu Anfang dieses Aufsatzes dokumentierte These zu sprechen, daß die konkrete Kommunisierung der Gesellschaft nur in Verbindung mit der katholischen Kirche möglich sei. Denn was jeder Mensch brauche, sei die Zeremonie. Der Kommunismus werde nicht zu einem neuen Menschentypus, sondern zum übersättigten „Sozialbürger" führen. Umgekehrt aber werde es ihm auch nicht gelingen, das „Gewordene des wirtschaftlichen Gefüges", den Kapitalismus, zu beseitigen, da dieser ein „Ausfluß von natürlichen Gesetzen, wie die Physik",[101] sei. Wolle also der Kommunismus siegen, so nur in „engster Verbindung

---

[99] Müller, Robert, „Der Kreis des Aktivismus. Ein Dialog vom aktivistischen Charakter", in *Das Ziel*. Bd. 4, 1920, S. 191.
[100] Ebd., S. 191.
[101] Ebd., S. 193.

mit der Reaktion". Müller spricht in diesem Zusammenhang – wir sahen es bereits eingangs – von einer „Revolution des Geistes gegen die Masse". Zu dieser Revolution gehöre es auch, alle demokratischen Normen aus einer künftigen Gesellschaft fernzuhalten. Im politischen Bereich müsse die Reaktion das Sagen haben. Denn bei der Reaktion sei die „Masse" am besten „verwaltet". Kommunismus im sozialen, „Hierokratie" im politischen und gesellschaftlichen Bereich müsse das Ziel sein. Der Aktivist fordert den ‚Kommunisten' auf, statt jedes Bolschewismus dem Aktivismus eine Chance zu geben. Denn die Methoden Lenins, vor allem die der „Ausrottung" der Bourgeoisie, hätten sich nicht bewährt. Mit der „Ausrottung" der Bourgeoisie seien auch die alten Ideologen „ausgerottet" worden, die ja eine wesentliche Funktion in einem zukünftigen Staat zu übernehmen hätten. Es gehe um das Überleben der Ideologen, um eine „geistzweckentsprechende Selektion", um die Erfindung der „Logogenie".[102] Ziel des Aktivismus sei es, „den religiösen Menschen wieder mit dem praktischen Menschen zu vereinigen."[103] Es gehe um einen *„Sanierungsplan der Menschheit"*.[104] Dieser „Sanierungsplan" trete für die „*politische* Reaktion", „*soziale* progressive Meliorisation" und für die „*moralische* Revolution" ein.[105] Daß dieser „Sanierungsplan" die „Masse" nicht ändern werde, wisse der Aktivist. Die „Masse" lasse sich immer nur „dressieren". „Dazu brauchen wir eine feste Hand."[106]

Wir konnten verfolgen, daß es Müller in „Der Kreis des Aktivismus' darum geht, heterogenste gesellschaftliche und politische Modelle zu vereinigen. Kapitalismus, ‚Kommunismus', Katholizismus und Monarchismus schließen einander nicht aus, sondern ergänzen sich im Sinne Müllers ideal, ja sind ihm gar allesamt Ausdruck „ursprünglichster Menschlichkeit". Der Kapitalismus sei dies, insofern er den Menschen in seinem Drang zu Initiative und Individualismus unterstütze; der Kommunismus, indem er dem Wunsch des Menschen nach Gemeinsamkeit und sozialer Sicherheit entspreche; Katholizismus und Monarchismus schließlich, weil sie das Bedürfnis nach metaphysischer Geborgenheit und die „Schaulust" des Menschen befriedigten. Für Katholizismus und Monarchismus spricht nach Müller zudem, daß sie die „Masse", die nie einsichtig sein werde, ideologisch und

---

[102] Ebd., S. 203.
[103] Ebd., S. 203.
[104] Ebd., S. 203.
[105] Ebd., S. 205.
[106] Ebd., S. 206.

politisch zu lenken und zu kontrollieren verstehen. Müllers Aktivismus also versucht, jedem dieser Ismen in einer zukünftigen Gesellschaft den Platz zuzuweisen, an dem er im Sinne menschlicher Ursprünglichkeit fruchtbar wirkt. Kapitalismus in der Wirtschaft, Kommunismus im Sozialbereich, Katholizismus im Wissens- und Glaubensbereich und Monarchismus im politischen Leben, so lautet das Credo Müllers. Es wird deutlich, daß die genannten Ismen nach Meinung Müllers immer nur Teile des Menschen anzusprechen vermögen. Den gesamten Menschen sieht, so Müller, der Aktivismus allein, der daher, als Metatheorie, über allen anderen Modellen steht. Es würde in diesem Rahmen zu weit führen, die vorgetragene Position Müllers in „Der Kreis des Aktivismus" systematisch zu kritisieren. Ich beschränke mich daher darauf, noch einmal an Aussagen des Essays *Bolschewik und Gentleman* zu erinnern, die in ihrer Gegensätzlichkeit zu den hier vorgetragenen Äußerungen als (Selbst-)Kritik dienen mögen. In *Bolschewik und Gentleman,* wie „Der Kreis des Aktivismus" aus dem Jahre 1920, wies sich Müller noch als entschiedener Antikapitalist aus und führte dazu beispielsweise das bedenkenswerte Argument an, daß sich in einer kapitalistischen Wirtschafts- und Gesellschaftsordnung Kultur nur schwerlich in wünschenswerter Weise entfalten könne. Das soll nun nicht mehr gelten, ja, daß verschiedene Gesellschaftsbereiche in einem Verhältnis der Interdependenz stehen, wird durch das selektionistische Nebeneinander verschiedener Ismen bestritten. Wurde in *Bolschewik und Gentleman* noch die Ansicht vertreten, daß eine Umerziehung der Menschen und damit in einer künftigen Gesellschaft auch eine demokratische Regierungsform möglich sei, so stellt sich Müller nun auf den Standpunkt, der Mensch sei im Durchschnitt nicht erziehbar und müsse geradezu dumm gehalten werden. Als politisches System käme allein die „Monarchie", die Herrschaft einer Geistesaristrokatie in Betracht, Schließlich der Bolschewismus selbst: in *Bolschewik und Gentleman* als ‚politisierter Aktivismus' gesehen und bewundert, in seinen politischen Maßnahmen, der Zerschlagung des Kapitalismus und der Überwindung kapitalistischen Denkens, verteidigt, wird nun als historisch-geistiger Fehlgriff abqualifiziert. Diese wenigen Entgegensetzungen sollen genügen, um zu verdeutlichen, daß das politische Denken Müllers mit Beginn der zwanziger Jahre zunehmend an Geradlinigkeit und Beständigkeit verliert. Immer mehr schwindet die Möglichkeit, übergreifend-gültige Thesen zu formulieren. Das bedeutet, daß es in den meisten Fällen nur mehr möglich ist, Artikel eines sehr begrenzten Zeitraums oder gar nur einzelne Artikel als Einheit zu interpretieren. Auch kann nicht gesagt werden, daß sich das politische Denken Müllers – und sei es auch nur in einigen Aspekten – kontinuierlich weiterentwickelt. Rastlos werden Ideen formuliert, mit anderen kombiniert, dann verworfen, in anderen Zusammenhängen wieder aufgegriffen, wieder verworfen usw. Was bleibt, ist der ungebrochene Wille, Welt als Ganzes, als „Kunstwerk" zu denken und zu schaffen.

Ich möchte, bevor ich mit einigen zusammenfassenden Bemerkungen schließe, noch kurz auf einen Artikel Müllers verweisen, der uns zu den Ausgangspunkten seines Denkens zurückführt. In „Thomas Mann, Frankreich, Aktivismus" (1922) heißt es, den heutigen Aktivisten gehe es darum, sich „mit differenten Menschen über Differentes"[107] zu einigen. Dabei hielten sie an ihrer Oberzeugung fest, daß „Geist" mehr als „logische Richtigkeit", daß er „vitaler Überschuß" sei. Das Leben des schöpferischen Politikers friste sich „von Begeisterung zu Begeisterung". Und deshalb brauche sich der Aktivist auch weder seiner Kriegs- noch seiner Revolutionsbegeisterung zu schämen – insofern er sich nur begeistere. Der aktivistische Gedanke sei eine Synthese aus „dämonischem und zivilem Gedanken"[108], d. h. der Aktivist sei „unendlich gesonnen" und „endlich bewillt" zugleich. Er schätze das „Tiefe, das vernichtend, saugend, erotisch, geheimnissend (...) von Todes- und Lebensextase umspielt, nicht gewußt, sondern gelebt, und wenn gewußt, apokalyptisch prophetisch gewußt"[109] wird. Und dennoch sei er der Meinung, daß, wer „schaffen will auf dieser Erde", nichts anderes als „Zivilist" sein könne. Doch sei der Aktivist mit dem „Zivilisten" nur im „vorletzten Grade" vertraut. Denn ihm sei die „Maschine", sei die „Zivilisation" das Dämonische, ja es gebe „nichts Destruktiveres auf dem Erdball als die Maschine, die Zivilisation."[110] Indem er so also die Höchstzivilisation fordere, fordere er das Aufbauende und Zerstörende zugleich. Dämonischer und ziviler Gedanke seien in ihm wie „subordinierte Grade" vereinigt, und je nachdem sei „das Eine oder das Andere an der Tagesordnung".[111]

Und die Ziele des Aktivismus? Der Aktivismus wolle den Weltfrieden. Er trete für den gesellschaftlichen Aufbau am Leitfaden logischer Erkennt-

---

[107] Müller, Robert, „Thomas Mann, Frankreich, Aktivismus", in: *Der Neue Merkur* 5, 1922, S. 720.
[108] Ebd., S. 723.
[109] Ebd., S. 721f.
[110] Ebd., S. 722.
[111] Ebd., S. 723.

nis ein. Das mache neue Organisationsformen nötig. Der Aktivist fordere die Aufhebung des Gegensatzes von „moralischer und politischer Mission", fordere „Machtpolitik vom Geiste her".[112] Von Deutschland werde bald wieder gesprochen, sobald es reif genug sei, „Macht" im Sinne des Aktivsimus auszuüben. Der Aktivismus verstehe unter „Macht", daß alle Nationen, die als solche gar nicht verneint werden sollten, unter die „Botmäßigkeit" eines bestimmten Typus – des deutschen „Geistigen" –kämen. Das könne nicht, wie es Thomas Mann getan habe, „Sklaverei" genannt werden. Er, Müller nenne es „‚Zähmung' oder Zucht".[113]

Wir konnten verfolgen, daß Robert Müllers politisches Denken von Anbeginn durch die Absicht bestimmt war, einen neuen Menschentypus zu schaffen. Diese Absicht gründete auf der Ansicht, daß der zeitgenössische Mensch durch die ausschließliche Konzentrierung auf ökonomische Fragestellungen kulturlos geworden sei und nicht länger gemäß seinen „blutbestimmten" Anlagen lebe. Indem der Mensch nur noch der Ratio, d. i. dem ökonomisch-technischen Fortschritt huldige, habe er das Leben „entidealisiert". Müller setzt dem ratio-fixierten Menschen sein Ideal eines ‚gesamtheitlich entwickelten' Menschen gegenüber, eines solchen, der, bestimmt durch sein „Blut", alle gegebenen Anlagen in der ihnen zukommenden Weise auslebt. Freilich, die näheren Bestimmungen, durch die Müller diesen neuen Typus Mensch konkretisiert, wechseln im Verlauf seiner denkerischen Entwicklung. Und ebenso ändern sich die politischen Konzeptionen, die Müller zur Erreichung des Ziels entwirft. Man kann Müllers politisches Denken in vier Phasen untergliedern, die jedoch nicht als beziehungsloses Nebeneinander gesehen werden dürfen, sondern sich an ihren Endpunkten und Anfangspunkten stark überlappen. Inhaltlich, nicht zeitlich, würde man also eher von Tendenzen sprechen.

Die erste Phase erstreckt sich von 1912 bis etwa Mitte des Ersten Weltkrieges und endet mit dem Essay *Österreich und der Mensch* (1916). Diese Phase ist dadurch geprägt, daß der „Neue Mensch" mit dem „Germanen" assoziiert wird. Als „germanischste" Nationen gelten Müller Österreich und Deutschland. Doch wirklich „germanisch" sind ihm in Österreich allein der Geburtsadel und das Herrscherhaus. Das „Germanische" ist Müller vor allem dadurch bestimmt, daß es die Ungleichwertigkeit der Menschen betont und zum Prinzip seiner politischen und gesellschaftlichen Organisation

---

[112] Ebd., S. 725.
[113] Ebd., S. 725.

macht. Aus dem Ideal des „Germanen" ergeben sich für Müller folgende politische Grundsätze: Staatspolitisch ist der Rassegedanke bedeutsamer als der Nationalitätsgedanke; der ideale Staat ist das willentliche Produkt einer ‚Elite', des „Germanen". Es muß um die Beibehaltung des monarchischen Prinzips und die Ausschaltung aller plebiszitären Elemente gehen; Österreich und Deutschland, in ihren politischen Spitzen als „germanische Rassestaaten" ausgewiesen, haben nicht allein eine größere Daseinsberechtigung als andere Nationen und Staaten, sondern sind dazu aufgerufen, diese anderen Nationen und Staaten durch „Germanisierung" zu beglücken. Doch soll es nicht allein Ziel eines Krieges gegen die anderen Nationen und Staaten sein, die Welt zu „germanisieren". Durch einen solchen Krieg sollen vor allem auch jene Rohstoffquellen und Handelswege erschlossen werden, die in Österreich und Deutschland eine rapide zivilisatorische Entwicklung und damit eine Konzentrierung allein auf kulturelle Fragestellungen möglich machen. Mit Österreich und Deutschland zieht er – bei (vermeintlich) gleicher Zielsetzung – in den Ersten Weltkrieg.

Als eine zweite Phase im politischen Denken Müllers scheinen mir die Jahre zwischen 1916 und dem Beginn der revolutionären Ereignisse in Deutschland gelten zu können. Sie ist dadurch gekennzeichnet, daß sich Müller jedes aktuellen politischen Urteils, jeder direkt zeitbezogenen politischen Forderung enthält. Wo sich Müller zu politischen Fragestellungen äußert, tut er dies in sehr allgemeiner Form. Sein Denken hat weniger politisch-theoretischen als vielmehr politisch-'philosophischen' Charakter. Diese Phase ist durch eigene Kriegserlebnisse, durch den objektiven Kriegsverlauf und durch erste Zweifel an der Lauterkeit der Kriegsziele Österreichs und Deutschlands vorbereitet und bestimmt. Die ‚germanische Solidarität' zerfällt.

Mit dem Zusammenbruch Österreichs und Deutschlands und dem Beginn der revolutionären Ereignisse in Deutschland sind Müllers weitpolitische Zielsetzungen und die ihnen entsprechenden politischen An- und Einsichten historisch widerlegt. Die dritte Phase seines politischen Denkens setzt ein. Sie ist bestimmt durch die Auseinandersetzung mit den neuen politischen Gegebenheiten in Deutschland und Österreich und mit sozialistischem Gedankengut. Müller gelangt zu einer Ablehnung der Erbmonarchie. Die revolutionären Ereignisse als solche werden als Befreiung von „öden Monarchismen" begrüßt. Doch ist charakteristisch, daß Müller diese revolutionären Ereignisse nicht im Zusammenhang mit bestimmten ökonomischen, sozialen und politischen Gegebenheiten und Veränderungen darstellt und begreift, sondern sie als Ausdruck psychologischer Grunddispositionen des „Deutschen" interpretiert. Als ein solcher Ausdruck sind sie ihm in nichts von den Kriegsereignissen unterschieden, die von ihm auch als Ausdruck der „deutschen Seele" ausgelegt wurden. Indem Müller an einer psychologisch-anthropologischen Ausdeutung historischen Geschehens festhält (und damit diesem die ihm stets eigene Qualität abspricht), ist ihm die Möglichkeit gegeben, an bestimmten politischen Forderungen der Vorkriegszeit festzuhalten. Zu den wesentlichsten Forderungen gehörte, daß es nur einer Elite vorbehalten bleiben müsse, das politische Leben zu gestalten. Müller fordert die Herrschaft der „Geistigen". Diese „Geistigen" werden aber nun nicht länger mit einer bestimmten Gesellschaftsklasse identifiziert oder ethnologisch definiert. Müller läßt offen, was den „Geistigen" auszeichne und verweist lediglich auf einige Namen und künstlerische Entwicklungen. Er plädiert für eine „Kammer der Geistigen" als oberste politische Instanz. Der imperiale Gedanke, der das Denken der Zeit vor 1918 prägt, tritt zunächst in den Hintergrund und wird erst mit zunehmender Konsolidierung der deutschen Verhältnisse wieder aufgegriffen. Im Wirtschafts- und Sozialbereich tritt Müller für Sozialisierung und Kommunisierung ein. Das aber bedeutet nicht, daß er sich einer der sozialistischen oder kommunistischen Gruppierungen und Parteien anschließt. Am Maßstab des „Geistes" gemessen sieht er keine Unterschiede zwischen diesen Gruppierungen oder Parteien und denen des Kaiserreichs. Diese dritte Phase schließt mit dem Essay *Bolschewik und Gentleman.* In den Bolschewisten und ihren politischen Leistungen sieht Müller erstmals aktivistisches Denken im großen Stil verwirklicht. Allerdings liefert er keine Analyse des historischen Phänomens Bolschewismus, sondern unterschiebt diesem Phänomen aktivistisches Denken und Wollen. (Kultur)-imperialistische Zielsetzungen treten in diesem Essay wieder stärker hervor. Im Osten, so Müller, könne der Deutsche „der Geistesadel einer Hemisphäre werden".

Schließlich die vierte Phase: Hier geht es Müller ganz um die Begründung seiner Aktivismus-Konzeption. Der Dialog „Der Kreis des Aktivismus" ist die wohl umfassendste Selbstdarstellung Müllers. Ausgangspunkt seines Denkens ist hier ein konsequenter Nihilismus. Jede Äußerung ist für Müller Setzung, jede Bejahung „bewußte Zeugung". Alle Setzungen werden als Ausfluß der selben Quelle, der „großen anonymen Wirklichkeiten der Natur" aufgefaßt. Das Ziel ist es, diese „großen anonymen Wirklichkeiten der Natur" in einer idealen Gesellschaft mit Naturgemäßen, ‚ganzheitlichen' Menschen zu wiederholen. Politisch ausgedeutet impliziert das für Müller, daß markante ahistorisch aufgefaßte menschliche Äußerungs- und Organisationsformen (Kapitalismus, Kommunismus, Katholizismus und Monarchismus) in einer künftigen Gesellschaft vorhanden sein müssen. Das Wissen um das hier Vorgetragene ist freilich nach Ansicht Müllers nur wenigen Menschen vorbehalten: den „Geistigen". Von ihnen allein also ist zu erwarten, daß sie die entworfene ideale Gesellschaft erstreben und auch realisieren. Die Forderung nach einer Herrschaft der „Geistigen", nach einer „Geistesmonarchie" wird bekräftigt. Sie gipfelt in der Ansicht, daß es ein legitimes Ziel der „Geistigen" sei, weltweite Macht zum Zwecke der „Zähmung" oder „Zucht" der Menschheit auszuüben.

Zum Abschluß meiner Skizze von Müllers politischem Denken sei die Frage erlaubt, ob, und wenn ja, welche Affinitäten Müllers politische Theorie zum faschistischen Denken aufweist. Diese Frage scheint sich hier bereits durch die von Müller verwendete Begrifflichkeit aufzudrängen. Ich bin der Ansicht, daß vor allem Müllers Vorkriegsdenken faschistoide Züge trägt. Denn dieses Denken ist geprägt durch die Ablehnung aller Demokratisierungsbestrebungen, durch rassistische und nationalistische Vorurteile, durch die Absicht, die menschlichen Primärbeziehungen der vorindustriellen Zeit wieder herzustellen, und durch ein irrationales Wertsystem, das auf einem naturhaft ungeschichtlichen Weltverständnis gründet. In diesem Sinne gibt Müllers Denken vor, in alte vorindustrielle Lebensweisen zurückzuführen, gibt sich als Revolution gegen die bürgerlich-hochindustrialisierte Gesellschaft aus. Zugleich aber fordert dieses Denken die forcierte Weiterentwicklung von Wissenschaft, Technik und staatlicher Organisation. Damit sind wesentliche Kennzeichen faschistischen Denkens gegeben. Den Nachkriegstexten Müllers sind die aufgeführten Kennzeichen faschistischen Denkens nicht in vergleichbarer Weise und Häufig zu entnehmen. Rassistische und nationalistische Vorurteile werden bis zu einem gewissen Grade abgebaut, und an die Stelle des irrationalen Wertsystems mit ausschließlicher Fixierung auf mythologisch Vorzeitliches tritt eine Werttheorie, die die schöpferische Willkür zum obersten Wert erklärt und somit nur eine formale Bestimmung leistet. Doch macht Müllers Stellung zur „Zivilisation" in „Thomas Mann, Frankreich, Aktivismus" deutlich, daß er auch weiterhin mit faschistischem Denken ein wesentliches Merkmal teilt: Als Zweck wird die bürgerlich-hochindustrialisierte Gesellschaft abgelehnt; das Mittel aber ihrer Oberwindung ist diese bürgerlich-hochindustrialisierte Gesellschaft selbst – freilich in ihrer perfektionierten Form.

Daher kann zusammenfassend gesagt werden, daß sich das politische Denken Müllers, ob akut oder latent, immer in fühlbarer Nähe zu faschistischen Denkinhalten bewegt. Ich wage die These, daß sich Müller, hätte er länger gelebt, faschistischen Bewegungen und Parteien zumindest zeitweise zugewandt hätte. Zu dieser These ein abschließendes Zitat aus einer der letzten Arbeiten Müllers:

> „Erst in der jüngsten Zeit sehen wir gerade bei dem aus einem wüsten Mittelalter zu einer plötzlichen Staatseinheit zusammengeschweißten Italien einen starken, politischen Commonsense, der zu jener Bewegung geführt hat, die man heute allgemein als Fascismus bezeichnet. Der Fascismus ist in seiner praktischen Tendenz reaktionär. Er entstammt aber (...) aus sozialen, um nicht zu sagen sozialistischen Ordnungsprinzipien."[114]

Erinnern wir uns, welch guten Klang das Wort „reaktionär" im Sinne Müllers hat, dann kann dieses Zitat unkommentiert für sich stehen.

---

[114] Müller, Robert, „Die Politisierung Österreichs", in: *Der Neue Merkur* 7, München 1923/24, S. 176.

Ernst Fischer
Ein doppelt versuchtes Leben:
Der Verlagsdirektor Robert Müller
[und der Roman „Flibustier"] (1980)

Als „Selbstmord eines Verlagsdirektors" meldete der Wiener *Tag* am 28. August 1924 den Tod Robert Müllers,[1] als Verfasser von Romanen und Erzählungen wie *Tropen, Der Barbar, Camera obscura, Das Inselmädchen* und als glänzender Essayist eine der bemerkenswertesten Erscheinungen des österreichischen literarischen Lebens in und nach dem Ersten Weltkrieg. Wenn das gleiche Blatt drei Tage später vom Begräbnis des „so tragisch geendeten Schriftstellers Robert Müller" berichtete,[2] so hatte es damit nicht so sehr einen Irrtum richtiggestellt als ein weiteres Mal nur die halbe Wahrheit getroffen. Robert Musil unternahm es in einem Nachruf auf seinen Freund, der „Unkenntnis der Zeitungen" entgegenzutreten und die Öffentlichkeit über den wahren Sachverhalt aufzuklären: „der Verlagsdirektor hatte am Ende eines doppelt versuchten Lebens den Dichter Müller getötet."[3]

Die von Musil in ein so dramatisches Bild gebrachte Doppelexistenz Robert Müllers soll uns im folgenden beschäftigen; sie muß als Versuch einer Synthese von Geist und Tat begriffen werden, im Sinne einer Problemstellung, wie sie in den ersten Jahrzehnten dieses Jahrhunderts in besonderer Weise thematisiert worden ist. „Geist und Tat" hieß denn auch der 1910 entstandene Essay von Heinrich Mann, den Kurt Hiller 1916 an die Spitze seines ersten Jahrbuchs *Das Ziel* stellte, um damit programmatisch das Spannungsfeld des „Aktivismus" abzustecken, jener Strömung, als deren Wiener Hauptvertreter Robert Müller gelten darf.[4] Müller hat die Sache des Aktivismus mit glänzendem Intellekt vertreten; bemerkenswert sind darüber hinaus seine Kompromißlosigkeit und die Eigenwilligkeit seines Versuchs, eine Synthese von Denken und Handeln auf der Basis

---

[1] *Der Tag.* Nr. 629 v. 28.8.1924, S. 3.
[2] Ebd., S. 9.
[3] Musil, Robert: „Robert Müller", in: *Prager Presse*, Nr. 244 v. 3.9.1924, S. 4-6, u. ö. Hier zitiert nach Robert Musil: *Gesammelte Werke*, hrsg. von Adolf Frisé, Bd. 8, Reinbek b. Hamburg 1978, S. 1137.
[4] Mann, Heinrich: „Geist und Tat", in: *Das Ziel. Aufrufe zu tätigem Geist*, hrsg. von Kurt Hiller. München und Berlin 1916. – Zum Verhältnis Hillers zu Robert Müller vgl. Kurt Hiller: *Leben gegen die Zeit (Logos)*, Reinbek b. Hamburg 1969, u.a. S. 137, wo er Müller als einen von ihm „ungemein geschätzten österreichischen Zwilling" bezeichnet.

eines Geschäftsunternehmens ins Werk zu setzen. Denn während die Diskussion unter seinen Mitstreitern vor allem um die Frage kreiste, wie der Herrschaft des Geistes von der politischen Praxis her zum Durchbruch zu verhelfen sei,[5] zielten Müllers Überlegungen in eine andere Richtung: er hatte die Wirtschaft, das Kommerzielle, als eine zentrale gesellschaftliche Wirkungsmacht erkannt und wollte sie in den Dienst aktivistischer Propaganda stellen; Geist und Tat sollten auf dieser Ebene zusammenfallen. Mit dem konkreten Schritt in das Geschäftsleben glaubte er zugleich, erstmals das Leben ganz zu fassen. Wie bewußt er selbst diesen Entschluß als einen Wendepunkt in seinem Dasein empfand, geht aus seinen von Rudolf Kayser überlieferten Worten hervor: „Literatur war mir immer nur Umweg zum Leben; jetzt stehe ich im Leben selbst."[6]

1. „Literaria. Keine Geschichte mit beschränkter Haftung."

Mit dem 21. August 1919 läßt sich jener Wendepunkt in Robert Müllers Leben datieren: an diesem Tage wurde am Wiener Handelsgericht eine „Literarische Vertriebs- und Propaganda-Gesellschaft m.b.H." (später kurz „Literaria" genannt) mit den beiden Geschäftsführern Erwin und Robert Müller angemeldet.[7] Robert Müller hatte seinen Bruder Erwin, einen Wirtschaftsfachmann, schon zuvor bei der Herausgabe der Zeitschriften *Finanzpresse* und die *Neue Wirtschaft* unterstützt. Die Entstehung der „Literaria" leitete sich jedoch von anderen Wurzeln her, wie aus einem späteren Bericht Robert Müllers hervorgeht.[8] Danach sei sie eine „intellektuelle Gründung" auf der Basis einer Gruppe von Künstlern und kulturpolitisch engagierten Aktivisten, der „Katakombe", gewesen. Diese Geheimgesellschaft habe nicht nur breite Kulturprogramme entwickelt, sondern auch eine Art Kartell im Wiener Zeitschriftenwesen dargestellt, indem sie von den Blättern *Der Anbruch*, *Das Flugblatt*, *Der neue Daimon*, *Die Rettung* und *Die neue Wirtschaft* wenigstens je einen Vertreter kooptiert habe:

> „denn um die neuen Ideen zu verbreiten, brauchte man eine fachliche Basis; und diese sollte durch eine praktische Zusammenlegung

---

[5] Vgl. dazu das Kapitel „,Ziel' Jahrbücher und Politischer Rat geistiger Arbeiter" in Hiller: *Leben gegen die Zeit (Logos)*, S. 102-145.
[6] Kayser, Rudolf: „Robert Müller", in: *Berliner Tageblatt*, Nr. 416 v. 2.9.1924, S. 2.
[7] Auszug aus dem *Handelsregister*, Handelsgericht Wien, Bd. C 32, p. 218.
[8] (Robert Müller): „Literaria. Keine Geschichte mit beschränkter Haftung" in: *Literaria-Almanach 1921*, Wien: Literaria-Verlag 1921, S. 105-108.

der kleinen Zeitschriftenbetriebe und einen energischen und ingeniösen Vertriebsapparat gewonnen sein."[9]

Allerdings, der Aufbau dieses Vertriebsapparates, entstanden aus „reiner aktivistischer Ideologie, die aber sofort die griff-festesten Realisierungen suchte", scheiterte; seine organisatorische Grundlage, die „Katakombe", zerfiel, und zwar „aus einem Obermaß an Geistigkeit". Auf dieser negativen Erfahrung habe nun aber die „Literaria" aufbauen können:

> „Diese wurde von dem Publizisten [gemeint ist Robert Müller selbst, E. F.] und dem Wirtschaftsgelehrten [nämlich Erwin Müller, E. F.] unter genau denselben Gesichtspunkten gegründet, wie die Katakombe, aber der Ton lag diesmal auf der praktischen Arbeit und die geistige Tendenz wurde zeitweise vertagt; und diesmal reifte die Absicht zur fortzeugenden Tat."[10]

Robert Müller war mit der Gründung der „Literaria" also endgültig in die wirtschaftliche Praxis eingetreten, war ein Geschäftsmann geworden. Er selbst hat diesen Schritt – unter Aktivisten in dieser Form eher eine singuläre Erscheinung – als aufklärungsbedürftig empfunden und eine Verteidigung des Aktivismus gegenüber Thomas Mann im *Neuen Merkur* 1922 zum Anlaß einer versteckten Selbstrechtfertigung genommen. Er weist dort zunächst auf die Präsenz von Aktivisten in Bereichen wie Pazifismus, Jugendbewegung, Sexual-, Boden- und Strafrechtsreform hin und gelangt von da aus zu seinem persönlichen Anliegen:

> „Einige stiegen ins Geschäftliche. Dies letzte scheint mesquin, man wird es erklären. Will der Geist sozial Einfluß haben, so muß er ein Organ bilden, das Expeditives leistet. Der hypertrofe Merkantilismus dieser Zeit, wir sind uns einig, ist übel. Geist bliebe aber auf dem alten Standpunkt, sagte er nur Nein! Das Geschäft, zur Expedition des Geistigen gebogen, frißt Blut; denn wie alles Geschäft nach seinem unternehmerischen Prinzip, seiner Seele, die Profit ist, genötigt, wird es sich physikalisch hartnäckig nach der Seite des geringsten Widerstandes bewegen; und diese Seite ist gewiß nicht der Geist, im Gegenteil. Das Werk, ein atemloser Kampf gegen die Seele einer solchen Gründung, die als entseelt doch wieder nutzlos wäre, braucht ganze Opfer, und der schlechteste Samen der aktivistischen Ideologie wäre es nicht, der auf dieser Karge aufginge".[11]

---

[9] Ebd., S. 106f.
[10] Ebd., S. 107.
[11] Müller, Robert: „Thomas Mann, Frankreich, Aktivismus", in: *Der neue Merkur*, 5. Jg. (1924), Heft 10, S. 717-725. Hier S. 719.

Wenn Müller schon früher von der Notwendigkeit einer „zeitweisen Vertagung der geistigen Tendenz" gesprochen hat, so wird er an dieser Stelle noch deutlicher. Realistisch gesehen, sei es nichts anderes als der Profit, der ein Geschäft „beseele", es als seine Triebkraft in Schwung halte. Es gehe nun darum, im „atemlosen Kampf" gegen bloßes Profitstreben wirtschaftliche Unternehmen aktivistischer Ideologie dienstbar zu machen: „Das Geschäft, zur Expedition des Geistigen gebogen" – in dieser Formulierung spricht sich vielleicht am deutlichsten die Vorstellung Robert Müllers von seiner Aufgabe aus.

Ohne Zweifel bot der von den Brüdern gewählte Geschäftszweig solchen Zielsetzungen besonders günstige Gelegenheiten. Die am 26. August 1919 in das *Handelsregister* eingetragene „Literarische Vertriebs- und Propaganda-Gesellschaft m. b. H." wollte als „Gegenstand des Unternehmens" betreiben:

> „Die Herausgabe und der Verlag einzeln, periodisch oder täglich erscheinender Druckschriften/: Zeitungen :/Der kommissionsweise Vertrieb von Zeitschriften und Broschüren jeder Art und Richtung, die Übernahme von literarischen Arbeiten jeder Art/: Ausarbeitung und Übersetzung etc. :/Das Abonnenten- und Inserate-Aquisitionsgeschäft, die Durchführung von literarischen Propaganda-Arbeiten jeder Art, die Aufnahme und Pflege des gesamten Druckschriften- und Verlagsgeschäftes, die Übernahme von Finanzierung auf literarischem Gebiete, sowie die Durchführung sämtlicher in den Rahmen dieser Literarischen, Vertriebs- und Propaganda-Gesellschaft m. b. H. fallenden Arbeiten."[12]

Der in umständlich-exakter Sprache des Handelsrechts formulierte Passus bestimmt als Geschäftsgebiet des Unternehmens den Zwischenhandel mit Büchern und periodischen Schriften, also Barsortiment und Zeitungs- bzw. Zeitschriftengrosso. Daneben bestand auch die Befugnis zur Verlagstätigkeit aller Art, nicht enthalten war die Berechtigung zum Sortimentsbuchhandel; die in Österreich an die Erteilung einer besonderen Konzession gebunden war. Ein Blick auf den österreichischen Buchhandel dieser Zeit läßt erkennen, daß die Voraussetzungen für die Neugründung einschlägiger Betriebe nicht ungünstig zu nennen waren.[13] Die bestehenden Unternehmen waren schon im Krieg durch Rohstoffknappheit und -kontingentierung,

---

[12] Auszug aus dem *Handelsregister, Handelsgericht Wien,* Bd. C 32, p. 218.
[13] Vgl. zum folgenden Adolf Stierle: *Der österreichische Buchhandel in der Nachkriegszeit, mit Berücksichtigung der Nachfolgestaaten Österreich-Ungarns,* Wien, Leipzig 1928, bes. S. 9-22.

Transportschwierigkeiten, Aus- und Einfuhrbeschränkungen, Zensur, Unkostensteigerungen, Inflation und Valutabeschaffungsprobleme schwer in Mitleidenschaft gezogen worden und hatten zuletzt mit dem Zusammenbruch der Monarchie den Verlust großer Absatzgebiete und die Entwertung ihrer Lager zu verkraften gehabt. Vielen Betrieben war dies, schon aufgrund ihrer schwerfälligen Organisation, nicht möglich. Umgekehrt aber war die Abhängigkeit des österreichischen Buch- und Zeitschriftenmarktes durch den Rückgang der inländischen Verlagsproduktion eher noch größer geworden; das österreichische Sortiment bezog ca. 75 % seines Umsatzes (Schulbücher nicht gerechnet) aus Deutschland. Gerade im Zwischenhandel tat sich also einer energischen, von der Kriegsentwicklung unbelasteten geschäftlichen Initiative eine Marktlücke auf, in die die Brüder Müller offenbar auch zu stoßen beabsichtigten. Es versteht sich, daß diese Sparte, der Handel mit Literatur als einer Ware besonderer Art, der an sich schon der Doppel Charakter von immateriell-geistigem und materiell-merkantilem Wert anhaftet, den Intentionen Robert Müllers in besonderer Weise entgegenkam.

Die Gründung dieser Gesellschaft erforderte freilich Kapital, Summen, die weder von den Brüdern Müller noch von dem Kreis der befreundeten Künstler und Literaten aufgebracht werden konnten. Wir sind durch die Akten des *Handelsregister* über die Finanzierung des Unternehmens jedoch gut informiert.[14] Danach belief sich das Stammkapital auf 120 000 Kronen, wovon 55 000 Kronen bar eingezahlt wurden. Die Gesellschafteranteile verteilten sich folgendermaßen: Erwin Müller, K 10.000 (er zahlte seinen Anteil als Sacheinlage in Form eines Herrenzimmers, der Adressenkartei der „Neuen Wirtschaft" und diverser Verlagsrechte ein); Gustav Harmer, Fabrikant in Spillern, K 15.000; Paul Koller, Regierungsrat, K 10.000; Josef Hänisch, Oberstleutnant in Stockerau, K 15.000; Leopold Schaller, Rittmeister in Stockerau, K 10.000; Otto Pellech, Rechtsanwalt in Wien, K 10.000; Oskar Zitnik, Bauingenieur, K 10.000; Robert Schmotzer, Rechtsanwalt in Vöcklabruck, K 20.000; Leopoldine Gutruf, Inhaberin des English home, K 20.000. Diese Zusammensetzung der Gesellschafterversammlung überrascht nun doch etwas: Abgesehen von Erwin Müller handelt es sich um acht vollkommen branchenfremde, zugleich allem Literarischem und wohl auch Aktivistischen vollkommen fernstehende Personen aus dem

---

[14] *Abhandlungsregister 1921-1931, Handelsgericht Wien, Sign. C 32/218, Akte „Literaria. Literarische Vertriebs- und Propaganda-Gesellschaft G.m.b.H.",* unpag.

gehobenen Bürgertum bzw. Militär, ein Kreis, der ganz offensichtlich zu reinen Geldbeschaffungszwecken herangezogen worden war und der tatsächlich auch kaum jemals in den Gang der Geschäfte eingegriffen hat.

Der Name Robert Müllers fehlt: er hat möglicherweise an der am 28. Juli 1919 abgehaltenen Versammlung zur Errichtung des Gesellschaftsvertrages, der die obigen Festlegungen enthielt, gar nicht teilgenommen, konnte wohl auch keine Anteile erwerben, wie dies ja auch seinem Bruder nur auf dem Weg einer Sacheinlage möglich war. Es wurde aber schon auf dieser Sitzung der Posten eines 2. Geschäftsführers für ihn freigehalten;[15] auf einer am 6. August 1919 abgehaltenen Versammlung wurde er dann auch auf Antrag Gustav Harmers einstimmig in diese Position berufen,[16] sodaß er in der am 26. August erfolgten handelsregisterlichen Eintragung bereits aufscheint.

Das neugegründete Unternehmen zog vorerst in die Büroräumlichkeiten der Firma „Internationaler Nachrichtendienst" in Wien I, Tuchlauben 11, ein.[17] Von seiner äußeren Weiterentwicklung ist zu berichten, daß am 7. Juli 1920 am Handelsgericht eine Namensänderung vorgenommen wurde; da die Gesellschaft unter ihrer Telegrammadresse bekannt geworden war, lautete ihr offizieller Name nunmehr: „Literaria. Literarische Vertriebs- und Propaganda-Gesellschaft m. b. H."[18] Am 11. Februar 1921 wurde der „Literaria" die Erweiterung des Geschäftsgegenstandes auf „Ausübung des Buchhandelsgewerbes auf Grund der von der Gesellschaft zu erwerbenden Konzession" zugestanden,[19] sodaß sie zur Führung einer von ihr übernommenen Buchhandlung berechtigt war.[20] Zum gleichen Zeitpunkt wurde, auf Grundlage eines Generalversammlungsbeschlusses vom 29. Dezember 1920, das Stammkapital von K 120.000 auf K 1,500.000 (davon K 1,140.000 in bar) erhöht, und zwar sowohl durch Erhöhung der bisherigen Gesellschafteranteile als durch den Eintritt neuer Gesellschafter: Dr. Moriz Chlumecky-Bauer K 390.000; Friedrich Neuhauser K 130.000; Franz Stern, Prokurist der Deutschen Bodenbank in Wien, K 20.000; Franz Neidl, Direktor der Granitwerke Anton Poschacher, K 5.000; die „Internationale Nach-

---

[15] Ebd.
[16] Ebd.
[17] Ebd.
[18] Ebd. – Vgl. auch die Eintragung in dem *Auszug des Handelsregisters*. Bd. 32, p. 218.
[19] Angabe fehlt
[20] *Abhandlungsregister, Akte „Literaria"*.

richtendienst-Gesellschaft" wurde als Sacheinlage im Wert von K 100.000 der „Literaria" einverleibt, wie man überhaupt davon ausgehen muß, daß das Unternehmen in diesem Zeitraum einige Fusionierungen mit bestehenden Betrieben, dem Zeitschriftengrosso „Hermann Goldschmiedt Ges.m.b.H." und der Ullsteinbücher-Auslieferung, einging, die allerdings vorerst keinen aktenmäßigen Niederschlag fanden.[21]

Die Erhöhung des Stammkapitals auf das 12 1/2-fache war wohl nicht nur durch die zunehmende Inflation notwendig geworden, sondern auch durch gestiegenen Kapitalbedarf aufgrund einer enormen Ausweitung der Geschäftstätigkeit. Das Jahr 1921 bedeutete einen Höhepunkt in der Geschichte der „Literaria Ges. m. b. H.", das Unternehmen nahm sine beachtenswerte Stellung im Wiener Literaturbetrieb ein, wie die nachfolgend vorgeführten Dokumente aus diesem Zeitraum erkennen lassen.

In diesem Jahr 1921 erschien der *Literaria-Almanach*, im Eigenverlag herausgegeben, eine mehr als 100 Seiten starke Sammlung von Aufsätzen und mehr oder minder ausführlichen Buchbesprechungen, zum größten Teil von Robert Müller selbst verfaßt.[22] Er geht im ersten Artikel auf die „Kultur des Buchhandels" ein, liefert einen Abriß von dessen Entwicklung im und nach dem Weltkrieg, zitiert sodann einen Ausschnitt aus einem im 4. Band des „*Ziel*"-Jahrbuchs erschienenen Aufsatz von Arnold Ulitz „Der ideale Bücherladen", dessen revolutionäre Forderungen nach einer Lesergewerkschaft und Aufbau „roter Bücherläden" er sowohl mit Lob als auch „mit einem Lächeln" quittiert: er habe sich, „durchaus von der extremen Seite des Buchverfassers, also vom kulturellen Standpunkte herkommend, praktisch mit der Situation des Buchhändlers befassen müssen", ehe er zu einem Urteil kam, das auch der „Vitalität und selbständigen Lebensfreude, die den kommerziellen Formen der kapitalistischen Ordnung anhaftet", Gerechtigkeit widerfahren lassen konnte. Müller zieht sich hier auf einen pragmatischen Standpunkt zurück: es gehe einzig darum, eine neue Beziehung zwischen Publikum und Buchhändler aufzubauen, und zwar so, daß man jenem seinen Geschmack, diesem aber seine Initiative belasse.

Für unsere Zusammenhänge wesentlicher ist aber eine gegen Ende des Almanachs eingeschobene Selbstdarstellung „Literaria. Keine Geschichte mit beschränkter Haftung". Robert Müller gibt dort – weiter oben schon

---

[21] Ebd.
[22] *Literaria-Almanach 1921*. Wien: Literaria-Verlag 1921. – Der Almanach enthielt auch Besprechungen von Robert Müllers eigenen Buchveröffentlichungen.

zitierte – Hinweise auf ihre Entstehung und wendet sich dann den gegenwärtigen Entwicklungen zu. Auch an dieser Stelle, gleichsam als hätte er einen Verrat am Gründungsgedanken zu entschuldigen, betont er die Notwendigkeit einer kompromißlosen Kommerzialisierung des Unternehmens:

> „Der Weg war der richtige; jeder andere hätte zur Versandung in einer Wüste braver Ideen geführt. Die geistige Selbständigkeit der Unternehmer einmal gewahrt, wird in der Hand entschlossener Männer auch das materiellste Mittel zu einem Vorstoß ins Höhere. Während all der schweren Selbsterhaltungs- und Expansionskämpfe ist die ‚Literaria', die niemals einseitig kapitalistisch war, sondern Fortschritt, Sozialismus und Reform begünstigte, in vielen Fällen in der angenehmen Lage gewesen, Ideelles über Materielles zu setzen."[23]

Konkrete Beispiele für eine auch nur punktuelle Verwirklichung ihrer aktivistischen Zielsetzungen bleibt Müller schuldig; man muß dies mehr als Postulat für die Zukunft des Unternehmens auffassen, wie er denn auch weiter unten ankündigt, daß die „Literaria" demnächst einige Editionen im eigenen Verlag herausbringen werde, und an einer anderen Stelle noch deutlicher sagt:

> „Die Ankäufe und Fusionen der letzten Monate haben so die Literaria zu einem mächtigen Institut Deutschösterreichs ausgestaltet, und der ideelle Faktor wird jetzt wieder, noch mehr als bisher in den Vordergrund treten."[24]

Von gesicherter materieller Grundlage zum Ideellen fortzuschreiten, sei für die „Literaria" „der vorgezeichnete Weg ihres Aufstiegs". Wieweit dieser Aufstieg schon gediehen war, darauf verweist Müller nicht ohne Stolz:

> „Aus einem Zeitschriftenvertrieb wurde sie eine der größten Großbuchhändler- und Sortimenter-Firmen Wiens, sie vertritt mehrere der namhaftesten deutschen Verlage und gewinnt auf diese Weise den besten Werken ein zunehmendes Publikum."[25]

Als Faktoren ihres Erfolgs glaubt Müller „ihre exakten Methoden, ihre Behendigkeit, ihre Umsicht", alles in allem eine hierzulande neuartige Weise der Geschäftsführung namhaft machen zu können. Er weist auch darauf hin, daß die „Literaria" eine „Ära der interessantesten Propaganda" einge-

---

[23] (Robert Müller): „Literaria. Keine Geschichte mit beschränkter Haftung", S. 108.
[24] Ebd.
[25] Ebd.

leitet habe, und tatsächlich darf dieser Almanach als Beispiel einer Öffentlichkeitsarbeit gelten, wie sie für das Barsortiment keinesfalls üblich war. Neuartig war auch die von Müller in diesem Zusammenhang angekündigte *Literaria-Rundschau*, ein Informationsblatt, das dreimal, später viermal im Monat gratis an Sortimentsbuchhandlungen verteilt werden und mit diesen „eine innige und animierende Beziehung" bewirken, außerdem die „Verlage der Literaria interpretieren" sollte. Diese *Literaria-Rundschau* erschien seit Anfang Juli 1921, als letzte Nummer konnte Heft 14 des 1. Jahrgangs vom 5. Januar 1922 nachgewiesen werden.[26] Jedes der grundsätzlich vier Seiten starken Blätter hatte einen thematischen Schwerpunkt (Das graphische Buch, Das erotische Buch usw.), der in einem kurzen Artikel, möglicherweise von Robert Müller, erläutert wurde; es folgte eine Zusammenstellung entsprechender Titel aus dem Programm der von der „Literaria" vertretenen Verlage. Anläßlich der Wiener Kinomesse erschien eine Sonder-*Filmnummer*, anläßlich der 1. Wiener Internationalen Messe vom 4. bis 25. September 1921, in deren Rahmen offenbar auch eine Theatermesse stattfand und eine Buchausstellung eingerichtet war, wurden vier Nummern zu einem Heft zusammengezogen. Auf Seite 1 dieser Messeausgabe feiert die „Literaria" die Wiederherstellung von „Unternehmungslust, Geist, Phantasie, Geschmack, künstlerischem Willen in der Buchherstellung, solidem Urteil, strenger Kritik, wählerischer Auslese und einer fortreißenden Energie" im österreichischen Buchhandel – und betrachtet unausgesprochen sich dabei wohl an vorderster Front beteiligt.[27]

Das Auftreten der „Literaria" in der Öffentlichkeit muß tatsächlich eindrucksvoll gewesen sein. Robert Musil lieferte sicher nicht nur ein Gefälligkeitsgutachten für seinen Freund, als er in der „*Prager Presse*" vom 8. September 1921 über die besagte Ausstellung berichtete, sie erfreue durch das hohe technische Niveau der Wiener Verlage, interessiere aber durch die Beteiligung der Brüder Müller.[28] Nach einer Eloge auf Robert Müller als

---

[26] „*Literaria*"-*Rundschau*, verantwortlicher Schriftleiter Dipl. exp. Erwin Müller, Verlag der „Literaria". Gratis für alle Buchhändler; erscheint am 1., 10. und 20. eines jeden Monats, 1. Jg., Nr. 1-14. Heft 1 konnte nicht eingesehen, nach Nr. 14 des 1. Jgs. ein weiteres Erscheinen nicht nachgewiesen werden.

[27] „*Literaria*"-*Rundschau, Messenummer* (= Nr. 7/10 d. 1. Jgs.), September 1921, S. 1.

[28] Musil, Robert: „Wiener Theatermesse", in: *Prager Presse* v. 8.9.1921. Zit. nach Robert Musil. *Theater. Kritisches und Theoretisches*, hrsg. von Marie-Louise Roth, o.O. (Reinbek b. Hamburg) 1965, S. 42-45.

dem „beziehungsreichsten und nervösesten Beobachter in der deutschen Literatur" heißt es bei Musil weiter:

> „Dieser Dichter nun hat sich – da als deutscher Dichter nur Gerhart Hauptmann und die Ullsteinautoren leben können – und wahrscheinlich aus Liebe für die Aktivität des gemeinen Lebens, gemeinsam mit einem kaufmännisch bedeutenden Bruder auf den Buchhandel gestürzt und hier in Wien mit der ganzen Speedigkeit seines Stils eine Art Kommissionsgeschäft gegründet, das amerikanisch anwuchs. Ziel ist, den Teufel durch Beelzebub auszutreiben und die Zustände der Literatur zu bessern, nicht indem man Zeitschriften gründet, sondern indem man den Betrieb beherrscht und mit seinen eigenen Giften behandelt. Es ist ganz über Wien hinaus für die Literatur das weitaus interessanteste Unternehmen."[29]

Musil trifft in diesen Sätzen den Kern des „Literaria"-Vorhabens: nicht etwa mit Zeitschriften, die bestenfalls in hermetisch-exklusiven Intellektuellenkreisen zirkulieren, sondern durch Beherrschung wirtschaftlicher Vertriebsstrukturen sollte auf die geistige Befindlichkeit einer Gesellschaft Einfluß genommen werden, ein Vorhaben, das im Hinblick auf das „amerikanische" Anwachsen des Geschäfts sogar zu gelingen schien. Bemerkenswert ist übrigens auch Musils Hinweis auf die bis jetzt nicht in den Blick gekommenen pekuniären Motive Robert Müllers.

Allerdings, 1922 schien die „Literaria" ihren vielversprechenden Aufschwung nicht fortsetzen zu können. Die Almanache, die halbjährlich hätten erscheinen sollen, blieben aus, die Rundschau erschien im Januar 1922 ein letztes Mal als selbständiges Blatt, fand aber dann eine Fortsetzung in Form eines der „Literaria" reservierten, meist zweiseitigen Abschnitts im Anzeiger für den Buch-, Kunst- und Musikalienhandel, dem amtlichen Organ der Unternehmerorganisationen des österreichischen Buchhandels. Es mag dieses Jahr 1922 aber auch nur eine Zeit der internen Reorganisation gewesen sein, die noch im Herbst zu einem konkreten Resultat führte: Am 22. Oktober 1922 wurde am Handelsgericht eine „Literaria A.G." angemeldet.[30] Das Grundkapital dieser Aktiengesellschaft belief sich auf 250 Millionen Kronen, die acht Vorstandsmitglieder waren Dr. Moriz Chlumecky-Bauer als Präsident, Franz Neidl als Vizepräsident, Erwin Müller als Generaldirektor, Robert Müller als Direktor, ferner Alfred Remiz, Hermann Kienzl, Franz Stern und Dr. Eugen Bochner. Die Gründung wurde auch in oben erwähntem Anzeiger gemeldet; am Ende der Notiz hieß es dann:

---

[29] Ebd., S. 43.
[30] Auszug aus dem *Handelsregister*, *Handelsgericht Wien*, Bd. B 13, p.77.

„Die Literaria A.G. ist die Spitzenorganisation des Literaria-Konzerns, dem die Firmen Literaria, Literarische Vertriebs- und Propaganda-Ges.m.b.H., Buchhandlung und Zeitungsbureau Hermann Goldschmiedt Ges.m.b.H., Ullsteinbücher Auslieferung Wien Ges.m.b.H., ‚Die Muskete' Ges.m.b.H. und Internationaler Nachrichtendienst Ges.m.h.H. angehören."[31]

Die von den Brüdern Müller gegründete „Literaria" hatte somit nach nur drei Bestandsjahren die Dimensionen eines Konzerns erreicht, der auf seinem Gebiet in Wien ganz sicher zu den marktbeherrschenden Unternehmen gehörte. Es war dies zwar nur durch Miteinbeziehung potenter Geldgeber möglich gewesen, aber Robert Müller, nunmehr Direktor des Konzerns, verfolgte auch im Rahmen dieser neuen Konstellation unbeirrt seine aktivistischen Absichten. Einen Anhaltspunkt dafür liefert der Ende 1922 erschienene, mehr als 300 Seiten starke *Auslieferungskatalog 1923* der „Literaria A.G.", dessen Hauptverzeichnis auf 213 Seiten über 8500 Verlagsanzeigen, aber auch eine Darstellung des Werdegangs des Unternehmens enthielt. Dieser Katalog konnte nicht eingesehen werden; eine Ankündigung im *Anzeiger* des österreichischen Buchhandels zitierte aber eine Besprechung des Katalogs im *Börsenblatt für den Deutschen Buchhandel*, in der es u. a. heißt:

„In einer kleinen Abhandlung […] werden uns die Ziele und das Programm der Literaria entwickelt. Wir sehen u. a. daraus, daß, um mit dem Verfasser zu reden, ‚in der Idee der ‚Literaria', die eine facettierende Modifikationsbeweglichkeit zeigt, in Kumulationszentrum geschaffen' ist."[32]

In diesen Worten glauben wir Robert Müller als Verfasser wiedererkennen zu können; offensichtlich hielt er an den kulturpolitischen Zielsetzungen der „Literaria" fest, so merkwürdig das auch bei einem einen Barsortiment angemutet haben mag. „Kumuliert" hatten sich bis zu diesem Zeitpunkt im Grunde nur Verlags-Vertretungen: Das *Börsenblatt* weist in der Besprechung darauf hin, daß mittlerweile bereits ca. 60 bedeutende reichsdeutsche Verlagsfirmen die „Literaria" mit der Auslieferung ihres Programms in Wien betraut hätten. Wie aus anderen Quellen hervorgeht, zählten dazu

---

[31] *Anzeiger für den Buch-, Kunst- und Musikalienhandel* (früher *Buchhändler-Correspondenz*). Amtliches Organ der Unternehmerorganisationen im österreichischen Buch-, Kunst- und Musikalienhandel, mit dem Wahlzettel für den öst.ung. Buchhandel und der *„Literaria"-Rundschau*, Jg. 1922-1923, Nr. 2 v. 2.11.1922, S. 5.

[32] Ebd., Nr. 17 v. 2.3.1923, S. 12.

Mosse und Scherl ebenso wie Kiepenheuer, Rowohlt, Kurt Wolff, Erich Reiss, der Malik-Verlag, auch Orell u. Füssli in Zürich; die Ullstein-Auslieferung kam als Teil des Konzerns noch hinzu.[33]

Eine nennenswerte Verlagstätigkeit entfaltete die „Literaria" hingegen nicht. Läßt man *Almanach, Rundschau* und *Auslieferungskatalog* unberücksichtigt, beschränkte sie sich auf eine Serie *Gegenwartskunst* von Fritz Karpfen, von der 1922 Teil I (*Rußland*) und Teil II (*Skandinavien und Holland*), 1923 dann Teil III (*österreichische Kunst*) herauskamen, auf eine Biographie des Schauspielers Moissi von Müllers Freund Ludwig Ullmann, wobei allerdings am Innentitel der „Literaria-Verlag" mit „Hermann Goldschmiedt Verlag" überdruckt wurde, ferner, ebenfalls 1922, *Max Reinhardt. Eines Künstlers Heimweg nach Wien* von Paul Stefan. 1923 erschien im Literaria-Verlag noch L. W. Rochowanski *Der brennende Mensch. Aus den Tagebüchern Anton Hanaks*. Im Anhang dieses Titels wurden zwei weitere Veröffentlichungen als „Im Erscheinen begriffen" vorgestellt, und zwar eine Monographie Ludwig Ullmanns über Johannes Fischer und eine *Exegese über den Begriff ‚Gütersloh'. Eine Autobiographie und Zeitkritik von Paris Gütersloh*. Vier weitere Titel wurden für Herbst 1923 angekündigt: *Die Revolution der Parasiten. Ein Zeitroman von Franz Dirsztay, Das Bad der Dschehenara Begum. Ein asiatischer Roman von Richard A. Bermann, Das Chamäleon. Ein Dirnenroman von Andreas Thom, Zwischen Heut und Morgen. Kulturhistorischer Roman aus der Gegenwart von Paris Gütersloh*.[34] Weder die im Erscheinen begriffenen noch die angekündigten Titel sind tatsächlich im „Literaria"-Verlag herausgekommen. Die Ursache dafür lag wohl in der Entwicklung des Literaria-Konzerns selbst.

---

[33] Nach dem *Adressbuch für den Buch-, Kunst- und Musikalienhandel und verwandte Geschäftszweige von Österreich*, hrsg. v. d. Verlagsbuchhandlung Moritz Perles, 54. Jg. (1925), S. 39.

[34] L(eopold) W(olfgang) Rochowanski, *Der brennende Mensch. Aus den Tagebuchern Anton Hanaks*. Wien: Literaria-Verlag 1923, Anhang. – Zur Frage der Verlagstätigkeit des Unternehmens ist hinzuzufügen, daß 1924 – mit Unterstützung öffentlicher Stellen und inserierender Verlage – noch ein ebenso umfangreicher wie beachtenswerter *Künstlerhilfe-Almanach der Literaria* erschienen ist, eine Sammlung von (meist Original-)Beiträgen österreichischer Schriftsteller und Künstler. Robert Müller ist mit einem Aufsatz „Der Untergang des Geistes" vertreten, der so manche der hier berührten Probleme streift. Der Almanach ist allerdings erst lange nach dem Ausscheiden Müllers aus der „Literaria" erschienen, war von O. Piszk redaktionell betreut worden und ist aus diesen Gründen hier nicht näher behandelt worden.

Die fortgesetzte Inflation und zweifellos auch der 1923 zu konstatierende schwere Einbruch im österreichischen Bücherex- und import (die Büchereinfuhr aus Deutschland sank in diesem Jahr auf 2/5 des Wertes von 1922[35]) machten eine Vermehrung des Kapitals der Aktiengesellschaft unumgänglich, es wurde deshalb am 13. März 1923 auf 500 Millionen Kronen verdoppelt und am 23. April schließlich auf 800 Millionen aufgestockt.[36] Gleichzeitig verbreitete sich der Konzern über die abgetrennten Teile der ehemaligen Monarchie, gründete Filialen in Budapest, Prag und Zagreb.[37] Im Rückblick erscheint diese Expansion jedoch als ein – vielleicht schon verzweifelter – Versuch, die Flucht nach vorn anzutreten. Denn am 28. August 1925 ging die „Literaria Ges. m. b. H.", zweifellos nach bereits länger andauernder Zahlungsunfähigkeit, als Teilgesellschaft der „Literaria A. G." in Liquidation;[38] am 20. Februar 1925 hatte sie in der Bilanz einen Verlust von fast 406 Millionen Kronen aufgewiesen, was mit „hoher Spesenbelastung und beständig abnehmender Geschäftstätigkeit" begründet wurde.[39] Der Konkurs wurde aber durch einen Trick noch einmal aufgefangen: Die „Literaria A. G." kaufte die Gesellschaftsanteile der Ges. m. b. H. zum Preis von 420 Millionen auf, womit eine Deckung des Defizits erreicht war.[40] Allerdings: die Aktiengesellschaft trat ihrerseits am 3. Mai 1927 in Liquidation und wurde am 7. Januar 1928 endgültig aufgelöst. Damit war jede Spur der „Literaria" getilgt.[41]

Robert Müller erlebte das Ende seiner merkantilen Schöpfung nicht mehr. Aber nicht nur das: er war bereits zu einem Zeitpunkt, an dem die „Literaria" nach außen hin noch im Zenith ihrer Bedeutung stand, aus dem Unternehmen ausgeschieden. Am 10. August 1923 meldete der *Anzeiger für den Buch-, Kunst- und Musikalienhandel* in der Rubrik „Geschäftsnachrichten", daß Robert Müller als Verwaltungsrat und Direktor der „Literaria A. G.", als Geschäftsführer der „Literaria. Literarische Vertriebs- und Propaganda-Gesellschaft m. b. H.", als Geschäftsführer der „Buchhandlung und Zeitungsbureau Hermann Goldschmiedt Ges. n. b. H." und als Geschäfts-

---

[35] Vgl. die Statistiken bei Stierle, *Der österreichische Buchhandel in der Nachkriegszeit*, S. 45-49.
[36] Auszug aus dem *Handelsregister, Handelsgericht Wien*, Bd. B 13, p. 78f.
[37] Vgl. die Angaben im *Adreßbuch für den Buch-, Kunst- und Musikalienhandel*, 54. Jg. (1925), S. 39.
[38] *Abhandlungsregister des Handelsgerichts Wien, Akte „Literaria*.
[39] Ebd.
[40] Ebd.
[41] Auszug aus dem *Handelsregister. Handelsgericht Wien*, Bd. B 13, p. 79.

führer der „Ullsteinbücher Auslieferung Wien Ges. m. b. H." gelöscht worden sei.[42] Das Ausscheiden Müllers aus seinen Funktionen wird damit begründet, daß er sich einem neuen Verlagsunternehmen zu widmen beabsichtige.[43]

Der Geschäftsmann Robert Müller hat damit einen ersten Strich unter seine Tätigkeit gezogen. Zuvor aber hatte schon der Dichter Müller eine Zwischenbilanz vorgelegt; so glauben wir jedenfalls das literarische Zeugnis verstehen zu müssen, in welchem er die Geschichte eines Unternehmens vorführt, das mit dem Gegenstand unserer bisherigen Darstellung in vielem Gemeinsamkeiten aufzuweisen scheint.

2. „Flibustier" – die dichterische Spiegelung der „Literaria"

Im *Almanach* von 1921 bezeichnete Robert Müller die „Literaria" als „das erfreuliche Abbild einer zielsicher zwar nach unternehmerischen Prinzipien geleiteten, aber niemals *flibustierhaft* die Gesellschaft brandschatzenden Gründung".[44] Diese Formulierung weckt im nachgeborenen Leser die Assoziation mit dem 1922 erschienenen Roman Müllers *Flibustier. Ein Kulturbild*, und tatsächlich eröffnet sich dem mit der Geschichte der „Literaria" Vertrauten auf diesen 84 Seiten ein sich ständig verdichtender Zusammenhang.[45]

Ein Ich-Erzähler führt uns in das Wien der Nachkriegszeit, in ein Cafe, in dessen Ecke sich „so ein Flibustier festgenäpft" hat. Scholef, so heißt der Mann, wird zunächst hinsichtlich seiner südlich orientalisch-jüdischen Rassemischung umkreist, anschließend als Typ des ewigen Emporkömmlings vorgestellt, wofür die zweifelhafte soldatische Karriere Scholefs im Weltkrieg Anschauungsmaterial liefert. Eine zweite Person der Handlung wird mit Leopold Krumka eingeführt: ein ehemaliger Artilleriehauptmann, der als „Prototyp der Zeit" gelten darf: „Das Ideal dieses Schnittes mochte in Amerika liegen; er hatte sich einen wahlverwandtschaftlichen smarten Typ

---

[42] *Anzeiger für den Buch-, Kunst- und Musikalienhandel*, Jg. 1922-1923, Nr. 40 v. 10.8.1923, S. 385.
[43] Ebd., S. 383
[44] (Robert Müller): „Literaria. Keine Geschichte mit beschränkter Haftung. S. 108.
[45] Robert Müller: *Flibustier. Ein Kulturbild*. Wien, Berlin, New York: Interterritorialer Verlag „Renaissance" 1922. (Die Verlagsangabe ist auf einem Papierstreifen eingeklebt; sie verdeckt die Angabe eines „West-Ost-Verlags, Leipzig-Wien".) – Die folgenden Zitate werden nicht einzeln ausgewiesen; sie entsprechen in ihrer Reihenfolge dem Gang der Handlung.

der europäischen Jugend erobert". „Gymnastisch kraftvoll" und von „sportsmännischer Eleganz", ist er ebenso ein Held der Frauen wie des Krieges: an dessen Beginn Mitbegründer einer „Akademischen Legion", hat er, ein geborener Führer, Heroisches geleistet, sich dann aber als Adjutant bei einem höheren Kommando im Hinterland geschont, auch am Gesellschaftsleben der Offiziere nicht teilgenommen, sondern sich z. B. mit einem Schuljungenbuch zurückgezogen, in welchem ein Korsarenunternehmen im malaiischen Archipel, die Gründung eines freien Staates nach dem Muster der Ostindischen Kompanie, geschildert wurde. Diese „großdimensionale militärisch-kommerzielle Robinsonade" hat damals die Phantasie Krumkas zu einem „Schöpfertraum" angeregt:

> „Er sah sich anrücken mit Gefolgschaft, zu der er die Besten seiner letzten und frühesten Kreise versammelte; und glaubte, es müsse nicht wie zu James Cooks Zeiten mit Seglern, Dampfern geschehen – eines Tages würde ein Schwarm Riesenvögel mit abgestellten Propellern sich auf die Insel im Stillen Ozean senken und der Tanz begann. Das Reich ward gegründet. Von dieser Insel breitete sich eine neue Kultur und Zeit über die Welt aus."

Krumka wird verwundet; von tiefem Ekel vor dem Krieg befallen, kommt er ins Lazarett, wo er Scholef, damals Sanitätsgehilfe, kennenlernt. Nach seiner Genesung reist Krumka „in eine Hauptstadt auf besetztem Gebiet", wo er in der Chiffren-, Zensur- und Gegenpropagandaabteilung arbeitet. Inzwischen 30 Jahre alt und Hauptmann geworden, widmet er sich nach Ende des Krieges Geschäften, „großartigen Transaktionen, die gerade eingesetzt hatten und sich ins Ungemessene dehnen sollten".

Erstes sichtbares Zeichen dieser Geschäftstätigkeit ist die Eröffnung eines „Ateliers für Edelexport und kommerzielle Forschung", betrieben von „Scholef & Krumka". In den Schaufenstern werden Effekten ausgestellt, „Industrieartikel, ferner Aktien, Zeitungen, Bücher, Prospekte, Photographien von Betrieben, Pläne und Karten, graphische Darstellungen, Kurvenstatistiken von Unternehmungen"; Kataloge erscheinen, ein Kalender gibt 4000 Antworten auf die Frage „Wo lege ich mein Geld an?": „Das Geschäft war also eigentlich ein Provisionsgeschäft oder eine kaufmännische Detektei, ein merkantiles Argusauge, von dem Aufklärungen und Weisungen aller Art zu erhalten waren."

Krumka ist der „Organisator alles Sichtbaren", da er aber nie Geld gehabt hat, kennt er dessen Wert nicht, sodaß die „Seele der Geschäftsführung" der „mit allen Geldschmalzen balsamierte" Scholef ist. Wie aus einem Rückblick auf die Entstehung des „Ateliers" hervorgeht, war es aber Krumka, der das für die Gründung notwendige Geld beschafft hat. Er war mit einem ihm von der Armee bekannten „Fürst M." zusammengetroffen und hatte diesem von seinen geschäftlichen Vorhaben erzählt. Der Fürst, selbst ein armer Mann, bat daraufhin eine Runde verwandter und bekannter Adeliger, auch „Dragonerobersten und Feldmarschälle, Hofräte und Domänenverwalter" zu einer Jause, in deren Rahmen Krumka sein Anliegen vortragen sollte. Dieser entwarf vor der Versammlung „eine großzügige gesellschaftliche Theorie" und überzeugte die Anwesenden endgültig, indem er seinen Plan auf den Begriff der „Edel-Spekulation" brachte. Nach der solcherart gesicherten Finanzierung mit dem Problem der praktischen Durchführung konfrontiert, kam ihm das zufällige Zusammentreffen mit Scholef zuhilfe: dieser schien ihm als Partner bestens geeignet.

Das Geschäft der beiden läuft also und breitet sich aus. Es bricht mit vielen rückständigen Gewohnheiten, schafft eine „neue Kundenpsychologie, eine kürzere amerikanische Verkehrstechnik in der Korrespondenz", verkürzt das Buchhaltungsverfahren,

> „das, nach alter Schablone durchgeführt, angesichts der immensen Musteranzahl, des Interessentenkreises und der ganzen schwimmenden Art des Geschäftes einen exorbitanten nutzlosen Anhang verlangt hätte, dem keinerlei lebendige Kraft innegewohnt haben würde. Das Geschäft war aber der Idee nach – es war der Beitrag Krumkas – auf Lebendigkeit gestellt."

Im Grunde aber handelt es sich um nichts anderes als „eine groteske und beschleunigte, die Sache [...] auf die Spitze treibende Abart des Zwischenhandels". Während Scholef sich immer mehr als der erweist, der „Sinn für das Detail, den kleinen kaufmännischen Vorteil und die Passion des Geschäftes" besitzt, zeigt sich Krumka immer seltener in den Kontoren. Es entwickelt sich ein Machtkampf zwischen den beiden, der im Stand des Geschäftes Nahrung findet: „Eines Tages waren die Kassen leer; die Depots waren abgehoben oder abgezogen und bei der Hereintreibung der Außenstände war nur eine geringe Deckung zu erwarten". Das Unternehmen konnte schon aufgrund seiner Anlage auf keinen grünen Zweig kommen, „denn das Geschäft war an sich unproduktiv". Dem Außenstehenden bleibt die bedenkliche Lage allerdings verborgen, denn dieser „konnte nur feststellen, daß sich das Institut durch seine Natur eine geradezu diktatorische Stellung über das Kapital des Landes und den Verwendungsmarkt erobert hatte". Scholef zeiht Krumka der Geschäftsuntüchtigkeit und verlangt von ihm die Beschaffung neuen Kapitals. In einer Versammlung der alten Aktionäre glückt es Krumka, unter Hinweis auf die im Augenblick günstige Konjunktur die Gesellschafter zu einer Erhöhung ihrer Anteile zu bewegen. Das Unternehmen läuft daraufhin wieder besser, aber: „Es war weniger originell, es sank zurück auf den Rhythmus anderer bürgerlicher Phantomgeschäfte, wurde hausiererhaft." Während insgeheim die Schulden wachsen, entwirft Krumka „die rechtfertigende Theorie in Broschürenform", in der er die praktizierte Methode gegenüber dem veralteten „Substanzgeschäft" preist, ein „letztes und freches Sublimat, ‚Chuzpe' nannte es der witzelnd einverstandene Scholef in seinem Argot". Obwohl der Betrieb eine „schier unerschöpfliche Regenerationsfähigkeit" beweist, ist das zugeschossene Kapital nach einigen Monaten verbraucht. Krumka muß erneut eine Gesellschafterversammlung einberufen und schafft es abermals, die Teilnehmer zu Kapital Zeichnungen zu überreden.

In dieser Situation tritt plötzlich Scholef, sonst eher unbeteiligter Beobachter dieser Zusammenkünfte, mit dem Vorschlag auf, das Unternehmen in eine Aktiengesellschaft umzuwandeln. Mit Erfolg: die alte Firma wird gelöscht, eine A. G. „daraus entspringenden Namens" gegründet. Die Aktien „fliegen fieberhaft empor", die Gesellschaft zieht in ein Palais ein, während sich in den alten Räumen eine neugegründete Privatbank Scholefs etabliert, der zum Alleinherrscher des Unternehmens aufsteigt: „Scholef wuchs und wurde in einem Jahr der mächtigste Mann des Landes. [...] Er diktierte den Geist des Landes, in seinen Zeitungen und Verlagen erschienen die geistigen Produkte, die der Zeit den Stempel aufdrückten."

Krumka aber hat sich inzwischen von Scholef getrennt; er betreibt nach erfolgreicher Börsenspekulation eine Kette von Vergnügungsetablissements und beweist Scholef, daß er auch ohne ihn vorwärtskommen könne. Obwohl in ständigem telefonischen Kontakt, gehen die beiden eigene Wege; Scholef heiratet, was ihn aber in persönliche Probleme stürzt und ihn seine Nervenkraft kostet; auch im geschäftlichen Bereich gerät er jetzt in Schwierigkeiten. Krumka kommt ihm noch einmal zu Hilfe, eine unternehmerische Gemeinsamkeit ergibt sich aber nicht mehr. Scholef ist nun völlig isoliert, zieht sich aus den Geschäften zurück: „Er besaß nicht die harte, einseitige Ideologie der Tat, wie Krumka."

Als Scholef eines Tages seine Frau in den Armen Krumkas überrascht, der von ihr gegen seinen Willen bedrängt wird, kommt es zu Handgreiflichkeiten, nach denen Krumka das Land verläßt, Scholef mit einem Nervenleiden zurückbleibt. Auf Erkundigungen erfährt er, daß Krumka in den Dienst der holländischen Kolonialarmee getreten ist, auf einem im malaiischen Archipel stationierten Kreuzer Wachtdienst versah und sich mit einer peruanischen Kreolin zu verheiraten beabsichtige. Er war „im Reich von Knabenträumen gelandet", entwarf „kolossale politische Rallierungspläne [!], wollte eine Rasse des Stillen Ozeans gründen, Japan schlagen, die weißen Nationen vereinigen":

> „Begonnen hat er damit, daß er vom javanischen Gouvernement ermächtigt war, ein ‚Institut zum Studium der Zukunftsmöglichkeiten des Stillen Ozeans' mit wissenschaftlichen, ethnographischen, verkehrstechnischen und kommerziellen Ressorts zu gründen, und zwar in Batavia. Die Vorarbeiten hatten begonnen. Er spielte in der Unternehmerwelt der indischen Gewässer eine Riesenrolle und lud Scholef zur sofortigen Anreise und Übernahme einer kommerziellen Abteilung ein."

Scholef, schwermütig geworden, lehnt mit Glückwunsch ab. Er befaßt sich kaum mit seinem eigenen Unternehmen, und so kommt es zur Katastrophe: „Plötzlich stand die Maschinerie still, wankte, rauschte in Trümmern auseinander, verlor sich in alle Welt. Über Nacht sanken die Instituts-Aktien. Scholef verlor nahezu sein ganzes Vermögen."

Der Krach zieht eine Kette weiterer nach sich, er „riß das Land, Europa mit: dreihundert schleuderte die Eruption obenauf, hunderttausend andere waren brotlos". In einer Vision sieht Scholef „einen ragend emporsteigen, einen Mann seiner Figur und mit mächtigen Kinnladen, mit einem Neandertal-Schädel, der geborene Napoleon, Eisen in Faust und Blick – und mit einer schwachen Seele". Scholef endet in einer Nervenheilanstalt.

Die Parallelen zwischen dem hier immer noch sehr kursorisch vorgeführten Inhalt des *Flibustiers* und der Geschichte der „Literaria" sind nicht zu übersehen. Krumka erscheint bis in Einzelheiten als Selbstporträt Robert Müllers, angefangen von Alter und Aussehen über Kriegserlebnisse bis zum geistigen Profil, zur „Ideologie der Tat", lassen sich zahllose Querverbindungen knüpfen. Ein Gleiches gilt für das Unternehmen selbst. Schon der Name des „Ateliers für Edelexport und kommerzielle Forschung" ähnelt im Duktus und vage auch im Inhalt der „Literarischen Vertriebsund Propaganda-Gesellschaft", sein Geschäftsgegenstand, eine Art Zwischenhandel, ein Provisionsgeschäft, entspricht dem eines Barsortiments. Auch der äußere Entwicklungsgang der Firma, die Finanzierungsumstände, die mehrfachen Kapitalaufstockungen, die Gründung einer Aktiengesellschaft das Ausscheiden Krumkas und der Zusammenbruch des gigantisch aufgeblähten Unternehmens, deckt sich mit unseren Kenntnissen vom Schicksal der „Literaria". Hinweise auf eine neuartige Weise der Geschäftsführung, auf Kataloge, Almanache, „rechtfertigende Theorien in Broschürenform" runden das Bild noch ab.

Handelt es sich also um Schlüsselliteratur? Hier scheint denn doch Vorsicht geboten. Es geht dabei nicht so sehr um die Frage, welche Abweichungen von der historischen Realität festzustellen wären, ob z. B. die Figur Scholefs auf Erwin Müller zielt und dadurch die bei Gründung der „Literaria" gegebene Personenkonstellation hergestellt ist oder ob Scholef und Krumka eher als schizoide Aufspaltung eines Typus zu begreifen sind (ähnlich Brandlberger und Jack Slim in den *Tropen*[46]). Wir müssen uns vielmehr an dieser Stelle in Erinnerung rufen, daß *Flibustier* noch im Frühjahr 1922 erschienen ist, zu einem Zeitpunkt also, da nicht einmal noch die Gründung der „Literaria A. G." vollzogen war, Robert Müller also in der Darstellung von Expansion und apokalyptischem Zusammenbruch des Geschäfts keineswegs auf konkrete Ereignisse und persönliche Erfahrungen zurückgreifen konnte. Offen bleibt dabei die Frage, welchen Anteil an dieser Vorwegnahme des Zukünftigen Müllers Einsicht in den Zustand der Firma gehabt hat, in schon vorhandene Pläne zur Errichtung einer Aktiengesellschaft, in die innere Brüchigkeit des Unternehmens, in die Unausweichlichkeit der Katastrophe, auch ob er selber damals schon mit dem Gedanken seines Austritts (der tatsächlich erst mehr als ein Jahr später erfolgte) gespielt hat. Oder ist *Flibustier* als das Zeugnis einer Hellsichtigkeit aufzufassen, als deren Höhepunkt dann die Vision vom Emporsteigen jenes „ragenden Mannes", „Eisen in Faust und Blick", gelten dürfte? Wir meinen demgegenüber, daß sich in diesem Roman die schon 1922 problematisch gewordene Stellung Robert Müllers in der „Literaria" spiegelt, daß also die scheinbar so frappante Antizipation der Unternehmensgeschichte der Ausdruck einer Enttäuschung ist, einer negativen Erfahrung des Geschäftsmannes Müller, die der Dichter Müller zu Ende denkt.

Flibustier wird gerne als nicht uninteressante Studie aus dem Wiener „Schiebermilieu" der Nachkriegszeit betrachtet.[47] Eine solche Auffassung,

---

[46] Vgl. dazu die Überlegungen von Wolfgang Reif, *Zivilisationsflucht und literarische Wunschträume. Der exotistische Roman im ersten Viertel des 20. Jahrhunderts*, Stuttgart 1975, S. 121-149, bes. S. 143ff.

[47] Wolfgang Reif spricht von einem „ins Mythische gehobenen Schieber und Spekulantenpaar" (Ebd. S. 123); aufs bloße Genre beschränkt bleibt *Flibustier* auch bei Adelbert Muhr, „Robert Müller schrieb für das 21. Jahrhundert", in: *Pestsäule*, hrsg. von Reinhard Federmann, 2. Folge (1974/75), Heft 12, S. 149; und bei Theodor Sapper: „Faszinierendes Vorläufertum", ebd. S. 171. Vgl.

die die Stoffwahl bloß als vom damaligen Aktualitätsgehalt her motiviert erscheinen läßt, greift zu kurz, weil sie die „Literaria" als eindeutig zugrundeliegenden Stoff nicht in den Blick bekommt und erst recht nicht die Bedeutung ermessen kann, die in der Projektion des Unternehmens auf die „Schieber"-Ebene liegt. Als „Schieber" bezeichnet man einen „gewinnsüchtigen (Zwischen)händler";[48] nun, die „Literaria" betrieb als Barsortiment und Zeitschriftengrosso nichts anderes als Zwischenhandel, und die Beschränkung darauf sowie die Tatsache, daß sich hierin ausschließlich gewinnsüchtige Absichten geltend machten, waren Robert Müller zum Problem geworden. Zwar sollte der gedachte Vertriebsapparat durchaus nach kommerziellen Gesichtspunkten geführt werden, aber bei „zeitweiser Vertagung des Geistigen" nach und nach doch zur „Expedition des Geistigen umgebogen" werden – eine Vorstellung, die Robert Müller schon 1922, auch im Hinblick auf die Entwicklungstendenz der „Literaria", als gescheitert betrachten mußte. War er bisher mit seinen aktivistischen Intentionen nicht wirklich durchgedrungen, so stand dies bei schwindendem Einfluß auf das bereits überfremdete Unternehmen für die Zukunft noch weniger zu erwarten.[49] Zweifellos hatte Müllers Konzept ursprünglich eine lebhafte Verlagsproduktion inkludiert, die „Literaria" war aber bis 1922 reines Barsortiment und konnte als solches unmöglich ein geistiges Ausstrahlungszentrum werden, wie das bei Verlagen möglich ist und auch immer wieder der Fall war. Wir verstehen von daher auch, daß im *Flibustier* vom „Atelier" der Scholef & Krumka mehrfach hervorgehoben wird, daß es selbst nichts hervorbrachte, daß es vollständig unproduktiv war: eben dadurch und durch ihre bloße Profitorientiertheit war auch die „Literaria" zur „Schieberfirma" herabgesunken.

Das Aussteigen Müllers, die Trennung Krumkas von Scholef, war nur folgerichtig, und wie sich Krumka einige Zeit mit Vergnügungsetablissements beschäftigte, so hat sich Müller seit Ende 1922 der Geschäftsführung und Gestaltung eines gehobenen erotisch-humoristischen Blattes, der *Mus-*

---

auch vom gleichen Autor: *Alle Glocken der Erde. Expressionistische Dichtung aus dem Donauraum*, Wien 1974, S. 111.

[48] *Der Große Duden, Bd. l, Rechtschreibung.* 16. erw. Aufl. Mannheim 1967, unter dem nämlichen Stichwort.

[49] Vgl. dazu eine Stelle von Robert Musils Nachruf: „[...] aber wie ein Schiff, das mit der Strömung geht, trug ihn das Geschäft vom beabsichtigten Kurs immer weiter ab und ließ sich von seinem hochmögenden Knecht nicht lenken." (Robert Musil, *Gesammelte Werke*, Bd. 8, S. 1136).

kete gewidmet.[50] Folgerichtig war auch der Zusammenbruch des nunmehr „flibustierhaft die Gesellschaft brandschatzenden" Unternehmens: sinnentleert, aller Lebendigkeit beraubt, war sein Ende abzusehen. Das auf allen Linien ins Negative gewendete Spiegelbild der „Literaria" erscheint so als verschlüsseltes Dokument eines vorerst gescheiterten Versuchs des Aktivisten Robert Müller, als Geschäftsmann zu der angestrebten Einheit von Geist und Tat zu finden. Müller hat sich im *Flibustier* aber darüberhinaus noch in einem weiteren Punkt offenbart. Wie Krumka, der im Stillen Ozean zur Erfüllung seines Knabentraums, zum Aufbau eines von wahrhaft geistigen, zukunftsbezogenen Prinzipien getragenen Instituts kommt, trug auch er den Traum einer solchen Einrichtung von geistig ozeanischer Reichweite in sich, und wie sein dichterisches Pendant hatte er noch einmal die Kraft, diesen Traum in die Tat umzusetzen.

3. Robert Müllers kommerzielle Robinsonade: Der „Atlantische Verlag"

Müller landete nicht im Stillen Ozean: es war ein „Atlantischer Verlag", den er aufgrund eines am 9. Januar 1924 geschlossenen Gesellschaftsvertrages im Wiener Handelsregister eintragen ließ.[51] Damit waren nun die Voraussetzungen für seine Geschäftstätigkeit in zwei Punkten entscheidend verändert: er war nunmehr Alleinherrscher in einem eigenen Reich, und als Verlag war es jetzt ein produktives Unternehmen, das mit Geistigem als Ware nicht bloß Handel treiben, sondern es von sich aus hervorbringen konnte.

Schon die Namensgebung wirkt programmatisch; tatsächlich hat Robert Müller schon 1915 in seinen Essays Macht. Psychopolitische Grundlagen des gegenwärtigen Atlantischen Krieges sich dieses Begriffs bedient und Atlantis, die „sagenhafte Länderbrücke im Ozean, der nach ihr seinen tarnen trägt", ungeographisch als einen abstrakten Kontinent, als utopisches Land gedeutet, auf das er damals im Sinne eines „Imperialismus des Geistes" deutsche Hegemonieansprüche anmeldete.[52] Nach dem Zeugnis Arthur

---

[50] Auf der Generalversammlung der „Muskete"-Ges.m.b.H. am 12. Oktober 1922 wurden Erwin und Robert Müller zu Geschäftsführern bestellt (*Anzeiger für den Buch-, Kunst- und Musikalienhandel*, Jg. 1922-1923, Nr. 5, S. 10. Aus dieser Funktion ausgeschieden ist Robert Müller erst im Frühjahr 1924 (Ebd., Jg. 1924-1925, Nr. 19 v. 9. Mai 1924, S. 263).
[51] Auszug aus dem *Handelsregister, Handelsgericht Wien*, Bd. C 15, p. 249.
[52] Müller, Robert: *Macht. Psychopolitische Grundlagen des gegenwärtigen At-*

Ernst Rutras plante Müller außerdem, seinen Roman *Tropen* mit zwei weiteren, im Konzept bereits abgeschlossenen Romanvorhaben *Die graue Rasse* und *Geld* zu einer Trilogie mit dem Titel *Atlantis* zusammenzuschließen.[53] Die Idee eines so bezeichneten geistigen Zusammenhangs nahm also in seinem Denken immer schon eine zentrale Stellung ein; welche Vorstellungen sich für ihn damit verbanden, kann hier nur angedeutet werden. Wir gehen dabei von einer einfachen Überlegung aus: Was der Atlantische Ozean heute trennt, den amerikanischen vom europäischen Kontinent, soll das mythische Atlantis einst verbunden haben. Um eben diese Verbindung geht es Müller, dessen Denken von rassetypologischen Kategorien eigener Prägung beherrscht war und der es gleichsam als seine ureigenste persönliche Mission begriff, Amerika den Europäern neu zu entdecken und aus einer daraus resultierenden Synthese den Zukunftstypus erstehen zu lassen. Ohne auf die biographischen Hintergründe dieses Bemühens, sein frühes überseeisches Abenteuer, oder auch auf die – davon abzuhebende – damals durchaus aktuelle Zeiterscheinung des Amerikanismus[54] eingehen zu können, sei hier darauf verwiesen, daß Robert Müller selbst von seinen Zeitgenossen als Verkörperung einer solchen Verbindung, als – so Rudolf Kayser in seinem Nachruf – der Typus des „europäischen Amerikaners" gesehen und erlebt wurde.[55] Es erscheint kaum zweifelhaft, daß sich in dieser Bezeichnung eben jene Zielvorstellung einer Synthese von Geist und Tat abbildet, an der sich Müller mit seinem Eintritt in das Geschäftsleben orientiert hat. Für ihn war Amerika die Chiffre „der Aktion der Offensive, der Unternehmung, der Schnelligkeit, des Druck-auf-den-Knopf-Typus",[56] und seine Aktivitäten auf wirtschaftlichem Gebiet zielten auf nichts anderes als auf eine Verschmelzung dieser Dynamik mit europäischer Geistigkeit. Der „Atlantische Verlag", zu dem wir an dieser Stelle zurückkehren, wurde dementsprechend – wie schon die „Literaria" – in den

---

lantischen Krieges, München: Hugo Schmidt Verlag 1915, S. 92ff (Kapitel: „Atlantis", ein deutscher Kontinent).

[53] Rutra, Arthur Ernst: „Robert Müller", in: *Die Muskete*, Bd. 38 (1924), Nr. 5, S. 50.

[54] Zum Mythos Amerika vgl. *Sprache im technischen Zeitalter*, hrsg. von Walter Höllerer und Norbert Miller, 1975, Heft 54 und 56.

[55] Kayser, Rudolf: „Robert Müller", in: *Berliner Tageblatt*, Nr. 416 v. 2.9.1924, S. 2.

[56] Müller, Robert: *Macht. Psychopolitische Grundlagen des gegenwärtigen Atlantischen Krieges*, S. 18.

Kommentaren zeitgenössischer Beobachter immer wieder mit dem Attribut des „Amerikanischen" belegt.

Die „Atlantische Verlag Ges.m.b.H." war mit Robert Müller als alleinigem Geschäftsführer mit einem zur Gänze bar eingezahlten Stammkapital von 200 Millionen Kronen errichtet worden.[57] Diese Summe – sie entsprach damals ungefähr dem Jahreseinkommen eines erstklassigen Buchhandelsangestellten[58] – stand Müller nicht zur Verfügung; schuld daran war wohl seine Großzügigkeit, die sich nach verschiedenen Hinweisen auf das Wiener Nachtleben ebenso erstreckt haben soll wie sich gegenüber seinen Schriftsteller- und Künstlerkollegen bewährt hat und die die glänzenden Einnahmen, die er zuzeiten einer florierenden „Literaria" gehabt haben dürfte, aufgebraucht hatte. Es gab und gibt heute noch Mutmaßungen über „gewagte Anleihen",[59] doch scheint diese Frage durch den auch sonst höchst aufschlußreichen Bericht Otto Flakes in seiner Autobiographie *Es wird Abend* hinreichend geklärt.[60] Flake hatte Müller flüchtig in Berlin kennengelernt und von seinen Plänen gehört: „Er war in Amerika gewesen und wollte die dort üblichen Methoden der Organisation dem Aufbau eines modernen Verlages zugrunde legen."[61] Auf dessen spätere briefliche Anfrage nach einem möglichen Geldgeber hin habe er Müller mit Max Pinkus, einem begüterten Kunst- und Literaturliebhaber, mit dem er gerade in engem Kontakt stand, bekannt gemacht. In einem Zusammentreffen mit diesem habe Müller einen konkreten Plan vorgelegt:

> „Er ging davon aus, daß in Österreich die Sanierung der Währung beschlossen war, Deutschland eine zerrüttete besaß; die reichsdeutschen Verleger konnten in Österreich drucken, einen Teil der Auflage absetzen, mit diesem guten Geld die Herstellungskosten bestreiten und einen Überschuß erzielen: als Vermittler solle der von ihm geplante Atlantische Verlag dienen. Für diesen selbst entwickelte er ein neuartiges Programm. Die Idee hatte viel für sich, und Pinkus war bereit, sich mit 30 000 Schilling zu beteiligen unter der

---

[57] Auszug aus dem *Handelsregister, Handelsgericht Wien*, Bd. C 15, p. 249.
[58] Nach den Angaben im *Anzeiger des Buch-, Kunst- und Musikalienhandels*, der die Buchhändler über die inflationär bedingten Gehaltssteigerungen fortlaufend unterrichtete.
[59] So Theodor Allesch-Alescha, „Ein Schuß in unsere Sonne", in: *Pestsäule*, 2. Folge (1974/75), Heft 12, S. 162.
[60] Flake, Otto: *Es wird Abend. Bericht aus einem langen Leben*, Gütersloh 1960, S. 321-336.
[61] Ebd., S. 321.

Voraussetzung, daß ich als Lektor angestellt werde. Der Vertrag kam zustande, der Kredit wurde eröffnet."[62]

Dem Aufbau des Verlages stand nun nichts mehr im Wege. Als Max Pinkus und Flake im darauffolgenden Jahr, also 1924, nach Wien kamen, wurden sie von Robert Müller bis in den frühen Morgen durch das Wiener Nachtleben geführt, gewannen dann aber auch einen Eindruck von seinem Unternehmen:

> „Am nächsten Vormittag besichtigten wir die Räume, die Müller für den Verlag gemietet hatte; es war eine ganze Flucht. Er wurde mit Herr Direktor angesprochen, sah wie ein Amerikaner aus und tat alles, um diesem Eindruck nachzuhelfen.
> Nach amerikanischer Methode war er aufs ganze gegangen, hatte eine Reihe von Aufträgen auf Bücher und Übersetzungen erteilt und bereits honoriert; große Papiermengen lagen bereit. Er arbeitete nur mit Telegrammen und Eilbriefen."[63]

Für den Beobachter Flake war also ein gewisser „Amerikanismus" an der Person Müllers und dessen Verlagsschöpfung das absolut herausragende Kennzeichen. Die Energie Müllers richtete sich ganz auf verlegerische Produktivität; der auf die unterschiedliche Währungssituation in Deutschland und Österreich aufgebaute Plan war zu diesem Zeitpunkt ohnedies bereits geplatzt. Flake berichtet dazu weiter:

> „Die Lage hatte sich seit dem vorigen Jahr verändert. Berlin führte wieder verlegerisch, Wien war in den Hintergrund getreten. Und nach der Frankenkatastrophe sollte Müller sich nun auf österreichische Sortimenter stützen: sie dürften alle zahlungsunfähig sein. Vier, fünf recht mäßige Bücher waren fertig und hatten alle Aussicht, nicht zu gehen. Pinkus bat mich, von dem Darlehen, das er mir gegeben hatte, Müller tausend Franken zu überlassen, was ich tat. Dann reiste Pinkus ab."[64]

Ehe wir uns den negativen Vorausdeutungen Flakes zuwenden, sei ein Blick auf das von ihm zunächst als „neuartig" bezeichnete Verlagsprogramm geworfen, über das wir aus einem der erschienenen Bücher informiert sind.[65] Es war in drei Reihen geteilt: *Die literarischen und kunstkritischen*

---

[62] Ebd.
[63] Ebd., S. 330.
[64] Ebd., S. 330f.
[65] Hartlieb, Wladimir: *Fortschritt ins Nichts. Kulturkritische Streifzüge durchs Dickicht der Zeit.* Wien: Atlantischer Verlag 1924. – Als Ortsangabe tritt bei den Veröffentlichungen des „Atlantischen Verlags" immer wieder „Berlin – Wien – New York" auf; es dürfte sich hier um geschäftliche „Hochstapelei"

Neuerscheinungen, Die neue Romanreihe Atlantis-Edition und *Die aktivistische Bücherreihe*. Im Rahmen der *literarischen und kunstkritischen Neuerscheinungen* waren zehn Titel angekündigt:

Paris Gütersloh: *Grosse und kleine Geschichte. Eine Lebensbeschreibung quasi un'allegoria.*

Peter Behrens: *Vom romantischen Zusammenklang der Künste. Mit zahlreichen Bildtafeln.*

Anton Hanak: *Die Stadt als Plastik. Eine Rede.*

Ludwig Ullmann: *Der Maler Johannes Fischer. Eine Monographie mit zahlreichen Abbildungen.*

L. W. Rochowanski: *Revue de Danse. Mit zahlreichen Bildtafeln.*

Fritz Karpfen: *Der Kitsch. Kunstkritische Betrachtungen. Mit zahlreichen Abbildungen.*

Oskar Maurus Fontana: *Eleonora Duse. Eine Monographie.*

Max Hayek: *Ein Garten die Erde. Dichtungen.*

Persische Liebesmärchen. Nach der Georg Rosenschen Übersetzung des Papageienbuches, bearbeitet von Erich Singer. Mit Federzeichnungen von Franz Zülow.

Clemens Brentano: *Eine romantische Dramaturgie (Burgtheater)*. Herausgegeben von Richard Smekal.

In eine genaue Analyse des Programms kann hier nicht eingetreten werden; feststeht, daß die Reihe, die auf die aktuellen Entwicklungen sowohl der bildenden und darstellenden Kunst, weniger der Literatur, ausgerichtet war, auf die Zielgruppe der Kunstliebhaber, die auch auf die graphische Ausgestaltung der Bände Augenmerk legten, abgestellt war. Nicht zu übersehen ist, daß einige der Autorennamen und auch einige Titel uns schon vom nur bruchstückhaft ausgeführten Verlagsprogramm der „Literaria" her bekannt sind: Ullmanns Monographie über Johannes Fischer war seinerzeit ebenso bereits „in Erscheinung begriffen" wie ein autobiographisches Werk Güters-

---

handeln, denn es gibt keine Anhaltspunkte für Niederlassungen des Verlags im Ausland. – Die folgenden Titellisten befinden sich im Anhang zu Hartliebs *Fortschritt ins Nichts* und werden nicht mehr gesondert nachgewiesen.

lohs; auch Leopold Wolfgang Rochowanski hatte schon bei der ‚Literaria", und zwar über Anton Hanak, veröffentlicht.

Deutlicher wird das Erbe der „Literaria" noch bei der Romanreihe *Atlantis-Edition*. Hier wurden folgende Titel angekündigt:

Franz Dirsztay: *Die Revolution der Parasiten. Ein Sittenroman.*

Hal. G. Evarts: *Blitz. Der Roman eines Wolfshundes. Aus dem Englischen übertragen von Philipp Berger.*

Egmont Colerus: *Wieder wandert Behemot. Ein Spätzeitroman.*

Franz Dirsztay: *Kokotte Mann. Der Roman des erotischen Abenteurers.*

J. Hergesheimer: *Linda Condon. Ein sozialer Frauenroman. Aus dem Amerikanischen übersetzt von Irene Kafka.*

Andreas Thom: *Das Chamäleon. Ein Dirnenroman.*

Otto Flake: *Eine Nacht. Skizzen.*

Paul Bourget – Gerard d'Houville – Henri Duvernois – Pierre Benoit: *Der Roman der Vier. Übertragen von Irene Kafka.*

Bela Balazs: *Zwei gehn in die Welt. Erotischer Roman.*

Richard A. Bermann: *Das Bad der Dschehenara Begum. Ein asiatischer Kulturroman.*

Paris Gütersloh: *Szenen aus dem Leben eines Schriftstellers. Roman.*

Dirsztays *Revolution der Parasiten*, Andreas Thom und Richard A. Bermann wurden von der „Literaria" übernommen, möglicherweise ist auch Güterslohs Roman mit dem seinerzeitigen *Zwischen Heut und Morgen* identisch. Generell wird man sagen müssen, daß diese Reihe auf einen breiten Publikumsgeschmack zielt, insbesondere die spekulativen Untertitel sprechen eine deutliche Sprache; nicht einmal der später als Filmtheoretiker zu Bedeutung gelangende Bela Balazs blieb von der sensationalistischen Aufbereitung des Programms verschont. Im Rahmen des Gesamtkonzepts sollte diese Reihe wohl in finanzieller Hinsicht die tragende Säule sein. Tragen sollte sie vor allem die von vornherein für eine Minderheit gedachte *Aktivistische Bücherreihe*:

Walt Whitman: *Ontario. Dichtungen und Prosa in ersten Übertragungen von Max Hayek.*

Eugen Ehrlich: *Der Zusammenbruch eines Reiches. Das hinterlassene Werk des berühmten Juristen und Staatswissenschaftlers über Österreich.*

Paul Goldberger: *Psychoanalyse des Antisemitismus.*

Alfred Wellock: *Gandhi und Indiens Kampf um Selbstentwicklung* (Der englische Freiheitskämpfer Wellock ist ein Mann vom Zuschnitte Macdonalds.)

Paul Goldberger: *Umwertung des Geschlechts. Ein psychoanalytischer Beitrag zur Gesellschaftsreform.*

Prentice Mulford: *Gesundheit. Essays,* übertragen von Max Hayek.

Los von der Gewalt. Ein pazifistisches Sammelwerk, unter Mitwirkung der englischen, amerikanischen, französischen und italienischen Pazifisten und Kriegsgegner, herausgegeben von Dr. Franz Kobler.

Umwertung. Der Almanach des Atlantischen Verlages und seiner Mitarbeiter.

Hinzu kommt noch das Werk, aus dem diese Liste stammt: Wladimir Hartlieb: *Fortschritt ins Nichts. Kulturkritische Streifzüge durchs Dickicht der Zeit.* Bemerkenswert an dieser Reihe ist zunächst ihre Bezeichnung „aktivistisch", die 1924, zu einem Zeitpunkt also, da diese Strömung mehr oder minder schon der Vergangenheit angehörte und selbst Kurt Hiller in Deutschland sich von dieser Front bereits weitgehend zurückgezogen hatte, bereits anachronistisch wirken mußte; Robert Müller war einer der Unentwegtesten dieser Richtung. Er stand auch in seinem neuen Unternehmen – der Reihentitel beweist es – für diese Idee ein, wollte entschiedener noch, als es ihm bisher möglich war, das Geschäft zum Vehikel des Geistigen formen. Gleich der erste Titel der *Aktivistischen Reihe* drückt ein persönliches Anliegen aus: Walt Whitman, dem er schon 1922 in *Rassen, Städte, Physiognomien* im Abschnitt „Der Americano" ein Denkmal gesetzt hatte, war für Müller der Inbegriff jener in Amerika beheimateten Vitalität, mit der er europäischen Geist zu beleben hoffte.[66] Die übrigen Titel knüpfen an verschiedene Brennpunkte aktivistischen Kampfes, an politische, tiefenpsy-

---

[66] Müller, Robert: *Rassen, Städte, Physiognomien. Kulturhistorische Aspekte,* Berlin: Erich Reiss Verlag 1923. – Müller greift hier der Reihe nach all jene Typen auf, die uns auch sonst in seinen Werken (darunter auch im *Flibustier*) begegnen; die Überschriften der einzelnen Abschnitte lauten: „Der Deutsche", „Der Jude", „Der Orientale", „Der Americano", „Wien", „Manhattan", „Der Literat", „Ein Leutnant", „Schieber".

chologische und vor allem pazifistische Fragestellungen an. Mit dem zuletzt aufgeführten Almanach *Umwertung* war, wie das schon bei der „Literaria" der Fall war, eine programmatische Schrift geplant, die über die Zielsetzungen des Müllerschen Verlagsunternehmens zweifellos nähere Aufschlüsse geliefert hätte.

Es ist aber dieser Almanach ebensowenig erschienen wie der größte Teil des hier vorgestellten Programms: nur vier Titel konnten nachgewiesen werden, nämlich der oben als Quelle benutzte Wladimir Hartlieb, ferner Dirsztays *Aufstand der Parasiten*, Evarts' *Blitz* und Colerus' *Wieder wandert Behemoth*. Es ist nun eine kaum zu beantwortende Frage, ob diese Sucher geeignet waren, das Unternehmen in Schwung zu bringen; Flake war nicht dieser Ansicht. Darüberhinaus ist nicht zu Übersehen, daß das gesamte Programm in dieser Form kaum Müllers hochgesteckten Zielen entsprechen konnte: wenn die Teilung in drei Reihen verschiedenen Charakters noch ein Konzept verrät, wenn einzelne Positionen (wie die Dichtungen Whitmans) noch einer verlegerischen Absicht entsprechen, so wirkt doch die Füllung dieses Rahmens in hohem Maße heterogen und zufällig. Ursache dafür war in erster Linie, daß Müller seinen Wiener literarischen Freundeskreis allzu unkritisch in sein Unternehmen miteinbezog, ihnen zu gefällig war im Eröffnen von Verlagschancen. Es ließe sich dies an den versöhnlichen Bindungen Müllers zu einer ganzen Reihe der genannten Autoren verfolgen; wir beschränken uns aber an dieser Stelle auf eine Äußerung Otto Flakes als unseres Gewährsmannes: „Müller machte mich mit den Literaten bekannt; sie verehrten ihn, weil er sie so großzügig verdienen ließ."[67] Bezeichnend für die Sorglosigkeit, mit der Müller Manuskripte zur Veröffentlichung annahm, ist vielleicht auch eine Bemerkung im Vorwort zu Hartliebs *Fortschritt ins Nichts*, in welchem dieser seiner Freude darüber Ausdruck gibt, endlich einen Verleger gefunden zu haben, der mutig genug sei, diese ketzerischen (weil anti-deutschtümelnden) Gedanken zu veröffentlichen. Solcher Mut am – offensichtlich – falschen Platz war durch grell formulierte Verlagsanzeigen nicht auszugleichen.[68]

---

[67] Flake, Otto: *Es wird Abend*, S. 331.
[68] Hartliebs Buch wurde im *Anzeiger für den Buch-, Kunst- und Musikalienhandel* (Jg. 1924, Nr. 21, S. 294) folgendermaßen präsentiert: „Der bekannte österreichische Autor greift alles an, was niet- und nagelfest ist; er kämpft um Freiheit und Anmut, um Kraft und Souveränität des Geistes. Ein Vorkämpfer europäischer Gesinnung in der Art Stendal, Nietzsche, Theodor Lessing u. a."

Die Voraussetzungen für ein Gedeihen des jungen Verlages waren unter solchen Umständen keine besonders günstigen. Flake, der bei seiner Ankunft in Wien vollendete Tatsachen angetroffen und seine von Pinkus ausbedungene Lektorentätigkeit kaum ansatzweise ausgeübt haben dürfte, konnte in seinen Erinnerungen nur mehr vom traurigen Ende des Verlags und Robert Müller berichten:

> „Er wollte den Wienern zeigen, wie man heute ein geschäftliches Unternehmen aufzog, wie man persönlich auftrat, wie man Geist mit Temperament und Politik verband. Sein Scharfblick erkannte, daß die Amerikanisierung der Anschauung und des Stils kam; sein Fehler bestand darin, daß er zu früh auf den Zug sprang und zu hitzig Kohlen einschaufelte: der Zug entgleiste."[69]

Robert Müllers finanzielle Situation mußte tatsächlich unhaltbar geworden sein. Eine Illustration dieser Schwierigkeiten liefert Flakes Erzählung von den 500 Mark, die er aus Deutschland erhalten sollte und, da selbst aus Wien schon wieder abgereist, von Müller nachgeschickt bekommen sollte. Die Weiterleitung dieser Summe unterblieb jedoch; nachdem Müller zunächst in mehrfachen Telegrammen und Eilbriefen die vollzogene Absendung angekündigt hatte, bekannte er schließlich Flake:

> „,Schließlich ließ er mich wissen, die Literaria seines Bruders, ein Zeitungsvertrieb, habe Bankerott gemacht, er werde in kurzer Zeit bezahlen, biete mir aber zur Sicherheit den Pelz seiner Frau an; ich schrieb die Summe in den Kamin."[70]

Die nächste Nachricht über Müller entnahm Flake bereits der Zeitung: Robert Müller hatte sich am 27. August am frühen Morgen eine Kugel in die Brust geschossen. Mit dem „Verlagsdirektor" starb auch der „Atlantische Verlag": am 5. Dezember 1924 wurden als Geschäftsführer statt des toten Robert Müller Hans Baedeker und Dr. Paul Kris eingetragen, die in dieser Funktion – wohl rein formell, denn eine Fortsetzung der Verlagstätigkeit ist nicht bekannt[71] – bis 30. Juni 1926 verblieben, an eben diesem Tag wurde der Letztgenannte als Liquidator eingesetzt, der „Atlantische Verlag" aufgelöst und am 30. April 1929 endgültig aus dem Handelsregister gestrichen.[72]

---

[69] Flake, Otto: *Es wird Abend*, S. 331.
[70] Ebd., S. 335.
[71] Flake berichtet noch, daß Max Pinkus den Angestellten des Atlantischen Verlags noch einige Zeit den Lohn und der Frau Müllers noch jahrelang einen Zuschuß gezahlt hätte (Ebd.).
[72] Auszug aus dem *Handelsregister, Handelsgericht Wien*, Bd. C 15, p. 249.

Es ist müßig, die Spekulationen über den definitiven Grund von Müllers Freitod fortzuführen und entscheiden zu wollen, ob es nun finanzielle Bedrängnis oder das Nichtentscheidenkönnen zwischen zwei Frauen war, wie Kurt Hiller behauptet.[73] Es sind aber im Rahmen dieser Spekulationen doch auch Überlegungen aufgetreten, die unsere Beachtung verdienen. Drei Jahre nach Müllers Tod erinnerte Arthur Ernst Rutra in der *Literarischen Welt* an seinen schon vergessenen Freund und glaubte dort, als wahre Ursache von dessen letzten Entschluß Verbitterung aufdecken zu können: „Er machte Schluß. Wir wollen die Wahrheit sagen: Aus Ekel."[74] Diese Auffassung blieb nicht unwidersprochen: Otto Flake war es, der drei Nummern später replizierte und gegenüber solcher sentimentalen Legendenbildung darauf hinwies, daß Müller keineswegs „rein durch das Unverständnis der Welt zum Selbstmord getrieben" worden sei:

> „Sein Wunsch war gewesen, so viel Geld in die Hand zu bekommen, daß er einmal zeigen konnte, was er als verlegerischer Initiant leisten könne. Nun, ich verschaffte ihm eine beträchtliche Summe, mit der er den Atlantischen Verlag begann, genauer: *vorbereitete*, denn als er ein halbes Jahr später vom Leder ziehen sollte, hatte er in seiner großzügigen Weise das Geld mit den Vorbereitungen aufgebraucht. Wozu dann allerdings – es war 1924 – die Auswirkung der fatalen österreichischen Frankenspekulation kam."[75]

Flake wußte, wovon er sprach. Aber auch Rutra war die existentielle Problematik Müllers nicht entgangen, wenn er sie auch dessen Andenken zu Ehren durch Stilisierung und Pathos zu verschleiern trachtete. Immerhin bemerkte er aber auch in seinem Artikel in der *Literarischen Welt*, daß Müller als Verleger geendet habe, „weil der Inhalt dem Rahmen, den er phantastisch dichtete, fehlte"; für Rutra hätte wegen des Nicht-Schritthalten-Könnens der anderen dieser Inhalt „auch dann versagt, wenn er die atlantischen Ausmaße gefüllt hätte […], die ihm als Grenzen gerade weit genug dünkten."[76] Und zwei Jahre zuvor, auf einer am 7. Juni 1925 von Freunden im Wiener Raimund-Theater veranstalteten Gedenkfeier für Robert Müller, hatte Rutra in feierlicher Rede das Geheimnis von Müllers freiwilligem Scheiden aus dieser Welt darin zu ahnen ermeint,

---

[73] Hiller, Kurt: *Leben gegen die Zeit (Logos)*, S. 137.
[74] Rutra, Arthur Ernst: „Zum Andenken an Robert Müller", in: *Die Literarische Welt*, 3. Jg. (1927), Nr. 34, S. 1.
[75] Flake, Otto: [Entgegnung], in: Die *Literarische Welt*. 3. Jg. (1927), Nr. 37, S. 8.
[76] Rutra, Arthur Ernst: „Zum Andenken an Robert Müller".

„daß ein klarer und überlegener Geist, dessen kraftgewisses eben in geradem Tun, in stetem verantwortungsbewußtem Einklang von Geist und Tat und ohne Kompromiß verläuft, daß ein solcher Geist plötzlich vor der groß aufgewachten Frage steht, ob diese Kompromißlosigkeit überhaupt in Übereinstimmung zu bringen ist mit unserer Zeit; und daß er, in einem Augenblick jäher Erkenntnis der Unvereinbarkeit kristallreinen geistigen Tatlebens mit dem Diktat des materiellen Lebensverlaufes, die Scheidung von Geist und Materie durch die Tat, die sein Leben war, dokumentierte ..."[77]

Nach allem, was wir über den letzten Lebensabschnitt Robert Müllers in Erfahrung gebracht haben, erscheint es nicht undenkbar, daß es einen solchen „Augenblick jäher Erkenntnis" gegeben haben könnte; denn darüber können keine Zweifel bestehen, daß er mit dem Entschluß, in das Geschäftsleben zu treten, die existentielle Hoffnung verband, in einer sich darin verwirklichenden Einheit von Geist und Tat das Leben ganz zu fassen, und daß das Scheitern seines ozeanischen Traums, das im Falle des „Atlantischen Verlags" nicht nur ein finanzielles war und – anders als bei der „Literaria" – ganz allein auf ihn zurückfiel, eine radikale Konsequenz verlangte.

---

[77] Rutra, Arthur Ernst: *Denkrede an Robert Müller*, München 1925, S. 9.

Hans Heinz Hahnl
Harald Broiler und Ekkehard Meyer (1968)

Daß Franz Werfel der „Spiegelmensch" in Karl Kraus' magischer Operette *Literatur oder Man wird doch da sehn* ist, weiß jeder literarisch Gebildete. Aber wer war mit Harald Brüller, mit Brahmanuel Leiser gemeint? Auf Seite 26 der Erstausgabe treten sie auf: „Brüller verbreitet Frische; Leiser Müdigkeit. Brüller deutet durch seine Bewegung an, daß er eigentlich ein Wiking ist, den ein Seeunglück in die Zeit und in dieses Milieu verschlagen hat, versteht es aber, in seinem Wesen das normannische Element glücklich mit dem amerikanischen zu verschmelzen. Jenes kommt durch seine Tracht (Radmantel mit Ballonmütze) zum Ausdruck, dieses durch die kurzangebundene Art seines Auftretens, seinen Händedruck, unter dem sich der Reihe nach alle Anwesenden, die er begrüßt, in Schmerzen winden, sowie durch ein gelegentlich in die Debatte geworfenes ‚All right', Leiser ist schweigsamer, er hat orientalischen Typus, die abfallenden Schultern der müden Kulturen, ist schmächtig, modisch gekleidet (Gürtelrock) und scheint, von diesem Moment abgesehen, anzudeuten, daß sein Reich nicht von dieser Welt ist. Als die typischen Vertreter zweier Weltanschauungen werden sie von den Anwesenden entsprechend begrüßt und tauchen sogleich in einem Wirbel von Interessen unter. Bei ihrem Eintreten hat sich der im Raum verstreuten Mänaden lebhafteste Unruhe bemächtigt. Zwei treten vor." Soweit die Regieanweisung von Karl Kraus. Die zweite Mänade ist eine Brüller-Verehrerin:

> „Gott ich sag dir-der Brüller-ich flieg auf
> ihn tamisch,
> so ist das ein Wunder, er ist doch dynamisch.
> Was hab ich von den andern, so blasiert und
> so kränklich,
> teils sind sie nachdenklich, teils sind sie be-
> denklich.
> Pervers sein ist schön, doch auf die Dauer zu
> fad,
> er allein, schau ihn an, hat den Willen zur Tat.
> Unter Stimmungsmenschen ist er Aktivist,
> und außerdem ist er der einzige Christ."

Die zweite Mänade versichert anschließend, daß sie das Absolute sucht, das Geradlinige, das Tiefwühlende … „Schau dir Brüller an, Ein Erfüllter!" Die erste Mänade rechtfertigt ihren Leiser: „No und Leiser is ein Hund? Ein

Erweckter is er, sag ich dir. Halb Dandy, halb Erweckter." Die zweite Mänade gibt nun, nach den zahlreichen Anspielungen auf das Vorbild, das Stichwort, das für Kenner der Literatur der zwanziger Jahre jeden Zweifel ausschließt, wer Harald Brüller ist: „No und Brüller ist Bolschewik und Gentleman. Du wirst zugeben, daß man das selten vereinigt findet."

Bolschewik und Gentleman: Wenn es endlich eine anständige Bibliographie der Literatur des Expressionismus gäbe anstatt der zahlreichen geisteswissenschaftlichen Spekulationen, könnte jedermann nachschlagen: *Bolschewik und Gentleman*, Essays von Robert Müller, Erich Reiss Verlag, Berlin 1920. Wer dieser Robert Müller war, kann man unter anderem bei Robert Musil ausführlich nachlesen. Karl Kraus-Kenner wissen, daß er 1914 ein Pamphlet gegen Karl Kraus als erste Nummer einer Zeitschrift *Torpedo* veröffentlicht hat, von der nicht mehr erschienen ist: *Karl Kraus oder Dalai Lama, der dunkle Priester. Eine Nervenabtötung*. Sie wissen auch, daß es das einzige sprachlich seinem Thema gewachsene Pamphlet gegen Karl Kraus war und geblieben ist. Auf die Frage, wer Robert Müller war, sei Otto Basil das Wort erteilt, der die Antwort 1946 als Nachwort zu dem einzigen Nachdruck eines Werkes (*Inselmädchen*) von Robert Müller auf eine knappe und bündige Formel gebracht hat:

> „Leser, die im Jahre 1920 jung gewesen sind, werden sich an manche Arbeiten dieses Frühverstorbenen erinnern, wie sie etwa seit 1910 in Buchform oder in kühnen Abseitszeitschriften erschienen waren: jener heute zu Unrecht vergessenen Romane, Novellen und Essays, in denen die Turbulenz der Ereignisse, das zu keinem Lokalkolorit gedämpfte und verniedlichte, also durchaus in seelenhaften Urfarben leuchtende Panorama der Welt ganz aus der Sprache gestaltet schien von einem Intellekt, der eiskalt war bei aller Überhitztheit des Denkens und rasiermesserscharf bei aller sich ans All wendenden, selig sich verströmenden Leidenschaft, wie es damals weniger dichterische Mode als literarische Triebhaftigkeit war ... Robert Müller liebte aus Passion das geistige Experiment, das Intellektualisieren, das Großstadt-Zigeunerische: darin ganz und gar ein geistiger Tramp jener Zeit, die seinen Typus bejahte und hochbrachte. Er schrieb einen abenteuerlichen unruhigen, fast ermüdenden Stil voller Freude an knockaboutartigen Saltomortales, grotesken Zwischenfällen und forcierten Anschaulichkeiten. Schwierig, sprunghaft, willkürlich, wimmelnd von eigenwilligen, plötzlichen Eingebungen und Ausfällen, wirkte seine epische und erörternde Prosa wie eine brennende Faszination – eine Faszination allerdings, die einen verbrennen mußte wie flüssige Luft, nicht wie Feuer. Robert Müller ging es um nichts weniger als um den Geist, und zwar unbedingt um eine Aktualisierung, Aktivierung des Geistigen

schlechthin. Als 1918 die Revolution ausbrach, schien der Augenblick gekommen, wo in das Zeitgeschehen ein neuer und durchaus souveräner Faktor eingreifen mußte: die abkürzende Aktivität, der Primat der Idee. Man sah hinter der vielfältigen Entwicklung das eine und einigende Ziel: Die Unantastbarkeit des Menschenbildes, die klare Ordnung der Welt; man glaubte an dieses Eine und Einigende: Daß der Mensch die schöpferische Diktatur der Idee einführen könne."

So wohlbekannt es den Karl Kraus-Kennern ist, wer das Vorbild zu Harald Brüller abgegeben hat, so völlig vergessen scheint die Tatsache zu sein, daß Robert Müller Karl Kraus, vier Jahre, bevor dieser ihn als Bühnenfigur parodiert hat, in seinem einzigen Bühnenstück *Die Politiker des Geistes* (1917 bei S. Fischer erschienen) ebenfalls als Bühnenfigur auftreten ließ. In der im Zeitgeschmack „Zweite Station" genannten zweiten Szene tritt er nach einem Literatengeschwätz auf die Kaffeehausszene „Die ‚gescheite Nische' hat sich langsam gefüllt... Von links her erscheint Ekkehard Meyer, der berüchtigte Publizist und Herausgeber der intellektuellen Kampfschrift ‚Geist'. Er ist klein, geht auf den Fersen; der Kopf ist groß, stichelhaarig, das Gesicht rasiert mit eng an den Zähnen anliegenden Lippen, das Gesicht einer schönen alten Frau, randlose Brillengläser. Der Kopf ist fesselnd."

Der Titel *Politiker des Geistes* ist wörtlich gemeint. Er ist ein Programm. Nirgendwo anders hat Robert Müller seine Utopie vom Antritt der Herrschaft des Geistes über die Materie mit so viel Überredungskraft dargelegt und gleichzeitig so überzeugend ironisiert. Die Politik des Geistes verfolgt der Schriftsteller Gerhard Werner, eine Mischung aus „Champion, Politiker, Autor", ein Selbstporträt Müllers. Das etwas verschwommene Programm sieht gleichzeitig eine Intensivierung aller Lebensäußerungen, die Versöhnung von Theorie und Praxis, eine Irrationalisierung und Intellektualisierung vor: Utopie, Elite-Schwärmereien, wie sie nach dem ersten Weltkrieg üppig gediehen sind. Von den zahlreichen präfaschistischen Ideologien unterscheidet Robert Müllers Geistpolitik die Überzeugung, daß der Intellekt nun die Herrschaft antreten müsse. Erste Zweifel melden sich allerdings auch in dem 1917 erschienenen programmatischen Stück, das noch die revolutionäre Stoßkraft des vorletzten Kriegsjahres hat, bereits an. Es ist interessant, daß Robert Müller sie Ekkehard Meyer, dem Zerrbild von Karl Kraus, in den Mund legt.

Das Verhältnis von Karl Kraus und Robert Müller ist diffiziler, als sowohl das Pamphlet Robert Müllers wie die Figur Harald Brüllers in *Litera-*

tur erkennen lassen. Robert Müller war ganz bewußt der Exponent seiner Zeit: „Modern-nervös", wie er Werner beschreibt, er hatte „Muskel und Geist" wie dieser und tat sich darauf etwas zugute. *Politiker des Geistes* zeigt wie seine Essays der Kriegsjahre und der ersten Nachkriegsjahre, wie sehr er ein Kind seiner Zeit und überzeugt war, daß er und seinesgleichen sic nach ihren Gedanken gestalten könnten. Der zukunftsgläubige Robert Müller war der Exponent der Gegenwart, ihrer Illusionen und ihrer Chaotik, ein Visionär des Kommenden. Karl Kraus maß die Gegenwart an der Ewigkeit, die Unvollkommenheit an seinen Begriffen von Vollkommenheit: ihm fiel es leicht, Robert Müller als ein Partikel der allgemeinen Unzulänglichkeit abzulehnen. Zwei Utopien stießen hier aneinander: Die Utopie des Satirikers, der verwirft, was der Harmonie der Welt widerspricht, und die Utopie des Idealisten, der seine zeitbezogenen und zeitbedingten Vorstellungen verwirklichen will. Robert Müller mußte unterliegen, auch wenn er nicht der unterlegene Intellekt und Stilist gewesen wäre. Der Geistmensch ist in den Nachkriegswirren nicht geboren worden, an seine Stelle ist in Wirklichkeit und auch im Werk von Robert Müller, der 1923 durch Selbstmord geendet hat, für den niemand ein Motiv wußte, der – Schieber getreten.

Aber zurück zu Ekkehard Meyer-Karl Kraus in Robert Müllers Stück, das nicht minder ein Literatendrama ist als *Literatur* und das gelegentliche Motive der Parodie von Karl Kraus vorwegnimmt. Der Dialoge zwischen den drei Literaten, der den Auftritt von Ekkehard Meyer vorbereitet, könnte von Karl Kraus sein: „Du bist parfümiert mit Zerfall" … Dieses Geständnis wäre bedeutend, wenn es nicht gerade an diesem Tisch fiele, wo das Ehrliche wertlos und das Tiefste Gemeingut ist.

Der Geistpolitiker Gerhard Werner – Robert Müller holt sich übrigens gegen seinen aus eigenen Stücken herbeizitierten Gegenspieler Ekkehard Meyer – Karl Kraus Schützenhilfe bei Nuchem Tittel, einer sehr wohlwollenden Karikatur von Theodor Herzl, der die Ansprüche der Gesellschaft vertritt, während der Geistpolitiker Werner eher einen Anarchismus anpreist, der viele gemeinsame Züge mit der permanenten Revolution der Studentenbewegung von heute hat. Ekkehard Meyer weist beide zurecht: „… Gegen die Idee, den Geist zu politisieren, wehrt sich der Geist selbst, denn er ist unorganisierbar und nur in der individuellen Opposition zu gestalten." Und auch die Selbstironie, seine Selbstzweifel legt Robert Müller, Ekkehard Meyer-Karl Kraus in den Mund: „Dieser Geist des Ruderns, diese frohe Mannbarkeit des Denkens... die Exaktheit, die sich hier in Mystiksauce durchkocht, diese Garheit und Genießbarkeit der Weltanschauung".

Es kann in diesem Zusammenhang nur angedeutet werden, daß es in diesem Stück, das den politischen Expressionismus propagiert, den Karl Kraus in *Literatur* dem Spott preisgegeben hat, auch eine der präsisesten Beschreibungen der Selbstbilder Egon Schieles gibt, die Robert Müller ganz bewußt in Gegensatz zu seiner Karl Kraus-Parodie stellt. Die Bildhauerin Lotte Klirr sagt: „Mein bester Kopf war Ekkehard Meyer –der geistige Kopf, nicht wahr, der Mann als übersinnliche Potenz... nun sehe ich eine andere Form... den Mann: Ohne Kopf." Es folgt die Beschreibung eines Schiele-Aktes. (Bekanntlich hat Schiele Robert Müller mehrmals, einmal in Öl, in einer Graphik und in einer Zeichnung porträtiert). Vision, Satire und verzweifelte Selbstdarstellung lösen einander ab: eine jener pathetischen Gesten des Expressionismus, die Karl Kraus verabscheut hat. Es trägt immerhin eine wesentliche Farbe zu dem Porträt Robert Müllers bei, sei es in seiner Selbstdarstellung als Gerhard Werner oder in der Karikatur des Harald Brüller, ihn nicht nur als Gegenspieler von Karl Kraus, sondern auch als Weggefährten Egon Schieles zu sehen.

Daß Robert Müller als Antipoden zu seinen kulturpolitischen Ideen eine Figur eingefügt hat, die Züge von Karl Kraus trägt, die durch die satirische Verzerrung hindurch auch heute jedermann erkennbar sind, gehört zum Zeitdokumentarischen. Karl Kraus war bereits 1917 eine Vaterfigur der Wiener Literaten, gegen die sie in Amokläufen anrennen mußten, in denen sich nicht bloß Generationskonflikte austoben. „Über kurz oder lang erscheint einem Kraus als die eines energischen und vernünftigen Angriffes würdigste Person" heißt es im Karl Kraus-Pamphlet. Robert Müller widerruft den Satz zwar sofort, aber dieser Widerruf, der zum satirischen Gefechtsstil gehört, ist nicht ernstzunehmen. Er hat die Position von Karl Kraus haarscharf erkannt, wenn er diese Erkenntnis auch durch ironische Ausfälle immer wieder trübt. Kraus war für ihn und alle anderen Utopisten, die ihre Hoffnung auf das Heute und Morgen gesetzt hatten, der Gegenspieler im Namen einer Utopie, die an der großen Harmonie die Disharmonien mißt und verwirft.

Das Primat, daß Robert Müller bereits 1917 aus Karl Kraus eine Bühnenfigur gemacht hat, läßt ihn trotzdem der Zweite sein. Für Karl Kraus war Robert Müller nicht mehr als ein Beleg im großen Beweis der Unzulänglichkeit der Gegenwart. Er konnte ihn benützen oder verwerfen, er konnte ihn zweiteilen in einen Brüller und einen Leiser, er konnte ihn auftreten und verschwinden lassen.

Ekkehard Meyer sah Robert Müller immer über die Schulter. Robert Müller mußte sich an Karl Kraus ständig messen, ob er wollte oder nicht.

(*Literatur und Kritik 3*, H. 26/27, Salzburg 1968, S. 425-428)

Jens Malte Fischer
Aus: Affe oder Dalai Lama? –
Kraus-Gegner gestern und heute (1975)

(...) 1914 erschien in Wien die erste und einzige Nummer einer „Monatszeitschrift für großösterreichische Kultur und Politik" mit dem Titel *Torpedo*, herausgegeben von Robert Müller. Sie bestand aus einem Pamphlet gegen Kraus, das gleichzeitig auch als Sonderdruck unter dem Titel *Karl Kraus oder Dalai Lama, der dunkle Priester. Eine Nervenabtötung* erschien. Müllers 38 Seiten sind in der Anti-Kraus-Literatur bis heute unübertroffen, sowohl in ihrer sprachlichen Virtuosität, die die Kunst des Pamphletismus auf einer historisch gewordenen Höhe zeigt, wie in der Schärfe der Beobachtung. Auch wenn das Gesamtbild, das Müller von Kraus entwirft, nicht akzeptabel ist (allein deshalb, weil Müller erst 15 „Fackel"-Jahre überblicken und Kraus' Leistung während und nach dem Kriege nicht einbeziehen konnte), haben doch einige seiner Beobachtungen nichts von ihrer Treffsicherheit verloren.

Müller beginnt zunächst damit, einen ‚Katechismus der Fackel' zu entwerfen und brennt sogleich ein Feuerwerk von Bosheiten und Wortspielen ab, dem man bis in sprachliche Einzelheiten die Bemühung anmerkt, dem Gegenstand adäquat zu formulieren. Er spricht Kraus das Recht ab, die Presse zu kritisieren: „Zu verteidigen wäre die Presse einzig und allein gegen die Fackel; nicht weil jene unschuldig wäre, sondern weil diese nicht der berechtigte Anwalt von idealen Forderungen sein darf, die sie nicht erfüllt, und weil der einem Betrieb eingeordnete Schmock eine höhere ethische Person darstellt, als der Herausgeber eines mit einem einzigen schmächtigen Ich benannten Blattes. Ich will zeigen, wie die Sünden der Väter am Sohne gerochen werden. Denn die Fackel ist nur eine neuere und freiere Presse, ja, eine etwas freiere und dekadentere Presse."

Wie man sieht, ist Müller keineswegs zimperlich, denn kaum ein anderer Vorwurf hätte Kraus empfindlicher treffen können, doch der Vergleich der „Fackel mit einer ‚normalen' Zeitung und ihres Herausgebers mit einem ‚normalen' Chefredakteur bereitet Müller offensichtlich größtes Vergnügen, und er artikuliert bald jenen Verdacht, der sich dann sehr zählebig gehalten hat, daß nämlich Kraus' Haß auf die Presse nur der Haß des verhinderten Journalisten sei: „Die seelische Basis des Pressebekämpfers ist der verbitterte abgewiesene Reporter, der immer wieder in Karl Kraus auftaucht. Seit

15 Jahren steckt ihm der Pfahl im Fleische, immer wieder reißt er ihn heraus und schwingt ihn als Fackel."

Daß Müller, der sich als Wortführer der jungen Generation gegenüber dem mittlerweile immerhin 40jährigen Kraus versteht, für dessen Fortschrittsfeindlichkeit kein Verständnis hat, ist klar – immerhin ist Müller einer der wenigen, die diese Eigenheit bei Kraus überhaupt konstatieren. Sein Technik- und Körperkult reibt sich auf kuriose Weise an Kraus' Äußerungen gegen den Sport. Richtig erkennt Müller auch das alttestamentarische Element in Kraus' Sprache und dessen problematische Beziehung zu Nietzsche – wenn er für seinen polemischen Stil neben Kraus noch ein Vorbild hat, dann eben Nietzsche. Es folgt eine ‚Psychopathologie des homme inconnu', des verkannten Genies, das sich an der Stumpfheit der Welt verblutet. Müller führt Kategorien wie Gesundheit und Ungesundheit ein – Kraus ist für ihn kein unmoralischer, aber ein ungesunder Typus, und es taucht nun nicht mehr überraschend jener Terminus auf, den Müller ohne dessen Namen zu nennen) von Max Nordaus kulturkritischem Entwurf von 1892/93 und der Diskussion darum entlehnt hat, nämlich der der „Entartung". In bemerkenswerter Anlehnung an Nordaus Thesen und Methoden sieht Müller in Kraus eine Mischung aus zwei psychopathischen Typen, dem „Weltverbesserer" und dem „Gehetzten" und ordnet ihn dem Typus des vornehmen Obszönikers" zu im Gegensatz zum „genialen Erotiker". Diese Passagen zeigen, daß Müller einen erstaunlichen diagnostischen Blick besitzt, nur wendet er Methoden an, die heute nur noch historisches Interesse wecken können. Man mag bedauern, daß ihm nicht psychoanalytische Kategorien zur Verfügung standen.

Im letzten Abschnitt stellt Müller die interessante These auf, Kraus sei ein „Schismatiker des Liberalismus", d. h. ein Liberaler, der sich ur antiliberal gebe. Diese These ist sicher bemerkenswerter als die vom verhinderten Journalisten oder vom verkannten Genie, die in der Kraus-Diskussion der Zeit sicher nicht unbekannt waren. Vor allem ist der Versuch, für Kraus eine grundsätzliche politische Standortbestimmung vorzunehmen, für jene Zeit ganz ungewöhnlich. Dennoch muß Müller widersprochen werden: zwar war Jakob Kraus, der Vater, als Produkt und Vertreter des Liberalismus prototypisch, ein erfolgreich assimilierter, geschäftlich reusierender Jude. Kraus' antiliberale Einstellung aber ist von den ersten Jahrgängen der „Fackel" an strikt und unbezweifelbar und steht auf der Basis eines sich folgerichtig entwickelnden Konservatismus und Kulturkonservatismus. Aber auch in diesem Falle, wo man den Thesen Müllers nicht zustimmen kann, oder wo die Lust an Paradoxa die Stringenz der Argumentation nicht gerade erhöht, bleibt seine Polemik lesenswert.

Drei Jahre später taucht Kraus bei Müller noch einmal auf. 1917 erschien bei S. Fischer in Berlin Müllers einziges Bühnenwerk *Die Politiker des Geistes. Sieben Situationen.* Wie der Titel zeigt, spielen hier die erwähnten aktivistischen Ideen eine Rolle, im Stück vor allem dem Schriftsteller Gerhard Werner anvertraut, dem Sprachrohr Müllers. Eine andere Figur des Stückes ist Ekkehard Meyer. Sein erstes Auftreten wird so beschrieben: „Von links her erscheint Ekkehard Meyer, der berüchtigte Publizist und Herausgeber der intellektuellen Kampfschrift *Geist*. Er ist klein, geht auf den Fersen; der Kopf ist groß, stichelhaarig, das Gesicht rasiert mit eng an den Zähnen liegenden Lippen, das Gesicht einer schönen alten Frau, randlose Brillengläser. Der Kopf ist fesselnd. Mappe unter dem Arm. Sehr gesucht gekleidet; Zylinder; es steht ihm bäurisch. Rücken rundlich." Liest man das ganze Stück, so fällt auf, daß dieses Kraus-Porträt positiver ausfällt als drei Jahre zuvor. Man darf annehmen, daß Kraus' Leistung während des Ersten Weltkrieges Müller nicht unbeeindruckt gelassen hat. (…).

Franz Cornaro
Robert Müllers Stellung zu Karl May (1971)

Die Zeit der aktiven Beschäftigung Robert Müllers mit Karl May war nur eine kurze Episode in seinem Leben. Sie dauerte von Jänner bis Mai 1912. Wie die Leser dieser Jahrbücher[1] wissen, hat er damals in drei Publikationen für ihn Zeugnis abgelegt, mit den Waffen des Geistes für ihn gekämpft und ihm die vorzüglich vorbereitete Gelegenheit zum letzten Vortrag in Wien geboten, dessen triumphaler Erfolg die letzten Lebenstage des großen Erzählers verklärt hat. Aber nach dem Mai 1912 war das Thema ‚Karl May' für ihn erledigt.

Leichter als eine Erklärung, warum jene Episode im Leben Robert Müllers so kurz gedauert hat, ist die Antwort auf die Frage zu geben, das ihren Beginn veranlaßt haben mag. Offenbar war dies Karl Mays Sieg gegen Lebius in der Gerichtsverhandlung am 18. Dezember 1911. Robert Müller, wohl ein Kenner und Freund der Reiseerzählungen von der Schulzeit her, war im „Akademischen Verband für Literatur und Musik" mit literarisch begabten Kameraden, die begeisterte Anhänger Karl Mays waren, zusammengetroffen. Sie alle hatten gewiß die Verfolgung und Ächtung, der dieser seit ein paar Jahren ausgesetzt war, mit Empörung und Mitleid beobachtet, und als nun endlich sein gehässigster Feind wegen grober Beleidigung verurteilt worden war, scheint Robert Müller, der Tatkräftigste in der kleinen Schar, der Ansicht gewesen zu sein, daß nun der geeignete Zeitpunkt für Aktionen zugunsten Karl Mays gekommen sei. Anknüpfend an das erwähnte Urteil, schrieb er unter dem Titel „Das Drama Karl Mays" eine Apologie, die er seinem Wunsch gemäß im *Brenner* veröffentlichen konnte. Wie sehr ihn dies gefreut hat, ist aus seinem Brief vom 27. Jänner 1912 in Ludwig von Ficker zu sehen[2], dessen Anfang hier wiedergegeben sei, da er den Briefschreiber von einer überaus sympathischen Seite zeigt:

> „Ihr lieber schöner Brief hat mir eine sehr sehr große Freude gemacht. Es wird unter *allen* Umständen eine Ehre für mich sein, in Ihrer Zeitschrift veröffentlichen zu dürfen, und stets wird die Dankbarkeit auf meiner Seite sein. Ich selbst lebe zwar von dem Ertrag meiner Schriftstellerarbeit. Ich ziehe es aber immer vor, ohne

---

[1] Vgl. die Quellenangabe an Schluß des Beitrags.
[2] Die Briefe Robert Müllers an Ludwig von Ficker sind im Besitz des Brenner-Archivs in Innsbruck. Dessen Leiter, Herrn Dr. Walter Methlagl, danke ich bestens dafür, daß ich sie für die vorliegende Arbeit benutzen konnte.

Honorar in einer so vornehmen Art zu erscheinen, wie sie Ihre Zeitschrift verbürgt, als bezahlt von einem künstlerisch verkümmerten Blättchen dem Publikum serviert zu werden. Dazu kommt, daß meine Arbeiten stets nur aus einer Sehnsucht oder unterm Gestaltungszwang eines Erlebnisses geschrieben werden; und ihr Erscheinen macht mich dann schon an und für sich froh. Und nun, ich werde sehr glücklich sein, wenn ich meinem ‚Karl May' künftig im *Brenner* begegnen werde; es war und ist eine Angelegenheit des Herzens und der Überzeugung für mich."

Am 17. Februar bat Müller um Zusendung des *Brenner*-Heftes vom 1. Februar, das seinen Beitrag über Karl May enthielt, an diesen, den er in den nächsten Tagen einladen wolle, als Gast des „Akademischen Verbandes" in Wien – und evtl. auch in Innsbruck – zu lesen. Am 1. März hatte er den Antwortbrief Karl Mays in den Händen und sandte ihn an Ludwig von Ficker, um diesen darüber zu unterrichten, daß May die Einladung nach Wien angenommen hatte. Und am 4. März gab Robert Müller nach Rückfrage in Radebeul bekannt, daß Karl May nach Innsbruck erst im Herbst kommen könnte, weshalb es wohl am besten wäre, „die Sache sich im Sand verlaufen" zu lassen.

Dieser Brief vom 4. März verblüfft dadurch, daß Robert Müller neun Seiten lang in einem sehr wenig freundlichen Ton zu Karl May Stellung nimmt. Es ist anzunehmen, daß dieser Brief in gereizter Stimmung, die rasch wieder verflogen sein mag, geschrieben wurde. Wäre dies zur Erklärung ausreichend, so fände ich es überflüssig, den Brief aus der Dunkelheit des Archivs ins Licht der Jahrbücher zu ziehen. Ich bin aber der Ansicht, daß er neben augenblicklicher Mißstimmung auch Problematisches in der Stellung Robert Müllers zu Karl May verrät und es daher ein Fehler wäre, ihn bei der Behandlung unseres Themas zu übergehen.

Was mag es gewesen sein, was damals Robert Müller in Mißstimmung gegen Karl May versetzt hat? Zwei Briefe, die uns nicht bekannt sind, dürften dabei eine Rolle gespielt haben. Den Brief Karl Mays, der die Annahme der Einladung nach Wien überbrachte, fand Robert Müller „lustig", woraus zu entnehmen ist, daß er ihn sich anders erwartet hatte. Vielleicht hat es ihn enttäuscht, daß Karl May sich durch die Einladung zu wenig beeindruckt, durch die Ehre, unter anerkannten Größen der Weltliteratur auf dem Programm des „Akademischen Verbandes" zu stehen, nicht erschüttert gezeigt hat. Jedenfalls schrieb Robert Müller, seinem Geschmacke nach verdiente es „eine Bemerkung des Selbstzweifels, wenn man ... zwischen Wedekind und Shaw zu Worte kommt… Aber das kann man von niemand verlangen, und ferner ist anzunehmen, daß diese Voraussetzung eines solchen Geschmackes eben bei May nicht zutrifft. Er hat die Distanz nach oben, über sich hin, in einer geradezu unverständlichen Weise nicht."

Der andere Brief, von dem ich vermute, daß er in Robert Müller kritische und skeptische Gedanken über Karl May geweckt hat, war Ludwig von Fickers Klarstellung, daß ein Vortrag Mays in Innsbruck keinesfalls unter der Patronanz des *Brenner* stattfinden könnte. Der Herausgeber dieser für eine Leser-Elite geschriebenen, stark avantgardistischen Zeitschrift tat gewiß gut daran, eine Aufgabe abzulehnen, für die er nicht zuständig war. Das steht durchaus nicht im Widerspruch zum Wohlwollen, das Ludwig von Ficker der Sache Karl Mays wiederholt bewiesen hat. Es ist etwas anderes, ob man geschliffene Essays zur Verteidigung Karl Mays veröffentlicht, oder ob man diesen in einer Massenveranstaltung mit seinen Lesern zusammenzubringen unternimmt. Tatsächlich zeigte Robert Müller für Ludwig von Fickers Haltung volles Verständnis, fühlte sich aber sichtlich genötigt, nun auch Sinn und Zweck der Wiener Veranstaltung nochmals zu überdenken und diese vor sich und Ludwig von Ficker zu rechtfertigen. Er schrieb darüber:

„Ich habe im Sinn, einen ethical clubevening im amerik. Sinne daraus zu machen: Er bekommt einen 2000er Saal, billige Preise. Da hat er seine Kirche. Und dann, ich bin hier Kultur-Unternehnter, verführen wir über May zu Kokoschka, Kraus, Loos und Shaw, wenn wir das Vertrauen einer breiteren Masse gewonnen haben. Um einen Mann durchzusetzen, muß man die Statisten, die Mitläufer drillen. Das ist die Dialektik, mittels der ich jetzt eine vielleicht, nein sicherlich künstlerisch nicht einwandfreie und meiner Empfindung nach unorganische Idee zu stützen suche. Ein bißchen kitschig wird die Geschichte wohl werden; aber ich bin überzeugt, daß wir keinerlei Unheil anstiften – eine Gefahr, die von der Innsbrucker Vorlesung sicherlich schwerer würde abzuwenden sein."

Was an Robert Müllers kritischem Brief vor allem unangenehm berührt, ist die übertriebene Betonung infantiler Wesenszüge des alten Mannes.

„Es ist alles recht anfängerhaft und trotz furchtbarer Anstrengungen zurückgeblieben, infantil. Ist er nicht der Typ des ‚moralischen Parvenüs'? Des Menschen, der sich von Haus mit seinen Tugenden schlecht und billig stand, aber durch Arbeit zu einer gewissen moralischen Position gelangte. Ein Solcher Mann bezieht alles in seinen kleinen beschränkten Kreis, versimpelt … die Probleme, glaubt alles gelöst zu haben und stellt keine Fragen mehr an sein Selbstgefühl… Ist es z. B. nicht einfältig, an den Erfolg seiner Thesen inmitten großstädtischer Bewegtheit zu glauben? Es *ist* einfältig und kennzeichnet das geistig Provinzlerische seines Ingeniums..."

Als „das wahre May-Publikum" erhoffte sich Müller für den Wiener Vortrag jedoch nicht, wie man erwarten könnte, die zum Teil noch infantilen jugendlichen May-Leser, sondern „die Gutmütigen und Grundgütigen, die aus ihrer Geistigkeit heraus eine infantile Daseinsart verstehen und entschuldigen können". So werde May „für die Intellektuellen exploitiert"; er

„selbst aber ist zu direkt und alles andere eher denn intellektuell. Er hat von den Werten und der Tiefe unserer Geisteskultur, von der neunmal geschwänzten Katze des Paradoxons, keine Begriff. Begriffe, ich glaube, das hat er überhaupt nicht. Er ist vollständig unabstrakt. Denn durch die phantastische Gleichnisterminologie seiner Ethik darf man sich nicht täuschen lassen. Sie ist keineswegs transzendent, sondern nur eine Linien- und Raumverlängerung, nicht meta physin, sondern im Gegenteil in die Form hinein. Er ist Spiritist, nicht Spiritualist..."

Durch diese „Infantilität" gelangt May in Müllers Augen jedoch in eine Nachbarschaft zum damals schon verstorbenen großen Tolstoi: „Unterscheidet sich denn der gealterte Tolstoy (Tolstoy – May, ein Thema?) mit seinen christianischen Denkresultaten so wesentlich von May? Nein, so wie ich den alten Tolstoy kenne, fast gar nicht. Es ist bei beiden der typische greisenhafte Infantilismus."[3] Gewiß wäre der Vergleich Tolstoi-May ein interessantes Thema. Er wäre aber wohl im Aufzeigen von Verschiedenheiten ergiebiger als im Nachweis von Gemeinsamkeiten. Das in die Augen springende Gemeinsame der beiden alten Dichter bestand wohl nur darin, daß sie ihr Christentum sehr ernst genommen haben und auch zu radikalen Folgerungen bereit waren. Aber im Gegensatz zu Tolstoi neigte May kaum zu Verstiegenheiten. In seiner Religiosität scheinen neben pietistischen auch starke rationalistische Einflüsse wirksam gewesen zu sein. Hatte er sich trotzdem einmal verstiegen, so holte ihn sein gesunder Menschenverstand bald wieder auf den Boden der Wirklichkeit zurück. Sehr klar zeigt uns dies die Tatsache, daß er Kara ben Nemsi als Gast des Ustad auf seine berühmten Gewehre zunächst feierlich verzichten, sie aber später, da er ohne sie nicht auskommt, wieder in Besitz nehmen läßt. Als wäre er nach versuchsweise unternommener Versenkung in den Geist des Absolutpazifismus

---

[3] Wie schön hat Robert Müller vier Wochen später diese unschönen Worte ins Verklärende gewandelt, als er in seinem „Nachruf auf Karl May" (*Jg-KMG 1970*. 106ff.) vom „Knabengreis" sprach, der „ein Knabe war ... in seinem Drange nach Bessersein"!

wieder zu jenem kraftvollen, kampfbereiten Pazifismus zurückgekehrt, dem er sich schon früh zugewendet hatte und dann in *Ardistan und Dschinnistan* so großartigen Ausdruck verliehen hat. Robert Müller aber war, wie sogleich gezeigt werden soll, ein kriegerischer Imperialist und stand jeglichem Pazifismus und – mit starken Einschränkungen, die sich aus seiner konservativen Gesinnung ergaben – wohl auch dem Christentum ablehnend gegenüber. Allerdings blieb dieser Gegensatz, so schwerwiegend er infolge der überragenden Bedeutung des Friedensgedankens in Karl Mays Werk auch war, durch persönliche Sympathie überdeckt und hat während der kurzen Dauer der Beziehungen zu keiner Störung geführt. Zu rasch folgten einander der erste Brief, das Zusammentreffen, der Vortrag, der Tod.

„Ich glaube", schrieb Robert Müller am Schluß seines langen Briefes, „was ich schon früher, als ich daran ging, eine Apologie zu schreiben, geglaubt habe: Er ist ein großes altes phantastisches Kind, und man sollte nicht bös mit ihm sein. Er meint es riesig ehrlich. Er macht sich gewiß allerhand Kümmernisse." Aber was er so, ein wenig gönnerhaft, zusammenfaßte, erfuhr doch eine gewisse Berichtigung, als Müller Karl May in Wien persönlich kennengelernt hatte; er berichtete Ludwig von Ficker darüber am 21. März:

> „May selbst kenne ich nun. Eindruck: sehr sehr sympathisch, Größe nebst Einfalt und Kindereien, ohne Zweifel etwas Genialisches und vor allem: ein Humor, der auch vor dem eigenen Selbst nicht kehrt macht. Alles in Allem eine angenehme Enttäuschung. Ganz Temperament bei 70 Jahren. Haltung: Papa, Weltweiser, Witzbold, jovialer alter Herr etc. etc. in dieser Richtung. Das Vortragsthema ist keineswegs glücklich gewählt, aber die Energie und das Feuer des Sprechenden werden hoffentlich nachhelfen!"

Über den Vortrag und über Mays Tod wurde im Jahrbuch 1970, das auch Robert Müllers „Nachruf auf Karl May" wiederveröffentlicht hat, berichtet. Als Abschluß der May-Episode im Leben Robert Müllers folgte der polemische Aufsatz „Totenstarre der Fantasie", es folgte aber auch rasch (im Herbst 1912) seine „Apologie des Krieges",[4] die mit unüberbietbarer Deutlichkeit zeigt, wie weit Robert Müller von Karl Mays Friedensgedanken entfernt war.

Mit welch großem, aber nach meiner Empfindung auch hohlem Pathos führen schon die Einleitungsworte dieses Essays in medias res: „Der Krieg

---

[4] *Der Ruf*-Herausgegeben vom Akademischen Verband für Literatur und Musik in Wien. 3. Heft (*Sonderheft Krieg*).

kommt aus dem Blute in die Welt; Blut ist eigentlich Krieg in tropfbar flüssigem Zustand. Das irgendwie Bestechende am Krieg ist seine Blutigkeit; wo Krieg ist, da ist Blut, aber wo Blut ist, da ist auch Krieg, und eins ist die Eigenschaft des andern."

In Robert Mülles Augen waren also Kriege unvermeidlich. Sie waren aber nach seiner Überzeugung auch förderlich, wobei es ihm weniger um technischen Fortschritt zu tun war, den sie ja tatsächlich bewirken, als um die Fortentwicklung des Menschen, der Völker, der Staaten. Müller hielt Staaten für „große geheimnisvolle Tiere", von denen jedes „eine Spezies für sich" sei, „ein plumpes Stück organischen Lebens, dessen unterste Daseinsvorgänge als gar nicht dumm und brutal genug begriffen werden können".

> „... der Geistige wird vorerst einmal leugnen, daß so etwas Garstiges wie Machtfragen, Meerbeherrschung, Kolonisationspläne, Gebietserweiterung, Eroberung mit Gewaltmitteln und dergleichen unbedingt zu einer hochentwickelten Gesellschaft gehörten. Er wird sie als Ausgeburten unedler Triebe, ‚Militarismus', ‚Imperialismus' usw. empfinden. Wobei er aber vergißt, daß ein schmutziger, aber gewaltiger Verdauungsprozeß die gesündeste Vorarbeit zur Aufzüchtung eines fein entwickelten Gehirns ist."[5]

Verteidigungen des Krieges waren in der Zeit vor 1914 nichts Ungewöhnliches. Es ist für die Widersprüche jener Zeit bezeichnend, daß damals, als Alfred Nobel in der Erkenntnis, der sich beschleunigende technische Fortschritt müsse Kriege zu Katastrophen unvorstellbaren Ausmaßes entwickeln, den Friedenspreis stiftete, und als die Haager Friedenskonferenzen 1899 und 1907 die ersten, noch minimalen Erfolge erzielten im Bestreben, Kriege entbehrlich zu machen, daß zu eben dieser Zeit in Übereinstimmung mit Ansichten, die in Intelligenz und Jugend vorherrschend waren, ein als Ethnologe und Soziologe hervorragender Gelehrter in seinem Werk *Philosophie des Krieges* die Überzeugung von der Unentbehrlichkeit der Kriege mit Bestimmtneit vertrat, wobei er seine Ausführungen bis zum Bonmont zuspitzte, „wenn es keinen Krieg gäbe, müßte man ihn erfinden".[6] Daß Karl May in dieser Frage so entschieden auf der Seite der Klarsichtigen und Weitblickenden stand, gereicht ihm zu hoher Ehre, während zur Entlastung

---

[5] Robert Müller, *Was erwartet Österreich von seinem jungen Thronfolger?*, München 1914, 86. Das Buch wurde in der kurzen Zeit zwischen der Ermordung des Thronfolgers Erzherzog Franz Ferdinand und dem Ausbruch des Krieges geschrieben.

[6] Rudolf Steinmetz. *Philosophie des Krieges*, Leipzig 1907, S. 190 (zitiert nach Heinrich Lammasch, *Völkermord oder Völkerbund?*, Den Haag 1920, S. 34).

Robert Müllers geltend gemacht werden kann, daß er noch jung und unerfahren war und über den Krieg die damals weit verbreitete Ansicht vertrat. An Imperialismus dürfte er jedoch das zeitübliche Maß in seinem Kraftmenschentum überschritten haben. Als begeisterter Bürger des habsburgischen Vielvölkerreiches ein entschiedener Gegner der Alldeutschen, verkündete er in seinem Wunschdenken, die Zeit des Nationalismus sei zu Ende, und proklamierte dessen Ablösung durch den „Imperialismus, der gegenwärtig das Gesetz der großen schöpferischen Völker geworden" sei.[7] Im Gegensatz zu den Alldeutschen wies er dem deutschen Expansionsdrang nicht in Europa, sondern in fernen Ländern seine Ziele. „Wenn die Bagdadbahn gebaut ist und wenn mit ihrer Hilfe das große arabische Reich deutscher Signatur ... gegründet wird", dann sollte dieses die Verbindung „eines zentralafrikanischen deutschen Staates" zu „den jetzt holländischen Besitzungen Sumatras und Javas" herstellen und dieser deutsche „Kolonisationsgürtel am Äquator ... in den deutschen (hoffentlich vermehrten) Südseeinseln seinen Abschluß" finden. Vorsichtshalber füge er noch hinzu, daß „die westliche Erstreckung über Rio Grande do Sul und Chile nicht ganz auszuschließen sei. Zwischen Deutschland und Österreich wünschte er „Arbeitsteilung": „Österreich besorgt den näheren Osten und den Süden. Deutschland, nach dieser Richtung hin befreit, waltet der Welt."[8]

In Hinsicht auf Karl Mays Reiseroman *Und Friede auf Erden* sind zwei Äußerungen Robert Müllers zur Ostasienpolitik interessant. Anfang 1914 schrieb er in schroffstem Gegensatz zu Karl May:

> „Ich betrachte es als eine der mir gesetzten Aufgaben, meine Generation auf den mit ihrem Eintritt in die Weltgeschichte beginnenden Entscheidungskampf zwischen Orient und Okzident aufmerksam zu machen. Der friedliche Ausgleich ist unmöglich und wäre ethisch wertlos."[9]

Aus dem Zusammenhang ergibt sich, daß hier unter dem Orient Ostasien zu verstehen ist. Aber sechs Jahre später, als er für eine Ostorientierung Deutschland eintrat, fand er auch für China und die Chinesen freundliche Worte: „Der Chinese, Gentleman des Ostens, ist nichts weniger als jung. Aber er hat geruht, wir sehen ihn neu, sein Regenereszenzvermögen ist

---

[7] Robert Müller, *Was erwartet Österreich von seinem jungen Thronfolger?*, S. 22f.
[8] Ebd., S. 23 und 25f.
[9] Robert Müller, *Karl Kraus oder Dalai Lama, Der dunkle Priester*, Wien 1914. 32 (Einzige Nummer der Zeitschrift *Torpedo*).

gewaltig. Von China ... führt eine gute geistige Linie in das deutsche Herz Europas, auch eine Mitte."[10]

Nicht nur in dieser Einzelheit, sondern auch in grundlegenden Fragen hat natürlich das große Erlebnis des Krieges die Ansichten Robert Müllers gewandelt. Es hat ihn zu einem gemäßigten Pazifismus bekehrt – Kurt Hiller bezeugt ihm Endziel-Pazifismus.[11] Aber nach einem Weg, der die Deutschen wieder zu Einfluß auf die Welt führen könnte, suchte er auch jetzt und meinte, ihn in einer Ostorientierung Deutschlands zu sehen. Nach Ablauf eines halben Jahrhunderts den Fanfarentönen zu lauschen, durch die er damals (1920) die Deutschen zum Versuch bewegen wollte, „eine geistige Führerschicht im bolschewistischen Weltreich, der Geistesadel einer Hemisphäre"[12] zu werden, wäre nicht ohne Reiz. Aber es hat nichts mit unserem Thema zu tun, während eine nur drei Jahre später veröffentlichte, vermutlich nicht minder wirklichkeitsferne Vision von der Entstehung einer stark indianisch geprägten Edelrasse in Amerika geeignet ist, zum Abschluß unserer Untersuchung zu führen.

Es handelt sich um Robert Müllers Essay „Der Americano", der im Jahr vor seinem Tod erschien. Dort hat er noch einmal Karl May erwähnt.[13] Allerdings ganz nebenbei, er nennt seinen Namen nur beispielsweise als den eines Verfassers von Indianergeschichten. Dagegen schwärmt er mit dem ganzen großen Überschwang, dessen er fähig war, vom amerikanischen Lyriker Walt Whitman, zeigt sich von dessen Gesängen berauscht und sieht aus diesen die herrlichste Rasse aufsteigen, auf die je die Sonne schien. Walt Whitman „wird den neuen Menschentyp zeugen ..., den Americano, den amerikanischen Menschen rings über die ganze Erde. Amerika ist eine Eigenschaft." Dieser Americano werde viel Indianisches in seinem Wesen haben.

> „Die Indianer vermochten ... durch die eigentümlich Poesie, die ihrem Wesen entströmte .... bei ihren Bezwingern den Charakter der Amerikanität ... körperlich festzubannen ... Der Vererbungsprozeß dieses dominierenden Wesens geht aber nicht nur körperlich vor sich. Walt Whitman ist ein Beispiel, wie das Nomadische der alten

---

10   Robert Müller, *Bolschewik und Gentleman*, Berlin 1920, S. 62.
11   Kurt Hiller, *Leben gegen die Zeit*, Reinbek 1969, S. 138.
12   Robert Müller, *Bolschewik und Gentleman*, Berlin 1920, S. 62.
13   Robert Müller, *Rassen, Städte, Physiognomien*, Berlin 1923; die zitierten Stellen sind auf den Seiten 52-56. Es ist selbstverständlich möglich, daß außer in diesem Buch auch in mir unbekannten Arbeiten Robert Müllers Karl May erwähnt ist.

nordamerikanischen Stämme, wie Urwald und Prärie die Seele und den Geist formen."

Schon sieht Robert Müller auch unter Europäern immer häufiger „uramerikanische" Gesichter auftauchen und hält es für möglich, daß dies auf „eine körperliche Anähnlichung durch phantasiemäßige Imprägnation" zurückzuführen sei. Denn „die Indianer ... bevölkerten die Phantasie unserer Jugendzeit, ... auch die europäischen Jugenden der letzten Dekaden sind unter diesem physischen Vorbild aufgewachsen". Nach Robert Müllers Ansicht wurde durch die Indianergeschichten der Boden für Walt Whitman auch in Europa bereitet, so daß dieser mehr als irgendeiner habe „der Dichter der jüngeren europäischen Geschlechter" werden können. „Die Indianergeschichten, Karl May, ... finden ihre Zuspitzung und Veredlung in Walt Whitman." Wäre hier nicht eine Gelegenheit gewesen, in besonderer Weise an Winnetou zu erinnern? Hatte doch Robert Müller 1912 von ihm geschrieben: „Alles was männlich, fein und kräftig ist, wird in entscheidenden Situationen an dieser Gestalt vorgebracht, die ... ein richtiger Erzähler und ein stark ethisch empfindender Mensch sich ersonnen hat."[14] Hätte sich nicht leicht auch eine Brücke zu ‚Winnetou' IV schlagen lassen, zu jenem Abschlußband, dessen eigenartige Schönheit vor allem auf dem Kontrast zwischen dem Absterben alten und dem Aufsteigen neuen Indianertums voll Hoffnung auf eine große Zukunft beruht? Gewiß. Aber das durfte man wohl damals von Robert Müller nicht mehr erwarten. Er hatte sich von Karl May, über den er einst so Schönes geschrieben, schon zu weit entfernt.

Nachbemerkung der Redaktion

Das Bild, das sich Robert Müller von Karl May machte, als er dessen Zusage für den Vortrag empfing, spiegelt sich auch in einem Brief, den May selbst am 1.3.1912 an den ihm befreundeten Studenten Oskar Neumann in Wien schrieb und in dem er von der Einladung berichtet:

> „Ein Herr Robert Müller, der Wien VIII, Florianigasse 75 wohnt, hat den Brief geschrieben, doch ohne mir zu sagen, wer und was er ist. Nun kenne ich leider weder diesen Herrn noch diesen Verband ... Ist es Ihnen vielleicht möglich, mir ... Auskunft zu erteilen, und zwar möglichst umgehend, damit ich weiß, wie ich mich zu verhalten habe? Ich würde den Vortrag wohl halten und wäre eines guten Erfolges sehr sicher, aber der Verein soll auch in Beziehung auf sein Ansehen, in dem er steht, auf seine Mitgliederzahl und seine öffent-

---

[14] *Jb-KMG* 1970, S. 103.

liche Bedeutung den Wünschen entsprechen, die ich da zu stellen habe ..."

Hieraus geht auch hervor, daß May Müllers ‚Drama'-Text offenbar nicht zur Kenntnis genommen bzw. ihn nicht genügend gewürdigt hatte, um sich den Namen des Verfassers zu merken. Oskar Neumann wußte die gewünschten Auskünfte über den „Akademischen Verband" nicht zu geben, und zu Recht schrieb ihm Klara May später, im 22. 5. 1912: „Es ist doch ein guter Verein, wie kam es, daß Sie ihn nicht kannten?" Neumanns Hilfe erbat sie auch, als sie nach Mays Tod daran ging, die zweite Auflage von ‚Mein Leben und Sterben' vorzubereiten, die auch den Wiener Vortrag „nach dem flüchtigen Entwurf des Dichters und persönlichen Erinnerungen der Zuhörer rekonstruiert" enthalten sollte:

> „Bitte, gehen Sie doch einmal zu Herrn Schriftsteller Robert Müller, Florianigasse 75, und beraten Sie mit ihm, wie ich die Stenogramme vom Vortrag bekommen kann, ich muß sie sofort haben. Was ich hier habe, ist nur das Gerippe und würde sehr mangelhaft sein. Es liegt mir sehr viel daran, daß ich so viel wie möglich wieder zusammenbringe. Bitte, lassen Sie sich's sehr angelegen sein, und schreiben Sie mir recht bald darüber ..." (13. 4. 1912).

Leider aber scheinen doch keine ausführlichen Aufzeichnungen bei Mays Vortrag gemacht worden zu sein, denn schon am 9. 4. benachrichtigte sie Neumann: „Die Sache mit den Stenogrammen ist erledigt. Ich konnte nichts im größeren Umfang haben ..." Zu Robert Müller scheint sie um diese Zeit direkte Verbindung gehalten zu haben, wie aus dem Brief vom 22. 5. an Neumann hervorgeht: „Kennen Sie den neuen Angriff von Hock? Kennen Sie Hock? Ich habe geantwortet. Robert Müller hat es in Händen ..." Ihre Antwort auf Hocks Angriff erschien am 15. 6. 1912 im Wiener ‚Forum'; auf Hock auch bezieht sich die „Anmerkung der Herausgeberin" auf S. 256/57 der 2. Auflage von ‚Mein Leben und Sterben', die ihr allerdings eine Klage Oskar Gerlachs eintrug; die betreffenden Seiten mußten daraufhin aus dem Buch entfernt werden.

(In: *Jahrbuch der Karl-May-Gesellschaft 1971*, herausgegeben von Claus Roxin, Hamburg 1971, S. 236-245.)

II. LITERATURKRITIK 1916-1925

Franz Blei
Der Robertmüller (1924)

Eine genaue Beschreibung dieses stark angegriffenen Tieres zu geben ist dadurch erschwert, daß es seinen Standpunkt sehr oft wechselt und selber nicht immer genau weiß, wo es steht. Um genau zu sein, sei hervorgehoben, daß es aber immer sein eigener Standpunkt ist, den es wechselt. Er ist ein amerikanisch präparierter Windhund mit Flügeln, fliegt und läuft im Zickzack und ist unverfolglich. Ähnlich der keltischen Shawblüte, die auf kymbrischen Gespensterschäften wächst und ihren Geruch über Nacht ändert, ist unser Tier schwer festzustellen. Manche sagen, er sei gar kein Tier, sondern sein eigener Trick; andere wieder, er sei ein Abstammung des Jensens, nur seien seine Vorderpfoten nicht zum Greifen eingerichtet, sondern mit einer metaphysischen Spannung überzogen, welche den Robertmüller befähigt, im letzten Augenblick immer in die Luft zu fliegen oder in die Zukunft. Die Zoologen streiten noch, ob diese Verkümmerung der Vorderpfoten ein Vorzug oder eine Schwäche unseres Tieres sei.

(Blei, Franz, *Das Grosse Bestiarium der Literatur*, Berlin 1924, S. 49f.)

Conrad Schmidt
Rez. zu Robert Müller, „Tropen" (1916)

In den Reklamenotizen des Verlages wird dieses Werk eines österreichischen Verfassers lärmvoll als größtes literarisches Ereignis seit Dostojewskis *Brüder Karamasow* und Nietzsches *Zarathustra*, ja, damit nicht genug, als „Roman der deutschen Zukunft" – um welche einem dann freilich angst und bange werden könnte – verkündet. Von eigentlicher Größe, sei es künstlerischer oder gar einer vorwärts auf neue Zukunftsbahnen weisenden Ideengröße, werden Leser, die sich ihre fünf Sinne und ein gewisses Zutrauen auf die Verläßlichkeit des menschlichen Verstandes bewahrten, darin nichts entdecken können. Aber Kuriositätsreiz, eine Bedeutung als psychologisches und Zeitdokument, läßt sich der alles übergipfelnden phantastischen Willkür, mit der die Blindheit der Instinkte, zu Fieberträumen und Visionen gesteigert, als Grundwesen des Menschlichen, als die durch die Natur dem Menschen vorgezeichnete Bestimmung hier panegyrisch verherrlicht wird, nicht absprechen. Die Verachtung des Vernünftigen, die seit der nietzscheschen, aus dem Gebiet des Denkens zu bunt bizarren Einfallen und prophetischen Allüren abirrenden „Philosophie" in mancherlei Strömungen der Tagesliteratur weiter lebt, repräsentiert sich hier in einer Art Rekordleistung. Und um so provozierender, als der seine Tropenabenteuer erzählende deutsche Ingenieur und sein seelischer Doppelgänger, der aus einer Kreuzung aller möglichen Rassen stammende „Zukunftsmensch" Slim, die schillernden Seifenblasen ihrer Phantasie, die vor dem ersten Hauche der Besinnung in leere Luft zerplatzen, allen Ernstes „Dialektik" nennen, mit ihrem eingeborenen Hang zur „Analyse" großtun. Zuweilen scheint es, der Autor treibe nur ein parodistisches Spiel, um zu probieren, bis zu welchem Grade sich naive Leser durch solche Prätensionen bluffen lassen würden. Indessen die langwierige Ausführlichkeit, mit der er seine „Theorien" vorbringt, zu denen oft nur irgendein barockes Schlagwort, wie etwa „Gravitation der Intellekte", den Anstoß gibt, stehen solcher Deutung wohl entgegen.

Es ist Methode in dem Wahnsinn und – Talent. Eine Phantasiebegabung, die, allem Ärgernis zum Trotz, durch unablässige Fülle ihres Strömens in Erstaunen setzt und die, wenn sie durch Sinn gezügelt würde, vielleicht ganz eigenartiger, poetischer Wirkungen fähig wäre. In den schillernd wirren Gedankenläufen schwelt etwas wie wirkliche Tropenglut, die den taumelnden Maskenzügen springender Ideen zugleich das interessierende

Gepräge klimatisch physiologischer Milieubedingtheit gibt. So beispielsweise in der, gleichsam als Auftakt die Grundtendenz der Stimmung symbolisierenden Vision des aus dem Boote in die trägen Fluten starrenden Ingenieurs: daß nicht die von dem Menschenarm geschwungenen Ruder, sondern mystische Drehungen eines gewaltigen „Wasserrades", das treibend bewegende sei. „Die Menschenarbeit ist ein Schein, ein Schwindel, eine faule Nachahmung von freiem Willen, der hindroht, wo von unten, von den Geheimnissen, den dunklen unsichtbaren Gründen hergedroht wird." Und diese Sinnestäuschung, der sich in dem Fortgang des Buchs zahllose andere anreihen, setzt sich sogleich zu triumphierender Entdeckerfreude um. Der Ingenieur stellt sich auf die fixe Idee des Wasserrades mit liebevollem Eifer ein. Der Akzent und Rhythmus, in dem die Dinge ihm erscheinen, springt damit – so frohlockt er – und „Mittels einer sogenannten Sinnestäuschung konnte die Welt also zu einer andern umgestülpt werden. Wer wird nun sagen können, diese ist die richtige und jene ist die falsche?"

Wo das dichte Gestrüpp der Träume und traumhaften Reflexionen durch Schilderungen der äußeren Natur durchbrochen wird, stößt man vielfach auf Bilder von faszinierend intensiver Leuchtkraft. Wie er das beim Sonnenuntergang sich steigernde geheimnisvolle Waldleben, die „ozean-gleiche" ihn rings umflutende Bewegung, „hadernde Affennationen", den Vogellärm, das raschelnde Schleichen vieltausendfältiger Reptile, und sinnliche Momente, den Sinnen leibhaftig gegenwärtig hinstellt, das zeugt von einer selten intimen Kraft der Einfühlung. Und diese starke Eigenart des Sehens, die freilich meist nach grotesk Extravagantem, nach dumpf Erotischem von sadistischem Einschlag auspäht, tritt dann vor allem auch in der Schilderung der Urwaldindianer hervor, in deren Dorf die Expedition eine Weile Rast macht. Vielleicht sind's bloße Erdichtungen, die er erzählt, aber die Darstellung besitzt in einer nahe von Episoden derart detailliert naturalistische Eindringlichkeit, daß man eigene ethnologische Beobachtungen als Hintergrund vermutet.

Zum Beispiel, wenn er von den primitivste Einfachheit und höchstes Raffinement vereinigenden Tier- und Liebesskizzen des indianischen Dorfmalers, vom Fest der Eingeborenen und dem kleinen Mückentanz erzählt. In der weiteren Geschichte der abenteuernden Gesellschaft, die auszog, einen Schatz zu suchen, häufen sich die Dunkelheiten und das Versteckspiel mit dem Leser in progressivem Maße. Immer üppiger wuchern die Fieberträume, der Irrsinn und die blutigen Eingebungen des Tropenkollers. Eine beträchtliche Rolle spielt der im Walde aufgefundene

Leichnam einer Indianerfrau, die Slim, der „Zukunftsmensch", in blind bestialischem Zerstörungstrieb gemordet zu haben scheint. Als gehorsame, auch Prügel geduldig hinnehmende Geliebte Slims folgt die entlaufene Zana dem Zug. An der Stelle, wo der Goldschatz liegen sollte, findet sich nur ein Haufen verrosteter Waffen. Die erst so rüstige Gesellschaft verfüllt am Flußufer in einen Zustand tropischer Mattigkeit, der Hunger steigert die Delirien. Wütende Eifersuchtsszenen mit Mord und Totschlag entstehen um Zana, die schließlich von dem deutschen Ingenieur erobert wird. Slim ertrinkt. Den Abschluß bilden die Versuche des Ingenieurs, der, von Zana gepflegt, in Janeiro aus schweren Fieberphantasien erwacht, der halb erloschenen Erinnerung ein Bild der letzten Abenteuer und der Kanoefahrt, die ihn und Zana als einzig überlebende zur Küste brachte, abzuringen. Die Tropenimpressionen sollen ihn heimwärts zu den Maschinen der Europäerwelt geleiten. Sie seien Ausdruck und Erfüllung des Dranges, der zutiefst in jeder Seele liege. „Wenn man den Menschen der Zukunft fragen wird, ob er schon in den Tropen gewesen, ach, was Tropen, sagt er, die Tropen bin ich!" Mit diesem Selbstbekenntnis schließt das wunderliche Buch.

(*Das literarische Echo* 18, H. 16, Berlin 1916, S. 1019)

Engelbert Pernerstorfer
Rez. zu Robert Müller: „Tropen" und „Macht. Psychopolitische Grundlagen des gegenwärtigen Atlantischen Krieges" (1916)

Man kann sich nicht leicht zwei größere Gegensätze denken, als diese beiden Bücher eines und desselben Verfassers. Das erste ist das Produkt einer bis ins Groteske ausschweifenden Phantasie, die sich unerschöpflich und ununterbrochen über 278 Seiten Großoktav wie ein Strom des Urwaldes, nur ohne alle Hemmungen, ergießt, das zweite eine lebhafte, über sehr verständig geordnete, an tieferen Einsichten und Aussichten reiche Untersuchung über politische und Kulturfragen.

Auf Seite 208 des ersten Buches heißt es: „Mein Schädel brummte von marktschreierischen Gedanken." Der Leser nickt unwillkürlich zu. So ergeht es ihm schon von Seite l an. Nur sind es nicht immer gerade Gedanken, wenn man unter Gedanken ein, wenn auch in einen kleinsten Satz gepreßtes Ergebnis des Denkens versteht. Das ist hier nicht der Fall. Es werden uns Gedankenfetzen an den Kopf geschleudert, bizarre und unausgegorene Einfalle. Und im Ueberfluß Bilder, Gleichnisse, oft halb unverständliche Vorgänge. Es ist immer eine atemlose Jagd, ja Hatz, die uns fast toll zu machen droht. Robert Müller hat von seinem Buche selbst gesagt: „Dieser Roman ist nicht nur eine Abenteurergeschichte, er enthält eine Weltanschauung." Das ist eine zu prahlerische Rede. Die Reise dreier Männer, eines Amerikaners, eines Deutschen und eines Holländers, im dichtesten von Europäern noch unbetretenen Urwald Südamerikas, deren Zweck die Hebung eines Schatzes ist, führt die drei Kulturmenschen in mannigfache Berührung mit Einheimischen. Daß in diesem Zusammenstoßen die Sexualität eine große Rolle spielt, versteht sich am Rande. Die Gier des Mannes nach dem Weibe, wenn es auch das indianische Urweib ist (oder vielleicht weil es dieses ist?), wird drastisch und auch grausig dargestellt. Gelegenheit, über Rassenprobleme zu reden, ist da und es wird über diese Probleme viel Gescheites, viel Witziges und viel Verrücktes ausgesagt. Fieber und Tropenkoller rasen im Buche und manchmal auch im Kopfe des Verfassers. Der Deutsche des Buches sagt einmal: „Tropen, das klingt sehr gut. Nein, das ist einfach fabelhaft, das ist ja ein gefundenes Stück. Das hat so was Vielsagendes. Man könnte eigens um diesen Titel herum ein Buch schreiten." Und er ging hin und schrieb es. Und was an einer anderen Stelle versprochen wird: „Das Buch soll Ideen haben, die spazieren gehen", das wird gehalten. Sie gehen nicht nur spazieren, sie laufen, springen, hüpfen, fliegen, machen Purzelbäume und überstürzen sich schließlich. Und wenn man das Buch doch mit Vergnügen liest, so sind nicht die Urwaldszenerie, die Psychologien der Menschen und die Schilderungen des Lebens und Treibens dieser fremden Welt allein daran schuld, sondern mehr diese tollen und sich herumtollenden Gedanken, die oft nur den Zweck haben, den Leser zu narren.

Der Verlag tut nicht gut, in dem Waschzettel, den er dem Rezensionsexemplar beilegt, zu behaupten, das Buch sei „vielleicht der wichtigste europäische Roman seit Brüder Karamasoff und Zarathustra". „Blinder Eifer schadet nur!"

Daß Robert Müller einmal das Wortungetüm „diesbezüglich" gebraucht, ist schmerzhaft. Daß man dieses abscheuliche und grammatisch unrichtige Wort in der gewöhnlichen Rede nicht mehr loszukriegen scheint, ist betrüblich genug. Ein Schriftsteller, der auf seinen Stil hält, und das tut Robert Müller, sollte es meiden.

Desselben Verfassers Broschüre *Macht* gehört zu den beachtenswerteren Erscheinungen der Kriegsliteratur. Sie macht den Eindruck einer chauvinistischen Denkweise. Aber Robert Müllers deutscher Überschwang geht mehr als auf die äußere auf die innere Macht, die im einzelnen Deutschen liegt oder in der Zukunft liegen soll. Der deutsche Imperialismus ist nach Müller in „Faust" vorgebildet. Auch ist sein Nationalismus nicht beschränkt: „Nach dem Kriege wird die Macht des Deutschtums vielleicht allein imstande sein, den internationalen Verkehr zu ordnen, an dessen dauernde Unterbindung heute kein vornehmer Deutscher mehr glaubt, weil er seine eigene Kühle und den eigenen Willen zur Wiederherstellung der alten internationalen Verhältnisse kennt." In Robert Müller lebt ein starkes kulturelles Verantwortlichkeitsgefühl. Er will, daß der Deutsche „ein Herr wohl, aber kein Beherrscher" werde. Er ruft mehr noch als nach einem Imperialismus der äußeren Macht nach einem „Imperialismus des Geistes". Mit einem solchen Imperialisten läßt sich reden, zumal wenn er, wie Müller, im kleinen Räume eine Fülle von geistreichen Gedanken, weitschauenden Perspektiven und fruchtbaren Anregungen gibt und dies alles in einem völlig unpedantischen, knappen und individuellen Stil.

(*Berliner Tageblatt* 45, Nr. 120, Morgenausgabe, Berlin 1916)

Oskar Maurus Fontana
Eine Mythik des Österreichers? (1916)

Was das ist, eine Mythik des Österreichers? Das ist nämlich ein Buch, heißt *Österreich und der Mensch* (bei S. Fischer, Berlin), wurde von Robert Müller geschrieben und hat den Untertitel *Eine Mythik des Donau-Alpenmenschen*. Ein Platzregen großer Worte: Der Mensch, die Mythik, der Donau-Alpenmensch. Man schlägt auf und liest zuvor die Titel der Kapitel: Österreich und die Frau, Österreich und der Mann, Österreich und die Welt. Das ist also der Mensch. Ist er nicht ein bißchen verdächtig, dieser Mensch, hat er Blut, Haut, Haare, Augen, oder ist er nur eine Geschäftstafel? Ich erinnere mich, eine Reihe Bücher gesehen zu haben, die gar nicht Mythik, sondern mehr Text zu Photographien sein wollten, die Kapitel waren überschrieben: Paris (oder Berlin oder Wien oder London) und die Frau, – und der Mann, – und die Welt. Die Photographien fehlen. Aber der Text ist da. Letzte Erinnerung an die fehlenden Photographien, wenn als Siege österreichischer Frauenwelt Mode und Kochkunst genannt werden. Nach solchen Erkenntnissen mißtraut man dem Völker- und Rassenfasching, der da als verkleideter Männergesangverein, zur Mythik des Österreichers aufgeboten wird. Man mißtraut der Gesundheit dieser urweltlichen Gebräuntheit, die nur den Gletscherbrand von Johannes V. Jensen darstellt. Eine aus Dänemark importierte Mythik, nein, nicht einmal das, sondern nur *made im Austria*. Bleibt der Donau-Alpenmensch. Da ich aber mit dem Karst auch etwas zu tun habe und doch ein Österreicher bin, frage ich ganz erstaunt und egoistisch: „Und ich?" Der Donau-Alpenmensch ist nicht Österreich, er gehört zu ihm, aber er ist es nicht.

Nun sind die Hüllen gefallen. Die großen Worte zerplatzen wie Leuchtraketen. Aber das Buch bleibt lesbar, weil es amüsant ist, weil es verdreht, umstülpt, weil es „Österreich und das Feuilleton" ist. Nicht ein Feuilleton, das sich an Heinrich Heine emporgeturnt hat und noch immer vom „jungen Deutschland" zehrt, sondern ein neues, wagemutigeres, weltreisehaftes, dessen Hexenmeister eben Johannes V. Jensen ist.

Aber dieser Feuilletonismus ist nicht minder hemmungslos wie der alte, nicht minder gefährlich. Vielleicht gefährlicher, weil er so neu aussieht.

Das muß gesagt werden, vielleicht schärfer, als es nötig aussieht. Aber es ist nötig. Denn dieses Buch bekennt sich nicht zum Feuilleton, es bekämpft es scheinbar und hat die Gebärde des Menschhaften. Das ist es: Gebärde. Ein Wort der österreichischen Literatur und die Tat eines (hoffentlich verflossenen) Österreich. Was war denn immer unser Leid? Nichts anderes, als daß uns eine Mythik versprochen wurde und wir erhielten: Österreich und die Frau, Österreich und der Mann. Die Gebärden regierten, das so tun als ob – Österreich und der Mensch – schon wieder einmal ein Versprechen. Und darin hören wir schon wieder einmal, daß Österreich frauenhaft sei. Aber ihr Freunde, nicht diese Töne. Nicht mehr. Wir glauben an die menschliche Kraft im Österreicher, an sein Lebensgefühl, aber eben weil wir glauben, wollen wir uns nicht mehr betäuben lassen, wollen wir denen, die da mit Gebärden kommen, auf die Hände sehen und auf die schauspielerhaften Finger klopfen.

(*März. Eine Wochenschrift* 10, 2. Band, April-Juni, Berlin-München 1916, S. 259f.)

Hermann Hesse
Schöne neue Bücher (1917)

[…] Das kleine Büchlein *Europäische Wege* von Robert Müller, das ich in der Eisenbahn las, plagte mich mit seiner bildsam feinfühligen Sprache und seinem ungestümen intellektuellen Temperament lange auf jene Art, wie ein Gesicht uns plagt, das wir „schon einmal gesehen" zu haben meinen. So war es auch, ich kam schließlich dahinter. Von demselben Dichter las ich vor einem Jahr ein Buch *Tropen*, das sich mir tief eingeprägt hat. Dieselbe Kühnheit und Biegsamkeit der geistigen Bewegung, dieselbe Fülle an Anknüpfungen, Gesichtspunkten, Assoziationen, die ich dort genossen hatte, ist auch in den *Europäischen Wegen* wieder, nur ist Format und Gewicht wesentlich kleiner, näher bei der Spielerei, näher beim Feuilleton. Das ist endlich wieder ein Intellektueller, auf den man böse wird, wenn er irgendwo nur geistreich ist, weil er mehr sein kann. So wurde ich böse, als ich in den Aufsätzen über Serbien einen Satz las, der etwa sagt: es geschehe Belgrad recht, daß es erobert worden sei, die Granaten hätten so manchen falschen Prunk, so manche Scheinarchitektur und protzige Attrappe bloßgelegt. Dieser Satz ist üble Kriegsliteratur und könnte mit Erfolg im Leitartikel einer unserer großen Zeitungen stehen. Nein, wenn jede Stadt beschossen werden müßte, in der wir auf Bauschwindel und wildenhaften Protzengeschmack stoßen, dann wäre auch unser Vaterland verloren. – Ja, also so eine kleine Entgleisung nimmt man Robert Müller übel, und eben das fiel mir auf. Man nimmt so etwas nur einem Manne übel, den man sehr hoch schätzt.[…]

(*März. Eine Wochenschrift* 11, 3. Band, Juli-September, Stuttgart 1917, S. 1062ff., hier S. 1063)

Julius Bab
Talente (1918)

[...] Als ein beachtenswertes Talent hat sich in den letzten Jahren auch Robert Müller vorgestellt – zunächst als Essayist, als geistreicher Plauderer über kulturpolitische Situationen. Auf einer noch etwas schwankenden Mitte zwischen dieser Essayistik und der dramatischen Kunst steht jene Szenenreihe, die er selbst vorsichtig *Sieben Situationen* genannt hat: *Die Politiker des Geistes* (bei S. Fischer). Geistreiche Gespräche und an Shaw gebildete tiefere Scherze Über die Politisierung der Unbürgerlichen, „der Verliebten und Leidenschaftlichen", der zentrifugalen Elemente der Gesellschaft werden um einen kleinen Schein von Handlung gruppiert: um eine Wahlkampagne und einen erotischen Zusammenstoß, die sich gegenseitig zerstören. Nächst Shaw ist Schnitzler der meist Beteiligte; aber der Geist und Witz, der in allen Einzelheiten aufgeboten wird, genügt nur grade, um eine ziemlich ernstliche Verstimmung von uns fern zu halten, daß hier mit einem Gesellschaftsproblem von tragischer Unlösbarkeit ein kokettes Spiel getrieben wird. Denn wie Freiheit zur Herrschaft, Geist zu Gewalt und Gewalt zu Geist kommen können – wir leiden unter der fehlenden Antwort auf diese Frage –, das dünkt mich augenblicklich etwas zu wichtig, um in erotischen Feuilletons selbst besten Niveaus darüber debattieren zu mögen.[...]

(*Die Weltbühne* 14, 2. Band, Berlin 1918, S. 334-337, hier S. 335f.)

Emil Ludwig
Ein Österreicher über Preußen (1918)

Gerechtigkeit zu halten, den Ausgleich immer wieder im Geistigen zu suchen, während die Reibung des Tages, die wachsende Nervosität des fünften Jahres, während Kritik und Eigenart einander irritieren: schwierige Aufgaben jedes Vertreters einer Macht beim Bundesgenossen. Nun, da die Flitterwochen der europäischen Bündnisse längst vorüber, da die Forderungen täglicher Ergänzung an die Stelle wohlfeiler Vergötterung getreten sind, kommt die Verantwortung des Geistes aufs neue zur Geltung, und was die Jugend Österreichs und Ungarns über Preußen sagt, wird erheblich, sowohl als Symptom wie als Sporn oder Warnung. Hier liegen vielleicht die ersten Zeichen für die Zukunft jener Gruppen, in die sich ein bedrängtes Europa rasch abschloß, um zu fechten. So gewiß die Macht der Presse in toto, unter dem Drucke vierjährigen lauten Bedauerns, man habe sie unterschätzt, sich selber nicht allzuhoch einschätzen sollte, so ist doch den wechselseitigen Eindrücken gebildeter Geister nachzuhorchen, besonders wo sie sich in der weiteren Form des Buches auszudrücken vermögen.

Interessant und gefährlich, wichtig als erstes Signal einer neuen österreichischen Melodie, prachtvoll geblasen, neu instrumentiert, ersten Ranges und eben deshalb offen zu bekämpfen: Robert *Müller* in dem kleinen Buch *Europäische Wege* (S. Fischer Verlag). Dieser Wiener Schriftsteller – nicht aus Wien und um so kräftiger, naiver als der gebürtige Wiener – ist der Preuße wider Willen: Vernunft gegen Triebe ausspielend (dies auch in seinen geistvoll-peinlichen Szenen *Die Politiker des Geistes*, Knappheit an die Stelle der Anmut setzend, leidenschaftlicher Denker, nachlässiger Forscher, straff, kurz, exakt, anmutlos wie ein „Preuße" – und nun macht er sich auf und kämpft wider Preußen:

> „Der Preuße reduziert. Er ist das Genie der Abstreichungen. Der Preuße zensuriert die Natur. Es wird ein Stil erzielt, ein Tempo wird vervollkommnet: Nichts Anregendes haftet seiner formalen Nüchternheit an. Seine Armut an Zügen, seine apparatmäßige Vehemenz, seine Schärfe, die durch Gebrauch einen Glanz von Adel erhält, wirkt bedeutend und abstoßend zugleich. Er ist in einem unangenehmen Sinne interessant wie der Spartaner und etwa der Jesuit, die gleich ihm Produkte eines politischen und kulturellen Klimas sind, Pressungen durch Wärmeschiebung... Die deutsche Natur wurde ein zweites Mal vorgenommen, aus ihr preßte sich durch ein nochmaliges Verfahren von Bewegungsentzug der Preuße... Der Zufall bestätigt mir die Folgerichtigkeit, Lautverwandtschaft den Beweis von

> Abstammung, wenn ich den *Preußen* aus historischen *Pressungen* beschleunigt hervorgehen lasse... Der Preuße ist deutscher Rohstoff in gestrecktem Zustande... das beste Material für Feldherren und Staatsmänner, wenn sie sich aus dem preußischen Kristall wieder zum all belebten, bewegten Deutschtum verflüchtigt haben: das war das biopolitische Geheimnis der Existenz Bismarcks. So etwa würde der Preuße, der aggregate, dreimal gestrichene Deutsche, von einem freundlichen, gerechten Gegner beurteilt werden..."

Von diesem letzten Zusatz abgesehen, der keine Kriegsnotwendigkeit mehr ist und darum nur mutlos wirkt – denn auf dreißig Seiten erweist sich der Autor selbst als solcher Beurteiler: hier sehen die Preußen sich im Spiegel einer neuen Generation in Österreich, bewundert ohne Verehrung, mit Kälte anerkannt, dem Österreicher mit vielem Geist und doch ganz einseitig, ungerecht und falsch entgegengestellt.

> „Da die Deutschen sich zu Preußen gründen, bleibt es nur einem übrig deutsch zu sein, dem Österreicher. Österreich weiß den Preußen für die Menschheit zu verwerten (!). Dies wäre vielleicht der wirkliche Makel des Preußen, daß er für das Preußentum da ist, statt für die weite Welt."

Folgt eine geistvolle Abhandlung gegen den deutschen Militarismus, zugunsten des englischen Imperialismus.

> „Wir wollen nicht schelten, was sein mußte...aber wir wollen den gesteiften Muskel relaxieren, in die übertrainierte Gestalt wieder Anmut bringen, Kraft zu Schönheit verschwenden. Wieweit gehört der Preuße der Zukunft an, und was an ihm ist für den kommenden Menschen verwendbar? ... In Österreich rührt alles, was Mensch ist. Den Preußen rührt alles, was Form ist, ich glaube, das Quadrat muß ihn zum Rasen entzücken."

Bemerkt man – leider kann man nicht seitenweise zitieren – den preußischen Geist, wie er sich gegen die Stiefmutter aufbäumt? Hat Robert Müller, gegen dessen literarische Essays im selben Bande ich gern die feurige Widerlegung schriebe, nie von Fontane gehört? Hat er, mit seinen Nerven, seiner Spürkraft, nie bemerkt, daß Friedrich und Bismarck, ja, daß auch die Ludendorffs Phantasie und Mathematik vereinigen? Daß auch hier erst der Dämon, die „preußischen" Fesseln sprengend, den Genius befreite? Daß dieser Preuße, wie ihn Müller schildert, der *Vorpreuße*, der nur formulierte, der logarithmische Preuße ist? Nichts ist gefährlicher als die Kunst glänzender Antithesen in der Hand dessen, der im Gefühl entschieden hatte, ehe er den Geist zur Überredung aufrief. Jene Österreicher, die rein preußischen Geist scheuen und lieber das Notwendige nicht wahr haben möchten als das

Unbequeme aufnehmen; jene vielen, die bei aller Freundschaft doch für das Wienerische optieren, sind, während sie schwächer und angenehmer scheinen, doch auch weit tolerabler als dieser scharfe Geist, hinter dem ein bestimmter, nicht gleichgültiger Kreis junger Leute denkt und atmet. Hier haben wir ein Symptom für nationale Ressentiments, an denen vorüber zu sehen oder die mit alldeutscher Geste abzuschütteln so unklug als würdelos wäre: denn haben wir schon in den ersten Kriegswochen gelernt, den Gegner zu achten, wie ihn der Soldat achtet, so müssen wir, Sentimentalität wie Überhebung meidend, den physischen Bewegungen des Verbündeten aufmerksam folgen; wie man nicht ungestraft die kritischen Gedanken einer Frau überhört, deren Neigung mit Herrschsucht banal beantwortet wäre. Die Bücher zur Psychologie der europäischen Bündnisse, wie sie sicher auf allen Seiten von europäischen Geistern vorbereitet werden, dürften, in einer Epoche wieder gelöster Zungen, hohe Beweiskraft über den Gang der Ereignisse besitzen, und wer, wie R. Müller, schon heute wagen darf, in der preußischen Hauptstadt preußischen Geist sehr scharf, sehr unzureichend zu kritisieren, soll gehört, – doch nicht nachgeahmt werden. Könnte man nicht leicht den „Wiener" ebenso kühn analysieren, ohne ihn zu treffen? Was wäre darin selbst gesagt, wenn man vom Österreicher etwa phantasierte:

> „Ich glaube, was er für alle Welt bedeuten kann, wie er Zukunft macht, die ganze Umwertung, dies alles kommt erst jetzt zum Vorschein… Die Neuzeit, zu der wir noch nicht einmal Mittelalter sind, wird sehr österreichisch aussehen."

Aber es ist verräterisch viel gesagt, wenn Müller fortfährt:

> „Wer Österreich mit den obligaten, unverwickelten Mitteln groß machen will, wie sie in anderen Staaten gebraucht werden, ist kein Patriot. Er ist… vielleicht ein Spion, der uns Preußen ausliefern will, indem er uns seine Methoden anhängt. Österreicher sein, heißt nicht, der preußischen Mode nachlaufen, sondern die eigenen, himmlisch verrückten Kräfte entwickeln."

So spricht ein Politiker, denn bald kann dieser Kopf in Wien politischer Führer heißen. Da er in Preußen nie gelebt hat, konnte er ungefährdet seine Meinungen über Preußens Zukunft sagen; da ich in Wien Jahr und Tag lebte, muß ich die meinen über Wien verschweigen.

(*Pester Lloyd*, Morgenblatt, 16. 8. 1918)

Max Krell
„Romane 1920" (1920)

[...] Näher an den Mythos [als Ludwig Winders *Kasai*; G.H.] stößt Robert Müller vor, dem der Roman an sich, das Auskurven, Abmessen, Pointieren keine Wichtigkeit mehr hat, obwohl er, das zu balanzieren, Reichtümer genug hinwerfen könnte. Im *Barbar* (Erich Reiß, Berlin) wird *en passant* nur angedeutet, wo und wie Welt dasteht rund um eine amerikanische Farm; dennoch ist sie ganz hineingezwungen auf absonderlich helle Art, durch eine Dichtigkeit der geistigen Beziehungen. Schläge, Entladungen, Entspannungen geschehen, um Oktaven über die Realität gehoben, in der gedanklichen Sphäre, was dann sie auswirken, sind die Sensationen der Gewöhnlichkeit, und es genügen drei Spritzer, es abschließend zu summieren. Dasselbe Verfahren galvanisiert die Menschen, in denen Gesetz und Trieb, der ewige Rhythmus der Völkerwanderung und die Lust, ein Höheres zu greifen, sich ausdrücken. Und so wird wieder ein Anfang gemacht auf dem Plateau von Iran: der Nomade bricht auf, in schneller Bahn die Aggregate der Menschheit durchmessend, die physischen und die geistigen, bis er einschwenkt in die Versammlung der Völker: Amerika. Doch blieb er jung genug, seinen begeisterten Plan nicht zu vergessen: er zielt mit einem Ballen neuer Inhalte in die Zivilisation, die er chinesisch ummauert findet; er setzt diesem Wall mit allen Widdern der Frische zu. Ein Mensch wird dabei zertreten. Aber bückt man sich über den Toten, so erfährt man aus dem Reflex noch des brechenden Auges das Beispielhafte, Perspektivische, das diesen Augenblick angeht, durch den wir gerade ungeheuer hingeschwungen werden. Der Barbar hat die Lunge voll kaukasischer Morgenluft, dem Zivilisierten längst durch ein stählernes Korsett abgeschnürt; und obwohl diesem die Raffinements und Kniffe aus zehntausend Jahren Entwicklung im Nerv sitzen, ist der Ausgang des großen Matchs keine Frage. [...]

(*Die Neue Rundschau* 31, Berlin 1920, S. 1413ff., hier S. 1415f.)

Richard Nikolaus Coudenhove-Kalergi
Rez. zu Robert Müller, „Bolschewik und Gentleman" (1920)

Robert Müller ist ein „Grandseigneur des Geistes"; was immer er schreibt, stammt aus seinem Reichtum der Persönlichkeit und Ideen. Er verbindet zu höherer Einheit den Marschschritt Berlins mit dem Tanzschritt Wiens, heroische Lebensgestaltung mit ästhetischer Lebensbetrachtung.

In *Bolschewik und Gentleman* verbindet sich ihm ein zeitliches Problem mit einem ewigen: er behandelt den aktuellen Gegensatz von russischem Bolschewismus und westlicher Demokratie, von Rätediktatur und Parlamentarismus, von der erwachenden Kultur des Ostens und der erstarrenden Zivilisation des Westens, zugleich aber dringt er vor zur ewigen Antithese von schöpferischer Energie und erschöpfter Form, von emotionalem Irrationalismus und logischem Nationalismus, von Dionysos und Apollon. Durch diese Antithese führt er uns zur Synthese; aus: Bolschewik oder Gentleman wird: Bolschewik und Gentleman.

Der Autor ist, im unpolitischen Sinne, Bolschewik und Gentleman zugleich; m politischen Sinne weder Kommunist noch Demokrat. Er will weder Diktatur des Proletariats noch Diktatur der Bourgeoisie, resp. des Kapitals, sondern: Diktatur des lebendigen Geistes über tote Formeln und Formen. Aus diesem Grunde steht er dem starren Marxismus ebenso ablehnend gegenüber wie dem sterilen Parlamentarismus.

Bolschewik und Gentleman enthält keine objektive Kritik des Bolschewismus. Es ist geschrieben mit der schöpferischen Liebe einer reichen Gestaltungskraft, die jenseits von aller zeitlichen Erscheinung zur platonischen Idee des bolschewistischen Menschen und der bolschewistischen Bewegung vordringt. Das Bild, das Müller vom Bolschewismus entwirft, ist das Werk eines Künstlers, nicht eines Kritikers. Seine Liebe zur Vitalität und Großzügigkeit, zur Tatkraft und Initiative der Bolschewistenführer gleicht der Liebe des Tacitus zum natürlichen Leben, zur Kraft, Freiheit und Jugend der Germanen.

Der Bolschewismus erscheint Robert Müller als der erste politische Versuch einer werdenen Menschheit, die berufen ist, dereinst die rationalistische Oberflächenkultur der hellen atlantischen Völker durch eine emotionale Seelenkultur der dunklen pazifischen Rassen abzulösen. Diesen historischen Prozeß, dessen Vorspiel wir erleben, vergleicht er mit der christlich-germanischen und islamitisch-arabischen Völkerwanderung und der Reformationsepoche. Lenin, die Personifikation des Bolschewismus, erscheint ihm als Erbe Mohammeds, Cromwells und Lincolns, zugleich aber als Symbol des eurasiatisehen Zukunftsmenschen, in dem Ost und West sich zu höherer Synthese verbinden.

So kristallisiert sich schließlich für Robert Müller das wirtschaftlichpolitische Problem des Bolschewismus zu einem psychologisch-kulturellen: die bolschewistische Willenseinstellung erscheint ihm primär, die kommunistische Dogmatik sekundär. Was Müller bewegt, ist die Seelenform, nicht die Staatsform des Bolschewismus, die bolschewistische Praxis, nicht die bolschewistische Theorie, der bolschewistische Mensch, nicht das bolschewistische System. Im Geiste Nietzsches gilt seine Liebe jener aktivistischen Willenstendenz der bolschewistischen Führer: heroische Weltverbesserung im Kampfe gegen alles Bürgerlich-mediokre zur Befreiung der schöpferischen Initiative aller Geistigen, Tatkräftigen und Tapferen.

Wert und Bedeutung dieser Broschüre sind unabhängig von allen Wechselfällen der Politik: denn sie handelt von ewigen Ideen, Formen, Energien. Der russische Sowjetismus ist für Müller nur eine zufällige Erscheinungsform jener bolschewistischen Seelenkraft, die sich gegenwärtig auch als Aktivismus und Expressionismus äußert, und deren Wesen ist, schöpferische Initiative, Rückkehr zur Natur, Protest gegen die Mechanisierung des Lebens und gegen die Unterwerfung des Geistigen unter das Materielle. Dieser Bolschewismus ist zeitlos und tritt an jedem großen Wendepunkt der Weltgeschichte in verjüngter Gestalt hervor. In diesem Sinne wäre nicht Spartakus der größte Bolschewik der Antike, sondern Julius Cäsar, – zugleich der vollendetste Gentleman des klassischen Altertums. –

Bolschewik und Gentleman ist mehr als europäisch und mehr als aktuell: seine Perspektive ist räumlich planetar, zeitlich millennar. Sein Thema: die Konzeption des bolschewistischen Zukunftsmenschen, ist philosophische Betrachtung und dichterischer Entwurf zugleich: kühne Gedanken in blendender Form.

(*Die Neue Rundschau* 31, Berlin 1920, S. 1447f.)

Linke Poot [d. i. Alfred Döblin]
Der Knabe bläst ins Wunderhorn (1920)

[...]Einige moderne Romane. Der Explosionsstil. Auf einer Seite passiert so viel, wie früher in ganzen Büchern. Es besteht eine unglaubliche Fähigkeit Dinge zu bezeichnen, besonders bei Wienern; Robert Müller etwa ist ein blendender Sager. Man vergleiche einen Satz aus den Wahlverwandtschaften oder von Heyse mit dem, was hier gekonnt wird: große sprachliche Eroberungen und Siege. Sie bevorzugen Abenteuer, weil sie gegen die Enge des Bürgers protestieren; immer reisen sie, raffen Visionen zusammen, Abwechslung, Farben. Dabei sehen sie nicht viel, ihr Lichtkegel ist zu scharf für Details, er frißt Individualität, Physisches. Es sind nur große Einheiten möglich, Enthusiasmus, Neigungen ins Maximale mit Abruptheiten; das Technische bringt es mit sich, die Notwendigkeit greller Lichter, wuchtiger Schatten. Vielfach Weiber als Helden, und zwar Dirnen. Das ist begreiflich: die Dirne ist der weibliche Faust, oder Faust als Weib ist Dirne. Der Faust dieser Modernen ist der der Genüsse, des Erlebens, – nicht des Tuns; daher das Weib. Der Zusammenhang mit dem Technischen, den Forderungen des Sprachmaterials, liegt zu Tage: man braucht Polychromatik. Ein ausgekochter Stil; nur das Intensivste hat der Erhitzung standgehalten und wird uns vorgesetzt. Ich tue übrigens Unrecht, wenn ich einen einzelnen Autor nenne; die Bewegung ist anonym und bedient sich einiger Funktionäre. [...]

(*Die Neue Rundschau* 31, Band l, Berlin 1920, S. 759-769, Hier S. 762f., wieder in: Döblin, Alfred, *Schriften zur Politik und Gesellschaft*, herausgegeben von Heinz Graber, Olten 1972, S. 139ff., dort S. 143)

Max Krell
Expressionismus der Prosa – Robert Müller (1924)

(...) Am Anfang, in der Mitte und immer wieder steht bei Robert Müller der Essay, der das Begriffliche herausschält und als Dynamo in das Herz der Dinge einsetzt. Auch seine Novellen und kleinen Romane sind Essays in diesem Sinne. Und es wäre zu fragen, ob der Unterschied zwischen beiden nur ein technischer ist – käme es auf diesen Unterschied sehr wesentlich an. Seine Erzählung strebt so wenig nach Unterhaltlichem wie nach den Frissons politischer Tendenzbücher. Die Fabel, die er als notwendigen Kern aufnimmt, begrenzt er auf ein Mindestmaß konkreter Dinge; er spult alles ab von ihr, was ihr nicht zugehört, wirft sie in Wüstensand, und sogleich erhebt sich das Phänomen der Fata Morgana, in höherer Luftschicht spiegelt sich die eigentliche Essenz, die Idee; es geschieht dort der Kampf der Inhalte; und immerzu ergibt sich Gelegenheit, von allem zu sprechen, was Erde und Menschheit heute ausmacht, konzentriert immer einem letzten durchaus zusammenraffenden Sinne nachspürend, immer gleichwohl in einer geradezu leidenschaftlichen Beziehung zu diesem besonderen Stoff. Das kann nur, wer sich ein Weltbild klar formte und bereit ist, heute, jederzeit, wenn nur die Stunde des inneren Aufrufs da ist, in diesen Balg der Vorstellungen den Odem zu blasen, der ihn lebensfähig und brauchbar macht. Mit anderen Worten, es ist nicht die Dichtung, die einem reinen schriftstellerischen Vergnügen nachgeht und sich als Zeilenware in soundso viel Tantieme umzusetzen beeilt; hier herrscht zwischen Anschauung, Kristallisation, Wille, Leidenschaft – und Welt eine unerschütterliche Harmonie. Sie ist auf Österreich zunächst gegründet, dessen Indifferentismus man im Deutschland des Krieges so oft und so gern verhöhnte, um jetzt und zu spät zu erkennen, daß er ein Regulativ war, dem großen Weltherzen viel näher als unsere norddeutsche Organisationswut und Knock-out-Politik. Sie lockert Verständnis für das, was auf eigenem Boden nicht wachsen kann, weil Bedingungen hier fehlen, aber als Atom von drüben mit den eigenen Atomen schon Moleküle menschlicher Entwicklung hergibt. So ist Müllers Blick hinübergekehrt, erst ins Reich, dann über Östliches und Westliches weiter weg, nach Amerika; und, nachdem er die Zonen durchmessen hat, über sie hinaus ins Allgemeine. Er hat, was man heute als Expressionismus bezeichnet, in einer besonderen Absolutheit, entschlackt von Schablonen und in seinen tiefsten Beziehungen begriffen: nämlich als das weder einer technischen noch wirtschaftlichen Disziplin einseitig Unterworfene; ihm ist die Erde weder eine

Substanz nur von Sand und Eisen, noch ein Acker der Humanitätsduselei, sondern der weiche Schöpfungston immer wieder, dem man Figur und Profil entzaubern wird und eine freudige Seele einhauchen mag. Er schrieb den Roman der Tropen, der eine Landschaft ist, ursächliche Zusammenhänge in natürlichen Bildern aufreißt, zu zeigen, wie intensiv am Werk der „Geist" ist; er schrieb das exotische *Inselmädchen*, warf hier die Träger morbider Zivilisation von Europa her in den Arm einer Frau, die nichts wußte als ihren herrlichen Pulsschlag und, indem sie zwischen den Klippen hinläuft, auf das Meer horcht, eine Zelle nur ist im Vegetativum Erde. Und er schrieb den *Barbar*, der aus dem Hochland von Iran über die alte Erde fortging, sich in Amerikanisches zu mischen. In allen stecken Gleichnisse der Schöpfung, steckt das Forderungshafte nach neuen Inhalten, nach einer Auflehnung gegen das Abgeschabte, Belanglose und Banale einer zweifelhaft gewordenen Zivilisation. Das setzt sich schließlich in einem utopisch zugespitzten Roman *Camera obscura* bis in die äußerste Verlängerung fort. Den Deutschen in Wien, in dem alten Staubecken Österreichs, überhaupt Europas, trieb es, die weitaus mächtigere Konfluenz der Völker, Amerika, nach Keimkörpern abzufischen. Er weiß viel vom Irrationalen der Zusammenhänge, und daß man dies im Blut haben muß, um schöpferisch zu sein. In einem sehr wichtigen Essay *Bolschewik und Gentleman*, der weder eine eingefleischte Apologie noch eine Attacke ist, hat er die Unzahl der heute flüssigen Elemente im menschlichen, staatlichen, wirtschaftlichen Auf- und Abbau legiert. Das wurde ein Begriff, der gewiß nicht moskowitisch ist im Sinne Lenins, der aber aus der Masse des Kreißenden vorausnimmt, was der Zustand dort für Europa und die Welt produktiv hinerlassen muß.

Robert Müller hat nicht das Pathos des Hohenpriesters, eher ist er wissenschaftlich, richtiger und einfacher: er hat Logik; immer rollt sein Blut warm mit, treibt die sachlichen Erkenntnisse zur Blüte und Frucht. Seine Kühnheit erschrickt niemals vor den Konsequenzen, und da er voller Frische ist, gibt es bei ihm keinen Satz, der aus Enzyklopädien oder Aktenkonvoluten hervorgerutscht sein könnte. Hier braucht man nicht zu sagen: dieser ist eine Hoffnung und wir setzen unter den vielen ungleichen Rennern auf ihn; denn seit er auf dem Forum erschien, hat einiges an ihm sich schon bestätigt, darunter das Wichtigste: die Notwendigkeit eines freien schöpferischen Geistes. (…)

(*Weltliteratur Der Gegenwart*, Band: Deutschland, II. Teil, herausgegeben von Ludwig Marcuse, Berlin 1924, S. 15ff., hier S. 52f.)

Guido K. Brand
Rez. zu Robert Müller, „Rassen, Städte, Physiognomien (1924)

Diese kulturhistorischen Aspekte bestehen in der weltmännischen, vielerfahrenen, wienerisch-geistreichen Typisierung des Deutschen, Juden, Orientalen, des Americanos; in der scharfsichtigen, tiefbohrenden, beziehungsreichen Erhellung des Gesichts von Wien und Neuyork; in der umrißhaften Klassifizierung des Literaten, Leutnants und Schiebers. Neun Kapitel mit der gleichen Schärfe des Gedanklichen, mit der heftigen Sehnsucht, an die Wurzel des Seienden, an Ursprünge, Ausdehnungen, Horizonte der Rassenverschiedenheiten zu kommen; die Rätsel des gewesenen glanzhaften und des jetzigen von der Zerstörung betroffenen Wiens, das Gehirn Manhattans zu begreifen; drei typische Erscheinungen in ihren bösartigen, aber doch irgendwie fruchtbaren Formen zu klischieren. Man liest eminent Kluges, sehr Gescheites, positiv Gegründetes. Neben dem vielen Literatengeschwätz mancher Essayisten, die über gleiche Themen haltlos gaukelten, ein Fangnetz von historischem Wissen, lebendiger Erfahrung, kühner Logik, brutaler Offenherzigkeit, sucherischer Durchdringung der Probleme. Er ist Soziologe, Ästhet, Rationalist, mitschwingend Begeisterter. Er ist ein Träumer, Dichter und ein kalter Rechner, dem menschliche Eigenschaften Zahlen sind. Aber Müller hat eine staunenswerte Fähigkeit: ein Bild zu formen, eine Anschauung zu kristallisieren. Bekanntes aus Rassen, Städten und Physiognomien wird neu in den Beziehungen, in der linearen Füllung der Aspekte. Vorgänger tauchen auf: Thomas Mann, Whitman (der oft Genannte im Kapitel „Der Americano"), Holitscher, Johannes V. Jensen. Aber Müller ist eigener in der Formung, im Reichtum des Gesagten; die Anklänge liegen im Objekt. Er übertreibt, weil es in der Sache liegt; aber er biegt es immer durch Aufsetzen neuer Lichter, durch Hervorholen tausendfältiger Inhalte ab. Er beherrscht die Fülle und trägt – trotz mancher eisigen geistigen Überlegenheit – eine große Liebe im Herzen.

(*Das literarische Echo* (Die Literatur) 26, Berlin 1924, S. 51)

Dr. E.[1]
Rez. zu Robert Müller, „Rassen, Städte, Physiognomien" (1924)

Ein Buch raffinierter, überzüchteter Großstadtintelligenz, in der das Blut der Mammutstädte im rasenden Tempo tanzt. Geschrieben von einem in „allen Denklastern routinierten Sünder", der alle, jemals ersonnenen großen Gedanken virtuos meistert und in packender Synthese zusammenschweißt. Ein Geist, der, geschult an Spengler, die welthistorischen Zusammenhänge intuitiv im Nu erfaßt.

Rasse ist für Müller geistiges Phänomen, nichts örtlich oder zeitlich Bedingtes, sondern Idee. So zeichnet er im ersten Essay den Deutschen als Typ, der „zum geistigen Rekord verurteilt", schöpferisch zeugend und trotzdem stark in der Abstraktion ist. Weit tiefer faßt er das Problem „Jude". Er repräsentiert die Form des Händlergeistes, der das Wort im abstrakten Sinn als seine ihm eigne Waffe führt. Beginnt nicht das alte Testament: Am Anfang war das Wort? Diese geistige Einstellung muß ihn stets zur Großstadt treiben, die ihrem Wesen nach gleichfalls abstrakter Konstruktion ist. Drum herrscht dort auch der Jude; denn „alle einigermaßen verfeinerten Intellekte verjuden", weil für sie gleichfalls das Wort zur Realität wird, losgelöst vom sinnlichen Vorstellungskomplex. Mit solch kühn gestellten – nicht immer ganz einwandfreien – Paradoxen durchforscht M. weiter den Kern des Orientalen, der „passivistischen Rasse" (vgl. Gandhi), jedem Streben nach Perfektion abhold und geknechtet vom tierischen Egoismus. Auch der Bolschewismus fällt unter den echt orientalischen Begriff der Entpersönlichung. Als Gegenpol dazu der historische Normanne, das aktivistische Wolfsgesicht, daß von Norden her die aufdämmernde germanische Zivilisation nach Karl dem Großen durchflutet. Er bildet für M. den Typus des skrupellosen Kaufmanns, in allen Sätteln gerecht. Wenn es sein muß, spielt er selbst den eleganten, gottesfürchtigen Rittersmann, der Kreuzzüge inszeniert – um sich zu bereichern. Die Revenants dieser alten normannischen Ritter-Kaufleute-Strauchdiebe sind die modernen Schieber. Ebenso paradox, literatengeistreich – wer könnte ein Paradoxon nicht ad absurdum führen! – ist Müllers Kritik des Americano (Walt Whitmann'scher Ausdruck!), den er als sinnlich-kosmischen Begriff auffaßt. Er sieht in ihm den Typ des weisen, schlauen Indianerhäuptlings, der die Stränge mit der Sin-

---
[1] Nach dem Mitarbeiterverzeichnis kann es sich nur um Dr. F. Fuchs handeln; G. H.

nenwelt noch nicht zerschnitten hat. Da Müller von Spengler her weiß, daß unsere Kultur Großstadtkultur par excellence ist, so sind ihm Wien und New-York zwei Gegenpole der Kultur. Wien alte, aristokratische, höfische Überlieferung, etwas zu klassisch und neurasthenisch geworden, „mittelalterliche Großstadt" voll überlebtem Kavaliertum, schöngeistig und graziös. New-York – ein Wesen „grimmassierend von Energie und Leiden", ein Tohuwabohu von sinnlich-übersinnlichen Kräften, geladen mit Elektrizität zum Zerplatzen, fürchterlich, aber grandios, wie Brooklyn-Bridge. Hier wird Müllers Einfühlung visionär, überwältigend. Grenzt an Wahnsinn. Als Fundgrube für Indizien beginnender Paranoia Psychoanalitikern der Freud'schen Schule zu empfehlen, voll von verdrängten infantilen Fixationen und pervertierten Erotismen: Ein großes Angstphantom lauert im Schatten. Es kommt immer näher. Und Robert Müller hält es in den Klauen. Der mußte den Sprung ins Transzendente tun. Nicht lange ist es her – und er hat sich erschossen. Das Buch bleibt das letzte Vermächtnis dieses widerspruchsvollen, übergeistreichen, prachtvollen, unterhaltsamen Wiener Zeitphilosophen und Großstadtliteraten.

(*Deutsche Handelswarte*, 2. Oktoberheft, Nr. 20, Nürnberg 1924, S. 605f.)

III. Rückblicke 1924-1927

Robert Musil
Robert Müller (1924)

Ich habe ihn kennen gelernt, als wir aus dem Krieg heimkehrten. Er war damals ein schlanker, hochgewachsener Mann, der sich im Ausgang der Zwanzig oder Anfang der Dreißig befinden mochte, aus zähem Draht gebaut, mit einem aufmerksam, sachlich und freundlich spähenden Kopf, dessen Profil die Angriffskraft eines Raubvogels hatte; er sah weit eher einem Leichtathleten gleich als einem Schriftsteller. Oder um es mit einem Satz auszudrucken, in dem er sich anscheinend selbst beschrieben hat: „Sein Anblick enthüllte einen sachlichen, lebhaften und waghalsigen Blutmenschen."

Man sah, daß er arm war, aber Vertrauen zu sich hatte und entschlossen war, nicht den gewöhnlichen Weg des Literaten zu gehen. Er gab damals gemeinsam mit seinem Bruder eine kleine Wirtschaftszeitschrift heraus, in der mir, der ich noch nichts von ihm wußte, Bemerkungen auffielen, die von einer verblüffenden, aber auch sofort fesselnden Taktlosigkeit waren, falls man es so nennen darf, wenn ein Mensch den Ton, den ihm eine Situation aufzwingt, unvorhergesehen durchbricht. Es war eine Maßlosigkeit der Ungeduld, welche das seriös tuende Geplauder des Wirtschaftsfeuilletons nicht ertrug, plötzlich sich irgend eines Einfalls über Welt- oder Seelenprobleme entband, und davon beruhigt, wieder so weiterschrieb, wie es nun einmal sein mußte. Ich wähle absichtlich das feinbürgerliche Wort Taktlosigkeit dafür, weil in Wien mehr als anderswo das Schicksal eines Schriftstellers davon abhängt, daß er den Ton der wohlerzogenen Mittelmäßigkeit trifft. Im Grunde aber barg der kleine sich dem ersten Blick darbietende Wesenszug den ganzen bedeutenden Menschen. Dieser Schriftsteller war entschlossen, das Leben unromantischen zu lieben wie es ist, also auch einschließlich seiner Wirtschaftszeitschriften, aber es auch ebenso zu bekämpfen und den Ideen schließlich zum Sieg über das Getriebe zu verhelfen: von der ersten Zeile angefangen, die er schrieb, bis zu dem Schuß, der seinem Leben ein Ende machte, das ist nur scheinbar ein Widerspruch, denn die Liebe wie die Feindschaft für die Welt liegt in der Seele jedes Künstlers.

Robert Müller hat alles Lebendige geliebt wie der Jäger sein Wild. Er beschrieb einen trägen Geldsack mit der gleichen Leidenschaft, die jede Bewegung der Bestie zu verstehen sucht, wie ein durchgehendes Pferd. Und er beschrieb diese die Sinne erregende Außenseite der Welt, hinter der sich ein lähmend verwirrtes Inneres nur ahnen läßt, mitunter geradezu genial. Das war nicht nur eine artistische, eine literarische Angelegenheit, wiewohl die rechte Würdigung dieser Fähigkeit zeitlebens auf Literaten beschränkt geblieben ist; denn etwas neu beschreiben, heißt auch lehren, einen neuen Gebrauch davon zu machen. Man könnte allerdings alles, was er schrieb, ohne es zu verkleinern, auch eine leidenschaftliche Reportage nennen. Die Lust am Tatsachenbericht, bildet einen Wesenszug in jedem Erzähler; er aber hatte als Journalist angefangen, und wenn er einen Wirkungskreis gefunden hätte, wäre er mit Vergnügen ein gewaltiger Journalist geworden, der nur nebenbei Bücher schreibt. Was ihn hinderte, war die Unlust, sich eine für den täglichen Betrieb praktikable Anschauung fest zu eigen zu machen; er ließ sich von dem, was er sah, von einem Standpunkt zum andern treiben: in dieser niemals zu Ende kommenden Wahl verriet sich die heimliche Schwäche des Dichters für das geistig Interessante, das sich niemals mit den Grenzen zwischen gut und böse oder wahr und falsch deckt. Aber der Reporter war stark genug, um seine Wesensart auch darin dem Dichter aufzuzwingen. Viele Träumereien, aber nichts Träumerisches findet sich in seinen Büchern (bis auf Spuren, die allerdings stark sind wie Narben); er liebte das Verweilen nicht, er schloß sich nicht in seine eigene Auffassung ein, sondern warf aus sich heraus, was ihm einfiel, in das Gebrodel der Welt, in der er lebte; seine Schilderungen waren von den persönlichsten Theorien durchsetzt, doch könnte man sagen, er dachte immerzu, aber er dachte niemals nach, weil ihm das „Nach-", das Hinterdreindenken, während die Welt davonrast, wie ein dummer Verlust vorkam. Dies zog ihm das Mißtrauen all jener zu, deren Gedanken niemals ohne Hut auf die Straße rennen. Sie hatten nicht in allem unrecht, wohl aber im Entscheidenden: daß sie niemals das Stürmische dieses Wesens sahen, welches etwas andres war als nur Flüchtigkeit. Auch Schwäche war es nicht, was sich auf den ersten Blick in blonde wie schwarze Gedanken verlieben konnte, nichts kleinlich Aneignendes, weibisch Einfühlsames, sondern etwas männlich Entführendes: Sturm und Drang.

Darin lag gewiß etwas Unfertiges, aber in dieser Unfertigkeit stak auch wieder eine neue, noch nicht ganz zu sich selbst gekommene Fertigkeit, den Blick für die maschinenschnell aufblitzenden Widersprüche und das Tempo im Bild unserer Welt; es möchte irre machen, daß dieser Sturm und Drang sich in Überzeugungen und Ansichten austobte, statt in Gebärden der Leidenschaft, aber gerade das war das unmittelbar aus dem Heute Kommende daran.

Man kann natürlich ein Zuviel an solchem Temperament haben, und das ist das gleiche wie ein Zuwenig an festigenden Gegenkräften. Robert Müller hat sich manchmal für einen Theoretiker, einen Weltdenker gehalten, und war es nicht; dazu fehlte es ihm an Durchbildung, vielleicht auch an Anlage. Sein „Aktivismus", das Bedürfnis, dem geistigen Anspruch im gemeinen Leben zu Recht und Herrschaft zu verhelfen, und sein Versuch, das kleinste der Ereignisse (gerade weil er sie alle liebte) nicht ohne Verantwortung passieren zu lassen, war echt und tief; aber in der Durchführung kochte oft die Küche statt des Gerichts. Es war ein billiges Vergnügen, ihm das, namentlich in seinen Essays, nachzuweisen. Aber man kann auch sagen: wie Kinder zu fragen vermögen, daß sie jeden Erwachsenen in Verlegenheit bringen, verstand er zu antworten, und seine Antworten waren den Zeitfragen immer in irgendeiner Einzelheit voraus; es war eine merkwürdige Mischung von Utopischem und bloß für utopisch Geltendem in ihm, die sich noch nicht geklärt hatte. Es gelang ihm einmal, einen vollkommenen Ausdruck dafür zu finden, das war in seinem Roman *Tropen* (bei Hugo Schmidt, München: die übrigen Erzählungen: *Das Inselmädchen*, *Irmelin Rose*, *Der Barbar*, *Flibustier*, *Camera obscura* wie seine Essays erschienen in verschiedenen anderen Verlagen) der eine phantastische Stromreise im Urwald mit einer animalischen Kraft beschreibt, die keineswegs hinter der des berühmten Jensen zurücksteht, zu ihr aber auch eine geistige Kraft in flimmernden, zur Situation passenden Ausstrahlungen fügt, die dieses Buch zu einem der besten der neuen Literatur überhaupt machen. In seinen anderen Erzählungen ist ihm dies nach meinem Urteil nicht in gleich großem Ausmaß geglückt; er wußte zwar sehr wohl, daß zum Schreiben Mühsal gehört und verstand sie an andren zu schätzen, aber in sein eignes Programm, in seine Liebe für Galopp und Gedränge paßte es ihm nicht, und er unterließ bei dem meisten, was er schrieb, mit Absicht die letzte Überprüfung. Dennoch ist keine seiner Erzählungen ohne Genialität, jede von ihnen ist in einer neuartigen Weise angefaßt, alle sind sie auch im gewöhnlichen Sinn sehr unterhaltend, und jede ist voll von Stellen, an denen sich eine Fähigkeit sondergleichen zeigt, mit dem kürzesten und kühnsten strich den geistigen Charakter von Menschen, Landschaften, Vorgängen, Problemen so scharf auszudrücken, daß man ihre Körperlichkeit einatmet. Diese Eigenschaften hätten genügen müssen, um ihm von allen Seiten Aufmerksamkeit zuzutragen.

Statt dessen mußte er eingeschlossen in jenen kleinen Kreis sich kennender und anerkennender Menschen leben, den man nicht ohne Verächtlichkeit die Literatur nennt. Ich berühre hier eine böse Schande und einen lächerlichen Widerspruch in einer Nation, die für die Anerkennung der Dichter mit Denkmälern, Seminararbeiten und großem Marktgeschrei sorgt, aber für ihre Erkennung fast nichts vorkehrt. Unser Buchhandel berät, von wenigen Ausnahmen abgesehen, die Käufer nur nach der Höhe der Provision, die er dabei verdient, die paar Zeitschriften, die sich mit Geschmacksfragen befassen, sind ohne breiten Einfluß, und die Zeitungen, über welche allein der Weg zu breiter Wirkung führen kann, finden die Besprechung von Büchern, die nicht auch ohne sie schon berühmt sind, unwichtig und vertrauen die Buchkritik, um Auslagen zu ersparen, mit Vorliebe jüngeren Journalisten und literarischen Anfängern an. Dieser Apparat der geistigen Erneuerung funktioniert nach Zufall und Gefälligkeit, aber nicht nach Bedeutung, und befestigt das Publikum täglich in dem Glauben, es sei überhaupt nichts da, wofür man sich interessieren könne; ohne Rücksicht darauf, daß immer etwas da sein muß, wenn eine Nation nicht abgestorben sein will, und ohne Einsicht, daß auch das Interesse etwas ist, das bis zu einem gewissen Grad gelehrt sein will. Daß dies auf der ändern Seite jene billig bespöttelte Konventikelbildung zur Folge hat, durch die der junge Schriftsteller wie durch eine opiatische Wolke in den Himmel fährt, ohne die Wirklichkeit recht kennen zu lernen, versteht sich von selbst. Man kann nicht ernst genug auf die Wichtigkeit dieser Verhältnisse hinweisen, welche die Deutschen zu einem großen Teil der Vorteile berauben, welche der Besitz einer literarischen Tradition für ein Volk haben kann.

Mann darf sagen, daß ein begabter Schriftsteller, wenn er nicht besonderes Glück hat, unter den heutigen Verhältnissen sein Leben mindestens bis zu seinem vierzigsten Jahr in diesem Halbdunkel zubringen muß, und das bedeutet ein unsicheres, entbehrungsreiches und wirkungsloses Dasein. Ich habe selten einen Mann gekannt, der Einwände und Widerstände so sachlich entgegenzunehmen verstand wie Robert Müller; er steckte Angriffe ein wie ein Boxer, sein Ehrgeiz war vorwärts gerichtet und schlug nie in Kollegenneid und Zänkereien zurück, aber die Wirkungslosigkeit ertrug er nicht. Das Grundbedürfnis dieser Natur nach festem Material für ihre Aktivität war es, was den Dreißigjährigen, der als Verlagsdirektor gestorben ist, antrieb, das schemenhafteste Gebiet der geistigen Arbeit zu verlassen und von der Literatur zum Literaturhandel überzugehen; daß er sich gerade diesen wählte, geschah teils aus Not, teils aus der gewonnenen Überzeugung heraus, daß in einer dem Kapitalismus unterworfenen Zeit ein Mann nur wirken könne, wenn er sich der Organisationskräfte des Geldes bedient. Sein

Plan war, gewissermaßen ein Beelzebub zu werden, um den Teufel aus den Gefilden der Literatur zu vertreiben. Wäre dies nur ein Romaneinfall gewesen, so bliebe nicht viel darüber zu sagen; aber das Überraschende war, daß es blanke Wirklichkeit wurde. Der Dichter war Geschäftsmann geworden, ohne es zu sein, lediglich im Vertrauen auf seine Phantasie, Menschenkenntnis und Gedankenschnelle, die denen gewöhnlicher Verdiener überlegen sein mußten: damit trat dieses Schriftstellerleben in einen zweiten Abschnitt und gewann als Ganzes die Bedeutung eines unsere Zeit beschreibenden Dokuments; es war wie die Verwirklichung eines utopischen Romans und endete mit einem Romanschluß. Ich weiß nicht, wie es gelang, aus ganz kleinen Anfängen mit verblüffender Schnelligkeit das Geschäft in die Höhe zu bringen, ein kaufmännisch sehr begabter Bruder des Dichters, der mit ihm gemeinsam schon jene Wirtschaftszeitschrift redigiert hatte, war wohl auch hier der eigentliche Organisator, und die Zeitumstände steuerten das ihrige bei: das Unternehmen wuchs eine Weile mit amerikanischer Schnelligkeit und schien zunächst im Wiener Buchhandel eine beherrschende Macht werden zu wollen. Um das Unwesentliche kurz zu sagen, es ist heute wieder zusammengeschrumpft, die beiden Brüder sind nacheinander aus dem Geschäft ausgeschieden, und diesem hatte wohl die allgemeine Wirtschaftskrise den Atem abgeschnitten, ehe es noch fest auf den hochgeschossenen Seinen stand; das Wesentliche aber waren die Erfahrungen, die ein Schriftsteller sammelte, als er sozusagen um die andere Seite seiner Existenz herumkam. Wenn damals ein Schriftsteller Robert Müller besuchte, mochte er staunen, wieviel Direktoren, Sub- und Oberdirektoren solch ein Unternehmen, das doch nur eins der Zwischenglieder zwischen Verleger und Leser war, zu einer Zeit reichlich ernähren konnte, wo die Schriftsteller sich in ärgster Not befanden; man sah wie an einem Präparat die entartete Struktur eines Bindegewebes, welches das erstickte, was es tragen sollte. Es zeigte sich, daß man auf solche Weise wohl persönlich reich werden und auch einiges Mäzenatische tun könne (was Robert Müller kameradschaftlich tat), aber die Macht der schlechten, verderblichen, stumpfsinnigen Literatur und der Geist der Branche waren stärker als jede persönliche Absicht, zogen sie automatisch in ihre Richtung, und alle, die an dem Geschäft hängen, müssen frei- oder widerwillig mithelfen, es in diese Richtung des Gangbaren zu bringen. Wer den Verleger Robert Müller zu jener Zeit gekannt hatte, trug den Eindruck von etwas breitspurig Gutmütigem und Selbstgewissem davon, aber wie ein Schiff, das mit der Strömung geht, trug ihn das Geschäft vom beabsichtigten Kurs immer weiter ab und ließ sich von seinem hochmögenden Knecht nicht lenken. In Aussprachen mit alten Freunden klagte er über die Aussichtslosigkeit solcher Pläne wie seiner, und die Überzeugung hatte sich in ihm gebildet, daß der Schriftsteller daher heute in jeder Weise verurteilt sei, ein überflüssiges Anhängsel am Gesellschaftskörper zu bilden. Durch die anschauliche Erkenntnis beider Seiten seines Berufs hatte er, der ohne Wirkung nicht leben wollte, sich den tiefen Pessimismus geholt, der ihm die Freude an seinem Leben verdarb. Er hatte es noch mit einem eigenen Verlag versucht. Die Zeit der Geldkrisis brachte ihm Verlegenheiten. Aber sie waren nicht unabwendbar. Er war vielleicht ein phantastischer Geschäftsmann, aber er war ein starker Kerl, der sich schon etlichemal durch die Welt geschlagen hatte. Kein Mensch kennt den Grund seines Selbstmordes, von den üblichen Gründen trifft keiner zu. Wenn er sein Geschäft, an dem er nicht mehr hing, zugesperrt hätte, wären ihm viele Freunde – denn sie liebten ihn – beigesprungen, und er hätte den Beruf als Schriftsteller wieder aufnehmen können; immerhin um vieles weiter als einst, wo er sich als Schiffssteward verdang. Aber er, der die Lebendigkeit des Lehens liebte wie nicht bald einer, hatte sich zutiefst durchdrungen mit den Erfahrungen, die man mit dem Buch und Theaterstück als Ware macht, und war gefangen in dem Gefühl, daß in der heutigen Zeit kein Schriftsteller eine Wirkung erreichen kann, die zu leben lohnt. Ich habe mancherlei Gründe, diese Annahme für richtig zu halten, und mochte solches Empfinden sich auch in plötzlicher Verwirrung übertrieben haben, erworben war es schon lang. Als die Unkenntnis der Zeitungen unmittelbar nach seinem Selbstmord meldete, daß sich ein „Verlagsdirektor" Müller erschossen habe, hatte sie nicht so ganz falsch gemeldet: Der Verlagsdirektor hatte am Ende eines doppelt versuchten Lebens den Dichter Müller getötet.

(*Prager Presse* 4, Nr. 224, Prag 3.9.1924, S. 4ff., wieder in: Musil, Robert, *Tagebücher*, *Aphorismen*, *Essays und Reden*, herausgegeben von Adolf Frise, Hamburg 1955, S. 747-750.)

Arthur Ernst Rutra
Robert Müller (1924)

Wie kaum bei einem, gehört Robert Müller, um eine Vorstellung von der Bedeutung seiner Persönlichkeit gewinnen zu können, heute zumal, da seine Gestalt noch Wenigen bekannt und geläufig ist, die Veranschaulichung dieses ungewöhnlichen Menschen selbst. Nicht so sehr seiner Physis – denn diese: so wichtig, ja entscheidend sie für ihn selbst und alle, die ihn kannten, gewesen ist, schwindet mit der Erinnerung der Lebenden, die ihm nahestanden, schwindet nunmehr – so sehr sich das Gefühl dagegen aufbäumt – als der Erde kraft seines eigenen Willens zurückgegebenes Gut … Aber es bleibt die Möglichkeit, diese Erscheinung in der Kraft eines Bildes einzufangen, das sinngemäß diesen in vollendeter, edler Zucht gehaltenen Körper und ein durch stets wachen, stets arbeitenden Geist belebtes Antlitz verlebendigt. Ein Bild allein will mir nicht genügen, aber die zwei, die ich wähle, die an der gleichen Peripherie liegen, vermögen die Ergänzung zu einem Ganzen zu vermitteln. Ich sehe einen Mann im Lugaus auf voller See, mit einem auf weite Sicht eingestellten Auge, Zügen frischer Witterung und Entdeckerfreude, mit einem leicht vorgeneigten Kopf, der nicht gesonnen ist, das Erspähte preiszugeben.

– ein Kopf, dessen mächtige Stirn die Gewißheit vollkommener Sichtklärung und Durchdenkung verschafft. Und ich sehe einen Leuchtturm, von schlankem, kräftigen, ebenmäßigen Bau, am vorgeschobensten Ende eines letzten Landausläufers, den bereiten Wächter, willkommen zu heißen Jeden, dessen Weg weite Fahrt war, – und Künder, daß er an der Scheidegrenze der Elemente – der Erd- – der Weltteile stehe … Von dem Mann im Lugaus zum Leuchtturm spannt sich aber die unsichtbare geistige Brücke und schließt kraft einer gewollten, bewußtgeistigen Synthese beide in eine ganze Gestalt zusammen: – und diese war Robert Müller.

An der Scheidegrenze der Erdteile – dort stand er, stand Posten sein Leben lang – ein neuer Kolumbus, der einen neuen Erdteil zu entdecken gewillt ist, – ein neuer Kolumbus, der er einstmals war, da er als Jüngling auszog, um Amerika, sein Amerika zu entdecken. Und als er heimkehrte, nach einem Jahr New York, einem Taglauf als Zeitungsverkäufer in den Straßen und Nachtlager unter den Eisenbahnwaggons auf den Bahnhöfen, nach einem Dasein als Reporter und nach Abgrasen von Städten, nach Westindien und dem Untertauchen in der Lebensmystik der Tropen, heimkehrte als Schiffssteward, in Bremen bis heute sein Seemannszeugnis unbehoben lassend, – da hatte er ein Amerika entdeckt, um das uns bekannte, in Rede und Schrift verbriefte und verheißene, abzuleugnen .... An dessen Stelle er den Europäern des alten Kontinents das neue Amerika, die Synthese aus Alt-Europa und Alt-Amerika, den Neu-Europäer – oder Neuropäer – seiner Traumwelt Atlantis geben wollte.

War es Robert Müller – der Utopist – Träumer – Dichter, der diesen neuen Menschen bringen wollte, – oder war es der Seher – der Evangelist, der das Recht hatte ihn zu künden, weil er selbst einer war? Hier rührt der Erkennende – dem die Erkenntnis, wie immer, erst nach der Katastrophe aufsteigt – an die große Tragödie Jener, die man als ungewöhnlichen Geistes Söhne bezeichnet, an die Tragödie der Apostel des Glaubens die Gezeichnete des Erdenwallens sind.

Mag es der eine Weltfremdheit – ein anderer Schicksal – ein dritter Utopie – und ein in Ahnung Erschauernder Notwendigkeit nennen: er scheiterte, mußte scheitern in einem Augenblick, als sein Bau – der Bau Robert Müller – vollendet war; man beachte wohl: für ihn vollendet, wenn auch lange nicht für die, die ihn erst zu sehen, zu erkennen begannen... Mußte scheitern an der ersten Lächerlichkeit, die ihm in den Weg trat, an einem Kieselstein, der – den er sonst lachend aufgehoben und fortgeworfen hätte – in einem für ihn entscheidenden, kritischen Augenblick zur Klippe sich wandelte.

Daß er als Verleger endete – „der Verlagsdirektor Robert Müller hat sich Mittwoch, den 27. August, vormittags elf Uhr am Ufer des Donaukanals durch einen Schuß ins Herz tötlich verletzt. Zwei Stunden später verschied er bei vollem Bewußtsein im Rudolfsspital. Die Motive der Tat sind unbekannt." – so ungefähr lautete der Tatsachenbericht, den die ersten Zeitungsmeldungen in Wien brachten, – als ein Verleger, den jeder Schriftstellerverband zum Ehrenmitglied hätte ernennen müssen: – es ist nur ein Zufall, wenn auch ein im Bau Robert Müller, den dieser für sich und andere schuf, nur zu begründeter Zufall.

Die Idee für sich – den Verlag und das Geld für andere! Bis er sich ganz ausgegeben hatte. Was war Geld! Ein Mittel, die Erreichung eines Zieles zu beschleunigen, die Mitkämpfer bereiter widerstandsfähiger zu machen. Es blieb nie in seinen Händen, es diente nur dem Zweck, den Kampf zu organisieren. Er, für den Literatur nur ein Umweg zum Leben war, wollte das Leben selbst, den Kristallisationsprozeß aus diesem, wollte Kameraden, eine aktivistische Armee – eine Phalanx des Geistes. Aber er scheiterte daran, daß es keine geschlossene Phalanx gab, und wenn es ihm gelungen wäre, sie dennoch aufzustellen, – er hätte daran versagen müssen, daß er keinen Gegner gefunden hätte, der ihm widerstehend entgegengetreten wäre, und wäre an der Passivität gestrandet. Und so wurde schon der erste Kieselstein für den Mann im Lug-aus zur Klippe.

Er trieb auf sie zu, wollte sein Schiff nicht umlenken. Er trieb auf sie zu, weil für ihn in diesem Augenblick das einzig Richtige war, die Klippe zu nehmen, auch wenn er scheiterte. Wäre er aber glücklich herumgekommen, jenseits der Klippe lag wieder klare, offene See, die auf ihn wartet … Aber es fehlte der Meister, der ihn nach getanem Schuß, den er – der Mann der Tat – in jenem Augenblick hatte tun müssen, wieder dem Leben zurückgab.

Tragik des Vorläufers, des Pioniers auf neuen Menschheitspfaden, als der er sich fühlte, daß er allein bleib, als er eine größere Gemeinschaft, weitere Gefolgschaft, – seine Conquistadorenarmee des Geistes suchte! Vorgezeichnetes Schicksal des Ersten einer neu aufwachsenden Epoche, daß nur seine Einmaligkeit Bestand hat und sofort Gefahr läuft, sowie sie aus dieser heraustritt und Kameraden wirbt! Dazu war dieser Geist zu groß, zu reich, zu kühn und zu frei, als daß er auf die Dauer die Kleinheit, Armut und Erdgebundenheit der noch lange nicht Gereiften hätte mittragen können. Immer wieder aber versuchte er es, gab sich Mühe, als Bildner zu wirken, zu dem er sich berufen fühlte, dozierte, erklärte, belehrte mit grenzenloser Güte und Geduld, und mit einer Leidenschaftlichkeit für die Idee, die er auch gegenüber einem Unwilligen oder Einfältigen nicht verlor! Dann aber gab es in den letzten zwei Jahren Augenblicke, in denen sich ihm ein trauriges „Schau – es versteht mich doch keiner von ihnen!" entrang… Und kehrte doch immer wieder zu seiner Lieblingsidee zurück, bis er ihr schließlich Gestalt gab und den Namen seiner Geistesschöpfung, die er aus der Welt seines Traums zum Leben erwecken wollt: er gründete seinen Atlantischen Verlag.

Er hätte ebensogut eine Atlantische Bodengewinnungsgesellschaft gegründet, wenn es ihm möglich gewesen wäre, einem Element Erde abzutrotzen, um auf ihr seinen neuen Rassemenschen aufwachsen zu lassen. Er mußte tätig sein, sein Geist forderte es von ihm, und sein Werk, das er schuf, immer nur im Leben stehend schuf und schaffen konnte, hatte keinen Sinn für ihn, wenn er es nicht durch ein Beispiel belegte. Sein Leben war der Kommentar zu seinem Werk – er lebte seine großen Romanschöpfungen und dichtete ein Leben dazu. So war er immer sich selbst um ein Stück Weges voraus. – wie seinen Geist im Heute nur die Züge vonmorgen und übermorgen zu fesseln vermochten…

In die Dichtung Leben die das Leben des Werks nicht allein zu bestimmen die Macht hatte, drängte sich jenes andere Leben des Alltags, dem er immer um Meilen voraus war. Als die Entfernung zu groß wurde, schied er den Körper vom Geist. Ließ ein Leben zurück, das für den Augenblick zu schleppend geworden war, in diesem Moment sich nicht lohnte, befreite den Geist durch eine Tat, um – wenn es in Menschenmacht gelegen wäre – eine neue Dichtung Leben zu beginnen. Daß es nicht mehr auf dieser Erde geschieht, das ist der grausame Schmerz, der seine Freunde betrübt, ist der große Verlust, der alle betrifft. Der neue Rassemensch, den er, ein Vielzufrüher, forderte, weil er ihn dichtete, und weil er selbst – eine unwahrscheinliche Dichtung – in seiner Existenz wenn nicht das Beispiel, so doch die Linien gezogen sah, in die sich die Entwicklung wie ein Pferd in der Rennbahn zu strecken hatte, – dieser Rassenmensch war in seinen Umrissen in dem „Synthesemenschen" eingezeichnet, der er selbst einer war.

Er forderte einen musischen, elastischen, geistig und sinnlich gut aufmerksamen und aufgeweckten Typus Mensch, einen von dem Bewusstsein für die Zeit, in der erlebt, durchdrungenen Zeitgenossen, dem der geniale Hauch einer konstruierten Maschine ebensowenig fremd sein soll wie das Gefühl für die Bedeutung einer geistigen Tat und den Wert einer tüchtigen sportlichen Leistung, die nicht dem Rekord, sondern der Veredelung des Körpers – also auch des Geistes – dient, forderte einen in guter Blutvermischung, der Rassezucht entrissenen, gesunden Menschen mit wachem Sinn für die notwendigen Gebote des Tages, der Zivilisation, der Gesellschaft und des Staates, in denen er lebt. Forderte dies alles nicht etwa, wie es bei dem Hingesagten erscheinen mag, in der extremen oder gar besonderen Vollendung einer neuen Typik. Seine „Weltfremdheit", die ihm eine solche Aufzählung vielleicht als Bezeichnung durch Den oder Jenen eintragen mag, verstieg sich nie zu einer phantastischen, unerfüllbaren Forderung für den Gegenwartsmenschen! Im Gegenteil: der einsichtsvollste Schätzer aller menschlichen Gegebenheiten, sah und fand er in Jedem die Rudimente dieser entwicklungsfähigen Eigenschaften, die erst bewusst werden mußten, um dann in bewußter Pflege vervollkommnet und fortgesetzt zu werden; und entdeckte in manchem vorgeschrittenere Stadien, die er der ersehnten Blüte freudig entgegenreifen sah. In England wäre er mit seiner Idee weit tiefer durchgedrungen, und vielleicht sogar als großer Sohn der Nation erkannt worden, in Deutschland aber und in dem zwar elastischen, aber passiveren Oesterreich bleibt es – wie immer – Späteren zu erkennen vorbehalten, wie wenig er den Mit-Lebenden zu bedeuten vermochte.

Nur auf dieser, auf ihre Primitiven zurückgeführten Erfassung der Forderungen Robert Müllers, sind dessen Essaybände zu verstehen: von der frühen Synthese der Oesterreichers in *Oesterreich und der Mensch* und dem Postulat des politischen Aktivismus in seinen in dramatischen Situationen gesichteten *Politikern des Geistes* bis zur Profilierung des Europäers in den *Europäischen Wegen*, mit denen die erste Epoche eines Schaffens abschließt. Bis dann die zweite, in seinen reifsten essayistischen Werken *Bolschewik und Gentleman* und *Rassen – Städte – Physiognomien* die reiche Ernte, den großen Fund des Menschen vermittelt, den der rastlose Sucher enthüllte, zahllose, in Zeitschriften zerstreute und in der von ihm herausgegebenen *Neuen Wirtschaft* abgedruckten Essays, die noch zu keinem Buche vereinigt sind, werden bei er Sichtung des Nachlasses und der geplanten Herausgabe seiner gesammelten Schriften dies heute schon gewonnene Bild einprägsamer und eindringlicher gestalten.

Der gleiche Weg über diesen neuen Menschen führt auch zu seinen Romanen: zu dem nach seiner Rückkehr aus Amerika gedichteten einzigartigen Mythos der Reise *Tropen* – das Fundament des großen „europäischen" Bauwerks, das er träumte, und um das zu kämpfen er sein Leben und seine Persönlichkeit einsetzte. Die physiologischen Grundzüge der neuen Rasse sind gegeben, die Europa aus seinen alten erzeugt, die Traumwirklichkeit eines neuen Weltteils, den er schon mit Menschen wie Jack Slim einer war bevölkert sah. Die Romannovellen *Barbar*, *Camera Obscura*, *Flibustier*, die aus seiner zweiten Schaffensepoche stammen, spannen sich als Brücken zu dem großen, verheißenen au der beiden im Konzept abgeschlossenen Romane *Die graue Rasse* und *Geld* – zum jäh ins Grab gesunkenen Traume „Atlantis". Nur Bruchstücke werden den Bau des „Lebens-Werkes" ahnen lassen, den er – am Beginn eines dritten Schaffensabschnitts stehend – zu vollenden im Begriffe war.

Es soll hier nicht die Aufgabe sein, aus dem Gefüge seiner Romane und den Konturen der einzelnen gegeneinander abgezeichneten Gestalten den Verlauf dieser starken und bewußten Lebensdichtung Robert Müller zu begründen. Er, der nichts unwichtig nahm, stellte dann zwangsläufig die Forderung des intensivsten Eingehens auf Gewolltes und Erreichtes, und was bei ihm dank der reichen Mannigfaltigkeit seines gewandten und allen Weltdingen zu gewandten Geistes Bände füllte, verlangte zur Deutung und Analyse an sich schon einen größeren Raum. Schälen sich doch aus dem Gesamtbild gleich die wesentlichsten Postulate Eros-Ethos heraus, deren absolute Bejahungen zu einer neuen Synthese der Verbundenheit mit Kosmos, Erde und Klima gelangt. In *Irmelin Rose*, seiner ersten Novelle, schlug er die Melodie an, und in seiner Meisternovelle *Inselmädchen* fand er die Ueberlegenheit, das Eros-Erlebnis in die Distanz des Geistigen einzuordnen. Hier auch, in der Verlebendigung des Kapitäns Raoul de Donckhard, finden sich folgende Sätze, die das Konterfei geben, das er selbst an sich sah:

> „Er gehörte zu einem Typus, der sich allmählich im Westen Europas herausbildet und über den Norden nach dem Osten verbreitet. Dieser ist keltischer Herkunft und besteht in einem Gezeichnetsein von unwirksam gewordenen Ermüdungen, von einer Sorge, die im Kopfe, nicht im Gemüte ihren Sitz hat, von einem zerebralen Kummer, der um die geistige Bewältigung materieller Probleme entsteht, und den man bei hochstehenden Kaufleuten, Ingenieuren, Kriminalpsychologen und Sportsleuten findet. Diese Züge sind eine Folge gedanklichen Trainings.... Bilder von Menschheit, Erde und Kultur, von unbegrenztem Bauen und Formen, von Zukunftsvölkern, von neuartigen menschlichen Zusammenschlüssen füllten sein Gehirn aus..."

Nicht alles, was er schrieb, erreichte die Reife der Vollendung im Formalen. Sollte es auch nicht – und konnte es nicht. Im geistigen Verlauf seiner Umformungen von einer unerbittlichen Folgerichtigkeit und klaren Präzision seiner Postulate, erscheint er oft – und oft nur scheinbar – von einer Hastigkeit, die sich nur aus der jähen Auffolge nachdrängender Gedankenvisionen erklären läßt. Auch hier sich selbst voraus: er dachte rascher als er schreiben konnte, und nahm sich nur selten die Zeit, zu feilen. Sein Denkprozeß verlief in fortwährenden Explosionen und die Worte, mit denen er ihn zu Fassen suchte, gleichen darum oft jähen Detonationen, an die sich ein nicht geübtes Ohr nur schwer gewöhnt. Ebensowenig, wie der nicht geübte – oder wie er zu sagen pflegte: nicht trainierte – Geist sich seinen raschen Denkfolgen anbequemen konnte, die Schlag auf Schlag in einer wunderbaren Klarheit sich vorwärtsspannen. Dort aber, wo er sein Wort einer Revision unterzog – wie eben in den *Tropen*, im *Inselmädchen* und in seinen letzten Essaybänden – verblieben Denkmäler von seltener, neuartiger Sprachschönheit.

Auch die Sprache war – wie der Mensch – Ton in den Händen dieses Bildners. Er pflügte sie um, riß ihr den Leib auf, setzte neue Saat ein und erntete neue Frucht. Mit Leidenschaft ging er Menschen und Dinge an wie ein Spürhund das Wild. Er witterte Neuartiges auch im Alltäglichsten und Unscheinbaren, stellte es und ließ nicht eher frei, bis er es wirklich gepackt hatte. Und welch ein neues Blickfeld öffnete ich dann unter seiner Führung! Er kam ohne „Fremdwort" nicht aus: ein bisher angewendeter, verbrauchter

Ausdruck genügte nicht, und wenn er keinen neuen prägte, nahm er Latein und Griechisch, weil eben nur in dieser Präzision die letzten Konsequenzen des Gedachten gegeben waren. Es galt oft sich zu mühen, wenn man ihn erfassen wollte, aber er verlangte Gedankenarbeit, wollte das Training der andern, – denn auch er selbst machte es sich nicht leicht. Von seinem ersten Essay, der als Broschüre April 1914 erschienenen und längst vergriffenen Auseinandersetzung *Karl Kraus oder Dalai Lama der dunkle Priester. Eine Nervenabtötung von Robert Müller* – bis zu seinen letzten Arbeiten, die der Sammlung noch harren, ebbt und flutet die Sprache in Wellenbergen und Tälern, ein ewig Lebendiges, nie Erstarrtes, ein brodelndes Chaos, das immer wieder Leben emporschleudert und nur einem Rhythmus folgt: dem Blutschlag des lebensbewußten Menschen. Kultur der Sprache? – gewiß, wenn man Zeit hatte … Aber Kultur des Menschen war wichtiger und die galt es zu erkämpfen, ihn zu einer neuen Zivilisation emporzuführen. Kampf aber bedeutet Bewegung, ewiges Auf und Nieder, Heißlaufen menschlichen Räderwerks und jagende Zeit. Und dieser dient er. Und hatte dennoch die Sprache des Dichters, von neuer, aufrüttelnder Bildkraft und ungewöhnlicher visionärer Weite.

Wie stark, wie groß, wie kühn war doch dieser Mensch, wie immer wach und bereit sein Geist! In den letzten drei Jahren, da ihn das Gebot eines Tätigkeit heischenden Geistes ins unmittelbare Leben warf, da sein ewiger Drang, mitschaffender, den materiellen Verlauf der Dinge vergeistigender Zeitgenosse zu sein, ihn zu täglichen Auseinandersetzungen mit dem Leben selbst zwang, war er breiter, ruhiger, gereifter geworden. Sorge, die ihn oft streifte, Leid, das ihn bekümmerte, – die er aber niemals gebieterisch aufkommen ließ, daß sie ihm den Geist und was dieser suchte und wollte umdüsterten, hatten seine Züge geadelt, dem Profil des athletisch geschulten Körpers einprägsamer den Ausdruck sicherer Spähkraft und den Sinn für gesunden Lebensappetit gegeben. Schatten, die sich in der mächtigen, gleichsam von Wolkenzügen umrauschten Stirne verhangen hatten, gaben auch dem Fernerstehenden eine Ahnung von der Persönlichkeit dieses Mannes. Und doch blieb immer der Hauch frischer Briese in seiner Gegenwart: Bis in seine letzten Stunden stand er ungebeugt, zielbewußt, siegeszuversichtlich da. Bis – seltsames Schicksal eines genialen Menschen, – so wenig mir dieser Ausdruck auf ihn zu passen scheint, für den, den Erstmaligen noch keine Formel geprägt ist, – bis: ein Kieselstein in den Weg sprang…

Welch seltene Ernte aus diesen letzten Jahren war uns verheißen! Müßig die Frage, welche Tücke uns um die gebracht hat, ob er selbst, ob die „Zeitgenossen" sie uns entrissen. Er selbst: ein solcher Verlust hätte ihn nach einem wilden Schmerzensaufschrei in tiefe Trauer gehüllt – wir haben solche Zeiten Zusammen durchlebt –; aber er hätte weitergelebt und früher oder später sein tief-herzliches, befreiendes Lachen gefunden. War er doch das Leben selbst und bejahrte es leidenschaftlich in jeglicher Erscheinungsform.

Ich suche nach Worten, um ihn, diesen ungewöhnlichen Menschen, noch einmal in scharfer Umgrenzung vor mir lebendig erstehen zu lassen. Und ich finde keine besseren, keine gewisseren, keine, die kein Durchschlüpfen mehr lassen – als die Worte Kurt Millers in einem Brief, mit ihrer scharfen Formulierung der Antithese der Synthese: „Ein seltener, erster, früher Fall von Synthesemensch: Synthese Hirn/Muskel; Sinnlichkeit/Geistigkeit; Heidentum/Messianismus; Phantasie/Analyse; Dichter/Weltmann; Weltmann/Umwälzer..."

In einer seiner letzten Arbeiten, einem Essay über Robert Musil, schrieb Robert Müller: „Ich habe mich zusammengerissen, um zur Analyse des Werkes Musils vorzudringen". Seit den unheilvollen Tagen der Katastrophe verfolgt mich dieses Wort: „Zusammengerissen..." Und heute erst vermag ich ihm einen Sinn zu geben:

Wir müssen uns zusammenreißen, um angesichts dieses grausamen Verlustes Mut zu behalten, den Weg weiter zu gehen, den unser großer Kamerad und Bruder verlassen. Angesichts der Gewißheit aber, daß er nicht vergebens da – so früh dagewesen ist, wächst – in seinem Sinne und in seinem Gedächtnis – die Zuversicht zum bewußten und gewollten Leben, deren Verkörperung er war, und zu der auch er wiedergefunden hätte, um dem Gedanken, um den Geist zu leben.

Der Freund aber, dem mit diesem kostbaren, teuersten Leben ein Stück seines eigenen ins Grab sank, sucht nach einem Trost und findet in einer der letzten Arbeiten Robert Müllers die ahnungsvollen Worte:

„Man stirbt, vergißt, lebt weiter. Es bleiben Schälle, grausam wahr, krank daran zu werden, wenn man zugreift und es war nichts. Ist das Leben anders? Das Verschallen: Es bleiben die Schälle, was darüber, ist nicht mehr Realität, es gehört zum Unsagbaren..."

(*Das Dreieck* 1, H. 3, Berlin 1924, S. 95ff.)

Otto Flake
Robert Müller (1924)

Weiß Gott, daß ich im Juni, als wir uns täglich in Wien sahen, nicht geglaubt hätte, daß im August sein Nekrolog fällig werden würde. Denn er war ein aktiver Mensch, durch Statur und Blut.

Seine Geistigkeit war nicht Sehnsucht nach einer einzuleitenden Selbstmetamorphose (auch damit kann man weit gelangen), sondern Projektion eines inneren Besitzes, kurz, sie war Ausgangs-, nicht Zielpunkt. Er ging auffallend unösterreichisch durch Wien; der Riese mit den breiten Schultern stammte auch zur Hälfte aus nördlicherer Gegend.

Jeder hätte ihn für einen Amerikaner gehalten, für einen, der einmal Präsidentschaftskandidat wird. Mag sein, daß er in der Kleidung dem U.S.A.-Mann etwas nachhalf, aber es stand ihm doch natürlich zu Gesicht, und er war ja drüben gewesen, man lese nur sein verschollenes, aber von einigen sehr geschätztes Buch *Tropen*.

Sein Amerikanismus hat ihm den Hals gebrochen: als er vor einem Jahr einen Verlag begann, gab er ihm einen Rahmen, der nur mit Hilfe amerikanischen Tempos gefüllt werden konnte; alles war vorbereitet, da kam die zweite Wiener Krise, die als falsche Frankenspekulation auftrat, in Wahrheit aber der chronischen Anämie der österreichischen Wirtschaft entsprang. Also hat ihm das österreichische Schicksal den Hals gebrochen.

Wie gut erinnere ich mich der Abende, an denen wir über diese Dinge sprachen. Da er mir Wien zeigen wollte, speisten wir in irgendeiner Luxusstätte, aber als die einzigen Gäste, saßen in einer Bar, aber der Mixer fing Fliegen, und nur in den Jazzlokalen war Leben, dank ein paar Ausländern. Tagsüber hatte ich mich überzeugen können, wie kümmerlich die Massen und die Gebildeten lebten und wie geduckt, kaum mehr als vegetierend die Geistigen, mit denen er seinen Verlag machen wollte. War Wien ein Boden für ihn? Gab es nicht zu denken, daß die Auslagen der Buchhändler überschwemmt waren mit den tausend Nachahmungen jener widerlichen *Garconne* und des nicht viel besseren *Tarzan*?

Er räumte das alles ein, aber er bestand darauf, daß Wien mit seinem balkanischen Hinterland nicht zu töten sei, den Prototyp einer Stadt darstelle, in der aus Unterhaltungsbedürfnis und entmilitarisiertem Denken, also aus Masse und Geist zuerst eine europäische Form des Amerikanismus entstehen werde.

Nicht umsonst hatte er in ein paar kleinen Romanen Wiener Flibustier gezeichnet: er sah im Schieber, im Raffer, im Haifisch die Bestie Gottes. Das war durchaus keine literatenhafte Koketterie mit einem Paradoxen, sondern ein männliches Durchschauen gewisser Schöpfungsvorgänge: der Boden hat sich unter dem Alten geöffnet, die Zeit will neu gebären und Urform, Schleim und Gekröse kommen herauf; der Eros ist anders, als Wiener Romanciers ihn darstellen.

Ich sagte schon, daß er sehr männlich war; er war auch viel zu klug, um nicht zu fühlen, daß die Bejahung des Neuen sich mit äußerster Vorsicht verbinden muß; aber – er war nicht mehr frei. Statt alles ausreifen zu lassen, statt aus dem Bewußtsein, daß er jenseits der bürgerlichen Ideale auf dem neuen Ufer stand, Stärke zu ziehen, war er angewiesen, auf einem im besten Fall umgepflügten Boden ernten zu müssen. Er wollte führen, wo noch kein Nachwuchs war, geistig führen in einer Zeit, wo man erst nur politisch führen kann, lies: als demagogischer Spekulant auf Affekte.

Er war ein Opfer folgender Situation: als Deutschland in den höchsten Fiebern der Inflation lag, schien Österreich konsolidiert zu sein; aus dieser Kontrapunktik errichtete er eine Konstruktion: Österreich ist weiter, Österreich führt. Als ich ihn besuchte, war diese Konstruktion schon zusammengebrochen, denn schließlich ist Wien doch mehr Mehlspeise als Braten, und Müller gehörte anderswohin.

Gleichwohl, nichts ließ darauf schließen, daß er selber zusammenbrechen werde; ein im eigenen Wesen so sicher ruhender Mensch kann, zumal in seinem Alter, von neuem anfangen ... es sei denn, daß er eine Idee von der Art und Weise hat, wie er sein Leben führen werde und sich nicht mehr unter diese Idee hinabbegeben will. Dann mag die schreckliche Vorstellung auftauchen: zu spät, die Lebenslinien lassen sich nicht mehr zurückbiegen, gewisse Tatsachen nicht mehr ungeschehen machen.

Selbstmord ist immer Flucht, aber auch in der Flucht gibt es Stolz. Einen Selbstmord soll man respektieren, welche Bitterkeit ging ihm voraus, darunter die schlimmste – daß das, was bisher nur Vorbereitung war, nun als die endgültige Leistung dasteht, ohne die Krönung, an die man glaubte.

Eine Zeitung berichtete: er verließ spät am Abend sein gepfändetes Büro, eilte an die Donau hinunter, warf Mantel und Rock ab und lief so noch eine Strecke weiter, bis er sich die Kugel in die Brust schoß. Wenn man ihn kannte, mit seinem Temperament, das sich vielleicht zu unmittelbar ausgab, dann ahnt man in diesen paar stürmischen Schritten dessen, der den Rock schon abgeworfen hatte, die letzte, intensivste und erschütterndste Minute.

(*Die Neue Rundschau* 35, Bd. 2, Berlin 1924, S. 1083f.)

Arthur Ernst Rutra
Pionier und Kamerad (1927)

Drei Jahre sind es nun her, daß Robert Müller seinem Leben in bestürzender Weise das Ende gesetzt hat. Die ersten Zeitungsmeldungen berichteten, daß sich der Verlagsdirektor Robert Müller in den Morgenstunden des 27. August am Wiener Donaukai eine Kugel durchs Herz gejagt habe und zwei Stunden später verschieden sei. Einige Blätter – so auch die „Neue Freie Presse" – beschränkten sich auf diese Nachricht – mehr wußten sie nicht zu sagen. Es sei nicht unterdrückt, daß auch an berufeneren Stellen die Zeugnisse, die für die ungewöhnliche, nicht so ein- wie erstmalige Persönlichkeit Robert Müllers abgelegt wurden, nur dürftige gewesen sind. Geistige Kameradschaft wurde am beklemmendsten von denen versagt, die sich zu ihr in anspruchsvollen Äußerungen verpflichtet hatten, über die Bedeutung dieses genialen Pioniers des Geistes, der ein Leben Dichtung lebte und eine Dichtung Leben verschwendete, wird im Versuch einer Würdigung später einmal das ihm Geziemende auszusagen sein. Hier soll nur kurz von seinen Fahrten und Fährnissen die Rede sein, die seine vor Aktivität überschäumende Kraftnatur brauchte, um Tag und Jahr zu füllen, die ihm sinnlos gewesen wären, wenn er sie bloß durch niedergeschriebene Gedanken belegt hätte.

Dieser unwahrscheinliche Wiener, in Gestalt und Gesichtszügen ein Wikinger mit Späherblick, auf ewigem Lugaus die ganze Erscheinung, griffbereit der Mensch, unerbittlich anfassend, aufs schärfste prüfend, analysierend, zusammensetzend der Geist – war im wahrsten Sinne zum Globetrotter bestimmt. Er wäre der genialste Reporter geworden, der jemals etwas zu sagen gehabt hat. Er war es dennoch, und war mehr: ein Conquistador des Geistes.

Er endete als Verleger, an einer Teilaufgabe, die er für kurze Zeit sich bestimmt hatte – als Reporter des Geistes, den er wiedergeben, widerspiegeln wollte, versagend – weil der Inhalt dem Rahmen, den er phantastisch dichtete, fehlte, und hätte auch dann versagt, wenn er die atlantischen Ausmaße gefüllt hätte (Atlantischer Verlag nannte er seine Gründung), die ihm als Grenzen gerade weit genug dünkten. Versagt an dem Nicht-Schritthalten-Können der anderen, denen er immer vorausstürmte. Stets waren – es wird sein Geheimnis bleiben – zwischen Wirklichkeit und diesem realsten aller Menschen, als der er wirkte, Meilen gelegt, die immerzu wuchsen, bis die Entfernung so groß wurde, daß sie die Dichtung dem Leben entrückte.

Reich lebte diese Dichtung. Ein immatrikulierter Student der Philosophie, nach unbotmäßiger Gymnasialzeit, ging im Februar 1910 nach New York. Einige Monate Lokalreporter beim „*German Herold*" und viel und gern gesehener Gast von German-Club in City und Westen. Plötzlich verschwindet er nach Westindien, durch Wochen hört man nichts von ihm, bis er ebenso plötzlich wieder in New-York auftaucht. Auf kurze Zeit. Er vagabundiert, schläft unter den Waggons auf den Bahnhöfen, geht als Farmarbeiter ins Land und trampt sich durch. Bis er sich wieder als Leichtmatrose anheuern läßt und zum zweitenmal nach Westindien geht. Wieder arbeitet er nach Streifungen durch tropisches Urwalddickicht auf verschiedenen Farmen – verdingt zuletzt sich als Schiffs-Steward und taucht plötzlich im Sommer 1911 wieder in Wien auf. In Bremen liegt noch heute unbehoben sein Seemannszeugnis.

Seit dieser Zeit lebte er in Taten, gründete er. Schrieb Exposes über politische und militärische Reformen, über notwendige publizistische Organe. „*Der Ruf*" – „*Torpedo*" – „*Pionier*" – „*Belgrader Nachrichten*" – „*Finanzpresse*" – „*Neue Wirtschaft*" – „*Der Strahl*" hießen sie der Reihe nach, Zeitschriften und Zeitungen, die er bald ins Leben rief, bald durch seine ungewöhnlichen, meist mit Civis oder Austriacus oder gar nicht signierten Artikel belebte und in den Vordergrund des geistigen Interesses rückte. Sogar der steril gewordenen „*Muskete*" nahm er sich an – wenige Nummern, die er redigierte, zählen zu den eigenartigsten und besten, die dieser einstige österreichische „*Simplicissimus*" aufzuweisen hat. Nach dem Kriege stampfte er mit seinem Bruder die Wiener „*Literaria*" aus dem Boden, die sich bald zu einem gewaltigen Zeitschrift- und Buchvertriebskonzern auswuchs und das geistige Leben der Stadt in sich konzentrierte. Er schied aus, als seine kühnen Pläne sich im Geschäft, das die Gründung wurde, nicht verwirklichen ließen – und rief seine letzte Tat – den Atlantischen Verlag ins Leben. In der Revolutionszeit war er die Seele eines Geheimbundes „*Die Katakombe*" und bald darauf der Schöpfer und Leiter des „*Bundes der geistig Tätigen*".

Als ich im Frühjahr dieses Jahres nach langer Zeit mit Felix Braun wieder zusammentraf und der Wiener Volksgarten behutsam unsere Erinnerungen aufnahm, da brach es schmerzlich aus diesem reinen Menschen und edlen Dichter: „Robert Müller fehlt an allen Ecken und Enden!" Was aber wußte von ihm, da er in ihr und für sie lebte, und wie wenig weiß sie gar heute von ihm, diese Stadt! Witwe und zwei Kinder wissen aus steter Not und bitterster Kümmernis davon zu erzählen.

Vor dem Kriege waren wir eine Gruppe junger Menschen, die im „*Akademischen Verband für Literatur und Musik*", dessen denkwürdige Geschichte einmal aufgezeichnet werden mußte, für die Geltung neuer Dichtung und Kunst stritten. Der Reihe nach leiteten wir ihn: Sokal, Ullmann, Buschbeck, E.A. Rheinhardt, Paul Stefan, Robert Müller und ich. Und alle trafen sich hier, als Gäste bald, die wir beriefen, oder als innerlich Verbundene – meist waren sie es alle: Trakl und Ehrenstein, Altenberg, Friedell und Viertel, Stefan Zweig und Felix Braun, Kokoschka, Schiele und Gütersloh.... Seit seiner Rückkehr aus Amerika war Robert Müller die Seele. Auch hier. Als der Krieg kam, meldete er sich wiederholt, trotz verstümmelter Hand, als Freiwilliger und machte den italienischen Feldzug mit. Bis die Wandlung auch aus ihm, dem fanatischen Abenteuer- und Kriegsanhänger einen radikalen Pazifisten machte. Tief erschüttert kam er vom furchtbaren Morden am Isonzo zurück, entschlossen zur Desertion, wenn er zurück müßte. In Belgrad, als Leiter der militärisch redigierten „*Belgrader Nachrichten*" eröffnete sich ihm neue Betätigung. Er übte sie, so weit es ging, im serbenfreundlichen Sinne. Wir gehörten damals – nie hatten sich unsere Wege getrennt – einer geheimen politischen Gesellschaft von Malkontenten an. Als unsere Briefe der Zensur in die Hände fielen, und bald auch Briefe Robert Müllers an den Professor Josef Redlich, den späteren Minister im letzten österreichischen Kabinett, kamen wir in militärgerichtliche Untersuchung. Robert Müller verfaßte eine Denkschrift an das Armeeoberkommando über das Recht des Staatsbürgers an politischer Interessiertheit, die dem Verfahren ein Ende setzte.

Zwischen all diesem reichen Erleben schrieb er seine Romane und Essays. Als er zuletzt Verleger wurde, schrieb er an einem neuen großen Roman: „*Geld*". Die ersten Kapitel liegen unveröffentlicht im Nachlaß. Außer diesen zwei abgeschlossene Essaybände. Noch ist ihre Zeit nicht gekommen. Der große Roman „*Tropen*", die Frucht seiner Westindienfahrten, fast schon vergriffen, harrt der Neuauflage.

Als die erschütternde Kunde von seinem jähen Scheiden Wahrheit wurde, schrieb Ludwig Ullmann, unser gemeinsamer treuer Freund der Jugend und späterer Jahre, über den „Verleger" Robert Müller Worte, mit denen noch kein Verleger geehrt wurde:

> „Er ging hin, eines Tages, dieser leidenschaftliche Träumer, dieser fanatische Mann der Utopie und des blinden Glaubens an die Zu-

kunft, und wurde „Unternehmer". Ach, was für ein Unternehmer! Die Kassenschränke müssen vor Staunen die Farbe gewechselt haben. Ein Unternehmer neuer und „ungewollter", kecker und eigensinniger, verkannter und hungernder Kunst (und Künstler), ja, das wurde und das war er. Er förderte Werke, er förderte Talente, er streute Vorschüsse, Honorare, Verträge unter die bettelarmen und verzweifelten „Jüngsten". Manches schöne Buch, manches prachtvoll-eigenartige Bild, manche ungebrochene Zuversicht in jungen Herzen verdanken ihm Rettung und Bewahrung... Das Leben dankte ihm solche Bereicherung schlecht. Auch die diversen „Verwaltungsräte". Er wurde mehr als einmal das Opfer dieser heiligen Inbrunst. Dem Helfer konnte schließlich nicht geholfen werden. Die Zeit beging Verrat an ihm..."

Er machte Schluß. Wir wollen die Wahrheit sagen: Aus Ekel. Er war fertig, mit allem und allen – zu weit hatte er sich entfernt. Nichts vermochte ihn zu halten. In jenem Augenblick der Verbitterung war es so, als er abdrückte, Die Tat, die er gewohnt war zu tun, wenn sie im Willen sich fortsetzte, mußte getan sein – der Beweis mußte erbracht werden. Nach der Tat konnte man weiter sehen, aber sie mußte sein. Schon im nächsten Augenblick aber lebte er weiter und neu. Im Oktober dieses Jahres werden dieses kostbarsten Lebens vierzig Jahre verflossen sein.

(*Die Literarische Welt* 3, Nr. 34, Berlin 1927, S. 1)

Otto Flake
Zuschrift (1927)

Ernst Rutra hat hier in Nr. 34 einen Artikel über *Robert Müller* veröffentlicht, dem ich in Einzelheiten widersprechen muß: sicher nicht dem Lob des ausgezeichneten Menschen Müller, wohl aber gewissen psychologischen Auslegungen Rutras, die zu einer falschen Legendenbildung Anlaß geben könnten, sie bereits vollziehen.

Die Dinge lagen nicht so, daß Müller rein durch das Unverständnis der Welt zum Selbstmord getrieben wurde. Sein Wunsch war gewesen, so viel Geld in die Hand zu bekommen, daß er einmal zeigen konnte, was er als verlegerischer Initiant leisten könne. Nun, ich verschaffte ihm eine beträchtliche Summe, mit der er den Atlantischen Verlag begann. Genauer: *vorbereitete*, denn als er ein halbes Jahr später vom Leder ziehen sollte, hatte er in seiner großzügigen Weise das Geld mit den Vorbereitungen aufgebraucht. Wozu dann allerdings – es war 1924 – die Auswirkung der fatalen österreichischen Frankenspekulation kam.

Robert Müller war eine faszinierende Spielernatur voll Energie und Phantasie, und er wußte zugleich vom *Risiko* des Spielers, was ich zu seinem Lob gesagt haben möchte. Dieser bittere Mut zum Anerkennen des Risikos, also in seinem Fall des Verspielthabens, war es, der die Oberhand gewann, unter näheren menschlichen Umständen, die ich hier nicht erörtern möchte, die aber gewöhnlich zum Ausharren veranlassen.

Der Ekel angesichts der trägen Mitwelt, den Rutra als tatsächliches Motiv angibt, hätte doch nur einen sentimentalen Wert, und es stimmt nicht, wie gesagt. Der Ekel leugnet das Risiko und lädt die Schuld ganz auf die anderen ab.

Rutra spricht auch von Freunden Müllers, die damals nach der Katastrophe sich stumm verhielten. Ich gehörte zu diesen Freunden und schrieb nur einen zurückhaltenden Nachruf – aus keinem anderen Grund, als weil mir schien, daß dieser Selbstmord es den Freunden verböte, a tempo mit der gar zu einfachen Anklage gegen die Zeit zu reagieren.

Robert Müller war zu selbstbewußt, um an der Fiktion, daß er ein Märtyrer sei, Gefallen zu finden. Die meisten Wiener Zeitungen behandelten ihn freilich, auch nach seinem Tode noch, abscheulich. Aber nicht das steht hier zur Frage, sondern die Verknüpfung seines Schicksals mit den Sternen in seiner eigenen Brust.

(*Die Literarische Welt* 3, Nr. 37, Berlin 1927, S. 8)

IV.

Günter Helmes
Bibliographie – Robert Müller (1980)

Die Bibliographie ist in zwei Teile gegliedert. Teil I verzeichnet alle mir bekannten Veröffentlichungen Robert Müllers in chronologischer Reihenfolge.

Teil II verzeichnet die mir bekannte Sekundärliteratur zu Robert Müller. Teil II ist alphabetisch geordnet.

Mit * versehene Titel sind von mir formuliert, G. H.

I. Veröffentlichungen Robert Müllers

„Das Kompliment der Neuen", in: *Der Ruf*, Heft 1 (*Karneval*) , Wien, Februar 1912, S. 2-4.

„Wiener Akademiker gegen Grillparzer (An Herrn Robert Hirschfeld)", in: *Das Musikfestliche Wien, Beil.*, Anhang zu *Der Ruf*, Heft 1, Wien 1912/13, S. 1ff.

* „Brief an Ludwig von Ficker" (19.1.1912), wieder abgedruckt in: Claus Roxin (Hrsg.), *Jahrbuch der Karl-May-Gesellschaft 1971*, Hamburg 1971, S. 217.

*Auszug aus einem Brief Robert Müllers an Ludwig v. Ficker (27.1.1912), in: *Jahrbuch der Karl-May-Gesellschaft 1971,* herausgegeben von Claus Roxin, Hamburg 1971, S. 237.

„Das Drama Karl Mays", in: *Der Brenner* 2, Heft 17, Innsbruck, 1. Februar 1912. S. 601-610, wieder in: Claus Roxin (Hrsg.), *Jahrbuch der Karl-May-Gesellschaft 1970*. Hamburg 1970, S. 98-105.

„Skandinavier", in: *Der Brenner* 2, Heft 18, Innsbruck, 15. Februar 1912, S. 619-628.

„Das Grauen", in: *Der Brenner* 2, Heft 21, Innsbruck, 1. April 1912. S. 752-766, wieder in: Toni Schwabe (Hrsg.), *Das Gespensterschiff*.

Ein Jahrbuch für die unheimliche Geschichte, Jena 1920, S. 167-189, wiederabgedruckt von B. Heymann Verlag (gekürzt und mit falschen bibliographischen Angaben), Wiesbaden 1977 (nicht im Handel).

„Nachruf auf Karl May", in: *Fremden-Blatt*. Wien, 3.4.1912, wieder in: Claus Roxin (Hrsg.), *Jahrbuch der Karl-May-Gesellschaft 1970*, Hamburg 1970, S. 106-109.

„Spätlinge und Frühlinge", in: *Der Ruf*, Heft 2 (*Frühling*). Wien 1912, S. 13-23.

„Das Bett. (Eine Ode)", in: *Der Brenner* 2, Heft 22, Insbruck, 15. Mai 1912, S. 787-795.

*Auszug aus einem Brief Robert Müllers an Ludwig v. Ficker (18.4.1912), in: Georg Trakl, *Dichtungen und Briefe*, Bd. 2, herausgegeben von Walther Killy und Hans Szklenar, Salzburg 1969, S. 681.

*Auszug aus einem Brief Robert Müllers an Ludwig v. Ficker (9.5.1912), in: Georg Trakl, *Dichtungen und Briefe*, a.a.O., S. 682.

„Tiefer Mittag am Mamluken-Meere", in: *Der Brenner* 2, Heft 24, Innsbruck, 15. Mai 1912, S. 894-895.

„Totenstarre der Fantasie", in: *Der Brenner* 2, Heft 24, Innsbruck, 15. Mai 1912. S. 917-921, wieder in: Claus Roxin (Hrsg.), *Jahrbuch der Karl-May-Gesellschaft 1971*. Hamburg 1971, S. 221-225.

„Apologie des Krieges", in: *Der Ruf*. Heft 3 (*Krieg*). Wien 1912, S. 1-8.

„Roosevelt", in: *Der Ruf*, Heft 3 (*Krieg*), Wien 1912, S. 16-20.

„An die Jüdin", in: *Der Brenner* 3, Heft 2, Innsbruck, 15. Oktober 1912, S. 84-86, wieder in: *Die Pforte. Eine Anthologie Wiener Lyrik*. Heidelberg 1913, S. 58-60.

„Hans Sachs", in: *Der Strom* 2, Berlin 1912/13, S. 239-243.

„Die Malaiin", in: *Die Pforte. Eine Anthologie Wiener Lyrik*, Heidelberg 1913, S. 61f.

„Hymnus", in: *Das musikfestliche Wien*, Anhang zu *Der Ruf*, Heft 1, Wien 1912/13, S. 9f.

„Vernunft oder Instinkt?", in: *Der Ruf*. Heft 4, Wien, Mai 1913, S. 7-13.

„G.K.C.", in: *Saturn* 3, Heft 7, Heidelberg 1913, S. 205-207.

„Der Roman des Amerikanismus", in: *Saturn* 3, Heft 9, Heidelberg 1913, S. 253-258.

*Auszug aus einem Brief Robert Müllers an Ludwig v. Ficker (20.8.1913), in: Georg Trakl, *Dichtungen und Briefe*, a.a.O., S. 706.

*Auszug aus einem Brief Robert Müllers an Erhard Buschbeck (21.8.1913), in: Georg Trakl, *Dichtungen und Briefe*, a.a.O., S. 706.

*Brief Robert Müllers an Erhard Buschbeck (4.9.1913), in: Georg Trakl, *Dichtungen und Briefe*, a.a.O., S. 706f.

*Brief Robert Müllers an Georg Trakl (September/Oktober 1913), in: Georg Trakl, *Dichtungen und Briefe*, a.a.O., S. 782.

„Varieté zweiter Welten", in: *Die Schaubühne* 9, Nr. 38, 18. September 1913, S. 887-890.

„Neue Helden", in: *Saturn* 3, Heft 10, Heidelberg, Oktober 1913, S. 270-277.

„Der Nationalitätenstaat", in: *Der Ruf*, Heft 5, Wien, Oktober 1913, S. 1-6.

„Das Hermann Bahr-Buch", in: *Der Ruf*, Heft 5, Wien, Oktober 1913, S. 58-60.

„Heroisch Bürgerlich", in: *Saturn* 3, Heft 12, Heidelberg, Dezember 1913, S. 331-338.

„Contre-Anarchie", in: *Saturn* 4, Heft 1, Heidelberg, Januar 1914, S. 1-16.

„Der Reporter", in: *Die Schaubühne* 10, Nr. 11, 12. März 1914, S. 299-303, wieder in: *Wege nach Orplid*, o. J. (ca. 1924/25).

„Kritik des Amerikanismus", in: *Die Schaubühne* 10, Nr. 20, 14. Mai 1914, S. 541-545.

„Psychotechnik", in: *Saturn* 4, Heft b/6, Heidelberg, Juni 1914, S. 123-130.

„Der jüdische und christlich-soziale Gedanke in Österreich", in: *Allgemeine Flugblätter Deutscher Nation*, Heft 4 (München?) 1914, o. S.

„Der Futurist", in: *Allgemeine Flugblätter Deutscher Nation*, Heft 5, (München?) 1914, o. S.

„Gerhard Hauptmann oder: Die Überwindung der Analyse", in: *Der Merkur* 5, Wien 1914, S. 495-497.

Irmelin Rose. Die Mythe der großen Stadt, Saturn Verlag Hermann Meister, Heidelberg 1914.

Karl Kraus oder Dalai Lama, der dunkle Priester. Eine Nervenabtötung, Sonderdruck aus: *Torpedo*, Wien 1914.

Was erwartet Österreich von seinem jungen Thronfolger?, München 1914, 2. veränderte Auflage München, Verlag Hugo Schmidt, 1915.

„Russischer Volksimperialismus", in: *Der Merker* 4, Heft 22, Wien, 15. November 1915, S. 766ff.

„Auf Vorposten", in: *Die Neue Rundschau* 26, Band 2, Berlin 1915, S. 1538-1539.

Macht. Psychopolitische Grundlagen des gegenwärtigen Atlantischen Krieges, Hugo Schmidt Verlag, München 1915.

Tropen. Der Mythos der Reise. Urkunden eines deutschen Ingenieurs, Hugo Schmidt Verlag, München 1915.

In einem kurzen Auszug wieder in: Technische Zeit, herausgegeben von Hannes Küpper, Essen 1928.

„Vom Betrieb", in: *Die Schaubühne* 12, Nr. 12, 21. März 1916, S. 276 -280.

„Frontleute", in: *Die Schaubühne* 12, Bd. 1, 1916, S. 402-405.

„Der Roman des Afrikanismus", in: *Die Neue Rundschau* 27, Band 1, Berlin 1916, S. 144-143.

„Österreichisches", in: *Die Neue Rundschau* 27, Bd. 1, Berlin 1916, S. 225ff.

„Isonzobibel", in: *Die Neue Rundschau* 27. Bd. 1, Berlin 1916, S. 546-552.

„Phantasie", in: *Die Neue Rundschau* 27, Bd. 2, Berlin 1916, S. 1421-1426.

„Die Deutsche Ostseele und Die Russische Form", in: *Der Merker* 7, Wien 1916, S. 11ff.

(Rez.) „Theodor Däubler. (Mit silberner Sichel)", in: *Der Merker* 7, Wien 1916, S. 508-571.

(Rez.) „Hermann Bahr. (Himmelfahrt)", in; *Der Merker* 7, Wien 1916, S. 570-571.

„Österreich und die Welt", in: *Das Dreißigste Jahr*, Almanach, Fischer Verlag, Berlin 1916, S. 49-51.

Österreich und der Mensch, Fischer Verlag, Berlin 1916.

„Frauen" („Die dunkle Frau". „Serbisches Mädchen"), in: *Die Neue Rundschau* 28, Bd. 1, Berlin 1917.

(Rez.) „Österreich, Erde und Geist", in: *Die Neue Rundschau* 28, Bd. 2, Berlin 1917, S. 1294f.

„Johannes V. Jensen", in: *Die Neue Rundschau* 28, Bd. 2, Berlin 1917, S. 1296.

„Die europäische Seele im Bilde. Zum Verständnis des Expressionismus", in: *Das Landhaus* 2, Jena 1917, S. 189-193.

(Rez.) „Oesterreichische Bibliothek", in: *Der Merker* 8, Heft 3, Wien 1917, S. 544-546.

Die Politiker des Geistes. Sieben Situationen, Fischer Verlag, Berlin 1917.

Europäische Wege. Im Kampf um den Typus. Essays, Berlin 1917. „Die Zeitrasse I.", in: *Der Anbruch* 1, *Flugblatt* 1, 1917/18.

„Die Zeitrasse II.", in: *Der Anbruch* 1, *Flugblatt* 2, 1917/18, wieder in: *Der Anbruch* (Jahrbuch), Roland Verlag, München 1920, S. 5-9.

„Geist und Republik", in: *Der Anbruch* 1, Heft 12, 1917/18, S. 2. wieder in: *Der Anbruch* (Jahrbuch), Roland Verlag, München 1920, S. 86-88.

„Wilsonismus", in: *Der Anbruch* 1, Heft 3, 1918, S. 2.

„Neue Kunst in der ‚Sezession'" in: *Der Anbruch* 1, Heft 4, 1918, S. 6-7.

(Rez.) „Panwitz, Rudolf: Die krisis der europäischen Kultur", in: *Der Anbruch* 1, Heft 4, 1918, S. 7.

(Rez.) „Hoffmannsthal, Hugo von: *Prosaische Schriften* Band 3", in: *Der Anbruch* 1, Heft 4, 1918, S. 7.

„Organisation und ihr Ende", in: *Der Anbruch* 1, Heft 5, 1918, S. 4f.

(Rez.) „Tagger, Theodor: *Der Herr in den Nebeln*, in: *Der Anbruch* 1, Heft 5, 1918, S. 7.

(Rez.) „Tagger, Theodor: *Über einen Tod*, in: *Der Anbruch* 1, Heft 5, 1918, S. 7.

„Der Slimismus", in: *Der Anbruch* 1, Heft 7, 1918, S. 5-6.

„Aus Anlaß des *Ketzer von Soana*. Eine Auseinandersetzung", in: *Der Anbruch* 1, Heft 7, 1918, S. 6-8.

„Kino und Bühne", in: *Der Anbruch* 1, Heft 9, 1918, S. 6-7, zum Teil wieder in: *Hätte ich das Kino! Die Schriftsteller und Stummfilm*, Stuttgart 1976, S. 413.

„Der Bürger, Der Kommunist und Der Geistige", in: *Der Anbruch* 1, Heft 13, 1918, S. 3.

* „Brief an Oskar Maurus Fontana", in: *Das Flugblatt* 4, Wien, Mai 1918, S. 11-12.

„Die Geistrasse", in: *Daimon*, Heft 4, Wien, August 1918, S. 210-213.

„Aktivistische Sätze", in: *Daimon*, Heft 4, Wien, August 1918, S. 213-215.

„Die Frage des Doppelstiles", in: *Der Friede*, Bd. 1, Nr. 5, 22. Februar 1918, S. 112-113.

„Im Kampf um den Typus", in: *Der Friede*, Bd. 1, Nr. 16, 10. Mai 1918, S. 376-378.

„Vieux Jeu!", in: *Der Friede*, Bd. 2, Nr. 32, 30. August 1918, S. 144.

„Österreich und das deutsche Geschäft", in: *Der Friede*, Bd. 3, Nr. 54, 3. Januar 1919, S. 32-34.

„Pferde und Hirten", in: *Der Friede*, Bd. 3, Nr. 55, 7. Februar 1919, S. 68f.

„Das Stadion", in: *Der Friede*. Bd. 3, Nr. 56, 14. Februar 1919, S. 75f.

„Wehrpflicht und Gewissensgegner", in: *Der Friede*, Bd. 3, Nr. 58, 28. Februar 1919, S. 135f.

„Der Kolonialmensch als Romantiker und Sozialist", in: *Der Friede*, Bd. 3, Nr. 60, 14. März 1919, S. 181-183.

„Volk auf der Farm", in: *Der Friede*. Bd. 3, Nr. 72, 6. Juni 1919, S. 475-479.

„Shaw, Lensch, Rathenau I.", in: *Der Friede*, Bd. 3, Nr. 75, 27. Juni 1919, S. 533-536.

„Shaw, Lensch, Rathenau II.", in: *Der Friede*, Bd. 3, Nr. 76, 4. Juli 1919, S. 558-560.

„Revolution – Gewalt – Geist – Geschmack", in: *Der Friede*, 4, 1919, S. 701-704.

„Der Schreibende Politiker", in: *Die Neue Bücherschau*, H. 1, München 1919, S. 17-23.

„Bahrs Rotte Korahs", in: *Die Neue Bücherschau*, Heft 3, 1919, S. 10-11.

(Rez.) „*Der Entfesselte Mensch*. Roman von Otto Soyka", in: *Die Neue Bücherschau*, Heft 3, 1919, S. 16.

(Rez.) „*Erweckung*. Roman von Oskar Maurus Fontana", in: *Die Neue Bücherschau*. Heft 3, 1919, S. 20-21.

(Rez.) „Rutra, Arthur Ernst: *Golgatha*", in: *Die Neue Bücherschau*, Heft 3, 1919, S. 19.

(Rez.) „*Schlafwandler*. Erzählung von Arthur Holitscher", in: *Die Neue Bücherschau*, Heft 4, 1919, S. 18.

(Rez.) „Hermann Bahr. *Tagebücher*", in: *Die Neue Bücherschau*, Heft 5, 1919, S. 15.

„Der Friede als Leistung und Genie", in: *Die Friedens-Warte* 21, Zürich und Leipzig 1919, S. 112-114.

„Abbau der Sozialwelt", in: *Die Neue Rundschau* 30, Bd. 1, Berlin 1919, S. 549-554.

„Militarismus", in: *Aufschwung* 1, Heft 7, Wien 1919, S. 27f.

„Offener Brief an Tobias Sternberg", in: *Aufschwung* 1, Heft 7, Wien 1919, S. 28-29.

„Geltung der Kunst", in; *Aufschwung* 1, Nr. 7, Wien 1919, S. 2-4. „Der Leutnant", in: *Aufschwung* 1, Heft 9/10, Wien 1919, S. 46ff.

„Aus Deutschösterreich", in: *Der Neue Merkur* 3, Heft 4, München, Juli 1919, S. 236-243.

„Territorialpolitik – Zivilisationspolitik", in: *Der Neue Merkur* 3, Heft 7, München, Dezember 1919, S. 505-506.

„Revolutionäre Typen", in: Kurt Hiller (Hrsg.), *Das Ziel. Jahrbücher für geistige Politik*, Jahrbuch 3, Leipzig 1919, S. 168-174.

Das Inselmädchen, Roland Verlag, München 1919 (Die Neue Reihe, Band 14) wiederabgedruckt durch Erwin Müller (Hrsg.), Wien 1946. (Mit einem Nachwort von Otto Basil).

„Arena", in: *Der Neue Merkur* 4, 1920/21, S. 737-752, wieder in: Walther Petry (Hrsg.), *Humor der Nationen*, Berlin 1925, S. 303-334.

„Das moderne Ich", in: *Der Neue Merkur* 4, 1920/21, S. 646f.

„Der Aktivist", in: *Der Neue Merkur* 4, 1. Halbband, April – September 1920, S. 183-185.

„Klingsor", in: *Der Neue Merkur* 4, 1. Halbband, April-September 1920, S. 259-261.

„Die Kulturpolitik des Bolschewismus", in: *Der Neue Merkur* 4, 1. Halbband, April – September 1920, S. 411-412.

(Rez.) „Ein Beginner (Robert Musil)", in: *Der Neue Merkur* 4, Bd. 2, 1920, S. 860-862.

"Brooklyn-Bridge", in: *Der Neue Merkur* 3, Heft 8, Januar 1920, S. 529-534.

"Ein Buch-Ein Ereignis" (* "Rez. zu Thomas Mann, "Herr und Hund" und "Gesang vom Kindchen"), in: *Die bunte Stadt* I, H. 5, Berlin 15.3.1920, S. 14.

"Der Deutsche Kopf", in: *Das Tagebuch* 1, Berlin 1920, S. 1043ff.

"Einstein-Hirschfeld", in: *Das Tagebuch* 1, Berlin 1920, S. 1348ff.

"Majestätsbeleidigung", in: *Das Tagebuch* 1, Berlin 1920, S. 1357ff.

"Wiedergeburt des Theaters aus dem Geiste der Komödie", in: Hugo Zehder (Hrsg.), *Die Neue Bühne*, Dresden 1920, S. 70-80, wieder in: Paul Pörtner (Hrsg.), *Literatur-Revolution 1920-1925. I. Zur Aesthetik und Poetik*, Darmstadt 1960, S. 383-385.

"Kosmoromantik", in: *Die Neue Rundschau* 31, Bd. 1, Berlin 1920, S. 255-257, wieder in: Paul Pörtner (Hrsg.), *Literatur-Revolution 1920-1925. I. Zur Aesthetik und Poetik*. Darmstadt 1960, S. 305-307.

"Wien, die versinkende Stadt", in: *Die Neue Rundschau* 31, Bd. 2, Berlin 1920, S. 870-874.

"Konstitutioneller Kapitalismus", in: *Die Neue Rundschau* 31, Bd. 2, Berlin 1920, S. 1331-1332.

"Manhattan Girl", in: *Die Neue Rundschau* 31, Bd. 2, 1920, S. 1018ff. wieder in: Karl Otten (Hrsg.), *Ego und Eros. Meistererzählungen des Expressionismus*, Darmstadt 1963, S. 100-112, wieder in: *Die Pestsäule*, 2. Folge, Nr. 12, 1974/75, S. 173-183.

"Der literarische Hamsun-Mensch", in: *Berliner Tagblatt*, Berlin, 23.10.1920.

"Die Geist-Rasse", in: Kurt Hiller (Hrsg.), *Das Ziel. Jahrbücher für geistige Politik*, Bd. 4, München 1920, S. 49ff.

"Gralsschar des Geistes", in: Kurt Hiller (Hrsg.), *Das Ziel. Jahrbücher für geistige Politik*, Bd. 4, München 1920, S. 13ff.

"Der Kreis des Aktivismus. Ein Dialog vom aktivistischen Charakter", in Kurt Miller (Hrsg.), *Das Ziel. Jahrbücher für geistige Politik*, Bd. 4, München 1920, S. 190ff.

"Reaktion, Demokratie und goldene Mitte", in *Das Tribunal* 2, Heft 3, 1920.

*Nachwort zu: Viktor Friedrich Bitterlich, *Die erfrorene Grimasse*, Hermann Meister Verlag, Heidelberg 1920, S. 112-113.

Bolschewik und Gentleman, Erich Reiß Verlag, Berlin 1920.

Der Barbar, Erich Reiß Verlag, Berlin 1920.

Camera obscura, Erich Reiß Verlag, Berlin 1921.

„Wien", in: *Ganymed. Blätter der Marees-Gesellschaft*. Bd. 3, 1921, S. 112-130.

„Claudel-Aufführung in Wien", in: *Renaissance* 1, Heft 2, Wien 1921, S. Uff.

(Rez.) „Moritz Heimann", in: *Das Tagebuch*, Berlin, 29. Januar 1921, S. 110-111.

„Der Jude. I.", in: *Das Tagebuch*, Berlin, 29. Januar 1921, S. 1268 -1272.

„Der Jude. II.", in: *Das Tagebuch*. Berlin, 29. Oktober 1921, S. 1306-1310.

„Der Jude. III.", in: *Das Tagebuch*, Berlin, 5. November 1921, S. 1338-1342.

„Deutschland und der Mensch", in: *Das Tagebuch*, Berlin, 22. Januar 1921, S. 67-74.

„Kultur des Buchhandels", in: *Literaria Almanach* 1921, Wien 1921.

„Literaria. Keine Geschichte mit beschränkter Haftung", in: *Literaria-Almanach 1921*, Wien 1921, S. 105-108.

„Der Literat", in: *Die Neue Rundschau* 32, Bd. 1, 1921, S. 547-552.

„Der Denkroman", in: Die Neue Rundschau 32, Bd. 1, 1921, S. 110 -111.

„Knut Hamsun", in: *Die Neue Rundschau* 32, Bd. *2,* 1921, S. 1230-1232.

(Rez.) „*Armand Carrel* und sein Autor", in: *Der Neue Merkur* 5, Heft 2, 1921/22, S. 139.

(Rez.) „Genie und Wahnsinn in Rußland", in: *Der Neue Merkur* 5, Heft 10, 1921/22, S. 708ff.

„Thomas Mann, Frankreich, Aktivismus", in: *Der Neue Merkur* 5, 1921/22, S. 717-725.

(Rez.) „Homosozialität", in: *Der Anbruch* 4, Nr. 1, 1921/22.

„Orient und Okzident", in: *Faust*. Heft 8, 1922, S. 1-6.

„Erotik des Staates", in: *Die Wage*, N.F. 3, 1922, S. 260.

„Das Kulturpolitische Schreiben", in: *Die Neue Bücherschau* 4, 2. Folge, 1. Schrift, 1922.

„Die Kultur des Bürgers", in: *Die Neue Rundschau* 33, Bd. 2, 1922, S. 1259-1260.

„Normannen-Legende", in: *Der Neue Merkur* 6, 1922/23, S. 284ff.

Flibustier, Interritorialer Verlag „Renaissance", Wien – Berlin – New York 1922.

„Der letzte Österreicher", in: *Die Neue Rundschau* 34, Bd. 1, Berlin 1923, S. 560-569.

„Austria...Ultima", in: *Die Neue Rundschau* 34, Bd. 2, Berlin 1923, S. 652-659.

„Keyserling in Wien", in: *Das Tagebuch* 4, 1923, S. 327-330.

Rassen, Städte, Physiognomien, Erich Reiß Verlag, Berlin 1923.

„Okkultismus und Technik", in: *Faust*, Heft 4/5, Berlin 1923/24, S. 2-14.

„Die Politisierung Österreichs", in: *Der Neue Merkur* 7, München 1923/24, S. 176-189.

„Europa", in: *Der Neue Merkur* 7, 1923/24, S. 515-516.

„Der Trugschluß der Organisation" (Aus dem Nachlaß), in: *Die Neue Rundschau* 35, Berlin 1924, S. 1084ff.

„Sadistenprozeß in Wien", in: *Das Tagebuch*, Berlin, 11. März 1924, S. 386-392.

„Der Untergang des Geistes", in: *Künstlerhilfe Almanach der Literaria*, Wien – Leipzig 1924, S. 84-96.

„Zwischen den Theatern" (Aus dem Nachlaß), in: *Das Welttheater*, Nr. 4, 1924/25, S. 51-54.

„Im Kampf um den Typus", in: *Frankfurter Zeitung* 69, Nr. 268, 1. Morgenblatt, 10.4.1925.

„Das Chaos des Jack Slim" (Aus dem Nachlaß), in: *Die Literarische Welt* 3, Nr. 34, Berlin 1927, S. 1ff.

„Zehn Aphorismen über Karl Kraus" (* Auszüge aus *Karl Kraus oder Dalai Lama, der dunkle Priester. Eine Nervenabtötung* (1914), in: Békessy's Panoptikum, Nr. 1-5, herausgegeben von Ferdinand Greis, Budapest, April – Mai 1928, S. 73-76.

„Der österreichische Mensch" (geschrieben 1917), in: *Agathon. Almanach an das Jahr 46.* Wien (1945 ?), S. 11f.

Im Brenner-Archiv in Innsbruck befinden sich noch 33 Briefe Robert Müllers (31 Briefe aus der Zeit zwischen 1912 und 1913, 2 Briefe von 1920), die in der Mehrzahl an Ludwig v. Ficker, den Herausgeber des *Brenner*, adressiert sind (vgl. auch einzelne Hinweise in dieser Bibliographie).

II. Sekundärliteratur zu Robert Müller

ACHBERGER, Friedrich, *Republikbezogene Literatur in Österreich 1919-1927*. Diss., Madison, Wisconsin 1977. S. 90f. 179f.

ALLESCH ALESCHA, Theodor, „Ein Schuss in unsere Sonne", in: *Die Pestsäule*. 2. Folge, Nr. 12, 1974/75, S. 159-162.

*Auszug aus dem *Handelsregister, Handelsgericht Wien*, Bd. C15, p. 249.

*Auszug aus dem *Handelsregister, Handelsgericht Wien*. Bd. C15, p. 249.

*Auszug aus dem *Handelsregister, Handelsgericht Wien*, Bd. C32, p. 218.

Anzeiger für den Buch-, Kunst- und Musikalienhandel für Österreich, Jg. 1922-23, Nr. 5, S. 10.

Anzeiger für den Buch-, Kunst- und Musikalienhahdel für Österreich, Jg. 1922-23, Nr. 40, 10.8.1923, S. 385.

Anzeiger für den Buch-, Kunst- und Musikalienhandel für Österreich, Jg. 1924-25, Nr. 19, 9.5.1924, S. 263.

BAB, Julius: „Talente", in: *Die Weltbühne*. 14, Heft 2, Berlin 1918, S. 335f.

BARTELS, Adolf, *Die deutsche Dichtung der Gegenwart. Die Jüngsten*, Leipzig 1921, S. 217.

BARTELS, Adolf, *Geschichte der deutschen Literatur*. Berlin, Leipzig, Hamburg 1937, S. 701.

BASIL, Otto, „Nachbemerkung", in: Robert Müller, Das Inselmädchen, wieder herausgegeben von Erwin Müller, Wien 1946, S. 63f.

BASIL, Otto, „Panorama vom Untergang Kakaniens", in: *Das Grosse Erbe. Aufsätze zur österreichischen Literatur*, herausgegeben von Otto Basil, Herbert Eisenreich und Ivar Ivask, Graz und Wien 1962, S. 87.

BASIL, Otto, *Georg Trakl*, Reinbek bei Hamburg 1965, S. 37, 87, 113 (Bild), 115ff.

BEIGEL-UHJELY, Margarete, „Revolution der Jugend", in: Nagl/Zeitler/ Castle (Hrsg.), *Deutsch-Österreichische Literaturgeschichte. Ein Handbuch zur Geschichte der deutschen Dichtung in Österreich-Ungarn*, 4. Band, Wien 1939, S. 2120f. (Mit Bild).

BERGHAHN, Wilfried, *Robert Musil*. Reinbek bei Hamburg 1963, S. 80, 114.

BLAUHUT, Robert: *Österreichische Novellistik des 20. Jahrhunderts*, Wien 1966, S. 80, 190.

BLEI, Franz, *Das große Bestiarium der Literatur*, Berlin 1924, S. 49f.

BOURFEIND, Paul, * „Rez. zu Robert Müller, *Das Inselmädchen*", in: *Das literarische Echo* 22, Heft 17, Stuttgart und Berlin, Juni 1920, S. 1073.

BRAND, Guido K., * „Rez. zu Robert Müller, *Rassen, Städte, Physiognomien*", in: *Das literarische Echo* 26, Stuttgart und Berlin 1924, S. 51.

BRAND, Guido K., *Werden und Wandlung. Eine Geschichte der Deutschen Literatur von 1880 bis heute*, Berlin 1933, S. 124.

BUSCHBECK, Erhard, * Brief an Georg Trakl (13.5.1912), in: Georg Trakl, *Dichtungen und Briefe*, Bd. 2, herausgegeben von Walter Killy und Hans SzkJenar, Salzburg 1969, S. 681.

BUSCHBECK, Erhard „Von Musil bis Csokor", in: *Der Turm* 1, Wien, Aug. 1945, S. 15.

CORNARO, Franz „Bedenker des Wortes". Das Eintreten des Brenner für Karl May", in: *Jahrbuch der Karl-May-Gesellschaft 1971*. Hamburg 1971, S. 217ff.

CORNARO, Franz: „Robert Müllers Stellung zu Karl May", in: *Jahrbuch der Karl-May-Gesellschaft 1971*. Hamburg 1971, S. 236-245.

COUDENHOVE-KALERGI, Richard N., * „Rez. zu Robert Müller, *Bolschewik und Gentleman*", in: *Die Neue Rundschau* 31, Berlin 1920, S. 1447f.

DE LOOTSEN, „Liebe im Urwald" (Rez. zu R. Müllers *Tropen*), in: *Die Umschau* 20. Nr. 35, Frankfurt/M. 1916, S. 696f.

DIEZ, H.: „Der Reporter" (Rez. zu R. Müller), in: *Jahresberichte Für Neuere Deutsche Literaturgeschichte*, 25. Band, Berlin 1914, S. 811.

DÖBLIN, Alfred (Linke Poot): „Der Knabe bläst ins Wunderhorn", in: *Die Neue Rundschau*, Bd. 1 (Juni) 1920, S. 759-769, wieder in: Alfred Döblin, *Schriften zur Politik und Gesellschaft*, Heinz Graber (Hrsg.), Olten 1972, S. 143.

EYKMAN, Christoph, *Denk- und Stilformen des Expressionismus*. München 1974, S. 23f.

FISCHER, Jens Malte, „Affe oder Dalai Lama? Kraus-Gegner gestern und heute", in: H.L. Arnold (Hrsg.), *Text und Kritik*. Sonderband, München 1975, S. 148ff.

FISCHER, Jens Malte, „Deutschsprachige Phantastik zwischen Decadence und Faschismus", in: R.A. Zondergeld (Hrsg.), *Phaicon 3*, *Almanach der phantastischen Literatur*, Frankfurt/M. 1978, S. 113f.

FLAKE, Otto, „Robert Müller", in: *Die Neue Rundschau*, 35, Bd. 2, Berlin 1924, S. 1083f.

FLAKE, Otto, „Zuschrift", in: *Die Literarische Welt* 3, Nr. 37, Berlin 16.9.1927, S. 8.

FLAKE, Otto, *Es wird Abend. Bericht aus einem langen Leben*, Gütersloh 1960, S. 321, 330-336.

FLOECK, Oswald, *Die deutsche Dichtung der Gegenwart. 1870-1926*, Karlsruhe, Leipzig 1926, S. 332.

FONTANA, Oskar Maurus: „Eine Mythik des Österreichers?", in: *März* 10, Bd. 2, Berlin und München 30.6.1916, S. 259f.

FONTANA, Oskar Maurus: „Das Verbrechen", in: *Das Flugblatt*, Nr. 3, Wien. März 1918, S. 12

FONTANA, Oskar Maurus: „Antwort auf einen Brief R. Müllers", in: Nr. 4, Wien, Mai 1918, S. 11f.

FONTANA, Oskar Maurus: „Robert Müller", in: *Berliner Börsen-Courier Das Flugblatt.*, Nr. 411, Berlin 1924.

FONTANA, Oskar Maurus: „Der Expressionismus in Wien. Erinnerungen", in: *Imprimatur*, N.F., Bd. 3, Frankfurt/M. 1961/62, S. 208f., wieder in: Paul Raabe (Hrsg.), *Expressionismus. Aufzeichnungen und Erinnerungen der Zeitgenossen*, Freiburg i. B. 1965, S.188f.

FRANCK, Hans: * „Rez. zu R. Müllers *Die Politiker des Geistes*", in: *Das Literarische Echo* 22, Heft 17, Stuttgart und Berlin, Juni 1918, S. 1120f.

GIEBISCH, Hans/GUGITZ, Gustav, *Bio-Bibliographisches Literaturlexikon Österreich*, Wien 1964, S. 269.

HAHNL, Hans Heinz, „Harald Brüller und Ekkehard Meyer", in: *Literatur und Kritik* 3, Heft 26/27, Salzburg 1968, S. 425-428.

HAHNL, Hans Heinz, „Robert Müller", in: *Neue Züricher Zeitung*, 12.9.1971.

HAHNL, Hans Heinz, „Robert Müller", in: *Ver Sacrum. Neue Hefte für Kunst und Literatur*, Wien und München 1971, S. 28-32.

HAHNL, Hans Heinz, „Robert Müller und Karl Kraus", in: *Die Pestsäule*, 2. Folge, Nr. 12, 1974/75, S. 163-166.

HAVATNI, P.: * „Rez. zu R. Müllers *Der Barbar*", in: *Die Wage*. N.F., 1, 1920, S. 164.

HILLER, Kurt: „Für Tendenz", in: *Das Flugblatt*, Nr. 5, Wien, Herbst 1918, S. 10f.

HILLER, Kurt: „Ortsbestimmung des Aktivismus. Robert Müller, Wien, in enthusiastischer Kameradschaft gewidmet", in: *Die Erhebung. Jahrbuch für neue Dichtung und Wertung*. Berlin 1919, S. 360-377.

HILLER, Kurt: * „Vorbemerkung zu R. Müller, „Die Geist-Rasse",, in: Kurt Hiller (Hrsg.), *Das Ziel. Jahrbücher für geistige Politik*, Bd. 4, München und Berlin 1920, S. 49.

HILLER, Kurt, *Köpfe und Tröpfe*, Hamburg und Stuttgart 1950, S. 57.

HILLER, Kurt: „Wer sind wir? Was wollen wir?", in: *Ratioaktiv. Reden 1914-1964*. Wiesbaden 1966, S. 25.

HILLER, Kurt: *Leben gegen die Zeit. (Logos)*. Reinbek bei Hamburg 1969, S. 127, 137f., 190.

HIMMEL, Helmuth: *Geschichte der deutschen Novelle*. Bern 1963, S. 426.

HOLLANDER, Walther von: „Robert Müller", in: *Vossische Zeitung*. Nr. 421, Berlin 1924.

HURWICZ, E.: * „Rez. zu R. Müllers *Das Inselmädchen*, in: *Die Neue Zeit* 38, Bd. 1, Nr. 17, 1920, S. 398.

IMBERG, Kurt Ed.: „Rundschau der Kriegsliteratur X.", in: *Nord und Süd*. Berlin, Mai 1916, S. 243f.

KALMER, Josef: * „Rez. zu R. Müllers *Der Barbar*, in: *Renaissance* Nr. 6, Wien 1921, S. 14.

KAMERBEEK, JR., J. „Vergleichende Deutung einer Epiphanie. Robert Müller– Marcel Proust", in: Alexander v. Bormann (Hrsg.), *Wissen aus*

Erfahrung. Werkbegriff und Interpretation heute. Festschrift für Herman Meyer zum 65. Geburtstag. Tübingen 1976, S. 682-693.

KAYSER, Rudolf, „Robert Müller", in: *Berliner Tageblatt.* 2.9.1924.

KINDERMANN, Heinz (Hrsg.), *Wegweiser durch die moderne Literatur in Osterreich*, Innsbruck 1954, S. 61.

KLABUNDS Literaturgeschichte, neugeordnet und ergänzt von Ludwig Goldscheider, Nachwort von Rudolf Kayser, Wien 1930, S. 339.

KLÖCKNER, Horst-Werner, *Poetologische Analyse von Robert Müllers „Tropen. Der Mythos der Reise" (1915): Wissenschaftliche Arbeit im Rahmen der Ersten Staatsprüfung für das Lehramt am Gymnasium.* Bonn (Masch.) 1978.

KOLINSKY, Eva, *Engagierter Expressionismus. Politik und Literatur zwischen Weltkrieg und Weimarer Republik. Eine Analyse expressionistischer Zeitschriften.* Stuttgart 1970, S. 199.

KRAUS, Karl, „Aus der Sudelküche", in: Karl Kraus (Hrsg.), *Die Fackel* 22, Nr. 561, 567, März 1921, S. 55.

KRAUS, Karl, „Literatur oder Man wird doch da sehn" (1921), in: Karl Kraus, *Dramen.* Herausgegeben von Heinrich Fischer. München – Wien 1967;

KRAUS, Karl, „Kulturbund", in: Karl Kraus (Hrsg.). *Die Fackel* 24. Nr. 608-612, Dez. 1922, S. 25.

KRELL, Max „Romane 1920", in: *Die Neue Rundschau* 31, Berlin 1920, S. 1415f.

KRELL, Max, „Expressionismus der Prosa. (...) Robert Müller", in: Ludwig Marcuse (Hrsg.), *Weltliteratur der Gegenwart.* Band: Deutschland, II. Teil, Berlin 1924, S. 52f.

KRELL, Max, „Robert Müller", in: *Weser-Zeitung.* Nr. 23/24, Bremen 20.9.1924.

KREUZER, Helmut, *Die Boheme. Beiträge zu ihrer Beschreibung*, Stuttgart 1968, S. 360.

KREUZER, Ingrid, „Robert Müllers *Tropen.* Fiktionsstrukturen, Rezeptionsdimensionen, Paradoxe, Utopie", in: LiLi, Beiheft 8, Erzählforschung 3, 1978, S. 193-222.

LUDWIG, Emil, „Ein Oesterreicher über Preußen", in: *Pester Lloyd* 65, Nr. 190, Morgenblatt, Budapest 16.8.1918.

MANN, Thomas, *Tagebücher 1918-1921*, herausgegeben von Peter de Mendelssohn, Frankfurt/M. 1979, S. 416 und 748.

MAY, Karl, * „Brief an Oskar Neumann (1.3.1912)," in Auszügen wieder in: *Jahrbuch der Karl-May-Gesellschaft 1971*, herausgegeben von Claus Roxin, Hamburg 1971, S. 245.

MAY, Klara, * „Brief an Oskar Neumann (13.4.1912)", in Auszügen wieder in: *Jahrbuch der Karl-May-Gesellschaft 1971*, a.a.O., S. 245.

MAY, Klara, * „Brief an Oskar Neumann (22.5.1912)", in Auszügen wieder in: *Jahrbuch der Karl-May-Gesellschaft 1971*, a.a.O., S. 245.

MIELKE-HOMANN: *Der deutsche Roman des 19. und 20. Jahrhunderts.* Dresden 1920, S. 492.

MIERENDORFF, Carlo, * „Rez. zu Robert Müller, *Der Barbar*, in: *Das Tribunal* 2, Heft 4-7, Darmstadt 1920/21, S. 68.

MIERENDORFF, Carlo, * „Rez. zu R. Müller, *Bolschewik und Gentleman*, in: *Das Tribunal*, a.a.O., S. 68.

MOLLER-FREIENFELS, R, „Ästhetik und Poetik", in: *Jahresberichte Für Neure Deutsche Literaturgeschichte*. Bd. 25, Berlin 1914, S. 391.

MUHR, Adelbert, „Robert Müller schrieb für das 21. Jahrhundert", in: *Die Pestsäule*, 2. Folge, Nr. 12, 1974/75.

MUSIL, Robert, „Wiener Theatermesse", in *Prager Presse* vom 8.9.1921, wieder in: Robert Musil, *Theater, Kritisches und Theoretisches*, herausgegeben von Marie-Luise Roth, Reinbek bei Hamburg 1965, S. 42-45.

MUSIL, Robert, „Robert Müller", in: *Prager Presse*, Nr. 224, Prag 3.9.1924, S. 4ff, wieder in: Robert Musil, *Tagebücher. Aphorismen, Essays und Reden*, herausgegeben von Adolf Frise, Hamburg 1955, S. 747-750, siehe dort auch S. 249.

MUSIL, Robert, „Robert Müller", in: *Das Tagebuch*. 13.9.1924.

MUSIL, Robert, „Robert Müller", in: *Arbeiter-Zeitung*. Nr. 244, Wien 1924.

MUSIL, Robert, *Tagebücher*, herausgegeben von Adolf Frise, Reinbek bei Hamburg 1976 (an zahlreichen Stellen).

NAGANOWSKI, Egon: „Vinzenz oder der Sinn des sinnvollen Unsinns", in: Uwe Bauer/Dietmar Goltschnigg (Hrsg.), *Vom „Törless" zum „Mann ohne Eigenschaften"*, Grazer Musil-Symposium, München-Salzburg 1973, S. 91.

N.N., * „Rez. zu R. Müller. *Österreich und der Mensch*", in: *Die Frau* 22, 1916, S. 444.

N.N.: * „Rez. zu R. Müller, *Europäische Wege*", in: *Die Aktion* 7, 17.11.1917, S. 624.

N.N.: * „Rez. zu R. Müller, *Europäische Wege*", in: *Die Neue Zeit* 36, I, Nr. 14, 1918, S. 336.

N.N.: * „Rez. zu R. Müller, *Europäische Wege*", in: *Donauland,* 2. Halbjahr, 1917/18, S. 1096.

N.N.: * „Rez. zu R. Müller, *Europäische Wege*", in: *Das Junge Europa* 9, Heft 10, Berlin 1918, S. 78.

N.N.: „Intellektuelle", in: *Die Rettung* 1, Nr. 6, Wien 10.1.1919.

N.N. (E.G.G.): * „Rez. zu *Der Anbruch*". in: *Aufschwung* 1, Nr. 9/10 Wien 1919, S. 83.

N.N.: * „Rez. zu R. Müller, *Das Inselmädchen*", in: *Der Zwiebelfisch* 13, Heft 416, München 1922, S. 52.

N.N. (Fl): „Rundschau", in: *Der Neue Merkur* 4, München 1920/21, S. 553.

N.N.: * „Rez. zu R. Müller, *Camera obscura*". in: *Der Zwiebelfisch* 13, Heft 416, München 1922, S. 52.

N.N.: * „Rez. zu R. Müller, *Rassen, Städte, Physiognomien*", in: *Der Zwiebelfisch* 16, München 1923, S. 88.

N.N. (Kr): * „Rez. zu R. Müller, *Rassen. Städte, Physiognomien*", in: *Das Tagebuch*, 28.4.1923, S. 614.

N.N. (Dr. E.): * „Rez. zu R. Müller, *Rassen, Städte. Physiognomien*", in: *Deutsche Handels-Warte*", 1924, S. 605f.

N.N. (Dr. E.): * „Rez. zu K. O. Piszk, *Künstlerhilfe-Almanach*". in: *Deutsche Handels-Warte*, 1924, S. 606.

N.N.: „Nachrichten", in:. *Das literarische Echo* 27. Heft 1, 1924, S. 93f.

N.N.: * „Rez. zu R. Müller, *Macht*". Psychopolitische Grundlagen des gegenwärtigen atlantischen Krieges", in: *Pirnaer Anzeicher*, wieder abgedruckt in: *Aus der Werkstatt. Ein Tätigkeitsbericht des Verlags Hugo Schmidt München. 1912-1924/25.* München 1925, S. 329.

N.N.: * „Hinweis auf R. Müllers *Was erwartet Österreich von seinem jungen Thronfolger?*", in: *Aus der Werkstatt. Ein Tätigkeitsbericht des Verlags Hugo Schmidt.* München. 1912-1924/25. a.a. 0., S. 329.

N.N.: * „Rez. zu R. Müllers *Tropen*", in: *Wiener Allgemeine Zeitung*, (?), wieder in: *Aus der Werkstatt*, a.a.O., S. 338. (Dort auch Verlagsankündigung für diesen Roman R. Müllers).

N.N.: * „Rez. zu R. Müllers *Rassen, Städte, Physiognomien*", in: *Die Sonne*. N.F., 1, 1920, S. 164.

Nowak, Heinrich, „(Für Robert Müller). „Der Krieg" und „Damenringkampf" in: ders., *Die Tragische Gebärde. Gedichte. Heidelberg 1913, wieder in: Österreichische Avantgarde. 1910-1928. Ein unbekannter Aspekt*, herausgegeben von Werner J. Schweiger, Wien 1976 und 1977, S. 149.

OBERLANDER, L. G., * „Rez. zu R. Müllers Irmelin Rose," in: *Die schöne Literatur. Beilage zum Literarischen Zentralblatt für Deutschland* 16, Nr. 25, Leipzig 1915, S. 350.

PERNERSTORFER, Engelbert, * „Rez. zu R. Müllers *Tropen*", in: *Berliner Tageblatt* 45, Nr. 120, Morgenausgabe, Berlin 6.3.1916.

PETRY, Walther (Hrsg.), *Humor der Nationen. Ausgewählte Prosa*, Berlin 1925, S. 337.

PETZSOLD, Alfons, * „Rez. zu R. Müllers *Camera obscura*", in: *Das literarische Echo* 24, Heft 18, Stuttgart und Berlin, Juni 1922, S. 1132.

PÖRTNER, Paul (Hrsg.), *Literaturrevolution 1910-1925*. Band I „Zur Ästhetik und Poetik", Darmstadt 1960, S. 484

REIF, Wolfgang, *Zivilisationsflucht und literarische Wunschträume. Der exotische Roman im ersten Viertel des 20. Jahrhunderts*, Stuttgart 1975, S. 120-150.

REIN, Leo, * „Rez. zu R. Müllers *Der Barbar*", in: *Feuerreiter* 2, Berlin 1922, S, 30f.

ROTH, Marie-Louise, *Robert Musil. Ethik und Ästhetik. Zum theoretischen Werk des Dichters*, München 1972, S. 166f., 168.

ROTHE, Wolfgang (Hrsg.), *Der Aktivismus 1915-1920*, München 1969, S. 14f.

ROTHE, Wolfgang, *Der Expressionismus. Theologische, soziologische und anthropologische Aspekte einer Literatur*. Frankfurt/M. 1977, S. 304

RUTRA, Arthur Ernst, „Von neuen Büchern und Noten", in: *Der Merker* 7, Heft 10, Wien 15.5.1916, S. 392.

RUTRA, Arthur Ernst, „Robert Müller", in: *Frankfurter Zeitung* 69, Nr. 662, Abendblatt, Frankfurt/M. 4.9.1924, S. 1.

RUTRA, Arthur Ernst, „Robert Müller", in: *Die Muskete,* Nr. 5, Wien 15.9.1924, S. 50.

RUTRA, Arthur Ernst, „Robert Müller", in: *Das Dreieck* 1, Heft 3, Berlin 1924, S. 95ff.

RUTRA, Arthur Ernst, „Robert Müller", in: *Das Welttheater*, Jhg. 1924/25, Nr. 3, München Nov. 1924, S. 35f.

RUTRA, Arthur Ernst: „Gedenkrede auf Robert Müller", in: *Neues Wiener Journal* 33, Nr. 11330, Wien 7.6.1925, S. 13.

RUTRA, Arthur Ernst: *Robert Müller. Denkrede.* München (Hans von Weber) 1925.

RUTRA, Arthur Ernst, „Pionier und Kamerad", in: *Die Literarische Welt* 3, Nr. 34, Berlin 26.3.1927, S. 1.

RUTRA, Arthur Ernst, „Robert Müller", in: *Radio-Woche* 7, Heft 1, Wien 1930, S. 6.

RUTRA, Arthur Ernst, „Österreich, der Staat des Persönlichen", in: *Monatschrift für Kultur und Politik* 2, Heft 10, Wien 1937, S. 869-874.

RUTRA, Arthur Ernst, „Robert Müller", in: *Neues Wiener Tagblatt* 71, Nr. 299, Wien 1937, S. 11.

SAAS, Christa, *Georg Trakl.* Stuttgart 1974, S. 37, 42.

SALZER, Anselm, *Illustrierte Geschichte der Deutschen Literatur*, Band 4, 1. Teil, 2. neu bearbeitete Auflage, Regensburg 1931, S. 1792.

SAPPER, Theodor, *Alle Glocken dieser Erde. Expressionistische Dichtung aus dem Donauraum*, Wien 1974, S. 109-113, 165.

SAPPER, Theodor: „Faszinierendes Vorläufertum", in: *Die Pestsäule* , 2. Folge, Nr. 12, 1974/75, S. 169-172.

SAUERMANN, Eberhard, „Die Widmungen Georg Trakls", in: *Salzburger Trakl-Symposion*, herausgegeben von Walter Weiss und Hans Weichselbaum (Trakl-Studien Bd. IX), Salzburg 1978, S. 97.

SCHIELE, Egon: * „Zeichnungen von R. Müller", in: *Agathun. ‚Almanach an das Jahr 46*, Wien 1946.

SCHMIDT, Conrad: * „Rez. zu R. Müllers *Tropen*", in: *Das literarische Echo* 18, Heft 16, Berlin 1916, S. 1019f.

SCHMITZ, Oskar U.H., „Dostojewskij und der Bolschewismus", in: *Hochland*. Bd. 2, 1923. S. 170f.

SCHÖFFLER, Heinz, „Karl Otten, Ego und Eros. Ein Nachwort in zwei Teilen", in: Karl Otten (Hrsg.), *Ego und Eros. Meistererzählungen des Expressionismus*, Darmstadt 1963, S. 483.

SCHRAMKE, Jürgen, *Zur Theorie des modernen Romans*, München 1974, S. 8.

SCHÜRER, Ernst, „Die nachexpressionistische Komödie", in: Wolfgang Rothe (Hrsg.), *Die deutsche Literatur in der Weimarer Republik*, Stuttgart 1974, S. 48.

SCHWABE, Toni, * „Rez. zu R. Müllers *Die Politiker des Geistes*". in: Das Landhaus 3, Jena 1918, S. 164f.

SCHWEIGER, Werner J.: „Biographischer Abriß", in: *Die Pestsäule* , 2. Folge, Nr. 12, 1974/75, S. 137-140.

SCHWEIGER, Werner J., „Robert Müller", In: ders., *Österreichische Avantgarde. 1910-1938. Ein ungekannter Aspekt*, Wien 1976 und 1977, S. 139.

SOKEL, Walter H., „Die Prosa des Expressionismus", in: Wolfgang Rothe (Hrsg.), *Expressionismus als Literatur*, Bern 1969, S. 164f.

STERNBERG, Tobias, „Offene Antwort an Robert Müller", in *Aufschwung* 1, Heft 7, Wien 1919, S. 29f.

STIEG, Gerald, *„Der Brenner" und die „Fackel". Ein Beitrag zur Wirkungsgeschichte von Karl Kraus* (*Brenner-Studien* Bd. III), Salzburg 1976, besonders S. 302f.

STIEG, Gerald, „Georg Trakl und Karl Kraus", in: *Salzburger Trakl-Symposion*, a.a.O., S. 55.

Der Tag. Nr. 629, Wien 28.8.1924, S. 3.

Der Tag. Nr. 632, Wien, 31.8.1924, S. 9.

ULLMANN, Ludwig, „Ein Intellektueller Sensualist", in: *Die Pestsäule*, 2. Folge, Nr. 12, 1974/75, S. 167f.

UTZINGER, Rudolf, „Robert Müller", in: *Neue Badische Landeszeitung*, Aus Kunst. 568, Sept. 1925.

WACHE, Karl, *Der österreichische Roman seit dem Neubarock*, Leipzig 1930, S. 290ff.

WIEGLER, Paul, *Geschichte der neuen deutschen Literatur. Von der Romantik bis zur Gegenwart*, Berlin 1930, S. 853.

WOLLSCHLÄGER, Hans, „Sieg – großer Sieg – Karl May und der Akademische Verband für Literatur und Musik", in: Claus Roxin (Hrsg.), *Jahrbuch der Karl-May-Gesellschaft 1970*, Hamburg 1970, S. 95ff.

In dem Drehbuch zu dem Film *Karl May* (1974) von Hans Jürgen Syberberg erscheint Robert Müller auf Seite 83f. Müller wird im Film von André Heller dargestellt.

Folgende Zeitschriften bzw. Zeitungen konnten nicht bzw. nur zum Teil eingesehen werden:

Das Zeitalter, Halbmonatsschrift, Wien 1913;

Die bunte Stadt, Berlin ~1920;

Pionier, Wien ~1918;

Finanzpresse, Wien 1918;

Neue Wirtschaft, Wien 1918;

Der Strahl, Wien 1918;

Belgrader Nachrichten.

Nach A. E. Rutra sollen sich im (bisher verschollenen) Nachlaß Müllers noch zwei Romane mit den Titeln *Die graue Rasse* und *Geld* sowie eine Essay-Sammlung mit dem Titel *Typus und Idee* befunden haben.

Die Robert-Müller-Werkausgabe im Igel Verlag Literatur

Werke I: Tropen. Roman. Br. 316 S., 22,90 Euro; 3. überarb. Auflage 2010
ISBN 978-3-89621-240-5.

Werke II: Camera obscura. Roman. Gb. 196 S., 19,90 Euro
ISBN 978-3-927104-14-3.

Werke III: Flibustier. Ein Kulturbild. Roman. Gb. 110 S., 14,- Euro
ISBN 978-3-927104-24-2.

Werke IV: Rassen, Städte, Physiognomien. Essays. Br. 240 S., 19,- Euro
ISBN 978-3-927104-30-3.

Werke V: Der Barbar. Roman. Gb. 144 S., 19,- Euro
ISBN 978-3-927104-38-9.

Werke VI: Irmelin Rose – Bolschewik. Br. 216 S., 19,- Euro
ISBN 978-3-927104-36-5.

Werke VII: Kritische Schriften 1: 1912-1916. Br. 306 S., 34,- Euro
ISBN 978-3-927104-55-6.

Werke VIII: Das Inselmädchen. Novelle. Gb. 96 S., 14,- Euro;
ISBN 978-3-927104-65-5.

Werke IX: Die Politiker des Geistes. Drama. Br. 115 S., 19,- Euro
ISBN 978-3-927104-84-6.

Werke X: Kritische Schriften 2: 1917-1920. Br. 568 S., 44,- Euro
ISBN 978-3-927104-92-1.

Werke XI: Gesammelte Essays. Br. 307 S., 34,- Euro
ISBN 978-3-927104-93-8.

Werke XII: Kritische Schriften 3: 1921-1924. Br. 318 S. 34,- Euro
ISBN 978-3-89621-018-0.

Werke XIII: Briefe und Verstreutes. Br. 200 S., 22,90 Euro; 2. durchges.
Auflage 2010; ISBN 978-3- 89621-239-9.